YOUTH EDUCATION

청소년 교육론

보정판

권양이 지음

박영사

보정판 서문

50년 전의 청소년들이 경험하는 세계와 오늘날의 청소년들이 경험하는 세계는 본질적으로 다를 것으로 생각된다. 오늘날 복잡하고도 빠르게 변화하는 사회는 청소년들에게 과거에 비해 보다 많은 것을 요구하기 때문에 청소년들은 적잖은 긴장과 스트레스를 경험할 것이다. 이처럼 청소년들은 성인에 비해 신체적, 정신적으로 미숙하지만 주된 역할인 학업이외에도 여러 가지 발달과업을 수행해야 하기 때문에 많은 내적갈등을 경험하게 된다. 이러한 변화에도 불구하고 오늘날 많은 가정과 학교가 제 기능을 다하지 못함에 따라 청소년 교육이 갖는 의미와 중요성이 자못 크다고 할 수 있다.

청소년들이 건강한 생활을 영위하며 의미 있게 성인기를 준비하게 하기 위해서는 기성세대들의 많은 지원과 격려가 필요한바 이를 위하여 가정, 학교, 지역사회가 합심하여 청소년의 건강한 발달과 삶의 질의 향상을 도모하여야 한다. 이는 또한 청소년 교육이 갖는 의의라고 할 수 있다. 따라서 본서의 특징은 청소년 교육과 문제에 대한 교육적 처방을 가정·학교·사회의 세 측면에서 논의하려고 노력했다는 점이다. 본서의 내용은 지난 5년간의 청소년 교육론 강의록, 저자의 졸저인 『청소년 및 성인학습자를 위한 유비쿼터스 러닝 시대의 통합적 평생교육방법론』, 『청소년 프로그램 개발과 평가』, 국내외의 문헌 등에 의거하여 집필되었다.

본서의 구성은 다음과 같다.

제1부는 청소년 교육의 이해로서 청소년의 개념과 특성, 청소년 교육의 역사, 청소년 교육의 이해, 청소년 교육과 발달이론을 담고 있다.

　제2부는 청소년 교육의 실제로서 청소년의 환경과 교육, 청소년의 상담과 멘토링, 청소년 교육과 지도, 청소년 교육프로그램 개발로 구성이 되어 있다.

　제3부는 청소년 교육의 문제와 과제로서 청소년의 불안과 방어기제, 청소년 문제와 교육, 청소년 교육복지, 청소년 인권교육, 청소년 교육의 향후과제로 구성이 되어 있다.

　본서는 청소년을 공부하는 청소년 관련학과 대학생 및 평생교육사 양성과정을 이수하는 대학생들의 청소년 교육에 대한 이해를 도모하기 위해 집필되었으나 청소년 자녀를 이해하고자 하는 부모, 학교 교사 및 청소년 교육기관 종사자 등 일반인들도 쉽게 이해하고 활용할 수 있게끔 구성되었다. 탈고할 시점이 되니 모든 면이 부족하고 미진하게 느껴지지만 부족한 점은 다음 기회에 업데이트할 사항으로 남겨두고 많은 분들이 본서를 통해 청소년 교육에 대한 이해의 폭을 넓혔으면 한다.

　지난 세월 청소년 교육에 많은 관심과 열의를 가지고 좋은 책을 써주신 많은 교수님들이 있었기에 그분들의 발자취를 따라갔다. 만약 그 토대가 없었더라면 이 책은 세상에 빛을 볼 수 없었을 것이다. 그분들에게 감사를 드리고 이 자리를 빌어 자료수집에 많은 도움을 주신 前 서울여자대학교 김선요 교수님, 호산대학교 김재현 부총장님, 명지전문대학교 오승근 교수님, 한국청소년정책연구원의 황여정 박사님, 의정부시 청소년수련관 조경서 관장님과 출판을 허락해주시고 격려해주신 박영사의 안상준 상무님, 조성호 이사님과 편집부 분들에게 진심으로 깊은 감사의 말씀을 전하고 싶다.

2016년 2월

권 양 이

차 례

PART 1 청소년 교육의 이해

제1장 청소년의 개념과 특성

제2장 청소년 교육의 역사

제 3 장   청소년 교육의 이해

제 4 장   청소년 교육과 발달이론

PART 2　청소년 교육의 실제

제 5 장　청소년의 환경과 교육

제 6 장　청소년의 상담과 멘토링

제7장 청소년 교육과 지도

제8장 청소년 교육프로그램 개발

PART 3 청소년 교육의 문제와 과제

제11장 청소년 교육복지

제12장 청소년 인권교육

제13장 청소년 교육의 향후과제

청소년 교육의 이해

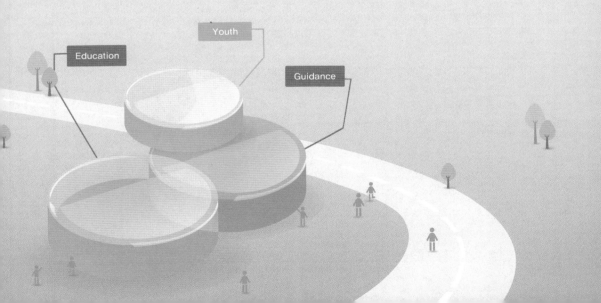

제 1 장

청소년의 개념과 특성

Youth Education

1. 청소년의 개념

(1) 어원에 따른 정의

청소년의 개념은 사회, 문화, 시대적 상황에 따라 상이하게 정의되어지고 있다. 사회문화적 배경에 따라 청소년기는 짧을 수도, 길 수도 있고 심지어 존재하지 않을 수도 있다. 많은 연구자들이 청소년기를 정의하고 있지만 청소년기를 정의하기란 쉬운 일이 아니다. 청소년이란 개념은 1920년에 이르러서야 비로소 널리 인식되기 시작했다고 할 수 있다(권양이, 2013).

우선 어원에 따른 정의를 보면 청소년기란 'adolescence'라고 하며 이 뜻은 성인의 모습으로 성장한다' 즉, '성숙해간다'라는 의미의 라틴어 'adolescere'에서 유래되었다. 여기에서 '성숙해간다'의 의미는 인간의 성장환경에서 경험이나 연습하지 않아도 발달단계에 따라 규칙적으로 획득되는 신체적, 심리적 변화를 의미한다.

청소년기는 신체적, 심리적 급속한 발달에 따라 미성숙한 아동의 발달단계에서 성숙한 성인의 발달단계로 전환하는 시기를 의미한다. Aristoteles는 청년기가 되어서도 많은 사람들이 참을성이 없고 안정적이지 못하며 자제력을 갖지 못한다고 보았다. 이러한 견해는 질풍노도의 시기로 본 초기 청소년 발달이론과 유사하다.

(2) 시대에 따른 정의

역사적으로 청소년이란 개념과 용어가 등장하기 시작한 것은 오래되지 않았다. 중세봉건사회에서 청소년의 지위는 매우 낮았다. 작은 야만인이라고 생각하던 시대였고 기독교 정신과 함께 이때의 여러문헌에서 나타났듯이 작은 야만인을 길들이기 위한 방법으로서 체벌이 정당화되던 시대였다. 농경사회와 가내수공업 시대 당시 청소년이란 개념은 없었고 단지 어른 아니면 아이였다. 가내수공업시대에서 청소년들은 장인(master)아래서 기술을 배우던 직공이나 도제(apprentice)에 불과했다. 산업혁명이후 대량화, 공장화가 진전되면서 도제기간이 축소되었고 도시화·산업화가 되었다. 산업혁명 여파로 일자리가 축소되자 장인(master)밑에서 기술을 배우던 청소년들이 공장으로 혹은 공립학교로 떠나기 시작했다. 홍봉선·남미애(2010)에 따르면 이와 같은 산업혁명과 의무교육의 등장은 인간의 발달단계에서 청소년기를 고유한 발달시기로 인식하게 하는 데 결정적인 영향을 미쳤다. 산업화는 교육받은 노동력을 필요로 하였으며 특히 학교교육의 의무화는 청소년들이 교육기간 동안 노동시장에 유입되지 않고 경제활동에서 제외되는 특권을 주었는데 이러한 요인들이 본격적으로 청소년기를 인식하게 하는 계기가 되었다.

이렇듯 청소년에 대한 구분은 어떻게 구분하느냐가 중요한데 신체적 특성에 의한 구분, 연령에 따른 구분 등 여러 가지가 있다.

청소년학의 아버지라고 불리우는 Stanley Hall이 1904년 「청소년기(Adolescence)」라는 그의 책에서 청소년 시기를 질풍노도의 시기라고 명명한 이래로 많은 학자들이 청소년 시기의 특성을 다양하게 정의해왔다. 청소년 시기가 Hall이 주장하는 것처럼 질풍노도의 시기라는 특성에 대해 반박할 만한 뚜렷한 과학적 단서들을 많이 찾지 못했으나 모든 청소년들이 청소년기를 스트레스와 폭풍우 속에서 보낸다는 것을 입증하지도 못한다(Lerner, 1995). 왜냐하면 청소년 시기동안 별 다른 문제없이 성인들과 잘 보내는 청소년들도 많기 때문이다(Coleman, 1978). 따라서 최근에는 많은 학자들이 발달적 맥락하에서 청소년을 둘러싼 환경, 청소년과 환경과의 상호작용을 통해 청소년 발달을 이해하려는 경향을 보인다.

최근 들어 청소년 문제와 그에 대한 사회적 관심과 우려의 목소리가 나날이 높아지고 있다. 그러나 동서양 시기를 막론하고 청소년 문제는 늘 있어왔고 사회의 주요관심사였다. 고대동굴벽화에서도 그 당시의 청소년을 우려하고 개탄하는 글이 있었는가 하면 우리나라 작자미상의 소설 춘향전을 보더라도 당시의 청소년들을 걱정하는 문구들이 심심찮게 나오곤 한다. 하지만 청소년 특유의 문제라고 치부하고 교육적 처치를 가하지 않는다면 결과적으로 문제는 더욱 더 커질 수밖에 없는 것이다.

개개인적 차이는 청소년 발달시기에 일어난다. 청소년들은 매우 다양하다(Lerner et al., 2001). 청소년은 이 시기의 스트레스 인자들에 직면하여 문제에 봉착하는데 특별히 청소년 발달과 관련되어 역사적으로 선례가 없는 위험 행동이라고 볼 수 있는 현대사회의 지적 그리고 전문적 도전을 포함한다. 따라서 청소년의 본질을 이해하고 청소년들의 삶을 향상시키기 위해 연구, 정책, 중재의 복합적 처방이 반드시 필요하다. 이러한 통합에 있어 청소년 발달의 개인차에 대한 이해가 필요하다(Lerner et al., 2001: 15). 차이는 사회문화적, 지역 사회적, 그리고 가정에 있어서의 다양한 발달의 결과물이라고 할 수 있다. 청소년들은 서로 각각 매우 다르기 때문에 하나의 정책이나 중재가 하나의 목표 집단에게 혹은 모든 청소년들에게 같은 방식으로 영향을 미칠 수 없다(Lerner et al., 2001: 15). 따라서 청소년 교육에서 세대별 특징을 알아보는 일은 매우 중요하다. 권이종(2000)은 신세대의 이해와 지도를 중심으로 청소년 교육을 논한 바 있다. 과거의 각 세대가 갖는 특징을 모두 논하면 좋겠지만 지면상 다음과 같이 현재 부상하고 있는 밀레니엄 청소년 세대를 중심으로 청소년의 특성에 관해 설명하고자 한다.

2. 청소년의 특성

청소년의 특성이라고 하면 신체적, 정서적 특성을 생각하기 쉬우나 본 장에서는 우선 청소년 세대의 특성부터 살펴보고자 한다. 청소년 세대는 아동, 성인, 노인 세대와 분명히 구분되는 보다 많은 발달 과업적 특성을 갖고 있다. Larson 등 (2002b, c)에 따르면 청소년의 생활국면은 동일하지 않고 다양한 상황에서 각기 독특한 양상을 나타낸다. 나라별, 그룹별로 다양한 유형의 청소년들이 존재하고 있고 이들은 각각 분명한 문화적 체제, 사회적, 경제적 상황에 의해 영향을 받는다. 청소년기에 주어지는 발달적 과업들은 증가하고 있다. 성인사회의 다양성과 복잡성은 청소년들로 하여금 다양하고 빠르게 변화하는 인간상호적인 기술들을 발달시킬 것을 요청한다. 예를 들어, 많은 직업세계의 복잡성으로 말미암아 청소년들은 더욱 진보된 직업세계에서 필요한 기술들을 익혀야만 하고, 정보, 수리적 지식, 컴퓨터 기술 등을 발달시켜야만 한다. 또한 가난한 나라에 사는 청소년들은 부유한 나라에 사는 청소년들에 비해 기회가 제한되어 있으며 소녀와 여성들 또한 여전히 노동시장에서의 분절과 차별적인 임금으로 인해 고통을 받고 있다. 이들에게 요구되는 이러한 장애물들과 큰 과업들에도 불구하고, 많은 젊은이들은 미래에 도전하기 위해 일어나고 있다. 불리한 환경하에서도 대부분의 젊은이들은 그들의 미래에 대해 낙관적이고, 전 세대에서 일반적으로 했던 것보다도 더 높은 수준의 기술을 개발하고 있으며 지역사회에 의미 있는 기여를 하고 있다(Larson *et al.*, 2002c: 160). 이렇듯 오늘날의 청소년들은 50년 전의 청소년들과 매우 다른 삶을 살아가고 있다.

(1) 청소년기의 확장추세

청소년기는 성인기를 준비하는 단계로서 성인기와 뚜렷이 구분이 되는 단계이다. 세계의 모든 지역에서 빠른 청소년기로의 진입, 늦은 결혼, 학교교육기간의 증가, 또래집단세계로의 몰입과 같은 현상이 나타나고 있으며 사실상 청소년기가 확장되고 있다(Larson *et al.*, 2002b: 159). 이와 같이 최근 들어 청소년 후기에 대한 연구가 활발히 이루어지고 있다. 밀레니엄 세대 청소년과 아울러 최근 들어서 나타난 후기 청소년의 특징은 성인기로 진입하는 시기가 늦추어졌다는 것이다.

청소년 문화적인 면에 있어서 청소년기는 짧다고 할 수 있다. 아동초기와 중기에 청소년 문화가 잠시 존재할 뿐 청소년 초기에 이미 성인문화를 답습하고 있기 때문이다. 그러나 경제적인 면에 있어서 청소년기는 늘어났다고 할 수 있는데 (한국청소년학회, 2000) 오늘날 많은 후기 청소년들이 부모에 의존한 채 필요할 때만 파트타임형태의 단기성 고용상태를 유지하거나 부모가 재력이 있는 경우에는 좀 더 나은 직장을 구하기 위해 공부를 계속 하고 있기 때문이다. 즉, 캥거루족이 늘어나고 있는 추세이며 이것은 세계적인 현상이다.

　Hayford와 Furstenberg(2008)에 따르면 성인기로의 전환시기가 더 유보되는 경향이 있고 질서정연하지 않다. 아주 소수의 젊은이들만이 성인기의 역할을 수행하고 있으며 이러한 역할들과 관련된 사회통제를 경험한다. 그러나 이들의 연구에 따르면 청소년 시기와 밀접한 관련이 있는 문제행동들이 20대 초반이나 중반에까지 걸쳐서 지속적으로 나타나지는 않는다는 것이다. 체포, 음주, 자동차 사고 등으로 인한 죽음은 문제행동의 연령분포에 따라 변화가 없음을 보였다. 다만 마리화나 사용은 이십대 초부터 중반까지의 연령동안에 더 빈번한 것으로 나타났고 살해비율은 이십대 초반의 젊은이들에게 높게 나타났다. 마리화나 사용의 증가원인은 대학생활에서 찾을 수 있다. 청소년들의 대학입학비율이 높아졌고 이러한 대학생활은 이들을 다른 연령그룹으로부터 분리시켜 함께 공동체생활을 하게끔 하는데 이러한 집단 활동 속에서 마리화나 사용이 증가될 수 있는 것이다. 문제 행동의 연령별 유형에 있어 연령과 위험행동의 관계성이 청소년기의 변화하는 사회적 맥락에서 전반적으로 일관되게 나타나는 것은 인간 발달의 생물학적 측면으로서 설명될 수 있다. 그러나 최근의 많은 연구들이 생물학적 영향력은 사회적, 환경적 맥락에 달려있고 심리학적 그리고 신경학상의 발달도 경험과 생물학에 달려있음을 보여주고 있다(Dahl & Hariri, 2005). 이와 같이 최근의 연구들은 청소년 발달의 차원을 생물학적 요소뿐만 아니라 환경적인 맥락에서 고려하고 있다. 많은 젊은이들이 결혼과 육아를 미루는 경향이 있는데 성인기로의 전환에 있어 가장 중요한 요소인 고용의 문제가 그 중심에 있기 때문이다(Hayford & Furstenberg, 2008: 299).

　오늘날 우리사회도 청년실업으로 온 사회가 신음하고 있고 개인적인 문제가 아닌 사회적인 문제가 되어가고 있다. 이에 각계각층에서 다양한 사회적 해결책을 제시하고 있지만 실질적인 문제타결에는 도움을 주지 못하고 있는 실정이다. 성인기로의 진입이 유보되면서 청소년기가 늘어났지만 위의 연구에서도 제시했듯이 성인기로의 전환이 유보되는 것일 뿐 청소년 연령별로 가지는 위험행동이 같이 수반되는 것이 아니기 때문에 청소년 교육에 갖는 시사점이 크다. 청소년 후기에 해당하는 많은 젊은이들에게 진로준비뿐만 아니라 사회구성원으로서 성인기를 잘 준비하고 역할을 잘 수행해나갈 수 있게끔 교육 프로그램을 개발하여 제공해야한다.

(2) 밀레니엄 청소년 세대

현대의 젊은이들을 옛날 방식으로 교육하며 위협하고 강압하고 벌을 주며 지도할 수는 없다. 청소년의 세계는 다르다. 결코 어른의 세계와 같을 수가 없는 것이다. 아동과 청소년이 가지고 있는 자연적인 개성을 있는 그대로 자연스럽게 대하고 서로 주의하고 개별성을 인정하며 믿고 신뢰하는 가운데 지도목적을 정하여 지도해야 한다. 이러한 임무를 수행하는 것은 매우 어려운 일이다(권이종 외, 1998: 123). 따라서 현재의 청소년 세대의 특징을 파악할 필요가 있다.

'X세대', 'Y세대'에 이어 'N세대'란 용어가 등장했다. 이 용어는 『위키노믹스(Wikinomics)〉』의 저자로 잘 알려진 미래학자 돈 탭스콧(Don Tapscott)이 펴낸 『디지털 환경에서 자라난 세대: N세대의 도래(Growing Up Digital: The Rise of the Net Generation)』에서 처음 등장했다. N세대는 컴퓨터의 보급과 함께 태어나 자라기 시작한 1977년 출생이후의 연령층으로 인터넷 공간을 자유롭게 누비고, 현실 세계만큼 사이버 공간을 삶의 중요한 무대로 인식하며, 편지나 전화 대신 전자메일을 주고 받는 'Net Generation'을 뜻한다.

이렇듯 Net세대들은 1977년부터 1997년 사이에 태어난 세대로 디지털 기술과 함께 성장해서 디지털 기기를 능숙하게 다룰 줄 아는 디지털 문명세대를 말한다(Tapscott, 1998). 이제 N세대(Net Generation)가 가고 밀레니엄 세대가 사회에 진입하고 있다. 최근 기업에서는 이들에 대한 관심이 점차 높아지고 있다. 즉, 밀레니엄 세대 직장인이 조직의 새로운 동력으로 자리 잡기 시작할 것이기 때문이다. 밀레니엄 청소년 세대들은 2002년도와 2004년 정도에 출생한 세대들로서 인터넷, 블로그 등 디지털 혁명과 더불어 성장한 세대들이다(Bahr & Pendergast, 2007).

최근 들어 '요즘 청소년들은 외계인이다. 도무지 생각을 알 수 없다.' 혹은 '북한의 김정은이 제일 무서워하는 사람은 한국의 중학교 2학년 학생'이라는 유머도 나올 정도로 기성세대들의 우려의 목소리가 높아지고 있다. 강정숙(2003)은 다음과 같이 오늘날의 청소년 세대들을 설명한다. 청소년들에겐 종교단체, 정당, 노동조합 등 큰 사회단체는 별로 매력이 없다. 그들은 필요할 때마다 네트워크를 형성하고 자신들이 하고 있는 것을 표현하고 실현시켜 나가고 있다. 성, 출산, 나이, 직업 등과 관계없이 시민들의 네트워크가 다양한 참여방식을 통해 날로 확산되어 가며 시민사회가 형성되고 있다. 실제로도 우리나라의 청소년들은 다양한 소셜 미디어를 통해 엄청난 네트워킹을 구축하고 있지만 실상은 그러한 것이 없었던 세대들보다 더욱 고립의 감정을 느끼는 경향이 있으며 개인화가 심해지고 있다.

이처럼 밀레니엄 청소년 세대의 주요한 특징은 생활의 모든 영역에 컴퓨터 테크놀로지가 침투한 시대에 성장했다는 것이다. 컴퓨터가 규범이라기보다 단순히 테크놀로지의 새로운 형태일 뿐이지 그 이상의 것이 아닌 부모 세대와는 극명히 대조를 이룬다. 밀레니엄 세대의 특징을 자세히 열거하면 다음과 같다(Howe, 2006).

1) 그들 자신을 특별히 간주한다

밀레니엄 청소년들은 몇 가지 면에서 특별하게 간주된다. 이들은 '영웅'세대로서 사회적 주목과 잠재성을 2010년부터 나타내기 시작했다. 밀레니엄 청소년 세대들은 디지털 언어에 능통하고 인터넷, 디지털 세상에서 태어난 세대이다. 아직도 디지털 이전 세상에 한쪽발을 담구고 있는 기성세대들은 이들과의 소통이 어렵게 느껴진다(Prensky, 2005).

2) 보호, 안전을 요구한다

밀레니엄 청소년 세대들은 범죄, 테러리즘과 같은 안전 문제에 대해 특별히 염려한다. 이와 같은 이유는 그들이 특별히 테러시대로 간주되었던 시대에서 성장했기 때문으로 보여진다. 밀레니엄 청소년 세대들은 2001년도의 미국 September 11. 테러사건, 2002년 발리 폭파사건과 같은 테러리스트 사건들과 학교 폭력 같은 것들을 경험했다. 이에 안전과 안전에 대한 염려의 영향력이 밀레니엄 청소년에게 미쳤다. 또한 모바일 폰을 사용한 협박은 예전에는 명백히 존재하지 않았던 폭력의 유형이다. 우리나라에서도 남자친구와 교제하다 헤어진 여학생을 그의 친구들이 카톡 대화방으로 초대해 욕설 등 사이버 언어폭력을 가해 해당 여학생이 자살한 사건이 있었다.

3) 자신감이 있다

위와 같이 밀레니엄 청소년 세대들이 안전을 요구함에도 불구하고 세대를 연구하는 이론가들은 지속적으로 밀레니엄 세대를 낙관적이고 자신감에 차있다고 주장한다.

이와 같은 밀레니엄 청소년들의 특성을 고려하여 Howe(2006)는 그들을 다음과 같이 지도할 것을 교육자들에게 당부한다.

첫째, 모든 학습자를 대상으로 적극적 산출물을 강조하라.

둘째, 상황적 그리고 프로젝트 기반의 환경을 사용하라.

셋째, 청소년들의 학습과 성장을 안내하기 위해 개인별 성장계획표를 작성하라.

4) 팀 지향적이다

밀레니엄 청소년들의 팀 지향적 특성은 가장 두드러지는 특성일 것이다. 아날로그 기성세대와 다르게 이들은 인터넷, 이메일, 블로그, 온라인 채팅, SMS, 모바일 폰, 상호작용적인 다중플레이어 게임 등으로 인해 더 친구들과 잘 연결되고 효과적인 팀 멤버십을 위해 필요한 기술들을 발달시키고 강화시키는 편이다. Fortune 500개 회사에서 제공된 팀워크를 위한 기술들로 문제해결, 상호인간관계적인 기술, 구두 대화, 듣기, 커리어 개발, 창조적 사고, 리더십, 목표설정/동기, 쓰기 등이 있다. 미래의 직업세계를 위하여 청소년들은 이러한 기술들을 사회에 진입하기 전에 발달시켜나갈 필요가 있다.

따라서 Howe(2006)는 다음과 같이 제안한다.

첫째, 팀 스킬을 가르쳐라.

둘째, 커리큘럼에 지역사회 봉사를 포함시켜라.

셋째, 청소년들로 하여금 다른 학생들을 도울 기회를 제공하라.

5) 전통적인 희망과 꿈을 갖고 있다

밀레니엄 청소년 세대들은 직업, 일과 생활의 균형, 시민의식에 관련하여 전통적인 꿈을 갖고 있다. 이렇듯 상대적으로 전통적인 세대의 출현은 베이비 부머 세대와 X세대에 대한 불만족의 결과로 간주된다. 밀레니엄 청소년들은 전통적이지만 그들의 일에 대한 개념은 전 세대와 같지 않다. 밀레니엄 청소년들은 빨리 승진하기를 기대하고 자주 직업을 바꾸며 훈련과 교육기회에 의해 동기부여를 받는다. 리더십을 존중하고 유연성과 좋은 노동 관계를 기대한다. 한 고용주에게 오랫동안 충성하는 것은 밀레니엄들에게는 거꾸로 치욕스러운 일이며 이것은 그들이 시대에 뒤떨어지고 다양한 경험이 부족하다는 것을 의미한다(Robert, 2005). 그들은 직장상황에 만족하지 않으면 즉각적으로 그만두는 성향이 있다(Salt, 2006).

Howe(2006)는 다음과 같이 제안한다.

첫째, 모든 청소년들이 완전습득이 가능한 커리큘럼을 개발한다.

둘째, 과정을 칭찬한다.

셋째, 끊임없이 모니터하고 평가하고 학습을 재지도한다.

6) 압박을 받는다

밀레니엄 세대들은 압박을 받는 것으로 간주된다. 바쁜 학교 일정과 사회적 일정 때문에 이들은 항상 바쁘게 일정을 소화해낸다. 또한 많은 다양한 종류의 테크놀러지에 관여하게 되는 것은 이들 세대가 신선한 공기보다는 더 스크린 작업에 몰두한다는 것을 의미한다. 그들은 연간 대략 22,000개의 TV광고를 접하며 지속적으로 친구들과 접촉한다. 컴퓨터 게임을 하면서 iPod을 통해 음악을 듣고 동시에 인터넷, 이메일, 블로그, 온라인 채팅, SMS, 모바일 폰을 통해 항상 친구들과 연결되어 있다.

7) 성취적이다

밀레니엄 청소년들은 교육에 대한 열정이 강하다. 밀레니엄 청소년들의 대부분은 대학교육을 접하고 있는데다가 평생학습에 대한 열의도 강하다. 그들은 효율적이면서 평생학습과의 연계성을 중요하게 생각한다.

Howe(2006)는 성취적인 밀레니엄 청소년들의 특성을 반영하기 위해 교수자들이 채택해야만 하는 수업전략을 다음과 같이 제안하였다.

첫째, 도전적인 커리큘럼을 구안해야 한다.

둘째, 재능과 노력보다 성취를 강조한다.

셋째, 커리큘럼에 최신 컴퓨터 테크놀러지를 접목시킨다.

넷째, 교사들 자신이 평생학습과 전문적 성취인의 한 예로서 그들에게 역할모델이 될 수 있도록 노력해야 한다.

Bahr와 Pendergast(2007)에 따르면 밀레니엄 세대가 살고 있는 사회 · 경제 영역의 고유한 특성은 흔히 글로벌화, 개인주의, 다원주의로 묘사된다. 글로벌 경제로 인하여 인터넷과 같은 새로운 의사소통 기술이 더욱 확산되는 추세이고 전통적인 시·공간의 구분이 사라지는 지구촌이 형성되고 있다. 이민·이주, 핵가족화, 출산율 감소, 고령화 등 인구학적 변화 등으로 더욱 미래를 예측하기 어려운 시대이다. 이러한 새로운 트렌드는 새로운 인종─불확실한 청소년을 창조한다. 이처럼 밀레니엄 세대를 알고 이 세대의 속성을 아는 것은 교육자들에게 중요하다. 학습효과를 극대화하기 위해 이상적인 커리큘럼, 선호되는 교육기법, 적절한 평가 테크닉을 적용하는 기법 전반에 대한 이해를 촉진할 수 있기 때문이다(권양이, 2013: 275, 재인용).

밀레니엄 세대 이전에도 베이비붐, X, Y, Net세대가 있었지만 밀레니엄 청소년 세대에 대한 우려가 더욱 큰 이유는 이 세대 청소년들이 예전 세대가 겪었던 사회변화의 속도와 비교할 수 없을 만큼 빠른 사회에서 성장했다는 점 때문이다. 또한 오늘날은 사회의 다양성문제도 예전과 비교할 수 없을 만큼 복잡하며 예측 불가능한 사회가 되었다. 새로운 행동양식을 찾고 배워야 하는 발달과업을 가진 청소년들은 철학, 가치관의 부재, 다원주의로 표방되는 현시대에서 합리적으로 사고하는 한편 의미 있는 가치나 도덕적 기준을 발전시켜 나가도록 요청되기 때문에 이러한 사회적 요구의 증가는 청소년들을 심리적으로 압박하고 그들의 불안을 증폭시키는 원인이 된다.

제**2**장 | **청소년 교육의 역사**

1.　서 구

(1) 고대희랍시대

Platon과 Aristoteles가 젊은이의 본질에 대해 언급하였다. Platon은 고대 그리스의 철학자, 객관적 관념론의 창시자, 소크라테스의 제자, 귀족 출신이다. 40세경 아테네 교외의 아카데미아에 학교를 열어 교육에 임하였으며, 또한 많은 저작(30권이 넘는 대화편)을 썼다.

그는 유명한 이데아설을 제창, 이데아(혹은 eidos＝형상)는 비물질적, 영원, 초세계적인 절대적 참실재이며 이에 대하여 물질적, 감각적인 존재는 잠정적, 상대적이고, 이 감각에 호소하는 경험적인 사물의 세계는 이데아의 그림자, 모상(模相)이라는 이원론적 세계관을 내세웠다. 세계의 중심을 이루는 것은 세계 영혼이며, 인간의 영혼은 세계 영혼이 주재하는 이데아계에 있던 것으로 이 영혼은 불멸(不滅)이며 이데아를 상기하는 것에서 진정한 인식이 얻어진다고 하였다.

플라톤은 아동기에는 성격적인 면을 중시하여 스포츠, 음악 교육 등을 지도하고 청소년기에 이르러서야 과학과 수학을 지도해야 한다고 주장하였다. 우리나라의 많은 학부모들이 아동초기에 수학, 영어 등 교과교육을 과도하게 지도하는 측면이 있는데 플라톤의 교육철학에 비추어 보면 결코 바람직하지 못한 방법이다. 현대의 많은 방과후 프로그램 연구자들 역시 아동기때에는 집중력을 길러주는 미술, 음악 등의 교육 등이 중요하다고 강조하고 있다.

Aristoleles는 고대 그리스의 철학자로서 플라톤의 제자이다. 학문 전반에 걸친 백과전서적 학자로서 과학 제 부문의 기초를 쌓고 논리학을 창건하기도 하였다. 트라키아의 스타게이로스에서 출생하여 플라톤의 학교에서 수학하고, 왕자 시절의 알렉산더 대왕의 교육을 담당하였다. B.C. 335년에 자신의 학교를 아테네 동부의 리케이온에 세웠는데, 이것이 페리파토스 학파(peripatetics: 소요학파[消遙學派])의 기원이 된다. 그는 플라톤의 비물체(非物體)적인 이데아의 견해를 비판하고 독자적인 입장을 취하였지만, 플라톤의 관념론에서 완전히 벗어나지는 못하고 관념론과 유물론 사이에서 동요하였다. 그는 어린이나 동물이나 마찬가지로 자발적 행동 능력은 가지고 있고 쾌락을 추구하나 선택능력은 없다고 규정하였다. 따라서 청소년기라고 부르는 연령기의 가장 중요한 측면을 선택능력의 발달이라고 주장하였다. 아리스토텔레스는 인간의 성장기를 각 7년씩 3단계로 구분하였다. 그는 유아기(생의 최초 7년), 소년기(7세부터 사춘기까지), 청소년기(사춘기로부터 21세까지)로 인간발달 단계를 구분하였다.

(2) 중세와 계몽기

중세기 동안 아동은 '축소된 성인(miniature adult)'으로 간주되었다. 아동청소년의 지위는 매우 낮아서 아동은 엄격한 훈육을 받아야 할 대상으로 취급되었다.

Locke(1632-1704)는 인간이 태어날 때 백지 상태로 태어나기 때문에 어떠한 경험을 하느냐에 따라 다른 성격이나 행동패턴을 형성하게 된다고 주장하였다. 특히 교육에 많은 관심을 보여 그리스라틴어 집중주의 암기식 주입주의를 반대하고 체육, 덕육, 지육을 강조하였으며 그 사람의 소질을 본성에 따라 발전시켜야 한다고 주장하였다. 인간 발달은 점진적인 과정을 통해 나타나며 아동초기에는 수동적인 상태에서 청년기에 능동적인 정신 상태로 발전한다고 보았다. 즉, 1단계(유아기: 4~5세)에서는 강한 신체적 욕구를 가지며 쾌락적이다. 2단계(아동기: 5~12세)는 이성이 아직 발달하지 않은 감각 발달이 중요한 시기로 놀이의 중요성을 강조하였다. 3단계(청년기: 12~15세)는 이성과 자의식이 발달하므로 호기심과 탐구심이 증가하는 단계이다. 4단계(청년후기: 15~20세)는 이타적 사고, 도덕성이 발달하는 시기이다.

　　근대적 의미의 청소년개념이 형성되기 시작한 것은 루소(Rousseau)이후이다. 18세기 프랑스 철학자 루소(Rousseau)는 보다 계몽된 견해를 제시하였다. 다른 어떤 사람보다도 어린이가 성인과 동일하게 취급받아서는 안 된다는 신념을 펼치는 데 주력하였다. Rousseau(1712-1778)는 아동과 청년을 성인의 축소판으로 생각한 중세의 견해와는 달리 이들도 특유의 감정과 사고를 지닌 개체로 보았다. 그의 저서 Emile에서 청소년기의 특징이 자세히 기술되었다. 즉, 12세 이전의 어린이들은 성인들의 엄격한 통제로부터 자유로워야 한다. 12세부터 15세는 신체적 성장과 이성, 자의식이 형성되는 시기이고 15세부터 20세는 정서적으로 성숙되고 도덕심을 갖게 되는 시기라고 보았다.

(3) 근대 말과 20세기 초

　　산업혁명 이후 심리학자, 교육학자들 사이에서 '청소년'이라는 개념이 인식되기 시작하였다. 특히 1904년에 Hall이 「청소년기(Adolescence)」라는 저서를 출간하면서 청소년기가 일반적으로 질풍노도의 시기라는 견해와 생각이 정립되었다. Hall은 청소년 시기는 질풍과 스트레스를 경험하는 스트레스적인 시기라고 주장하였다. 이후 역사가들은 Hall을 청소년에 대한 과학적 연구의 아버지라고 부른다. Hall은 진화론자 다윈의 영향을 받았고 청소년 발달을 재현이론에 비추어 설명하였다. Hall의 재현이론(recapitulation theory)에 의하면 각 개인의 발달은 인류의 발달역사를 재현한다. 즉, 개체발생(개인유기체의 발달)은 계통발생과정을 따른다는 것이다. 인류의 발달이 원시야만문화에서 문명으로 발달했듯이 개인도 원시적인 유아기에서 청소년, 성인기로 발달한다는 것이다. Hall은 다음과 같이 재현이론을 주장하고 특별히 청소년 전후기를 14세로 구분하고 있다.

| 표 2-1 | Hall의 재현이론 |

발달단계	발달적 특징
유아기(infancy)	0-4세: 유아가 동물적이고 원시적인 발달을 재현하는 시기
아동기(children)	5-7세: 아동의 술래잡기나 장난감 총 놀이는 과거 인류의 동굴생활과 수렵, 어획활동을 재현하는 것.
청소년전기(youth)	8-14세: 인류가 인간으로서의 특성과 야만적인 특성을 동시에 가지고 있었던 시기로 아동이 야영시대의 삶을 재현하는 시기로 이 시기에는 연습과 훈련을 통하여 읽고 쓰고 말하는 기술을 획득함.
청소년후기(adolescence)	15-25세: 인류가 야만적인 생활에서 문명시대로 접어드는 시기, 제2의 탄생기, 급진적이고 변화가 많으며 안정적이지 못함.
성인기(adulthood)	인류의 문명적인 생활

출처: 홍봉선·남미애(2010), p. 27.

특히 이 시기에는 산업혁명 여파로 사회와 산업전반에 기술증가, 도시화의 특징이 나타나고 도제형태의 일자리 및 도제기간도 축소되었으며 공립학교가 설립되었다. 이에 가내수공업에서 도제역할을 하였던 청소년들에게 공립학교, 중등학교 입학 등의 교육혜택이 폭넓게 제공되기 시작하였다. 또한 청소년 단체(예: YMCA)가 출현하는 등 사회전반에 진정한 의미의 '청소년'이 확산되던 때이다.

(4) 1950년대

청소년들의 신체적, 사회적 정체성에 대한 발달심리학이 확립되는 시기였다. 미국의 모든 주는 16세와 18~20세 사이의 청소년을 대상으로 특별법을 제정하였다. 1950년대는 청소년을 '침묵의 세대'로 간주하였다. 1950년대 청소년의 생활은 1930년대와 1940년대보다 훨씬 더 개선되었다. 정부는 GI법안을 통과시킴으로써 많은 청소년의 대학교육을 지원하게 되었으며 대부분의 가정에 텔레비전이 침투하기 시작하였다. 이에 대학 학위가 있어야 좋은 직업을 얻을 수 있다는 생각이 1950년대 청소년의 정신 속에 자리잡기 시작하였다(한상철, 2009: 22).

(5) 1960~1970년대 이후

세계적으로 청소년들이 자기주장을 펼치던 시기이다. '성난 젊은 세대(Angry

Young Generation)'가 등장하였고 전쟁 반대, 급진적 저항운동, 기성문화 거부, 히피문화 확산 등 사회적 쟁점이 등장하던 시기이다. 이렇듯 1960년대에 전세계적으로 학생과 대학생들의 반항운동과 소요가 벌어졌고 성인들은 비로소 청소년기와 청소년에 관한 성인들의 지식이 얼마나 제한적이었는가를 알아차리기 시작했다 (오인탁, 1982). 또한 소외라는 개념이 학생들의 이러한 시위와 시내 폭동에서 급증한 약물사용과 히피족의 성행까지 떠들썩했던 10년간의 모든 사건을 설명하는데 사용되곤 했다. 즉, 서구문화에서 소외는 냉전의 시기에 들어와 1960년대에 가장 광범위하게 사용되던 개념이었다(권이종, 2000).

2. 한 국

(1) 삼국시대

우리나라의 청소년 교육은 오랜 역사를 갖고 있다(장혁표, 1998). 삼국시대부터 고구려의 경당이나 신라의 화랑도와 같은 소년 수련활동이 본격적으로 시작되었다. 고구려의 경당은 청소년들이 모여 마을 일을 돌보면서 경전, 문학, 무예를 연마하던 교육제도였다. 고구려의 경당은 우리나라 최초의 민간 청소년 교육기관으로서 고구려의 미혼자제들이 경서를 익히고 무예를 연마하는 수련활동 무대였다(권이종·김용구, 2011). 신라의 화랑도는 국가적, 사회적 차원의 교육을 받는 청소년집단으로서 세계 어느 나라에서도 찾아보기 힘든 청소년 수련활동의 전형적인 모델이었다. 6세기에 설치된 화랑도는 명산대천의 자연을 수련터전으로 하여 문무예의 조화로운 수련거리를 3년간 갈고 닦던 청소년 수련활동제도다.

신라가 화랑도의 활동과 정신에 힘입어 한반도를 통일한 후 8세기 말엽에 우리나라는 청소년 교육에 있어서 일대 전환의 계기를 맞았다. 즉, 화랑제도의 발족 당시에 꽃다운 남자로 출발했던 화랑은 7세기 초·중엽에 이르러 죽어서 이름을 남기는 결사대와 같은 존재로 변모되어 갔다. 즉, 화랑의 수련활동은 학교라는 비좁은 틀 안에서 삶을 파악하지 않고 삶의 무대 전체를 활동공간으로 삼았음을 말해준다. 이렇듯 화랑의 교육에 관한 구상은 문과 무, 정신과 육체, 개인과 공동체의 조화를 통해 삶의 주체성을 표현하고 생활의 문제에 참여할 수 있는 기회를 제공하는 데 주안점을 두었다(박균섭, 2003).

통일신라 신문왕 4년 서기 788년에 독서삼품과라는 과거제도가 생기면서 화랑도제도나 경당과 같은 종합적 교육제도는 꼬리를 감추고 서당, 향교, 서원, 국자감, 성균관 등 공사의 교육기관이 우리 청소년들을 중국의 경서(經書)를 암기하도록 만들었기에(조영승, 2001) 이때부터 암기지식위주의 교육이 시작되었다고 볼 수 있다. 우리나라 청소년 교육의 정신은 한마디로 우리 민족 고유의 사상과 화랑도 정신을 바탕으로 발전해 온 것인데(장혁표, 1998) 오늘날 우리 사회는 청소년을 학교교육 및 지식위주의 교육에 맡긴 결과 청소년들의 균형있는 성장을 도모하지 못하고 있다.

(2) 일제시대

중국의 경서(經書)를 암기하는 데 치중하는 교육이 1,000여 년 동안 지속되어 오다가 1894년 동학란 진압을 빌미로 일방적으로 진입한 일본침략세력의 권유에 의하여 과거제도가 폐지되고 차츰 서양의 학교제도를 받아들이면서 청소년 교육은 학교가 중추적인 역할을 해야 한다는 관념이 지배적이게 되었다(조영승, 2001). 1910년 이후부터 1945년까지는 학교정책에 청소년정책은 없었다. 이 시기에 청소년들의 대부분은 입시지옥에 빠지거나 근로착취를 당하는 현상이 지배적인 모습이었다(권이종·김용구, 2011). 해방이후 정부의 각 부서별로 업무분장을 통해 청소년관련소관업무가 산발적으로 수행되었으나 정책의 통일성이나 일관성이 없어서 청소년에 관한 업무는 체계적으로 시행되지 못했다(김구호, 2002: 110). 따라서 현재까지 전인교육, 지육과 덕육의 조화로운 교육이라는 이상을 간판으로 내걸고 실제에 있어서는 지식입시위주의 교육에 청소년들을 내몰고 있는 것이다(조영승, 2001).

(3) 1960년대

우리나라는 1960년대 이후부터 '청소년'이라는 말이 사회적으로 보편화되기 시작했다. 1960년 후반부터 우리나라는 경제개발계획의 전개와 더불어 경제개발을 주도할 산업인력이 필요해졌다. 따라서 사회전반에 걸쳐 산업인력을 육성할 학교교육에 대한 중요성과 수요가 급격히 팽창하였고 그 결과 학교교육은 지식과 정보의 제공, 기술인력의 양성등의 목표에 치중할 수밖에 없었다.

(4) 1980년대 이후

이후 1960년대와 1970년대를 지나면서 청소년 교육은 인간성 함양측면이 더욱 소홀해져만 갔다. 이기주의적, 소비주의적 경향이 심화되고 청소년 문제가 심각한 사회문제로 떠오르게 되었다. 1983년 4월18일 대구디스코홀화재사건으로 춤에 빠져있던 수십명의 청소년들이 참사를 당하고 연이어 1984년 2월 3일 서울석관동맥주홀화재사건으로 술을 마시던 수많은 청소년들이 사망하는 사건이 연이어 일어났다. 한국의 청소년사회교육은 주로 청소년단체를 중심으로 이루어져 왔다. 국가는 학교교육정책에 집중함으로써 사회교육정책의 수립이나 시행에는 등한시 하였던 것이다. 1988년 6월 1일 청소년육성법이 시행되어 청소년정책이 발전되기 시작하였다. 청소년 업무를 전담하는 최초의 정부조직은 청소년관련 최초의 종합 법률인 「청소년육성법」이 시행된 1988년 당시 체육부에 설치된 청소년국이다(여성가족부, 2014: 438). 이와 같이 1980년대 이후 청소년의 중요성에 대한 사회적 관심이 고조되면서 사회교육법, 청소년육성법, 청소년기본법 등 청소년의 사회교육 및 육성에 관한 법적 기반이 마련되었고 청소년사회교육 및 육성을 담당하고 연구하는 정부부서 및 국책연구소도 등장하게 되었다(김구호, 2002: 110).

(5) 1990년대

1990년대에 들어서는 체육청소년부를 두어 청소년정책을 총괄하게 되었고 아울러 1991년 6월 27일 한국청소년기본계획을 수립·시행함으로써 청소년의 건전 육성을 위한 청소년교육정책의 체계화를 다지게 되었다. 1991년 12월에는 청소년육성법을 대체하는 청소년기본법이 제정되었다. 정부의 청소년을 위한 사회교육은 현재 청소년단체, 청소년회관, 수련시설, 종교기관 등 다양한 기관에서 다양한 형태로 이루어지고 있다.

(6) 2000년대 이후

2000년대에는 청소년관련 법령이 더욱 풍성하게 이루어진 시기이다. 2000년에는 「청소년의 성보호에 관한 법률」, 2003년에는 「청소년활동진흥법」이 제정되었다. 같은 해 2003년에는 「청소년복지지원법」이 제정, 2005년 2월 시행됨으로써 청소년쉼터의 법적 근거가 마련되었다.

2014년에는 「청소년활동진흥법」의 개정에 따라 일정 규모 이상이거나 위험도가 높은 수련활동에 대한 인증을 의무화하고 인증프로그램에 대한 안전관리가 강화되었다. 이와 같이 2000년대에 청소년을 위한 법적체계가 더욱 견고해졌고 학교 밖 청소년교육의 실질적인 교육공급주체인 평생교육의 법적 위상도 마련된 시기였다.

또한 1999년 8월 31일 열린 평생교육체제를 조기에 정착시키고 법적인 체제를 구축하기 위해서 평생교육의 진흥을 국가의 의무로 규정하는 헌법 및 교육기본법의 규정에 따라 기존의 사회교육법을 전면·개정하여 2003년 3월 평생교육법을 공포하였다. 현재 평생교육법은 고등교육법, 초·중등교육법과 대등한 위치에 있다. 평생교육법 제30조에 각급 학교의 장은 학생학부모와 지역주민을 대상으로 교양의 증진 또는 직업교육을 위한 평생교육시설을 설치·운영할 수 있다고 명시함으로써 평생교육의 영역이 확대되었다. 또한 29조에 의거하여 각급 학교의 장은 해당학교의 교육여건을 고려하여 학생학부모와 지역주민의 요구에 부합하는 평생교육을 직접 실시하거나 지방자치단체 또는 민간에 위탁하여 실시할 수 있다. 청소년들이 이용할 수 있는 한국의 지역사회기반의 평생교육시설을 살펴보면 각급학교(초중고대학), 문화원, 박물관, 도서관, 백화점 문화센터, 시군 구민회관, 사회복지관, 사회교육원, 노인교육 기관 및 단체, 청소년 교육기관 및 단체, 여성교육기관 및 단체, 학교교과교습학원을 제외한 평생직업교육을 실시하는 학원 등이 있다.

제**3**장 청소년 교육의 이해

1. 청소년 교육과 평생교육

과학기술의 발달, 세계화, 고령화로 인해 그 어느때보다도 평생교육이 요청되어지고 있는 오늘날 언제나 지속적으로 문제시되어온 교육이 청소년 교육이다. 앞으로 더욱 길어질 긴 미래를 생각하면서 긴 미래가 보다 밝고 의미 있는 미래가될 수 있도록 하기 위해서 현재를 설계하고 중재하는 노력이 필요한 바 이러한 중재를 청소년 교육이라 한다. 청소년 교육은 젊은이다움이 평생을 통하여 언제나지속되도록 하는 교육이다(오인탁, 1982).

오인탁(1982)은 넓은 의미에서 학교도 평생교육의 테두리 안에서 청소년들을교육해야 한다고 주장한다. 이와 비슷한 맥락으로 한숭희(2010: 73)에 의하면 평생교육법에서 학교교육을 평생교육의 개념에서 제외하는 이유는 학교가 본원적으로평생교육과 별개의 영역이라기보다는 학교가 평생교육 가운데서도 일종의 '특별한 종류의 평생교육'으로서 별도의 관리가 이루어지고 초·중등교육법 및 고등교

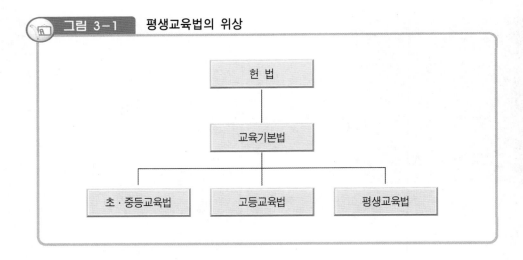

그림 3-1 평생교육법의 위상

육법이라는 별도의 관리체제를 가지고 있기 때문이다. 이러한 현상은 그리 오래 갈 것으로 보이지 않는다. 평생교육법의 법적 영향력이 분명히 초중등교육 및 고등교육과 탈경계적으로 나타나고 있기 때문이다(권양이, 2012b: 73, 재인용).

이를 입증하는 실제적인 한 예로서 평생교육법에서 평생교육법 제30조를 살펴보면 각급 학교의 장은 학생학부모와 지역주민을 대상으로 교양의 증진 또는 직업교육을 위한 평생교육시설을 설치·운영할 수 있다고 명시함으로써 평생교육의 영역과 대상이 확장되었음을 보여주고 있고 또한 29조에는 각급 학교의 장은 해당 학교의 교육여건을 고려하여 학생·학부모와 지역주민의 요구에 부합하는 평생교육을 직접 실시하거나 지방자치단체 또는 민간에 위탁하여 실시할 수 있다라고 명시하고 있다. 이처럼 학교교육은 교육기본법 아래서 별도의 법관리체제에 의해 운영된다고 할지라도 평생교육과 완전히 분리된 개념은 아니다.

오늘날 많은 청소년 수련시설과 단체들이 활발하게 활동하고 있다. 청소년 시설 및 단체는 일종의 사회교육기관으로서, 좁은 의미로 다양한 청소년 단체들은 평생교육과의 관련 아래서 청소년 교육기관으로 칭할 수 있다(오인탁, 1982: 164). 1965년 민간 청소년단체들의 자발적 협의체로서 청소년단체협의회가 창설되어 2013년 현재 72개 회원단체가 활동하고 있으며 회원수는 300만 명으로 연합적인 청소년운동을 벌이고 있다. 안권순(2008)에 따르면 가입하지 않은 단체까지 포함

구 분	계	수련관	문화의 집	수련원	야영장	유스호스텔	특화시설
계	738	176	215	176	43	121	7
공공	469	172	210	41	26	13	7
민간	269	4	5	135	17	108	0

표 3-1 전국청소년수련시설현황

출처: 여성가족부 홈페이지(www.mogef.go.kr).

하면 약 160개의 단체가 활동하고 있는 것으로 추정된다.

또한 청소년시설은 생활권 및 자연권 청소년수련시설과 유스호스텔 등으로 구분되어 있으나 2005년부터 청소년 수련관, 청소년 수련원, 청소년 문화의 집, 청소년 특화시설, 청소년 야영장, 유스호스텔로 구분되었다. 2011년 기준으로 전국의 청소년 수련시설현황은 위 〈표 3-1〉과 같다.

이외에도 청소년활동진흥센터와 92개소의 청소년 쉼터와 111개의 청소년 상담실, 111개까지 합치면 약 1,000여개의 청소년 관련 시설이 있어 청소년들의 건강한 발달을 위해 노력을 하고 있다.

미국의 경우 대체로 작은 규모의 풀뿌리 청소년 기관들은 많은 미국 지역사회에서 중요한 역할을 하고 있다. 카네기 협회에서 1991년 수행한 연구결과에 따르면 이러한 작은 청소년 기관들은 저소득계층 청소년들의 실태를 연구·조사하는데 큰 기여를 한 것으로 나타났다. 조사한 프로그램의 절반이상이 그들의 주요한 역할을 청소년 발달을 증진시키기 위한 것으로 정의하고 있다. 아주 적은 기금에 의해 운영되는 기관이지만 인생 기술 훈련, 마약 남용 교육, 카운슬링, 위기 중재 훈련, 지역사회서비스, 학업 지도, 대화 기술, 동료 카운슬링, 성교육, 직업 준비와 경력 인식, 건강교육, 체력 단련과 스포츠, 아트 프로그램 등 다양한 교육서비스를 제공하고 있다. 많은 청소년 기관들이 서로 구분되기 어렵고 고유의 독자성을 띠고 있지만 공통점은 특별히 고위험 환경에서 생활하고 있는 청소년들의 건강한 발달에 기여할 수 있는 잠재적 영향력을 가지고 있다는 점이다.

우리나라에도 작은 규모의 청소년 단체들이 있다. 이러한 기관들은 청소년들에게 평생교육의 기회를 지속적으로 제공할 뿐만 아니라 학업달성을 위한 교육적 자원이 미비한 열악한 환경의 청소년들에게 많은 교육적 서비스를 하고 있을 것으로 추정된다. 이들 기관들 대부분이 민간의 자발적 기금에 의존하고 있는 상태이고 영세한 규모의 조직은 적절한 정책적 지원 대상에서도 벗어나 있기에 내부 상황은 매우 열악하다. 향후 이러한 조직에 대한 국가적 차원의 정책적·재정적 지원이 필요하다.

　　종합해보면 청소년 교육은 평생교육의 한 영역으로서 간주해도 무방하리라 보여지고 엄밀히 말하면 학교 및 청소년 단체와 시설에서 청소년의 건강한 발달이라는 궁극적 목적을 위해 시행되는 청소년 평생교육이다.

2. 청소년 평생교육

(1) 청소년 평생교육의 정의

　　'평생교육'이란 학교 정규교육과정을 제외한 학력보완교육, 성인 기초문자해득교육, 직업능력 향상교육, 인문교양교육, 문화예술교육, 시민참여교육 등을 포함하는 모든 형태의 조직적인 교육활동을 말한다(평생교육법 제2조). 법에서 정의하는 것 이외에도 학문적 의미(광의)는 인간의 삶의 과정에서 이루어지는 교육 및 학습 현상의 총칭으로서 태교에서부터 노인교육에 이르기까지 수직적으로 통합한 교육과 가정교육, 사회교육 및 학교교육을 수평적으로 통합한 교육을 말한다. 김진화(2012)는 평생교육의 개념을 이념상 교육의 최상위 개념으로 지정하고 인생의 전 생애에 걸쳐 이루어지고 있는 유아교육, 아동교육, 청소년교육, 성인교육, 노인교육 등을 포함하고 모든 생활 영역에서 이루어지고 있는 가정교육, 학교교육, 사회교육, 산업교육, 사이버교육 등 교육의 다섯 마당을 통칭하는 개념으로 정의한다.

　　최근 사회가 복잡, 다변화되면서 사회생활에 적응하기 위한 교육의 양과 질이 다양화되고 있으며 또한 변화에 대응하기 위한 새로운 전문지식과 기술획득 학습이 절실히 요청되고 있다. 이러한 변화의 과정 속에서의 교육의 역할은 새로운 과업을 계속적으로 요구받고 있는데 특히 평생교육은 교육 공급의 다양화 및 질적 재평가를 통한 새로운 역할을 요청받고 있다(진규철, 1999).

평생교육이라는 용어가 사회교육을 대체한지 10년이 지났지만 아직도 평생교육은 일반인들에게 그리 친숙한 개념은 아니다(오혁진, 2012). 또한 사회교육과 평생교육은 일반인들에게는 자주 혼동되는 개념이고 다른 의미로 해석하는 학자들도 있다. 오혁진(2012)에 따르면 역사적으로 학교교육이 주로 사회의 기득권층을 대상으로 국가 관료나 사회지도층을 재생산하기 위한 보수적인 기능을 수행했던 반면 사회교육은 주로 일반 민중들과 소외계층을 대상으로 기존 사회구조의 변화나 보다 평등한 사회를 만들기 위한 개혁적인 기능을 수행해 왔다. 사회교육은 생활 위주의 교육, 공동체를 위한 교육, 더 나아가 그들이 보다 행복해질 수 있도록 사회를 변화시키기 위한 교육의 형태이다(권양이, 2013: 63, 재인용). 최윤진(1991)은 청소년 교육과 지도가 그 지도의 원리와 내용, 방법 등에 있어서 사회교육적 특성을 갖는다고 보았다(한상철, 2009: 249). 이렇듯 우리나라에서 청소년 교육이라고 하면 물론 중복되는 내용이 전혀 없지 않지만 통념상 학교교육에서 실시하는 정규 교과교육에 대한 것보다는 학교 외에서 실시하는 교육을 의미하는 경우가 많다. 청소년 교육은 사회교육의 개념 틀 안에서 이해되어져야 하는데 왜냐하면 사회교육이란 일반적으로는 학교교육으로서 조직적으로 행해지고 있는 것을 제외한 모든 국민이 그 일상생활 속에서 행하는 각종의 자기충실활동(학습활동)을 원조하고 촉진하는 움직임의 총체로서 취급되고 있기 때문이다. 따라서 그 대상은 고령자와 부인을 포함한 성인일반과 재학자의 학교 외 활동을 포함하는 청소년 등 모든 학습활동이다(조용하, 1990: 143). 특히 과거의 사회교육이 오늘날 평생교육의 관점으로 재편성되고 있음을 고려할 때 청소년 교육은 평생교육의 관점에서 바라봐야 할 것이다.

진규철(1999)에 의하면 평생교육은 학교 후에 시행되는 계속교육의 개념과 비형식교육과 관련이 있다. 여기에서 비형식교육이란 학교외의 교육활동 등 어느 정도의 조직성을 지닌 교육을 지칭하는 개념이다. 즉, '청소년 평생교육'은 모든 청소년의 건강한 삶의 질 향상을 위해 대체로 학교 외의 교육활동에 주로 기반하여 시행되는 교육을 의미한다. 진규철(1999)은 분류준거에 따라 청소년 평생교육을 유형화하였다.

표 3-2 분류준거에 따른 청소년 평생교육의 유형화

분류준거	유 형
실시기관 및 설립주체	① 공공기관(국립, 시립, 도립, 군립, 구립) ② 기업체 법인 ③ 사단법인 ④ 기타법인
교육 프로그램의 내용	① 교양증진 교육 ② 취업 교육 ③ 기술 및 자격증 취득 교육 ④ 졸업장 취득 교육 ⑤ 건강 증진 교육 ⑥ 취미 및 여가선용 교육 ⑦ 예술 및 과학 교육
교육이념	① 체제유지형 ② 적응지향형 ③ 의식함양형 ④ 사회변혁형

출처: 진규철(1999), p. 180.

　　이복희 외(2008)는 '청소년 평생교육'을 '평생교육 체제 속의 통합적 부분으로서 학교 외의 사회화 과정으로 청소년기본법의 연령인 9~24세의 청소년들을 대상으로 행하여지는 조직적인 교육활동'이라고 정의한 바 있다. 흔히 청소년 평생교육은 학교에 다니지 않는 청소년들을 대상으로 하는 학교교육의 보완적 역할을 수행하는 교육으로 인식되어 왔지만 정규학교에 다니는 청소년이 학교교육 이외의 평생교육에 참여하는 경우도 이에 해당된다. 예를 들어 학교에 다니고 있는 청소년들을 대상으로 평생교육기관에서 운영하는 프로그램 등을 들 수 있다. 또한 정규학교를 다니지 않는 청소년들을 위해 일반교양교육이나 검정고시교육 등이 있다(이복희 외, 2008).

　　현재 우리나라에서는 세대별로 평생교육에 대한 필요성이 증대되고 있다. 한 예로서 중등직업교육 선진화 정책에 따라 마이스터고·특성화고 졸업자들의 취업률은 상승하는 추세에 있지만 한국 사회에서 이들의 사회경제적 지위는 높지 않기 때문에 평생교육에 대한 요구는 필연적이다(정혜령, 2012: 13). 특히 베이비부머 세

대인 50대의 평균기대수명은 2010년 80.8세로 나타나 기대여명이 30년이 되는 걸 감안해본다면 현재 청소년들의 기대여명은 이보다 훨씬 더 늘어날 전망이기에 청소년 평생교육이 더욱 요청되고 있다. 최근에는 각종 원격평생교육기관, 사이버대학, 대안학교, 홈스쿨링 등 학교교육을 부분적으로 혹은 완전히 대체할 수 있는 다양한 대안교육이 생겨나 전국민을 대상으로 한 평생교육의 지평이 확대되고 있다.

(2) 청소년 평생교육의 필요성

평생교육은 현대 사회의 급격한 변화에 따른 적응에의 필요성 및 학교교육이 가지고 있는 폐쇄성에 대한 한계를 지적하면서 등장하였다. 권양이(2012b: 79-81)는 다음과 같이 평생교육의 필요성을 설명하였다.

첫째, 학교교육의 한계 때문이다. 학교교육은 현대사회의 급격한 변화와 불확실성에 빠르게 대처하지 못하고 다양한 복잡한 개인의 평생에 걸친 교육요구를 충족시키기 어려운 측면이 있다. 또한 모든 사람들에게 균등한 교육기회를 제공하지 못하고 있다.

둘째, 과학기술혁신에 따른 변화로 지식의 생명주기 단축, 지식기술의 급속한 증대 및 진부화, 정보량의 증대 및 수준의 상승, 직종 및 직무의 분화와 고도화로 인해 평생학습이 불가피해졌다. 평생교육은 필요한 교육으로서 새로운 직종으로 전환하기 위한 교육, 현재 직종의 고도화에 적응하기 위한 교육, 새로운 지식과 기술에 대처하기 위한 교육이다.

셋째, 국경을 초월한 세계화로 인하여 정치·경제·사회·문화·예술·체육 등 모든 부분이 지구적 차원에서 하나의 공통된 방향으로 통합·통일되었다. 21세기의 대표적인 특징은 개방화와 국제화로서 개인적, 조직적, 국가적 차원의 세계화가 필요하게 되었다.

넷째, 인생주기의 변화에 따른 고령화 사회의 대두로 평생교육의 필요성이 절실해졌다. 특히 우리나라는 세계에서 유래를 찾아볼 수 없을 만큼 빨리 고령화된 사회(rapidly aging society)이다. 고령화 사회에 적합한 사회적 체제를 정비하기도 전에 갑작스레 고령화된 사회이기에 증가하는 노인인구를 위한 사회적 기반이 취약하고 노년기를 맞이하거나 준비하는 인구들을 위한 노년교육 프로그램 역시 매우 미비하다. 따라서 고령자 이해교육, 고령기 준비교육, 고령자 교육 등의 평생교육이 필요하게 되었다.

다섯째, 주 5일제의 확산에 따른 여가의 증대로 평생교육의 필요성이 더욱 대두되었다. 사회의 발전으로 노동시간이 단축되고 여가가 증대되었다. 많은 여가시간은 오히려 사회문제를 초래하고 여가를 활용하는 방법을 모르는 사람들은 오히려 여가시간이 부담스러울 수밖에 없다. 여가의 기능으로는 휴식, 기분전환, 자기개발을 들 수 있으며 과거에는 여가의 기능으로 휴식의 개념이 강했으나 오늘날은 자기개발의 개념이 강해졌다. 이에 여가시간을 보내기 위한 수단으로 평생교육기회를 찾는 이들이 많아졌다.

John Dewey(1938)와 다른 진보주의 교육학자들은 학습과 인간발달이 단순히 미래를 위한 준비가 아니라 삶의 과정이 될 때 청소년들의 실제 세계의 경험은 귀중한 자원으로서 그 의미를 가진다고 보았다. 이러한 맥락에서 청소년들의 삶과 평생학습은 결코 분리될 수 없는 것이며 서로 영향을 주고받는 삶의 경험적인 차원들이다(권양이, 2013: 85, 재인용). 즉, 청소년들에게 지역사회 기반(Community based)하에 개발된 프로그램에의 참여는 실제 체험의 귀중한 경험이며 삶의 지속적인 과정으로서 단순한 학습이 아닌 삶, 그 자체라는 의미를 부여한다.

전체 인구 중 청소년이 차지하는 비율이 점점 감소하여 현재 청소년의 희소가치가 증대되고 있고 민주주의나 인권존중의 원리가 확대·해석되어 청소년의 요구를 모두 받아들여야 한다는 생각이 보편화되어 결국은 그들의 의향을 존중하고 그들을 위한 상품이나 프로그램의 물결 속에서 생활하고 있다. 또한 청소년들의 삶의 목표자체의 가치가 신뢰받지 못하고 있다. 목표달성에의 노력이 자발적이라기보다는 강제된 것이고 일종의 통과의례(rite of passage)의 성격을 가지고 있다. 이러한 맥락에서 청소년의 건강한 발달과 삶의 질 향상을 위한 청소년 평생교육의 필요성을 정당화할 수 있다. 이와 같이 청소년들이 현재 지향하고 있는 삶의 목표들은 자발적이라기보다는 사회규범에 따른 것이고 이들이 접하고 있는 현행교육은 청소년의 개인 심리적 차원을 소홀히 여기고 있기 때문에 청소년의 완전하고 건강한 발달을 위해서 심화되고 추가적인 교육이 필요하게 된 것이다(진규철, 1991). 아동기가 단축되어 일찍 사춘기로 진입하는 반면에 성인의 역할이나 책임은 늘어난 학업기간과 노동시장 진입에 필요한 자격을 갖추기 위한 준비 기간으로 인해 오랜 기간 동안 유보될 수 있다. 이렇듯 대다수의 청소년들은 더 이상 아동도

아니고 성인도 아닌 주변인으로 더 오래 머무르게 되어 정체성에 혼란을 초래하게
되고 사회적 일탈행동을 일으킬 수 있는 소지가 많아졌다. 더불어 무질서, 혼돈,
복잡성, 예측불가능성, 다원주의로 표방되는 현대사회는 여러 가지 가치와 이데올
로기가 공존하고 있어 아직 자기정체감이 확립되지 않은 청소년들에게 올바른 가
치관 정립에 대한 혼란을 부추기고 있다. 청소년 평생교육은 청소년 시기의 주요
발달과업인 자기정체성의 형성과 가치관 정립에 필요한 교육적 요소들을 포함하
고 있다. 이렇듯 청소년들이 청소년기를 건강하게 보낼 수 있도록 도모하고 지원
하는 청소년 평생교육은 오늘날 늘어난 청소년기로 인해 그 필요성이 더욱 증가하
고 있다.

3. 청소년 평생교육의 의의와 발전과제

(1) 청소년 평생교육의 의의

젊음이 유지되도록 도와주는 청소년 평생교육(오인탁, 1982)은 평생학습시대
를 살아갈 누구에게나 해당되는 교육의 한 형태라고 볼 수 있다. 청소년 평생교육
의 의의는 다음과 같다.

첫째, 청소년은 학업 이외에도 여러 가지 발달과업을 성취해내야 하는 시기이
다(SeiffgeKrenKe, 2000). 지식정보화시대에 살고 있는 오늘날의 청소년들은 과거의
청소년들보다 수행해야 할 발달과업이 많아졌다. 또한 사회에 진입하기까지 유예
기간이 길어졌으며 많은 시간을 청소년인 채로 보내게 된다(Bahr & Pendergast,
2007). 청소년 평생교육은 청소년들이 청소년기의 여러 발달과업을 수행해내는 데
도움을 준다.

둘째, 교육수요자인 청소년 학습자들의 다양한 요구와 흥미를 학교교육에서
충족시켜줄 수 없는 시대이다. 청소년들은 제각기 매우 다양하다(Lerner *et al.*,
2001). 특히 요즘 청소년들은 개성과 관심분야가 매우 다양하기 때문에 학교교육에서
획일적으로 제공하는 내용은 자신들의 요구와 부합되지 않는 측면이 많이 있을 것이
다. 청소년 평생교육 프로그램은 그러한 다양성을 존중하여 개발될 필요가 있다.

셋째, 청소년 평생교육은 최근 지식위주의 편향된 지식교육, 입시위주의 교육으로 인하여 불균형하게 자라나고 있는 청소년들에게 지적 감수성 및 창의성 발달을 도모하여 완전한 발달이라는 궁극적 목적을 지향하게 하고 학교교육에서 충족시켜주지 못하는 기타 다양한 발달상의 교육을 제공할 뿐 아니라 다양한 청소년 교육수요자의 요구에 부응할 수 있는 맞춤지향형 교육이라는 점에서 그 의의가 있다.

(2) 청소년 평생교육의 발전과제

1) 청소년 평생교육에 대한 국민적 공감대의 형성

주 5일제와 창의적 체험활동이 정착되면서 많은 청소년 프로그램들이 개발되고 있다. 그러나 많은 학부모, 청소년들이 스포츠나 교과학습과 관련된 프로그램 이외의 프로그램 활동은 선호하지 않는 것으로 나타난다. 김현철·황여정(2012)의 「주5일 수업제 전면실시 이후 주말 여가활동 실태 및 선호도」를 보면 전면실시 이후 주말 여가시간에 가장 많이 하는 활동은 '숙제나 부족한 공부하기'(19.0%)인 것으로 나타났으며, 학교에서 운영하는 주말프로그램 참여나 청소년수련시설에서 운영하는 주말프로그램 참여 비율은 각각 1.8%, 0.3%로서 매우 낮은 수준이었다. 또한 주5일 수업제 전면실시 이후 주말 여가시간에 가장 많이 하고 싶은(하길 바라는) 활동으로 청소년은 '친구들과 놀기'를 학부모들은 '숙제나 부족한 공부하기'를 각각 19.8%, 32.0%로써 가장 높은 비율로 응답하고 있고 학부모들은 주말프로그램에 참여하길 희망하는 비율이 학교프로그램과 청소년수련시설이 각각 2.7%, 3.6%로 나타남으로써 청소년들의 희망비율인 학교(0.7%)와 청소년수련시설(0.6%)보다 다소 높게 나타났다.

2) 다양한 경험학습의 공식화

경험학습이란 경험의 전환을 통해 지식을 창조하는 과정이다(Kolb, 1984). 경험학습의 지적 틀을 제공한 듀이(J. Dewey), 기본, 노동, 생산교육을 강조한 간디(M. Gandhi), 사회주의 이데올로기를 시험한 모택동, 해방교육을 강조한 프레이리(P. Freire) 등이 이 분야의 학문적 토대를 놓았다. 최근에는 키톤(M. Keeton), 호울(C. Houle)의 경험학습의 당위성, 콜맨(J. Coleman)의 특성분석, 콜브(D. Kolb)의 경험학습과정, 그리고 컥우드(R. Kirkwood)의 평가분석 분야에 있어서 큰 진전을 이루었다. 경험학습에 대한 고찰은 무형식학습에 초점을 맞추지만, 학교 외에서 이루어지는 비형식학습, 비공식학습, 현장학습, 현장실습, 또는 체험학습, 때로는 스터디 서비스 등은 경험학습과 상호교환적인 의미로 사용되고 있으며 이러한 용어의 공통점은 학습 중심적이고 경험 중심적이라는 점이다. 이러한 경험을 통한 학습은 오랜 역사적 전통을 갖고 있으며, 학교가 있기 전부터 가정에서 이루어져 왔으며, 사회가 복잡해지면서 더욱 전문화되었다(권양이 외, 2012).

경험학습 결과를 공식화하려는 노력은 사전학습을 인정하려는 시도와 맥을 같이 하는데 사전학습의 인정은 제2차 세계 대전 이후 미국에서 군인들이 군대에서의 훈련이나 군사업무 수행과정에서 쌓은 경험을 평가하고 인정하는 방법을 개발하면서부터 시작되었다. 이후 성인교육부문에서 계속교육기관에 진학하려는 성인들이 일터와 가정, 여가, 자원봉사활동 등 일상적인 삶을 통해서 습득한 학습결과를 인정해줌으로써 발전되었다. 둘째, 계약제, 시간제, 임시취업, 아웃소싱 등 비표준적인 형태의 고용이 증가하면서 직업 자격 및 대학 입학 등 교육 자격의 부여에 이러한 비공식적 학습경험을 평가인정하려는 움직임이 있었고 졸업장, 학위, 자격증을 넘어서서 개인이 현재 소지하고 있는 직업능력에 대한 정보를 정확히 전달할 수 있는 자격평가인정방법이 필요하게 되었다. 따라서 직무수행능력 중심의 자격제도로 이행해 가고 있는 추세이다(김신일·박부권, 2006). 우리나라의 봉사학습의 의무화, 선취업 후진학제도도 이러한 유형의 자격제도라고 할 수 있다. 또한 최근에는 선행학습인정제를 몇몇 대학에서 시범적으로 운영하고 있는데 향후 더욱 확산될 전망이다. 시간제 등록생, 학점은행제, 계약학과, 산업체 위탁교육 등이 현재 선행학습인정과 관련된 제도들로 4년제 대학에서 적용되고 있는 제도라 할 수 있다(정혜령, 2012: 73). 시범대학에서 제도의 시행을 위해 제정한 학칙의 주요내용은 성인학습자가 입학 전 정규교육 이외의 영역에서 습득한 근로경험, 학습 경험 등이 평가인정을 통해 입증되면 졸업에 필요한 학점의 20% 범위 안에서 특정한 교과목의 이수로 인정할 수 있다는 내용을 골자로 하고 있다(정혜령, 2012).

이처럼 우리나라도 최근 평생학습계좌제 등 국민들의 일터나 지역사회에서의 다양한 경험학습을 인정하고 공식화하기 위한 제도적 기반이 확충되고 있고 2013년 창의적 체험활동의 모든 학교급·학년의 전면실시라는 국가적 정책에 따라 경험학습을 포함한 비형식, 무형식학습 등 청소년들이 학교 내외에서 수행하는 다양한 비형식, 비공식, 현장학습을 인정하는 제도적 기반도 부분적으로 확충되었다고 할 수 있다. 그러나 예를 들어 홈스쿨링제도의 경우 우리나라의 경우 합법화되어 있지 않다. 제도적으로 법적 근거를 만들어 청소년들이 다양한 대안교육을 접할 기회를 제공해 줌으로써 체제교육의 다양성을 확보할 필요가 있다.

3) 청소년 평생교육의 질적 제고

우리나라의 평생교육은 1950년 이후 양적으로는 급속한 팽창을 해왔다고 할 수 있다(권양이, 1999). 평생교육기관은 학교교육기관과 달리 그들 고유의 기관특성과 학습자특성에 따른 다양한 배경변인에 의해 영향을 받는다. 따라서 조직의 성장과 발전을 위해 유연성 있게 대처하지 않으면 안 된다. 평생교육 조직의 존속과 발전을 위해 가장 필요한 것은 프로그램이다. 프로그램이 평생교육기관의 조직의 성패를 결정한다고 해도 과언이 아니다(권양이, 2012a). 따라서 외부평가도 중요하지만 기관자체내에서 프로그램의 질을 진단하고 그와 관련된 내부적 여건을 평가해보려는 노력을 더욱 기울여야 한다. 앞서 김현철·황여정(2012)이 지적한 바와 같이 학교 내외 청소년 교육프로그램들에 청소년이 자발적으로 그리고 흥미롭게 참여할 수 있도록 청소년들을 동기화시키고 청소년들이 평생교육에 대한 개념을 확립하고 교육적 기회의 중요성을 인식하게 하여 평생 동안 학습할 수 있는 자세를 함양할 수 있도록 해야 한다.

제**4**장 청소년 교육과 발달이론

1. 청소년의 신체적 발달

(1) 고전적 이론

고전적 이론인 생물학적 이론과 정신분석 이론은 시대적으로 많이 뒤떨어져 있다(Coleman & Hendry, 1995). 자급자족하던 농경시대와 달리 인간발달이 개인적 성숙의 요인에 의해서만 결정되는 것이 아니라 점점 더 인간을 둘러싼 환경과의 상호관련성의 작용하에 이루어지기 때문이다(VanderVen & Torre, 1999). 또한 Hall이 명명한 질풍노도의 시기에 반박하는 학자들이 많은 이유는 모든 청소년들이 스트레스에 가득 찬 상태로 청소년기를 보내는 것이 아니기 때문이다(Coleman & Hendry, 1995; Lerner, 1995). 이처럼 최근에는 많은 학자들이 전통적인 생물학적 요인보다는 발달적 맥락과 청소년을 둘러싼 환경의 문제를 가지고 청소년 발달의 이해를 하려는 경향이다. 실제로 최근의 청소년 발달을 설명하는 대부분의 이론들은 상황, 환경이 청소년들에게 미치는 영향을 설명하고 있다(Nakkula & Toshalis, 2010). 따라서 이를 간략하게만 살펴보면 다음과 같다.

Freud는 생물학적 기제와 본능적인 충동을 기초로 하여 무의식을 강조하는 정신분석학에 바탕을 두고 인간의 발달단계를 심리성적에너지가 집중되어지는 신체 부위에 따라 구강기, 항문기, 남근기, 잠복기, 생식기의 5단계로 구분하였다. 그에 따르면 이러한 성적 에너지는 신체의 특정부위에 자리잡고 그 특정 부위에서 만족을 추구하게 되는 데 만족을 추구하는 특정 부위는 연령에 따라 변화하며 리비도가 지향해서 충족을 추구하는 대상도 연령에 따라 변화한다(홍봉선·남미애, 2010: 28).

(2) 청소년의 신체적 특징

청소년의 연령에 대한 학자들의 다양한 견해가 있다. 대체로 14세를 기준으로 청소년전·후기로 구분하고 있다. 청소년마다 개인차가 심하고 국가별로 청소년의 성장발달수준도 상이할 것으로 예상된다.

무엇보다 청소년기의 신체적 특징은 신체적 성숙이 이루어진다는 것이다(권이종, 2011). 청소년기가 되면, 남자, 여자 신체발달은 매우 빠르게 진행되고 급격하게 이루어지는데 따라서 아동기때 두드러지지 않았던 남녀별 신체적 특징이 크게 나타나는 시기가 청소년시기이다. 이러한 신체 및 운동능력은 인간의 모든 활동에 기반이 된다.

첫째, 호르몬의 변화이다. 사춘기라고 불리는 청소년의 신체적(생리학적＊해부학적) 발달은 뇌하수체의 성장호르몬 분비에 따라 성장 및 성 호르몬 생물학적 물질들에 의해 빠르게 성장이 이루어진다. "뇌"에는 시상하부라는 자율신경이 있는데 이것이 뇌하수체(호르몬 조절시스템)에 신호를 보내면 부신피질이라는 자극호르몬이 이것을 받아서 스트레스를 조절하고 성선자극 호르몬이 신호를 받아 난소 혹은 고환의 작용을 자극하여 남자, 여자의 호르몬을 분비하도록 해준다. "남성" 호르몬은 "안드로겐 테스토스테론"(Androgen testosterone)으로 이것은 뇌하수체에서 분비된다. 남성에게는 근육성장, 몸, 얼굴, 체모에 영향을 주며 기타 성적 특징들의 변화와 관계가 깊다. "여성" 난소에서 분비되는 "에스트로겐"(Estrogen)은 여성 신체의 주요영향요인이 된다. 여성에게는 가슴, 자궁, 여성의 체형의 변화에 영향을 주고 생리주기의 변화에도 기여한다(권양이, 2013).

| 표 4-1 | 청소년 연령에 대한 다양한 견해 |

저널·문헌	연 도	연구자	청소년 연령	시 기
Adolescence	2004	Schettini, Evans & Frank	12~17	-
		Kuther & McDonald	10~13	청소년 초기
		Smith	12~18	-
		Pinquart & Silbereisen	11~17	-
		Allison & Schultz	11~14	청소년 초기
		Meyers & Miller	14~17	-
		McCabe & Ricciardelli	12~17	-
Journal of Adolescence	2004	Engels, Vitaro, Blokland, de Kemp & Scholte	10~14	-
		Keisner, Kerr & Stattin	10~18	-
Journal of Adolescent Research	2004	Kvernmo & Heyerdahl	16~19	-
		Frankenberger	14~18	-
Journal of Research on Adolescence	2004	Matthews & Conger	10~18	-
		McMillan & Hagan	11~17	-
기타 문헌	2005	Rice & Dolgin	11~14(초기); 15~17(중기); 18~20(후기)	경계는 분명하지 않음, 획일적이지 않음.
	2004	Petersen	13~18	인생경로에 의해 정해짐, 진정한 연령 경계선 없음.
	2006	McInerny & McInerny	-	신체적 특징으로 구분할 수는 없음.
	2000	Seifert & Hoffnung	12~20	-
	2002	Schaffer	-	-
	2003	Santrock	10/13~18/22	-
	1998	Bessant, Sercombe & Watts	-	정확한 연령은 없음.
	2005	Steinberg	10~13(초기); 14~18(중기); 19~22(후기)	-

출처: Bahr & Pendergast(2007), p. 14.

표 4-2	사춘기의 신체변화순서	

소 년	소 녀
• 고환의 성장시작 • 직모의 출현 • 초기 음성변화 • 첫 사정 • 곱슬한 음모의 출현 • 최대 성장 시기 • 겨드랑이 털의 성장 • 뚜렷한 음성변화 • 턱수염의 발달	• 가슴의 발달 • 직모의 출현 • 곱슬한 음모의 출현 • 최대 성장 시기 • 월경 • 겨드랑이 털의 성장

출처: 한국청소년학회(2000), p. 95.

둘째, 신장과 체중의 증가이다. 청소년시기는 유아기 이후 인간의 발달단계에서 가장 왕성하게 신체적 발육이 일어나는 시기로서 남녀 모두 신장과 체중이 급격히 증가한다.

셋째, 성적 측면에서의 성숙이다. 1차적으로 남녀를 구분하는 1차 성징은 청소년기 이전에 부분적으로 완성되지만 청소년기에는 성인과 같은 생식능력을 갖게 될 뿐만 아니라 생식과는 직접적인 관련이 없지만 남녀를 구분하는 데 중요한 요인인 2차 성징들이 발달하게 된다. 따라서 남자의 경우 음낭이 나타나고 고환이 자라면서 체모가 나타나고 정자의 사정을 하게 되며 여자의 경우 내부의 성기관(2개의 난소, 나팔관, 자궁, 질)이 성장하면서 월경이 시작되고 유두가 발달되고 음모가 자라게 된다(홍봉선·남미애, 2010).

2. 청소년의 인지적 발달

(1) 인지발달이론

전통적 발달심리학자들은 발달의 개념을 성장으로 보았다. 주로 출생 후 청년기까지의 상승적 측면 즉 성장에 초점을 두고, 유아기와 아동기를 거쳐 청년기에 이르는 동안 성장을 통해 발달이 완성이 되고, 이러한 발달을 바탕으로 성인기에 안정적으로 살아가다가 노년기에 감소하는 것으로 보았다. 그러나 생애 발달적 관점의 학자들은 발달의 모든 단계에서 성장과 쇠퇴가 공존하는 것으로 보았다. 그래서 발달을 인간이 수정되는 순간부터 죽음에 이르기까지 전 생애를 통해 일어나는 변화로 본다. 이 변화의 과정에는 질적, 양적 변화가 포함되며 신체·운동 기능·지능·사고·언어·성격·사회성·정서·도덕성 등 인간의 모든 특성들이 포함된다. 이러한 발달의 원리에는 개인차의 원리, 일정한 순서와 방향의 원리, 유전과 환경(성숙과 학습)의 상호작용의 원리, 계속성의 원리, 분화와 통합의 원리, 결정적 시기의 원리 등이 있다. 용어 사용에 있어 성장은 주로 양적 변화, 발달은 주로 질적 변화, 성숙은 유전적 요인에 의한 변화를 주로 나타낸다. 결국 발달은 이러한 성장, 발달, 성숙에 의해서 그 발달과정과 양상이 나타나게 된다(권양이, 2013: 7-8).

표 4-3 Piaget의 인지발달 단계

	주요인지 달성 영역	주요인지 한계 영역
감각운동기 (0-2세)	감각기관 단계로 불리는데 영아가 사물과 세계를 이해하기 위하여 감각기관을 사용한다는 것에 착안하여 이와 같이 명명하였다. 대상영속성이 발달하는 단계이다.	자기중심성: 자신과 주변의 외부 자극 세계를 구별 못한다.
전조작기 (2-6, 7세)	전작용 단계로 불리는 이 시기에 아이들은 그림이나 언어와 같이 어떤 것을 대표하는 상징적인 것을 사용하여 자신을 표현한다.	자기중심성: 상징과 대상(실체)을 구별 못한다. 보존성 개념이 결여되어 있다.
구체적 조작기 (6, 7-11세)	확실한 작용 단계인 이 시기에 아이들은 자신을 표현하기 위하여 더 이상 상징만 사용하는 것이 아니라 특별한 상징들을 논리적으로 조작하여 사용한다. 보존성 개념을 획득한다.	자기중심성: 실제에 대한 사고와 현실의 실제적인 경험에 대한 구분능력이 부족하다.
형식적 조작기 (12세-)	피아제의 인식론의 단계별 구분 이론에서 마지막 단계에 해당한다. 이 시기는 공식적 작용 단계인데 이 시기의 아이들은 논리적이고 추상적인 사고를 할 수 있을 뿐만 아니라 이론체계를 세울 수도 있다.	자기중심성: 상상적 청중(imaginary audience), 개인적 우화(personal fable)

출처: Lerner & Spanier(1980), p. 252.

(2) 청소년의 인지적 특성

Piaget의 발달이론에 따르면 청소년기는 형식적 조작기에 해당이 된다. 이 시기에는 추상적인 것에 대한 사고를 논리적으로 하게 되며 이론체계를 세울 수도 있다. 또한 자아에 대한 인식이 매우 강해지는 시기로 다음과 같은 인지적 특성을 보인다.

첫째, 자기정체감(self-identity)의 형성이다. 자기정체감은 평생에 걸쳐 인간이 획득하여야 할 발달과업이지만 청소년기에 특히 중요한 과업이다. 개인차가 있지만 대략 10살에 이르면 청소년들은 자기는 누구이고 다른 사람들에게 자신은 어떤 존재인가에 대해 고민하게 된다. 긍정적 자기정체감의 형성은 자신과 타인에게 신뢰감을 주고 정신적 안정감을 주지만 그릇된 자기정체감이나 정체감 형성의 위기를 경험하게 되면 청소년들은 급격한 혼돈과 좌절을 경험할 수 있다.

둘째, 청소년들은 매우 자기중심적이다. 청소년의 자기중심성은 상상적 청중(imaginary audience)이라는 개념에서 잘 나타난다. 자신이 세상의 중심이라는 생각에 빠져 모두가 자신을 주시하고 있을 것이라는 생각에 빠지기도 한다. 개인적 우화(personal fable)라는 개념은 청소년이 자신을 특별한 존재로 여기는 경향을 의미한다. 즉, 아무도 자신의 경험이나 감정을 진실로 이해하지 못하고 있다고 생각하거나 자신은 특별한 사람이기 때문에 위험으로부터 안전하다고 생각하는 이유이다. 예를 들어, 청소년들이 성관계를 할때 자신에게는 임신과 같은 문제가 닥치지 않을 것이라고 임신의 위험에서 자신을 제외시키는 행위 등이 이에 해당된다.

셋째, Erickson(1968)에 따르면 청소년 시기의 특징은 남에게 자신이 어떤 존재일까 고민하는 시기이다. 상징적 상호작용론에서 남이라는 거울을 통해 비춰지는 자기 자신의 모습을 확인하는 Cooley의 영상자아(looking-glass self)에서 설명하듯이 타인의 판단과 평가에 비추어서 자신에 대한 인식을 이끌어내는 것이다. 남이라는 거울을 통해서 자기 자신을 확인하는 일, 즉, 청소년은 남이 자신을 어떻게 보는지 매우 신경을 쓰게 되고 심한 경우에는 남이 자신을 인지하는 방식대로 자신의 정체성을 형성한다. 남이 자신을 평가하는 대로 비판없이 받아들이게 되는 경우에 해당된다. 이렇듯 청소년에게 의미있는 타자로서의 교사나 부모의 평가는 청소년들에게 매우 큰 영향력을 미치기 때문에 평가나 판단을 내리기 전에 반드시

심사숙고하고 섣부른 판단이나 평가를 내리지 않도록 주의해야 한다.

3. 청소년의 심리사회적 발달

(1) 심리사회적 발달 이론

Sullivan, Erikson, Marcia와 같은 심리사회적 발달 이론가들은 중요한 생활사건과 그 사건의 발생 시기, 타인과의 관계, 문화적인 특성과 같은 심리사회적 요인이 인간의 발달에 중요한 영향을 미친다고 주장하였다. Sullivan에 따르면 인간의 발달단계에 따라 대인관계 욕구가 변화한다고 보았고 유아기부터 후기 청소년기까지 6단계로 구분하여 상호작용의 욕구에 대해 설명하였다. Sullivan은 타인과 어떠한 관계를 갖느냐에 따라 상이한 발달을 한다고 주장하면서 유아기부터 후기 청소년기까지 6단계로 상호작용의 욕구를 설명하였다.

표 4-4 Sullivan의 발달이론

발달시기	연 령	대인관계 욕구
유아기 (infancy)	출생에서 2~3세까지	사람들과의 접촉욕구, 양육자로부터 사랑받고 싶은 욕구
아동기 (childhood)	6~7세까지	자신들의 놀이에 성인이 참여하기를 바라며 성인을 바라는 행동을 주로 함.
소년/소녀기 (juvenile era)	8~10세까지	또래 놀이친구를 얻고자 하고 또래집단에 수용되고자 하는 욕구를 가짐.
전청년기 (preadolescence)	12~14세까지	동성친구를 갖고자 하는 욕구를 가짐.
청년초기 (early adolescence)	17~18세까지	성적 접촉욕구, 이성친구와의 친밀욕구
청년후기 (late adolescence)	성인기까지	성인사회에의 통합욕구

출처: 홍봉선·남미애(2010), p. 30.

1단계인 유아기(infancy, 0~1세)에는 타인과의 접촉이나 부드러운 것과의 접촉에 대한 욕구를 느끼는데 주로 어머니에 의해 이러한 욕구는 충족된다.

2단계인 아동기(childhood, 2, 3~6, 7세)에는 자신들의 놀이에 성인이 참여하기를 바라며 성인이 인정하는 것과 인정하지 않는 것을 이해하게 된다.

3단계인 소년기(juvenile, 6, 7~8, 10세)에는 깊이 활동할 친구를 필요로 하는 시기이며 협동심과 경쟁심을 배우게 된다.

4단계인 전청소년기(preadolescence, 8, 10세~12, 14세)에는 친밀한 동성친구를 갖고 싶은 욕구가 나타나면서 동성친구와의 관계가 깊어진다.

5단계인 초기청소년기(early adolescence, 12, 14세~17, 18세)에는 성적인 접촉욕구와 이성친구와 애정적인 관계를 형성하려는 욕구가 나타난다.

표 4-5   Erickson(1968)의 발달 8단계

단 계	심적 발달위기	연 령	주요과업
1	신뢰 대 불신 (trust vs. mistrust)	0-1세	급유활동 (feeding)
2	자율성 대 수치 혹은 의혹 (autonomy vs. shame, doubt)	2-3세	배변활동 (toileting)
3	자주성 대 죄악감 (initiative vs. guilt)	4-5세	조작활동 (locomoting)
4	근면성 대 열등감 (industry vs. inferioritiy)	6-11세	학교활동 (schooling)
5	자아정체감 대 역할혼미 (identity vs. role confusion)	12-18세	동료 짝짓기 (peer relationship)
6	친밀성 대 고립감 (intimacy vs. isolation)	19-24세	연애관계 (love relationship)
7	생산성 대 침체성 (generativity vs. stagnation)	25-54세	부모역할 (parenting & creating)
8	자아통합성 대 절망감 (ego-integrity vs. despair)	54세 이상	삶의 수긍태도 (accepting one's life)

출처: Nakkula & Toshalis(2010), pp. 19-20.

6단계인 후기청소년기(late adolescence, 17, 18~20대)에는 성인사회로 통합하려는 욕구가 발생하는 시기로 초기 청소년기에 경험하는 혼란이나 스트레스가 어느 정도 안정을 찾게 된다.

심리사회적 발달 이론(Erikson, 1968)으로부터 청소년 정체성의 개념이 도출되었다. Erickson(1968)에 따르면 청소년들은 인간의 인생과정 견지에서 볼 때 중요한 전환점인 발달단계에 있는 시기이다. 이 시기에 특별히 자신은 누구인가와 나는 다른 사람들에게 어떤 의미를 갖는가의 감정들은 이 시기의 상당히 중요한 발달적 문제들에 영향을 미친다(Kurtines *et al.*, 2008: 126). 이러한 맥락하에서 청소년들은 그들 자신들 안이나 혹은 인생 과정에서 질적인 변화, 인생 변환점을 파악할 수 있다. 이에 Erickson은 인간의 발달단계를 8단계로 구분하고 각 발달단계마다 해결해야 할 중요한 발달과업을 제시하고 이러한 과업을 성공적으로 달성할 수 있을때 청소년은 올바르게 성장할 수 있다고 보았다.

(2) 청소년의 심리사회적 특성

청소년기는 여전히 가정의 영향력아래에 있고 부모로부터 정서적, 심리적, 경제적으로 독립할 수 없지만 부모 기타 영향력으로부터 벗어나려고 하는 몸부림이 시작되는 시기이다. 대신 동성친구나 이성친구 등 또래 집단에 전념하기 시작하는 나이이다.

Coleman(1978)은 왜 청소년은 청소년기의 넓은 범위의 이행에 직면하면서도 어느 정도 과도한 심리적 외상(trauma)이나 스트레스에 휩싸이지 않은 채 대처할 수 있는 것처럼 보이는가에 대해 검토한 바 있다. 대다수의 청소년들이 성인들과 잘 지내고, 학교나 직업이 요구하는 것에 잘 대처하며 잘 적응을 한다는 것이다. 이렇듯 청소년기의 이행의 발달적 요구에 대해 상당히 많은 청소년들이 잘 적응하는 것에 대해서는 초점 이론(focal theory)을 통해 그 이유를 찾을 수 있다. 이 모델은 청소년들이 한 번에 한 가지 문제를 다룸으로써 문제들의 상황에 대해 적절하게 대처해 왔다는 것을 시사해 주고 있다. 초점 이론은 중류 및 노동 계급의 일반 청소년들을 연구대상으로 한 결과이다. 11, 13, 15세 연령층의 남자 및 여자청소년 800명을 대상으로 광범위한 관계에 대한 그들의 의견과 태도를 도출한 결과이다. 자기 이미지, 혼자라는 것, 이성과의 관계, 부모님과의 관계, 우정, 그리고 대집단

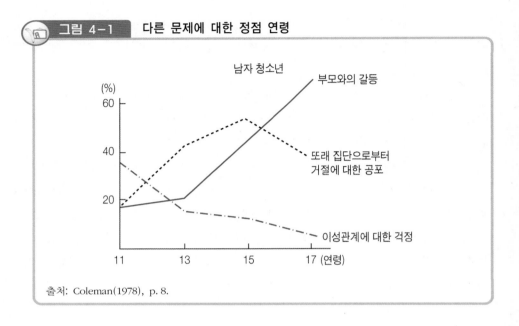

그림 4-1 다른 문제에 대한 정점 연령

출처: Coleman(1978), p. 8.

상황 등을 포함하고 있다. 결과는 연령의 기능으로서 모든 관계에 대해 연령에 따라 태도가 달라지는 것을 보여주고 있다. 중요한 것으로 연구결과는 청소년 시기를 지나는 동안 각각 다른 단계에서 각각의 다른 문제들이 정점을 찍는 것을 보여주고 있다. 〈그림 4-1〉에서 살펴보면 13세의 남자청소년에게 가장 정점을 맞이하는 문제는 또래집단으로부터의 거절에 대한 공포라는 것을 알 수 있고 이러한 현상은 15세까지 상승추세로 유지됨을 알 수 있다(Coleman & Hendry, 1999).

이상과 같이 청소년들은 각 연령에 대응하여 두드러지는 심리사회적 특성이 있으며 한 번에 한 가지 문제를 집중적으로 다루려는 특성을 보이기 때문에 비교적 순탄하게 청소년기를 보낸다는 것이다. 그리고 이러한 문제들이 각 연령에 해당하기 이전에 예고된 문제들이라 주변으로부터 이해나 도움을 얻기가 쉽고 어떤 특정한 학생만이 겪는 문제가 아니라 보편적으로 모든 학생들이 겪는 전형적인 문제라는 점이다(Coleman & Hendry, 1999).

첫째, 부모로부터 독립화하려고 한다. 부모로부터 독립하지도 못하면서 심리적으로 독립하려는 경향을 보이고 독단적으로 행동하는 횟수가 많아지면서 부모와 마찰을 겪게 된다. 개인차가 있긴 하지만 대체로 12, 13세부터 이러한 경향이 나타나기 시작한다.

둘째, 또래집단에 몰입하기 시작한다. 특히 남자청소년의 경우 또래집단의 구성원으로서 인정받으려는 욕구는 매우 강렬한데 대체적으로 11세를 전후로 하여 나타나기 시작한다.

이 시기에 또래집단으로부터 집단의 구성원으로 인정받지 못하고 지원을 받지 못하면 자기정체감에 심각한 타격이 되고 사회적 거부와 배척의 감정을 갖게 되어 자기효능감에도 부정적 영향을 미친다. 자기효능감은 수행성과에 영향을 미치게 되는데 청소년들의 경우에는 낮은 학업성적으로 이어질 수 있다(Bandura *et al.*, 1996).

4. 청소년의 도덕적 발달

(1) 도덕성 발달이론

Kohlberg의 도덕성 발달이론은 Piaget이론을 발전시킨 것으로, 도덕성은 문화를 통해 전수되는 것이 아니라 인지구조의 발달에 따라 도덕적 판단의 양식이 변형되고 재구조화되면서 발달한다고 설명한다. 이 발달은 일정한 단계를 거쳐 발달한다. 청소년들에게 도덕적 갈등상황을 제시하고 그 인지적 반응을 분석하여 3수준 6단계로 제시하였다.

Kohlberg의 도덕성 발달이론에 대한 비판점으로는 반드시 일정한 순서로 발달하지 않고 5, 6단계에 해당하는 자가 소수라는 점, 5단계는 10%, 6단계는 극히 소수일뿐 보통의 성인들은 5단계에서 그친다는 점이다(권양이, 2013).

이외에도 Gilligan(1971)은 Kohlberg가 제시한 것은 평범한 청소년들이 실제로 하는 결정이나 선택과 관련이 적다는 것이고 따라서 이러한 내용들이 실제로 개인에게 존재하는 도덕적 판단을 측정하는지에 대해 의문을 가진다(한국청소년정책연구원, 2010: 114). Gilligan은 또한 Kohlberg의 남성중심의 도덕성 또는 백인중심의 도덕성을 비판하였다. 남성들은 전형적으로 정의, 권리지향성의 측면이 있는데 객관주의적 경향, 개별적 자아개념, 직업에 기초한 자신들의 정체성, 추상적, 비편향

표 4-6   Kohlberg의 도덕성 발달

전인습 수준	1단계 (주관화)	**벌과 복종에 의한 도덕성** 행위의 결과가 벌인가 칭찬인가가 선악판단의 기준 ex) 벌을 피하고자 질서를 지킨다.
	2단계 (상대화)	**욕구충족 수단으로서의 도덕성(소박한 자기중심적 단계)** 자신 혹은 타인의 필요나 욕구 충족되면 옳다고 생각 ex) 인형 빌려주면 놀아줄게(일종의 교환관계)
인습 수준	3단계 (객체화)	**대인관계의 조화를 위한 도덕성(착한아이 지향단계)** 비난을 피하고, 남을 기쁘게 하여 인정받고자 함
	4단계 (사회화)	**법과 질서 준수로서의 도덕성** 개인적 문제보다 법·질서, 약속 준수, 인간관계 형성
후인습 수준	5단계 (일반화)	**사회계약 정신으로서의 도덕성(계약 및 법률존중단계)** 계약에 의해 의무이행, 합리주의사상, 공동체의식, 시민자질
	6단계 (궁극화)	**보편적 도덕원리에 대한 확신으로서의 도덕성(양심 및 원리지향단계)** 양심, 신념에 따른 행동, 자율도덕성

출처: 권양이(2013), p. 22.

적인 규칙과 원리들에 대한 지향성이 있기 때문이다. 반면에 여성들은 배려, 돌봄의 지향성을 갖고 다른 사람과 연계된 상호관계적인 측면에 강조점을 두기 때문이다. 이렇듯 전통적으로 여성적인 가치로 여겼던 관계의 유지, 배려, 돌봄 등은 Kohlberg 의 이론에서 보다 낮은 도덕성 발달단계들과 연관성이 있다고 보았다.

　　Freud(1958)와 Bandura(1969)는 특별히 도덕성 발달에 관한 이론을 제시하지 는 않았지만 그들의 이론으로부터 도덕성 발달에 관한 내용을 찾아볼 수 있다. Freud는 도덕성 발달을 초자아의 형성과정으로 설명하고 있고 Bandura는 도덕성 이 다른 행동과 마찬가지로 모방과 강화에 의해 학습되는 행동으로 생각한다(한국 청소년정책연구원, 2010: 114).

(2) 청소년의 도덕적 특성

　　청소년기의 도덕적 발달특성은 아동기때와는 다양하게 나타나고 그들의 인지 적 발달과 함께 크게 발달하게 된다. 사회적 이해력이 발달함으로써 자신이 경험하지 않더라도 상대방이 갖고 있는 감정이나 느낌을 정확하게 파악하게 되고 더 나아가 상대방의 감정이나 느낌을 그대로 느끼기도 한다. 따라서 사회적 상호작용이 활발하게 일어나게 된다(홍봉선·남미애, 2010: 24). 높은 수준의 자기효능감은 학업적 성취를 예측하는 강력한 변인이다(Bandura *et al.*, 1996). 낮은 수준의 동료지원과 자기효능감은 우수한 학생들에게도 도전이 되는 사항이다(Dennis *et al.*, 2005).

PART **2**

청소년 교육의 실제

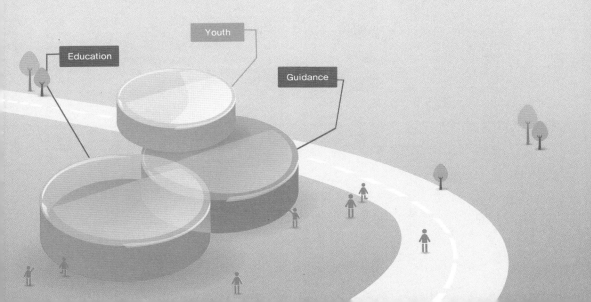

제**5**장 | 청소년의 환경과 교육

1. 가정환경과 교육

(1) 가정의 기능과 의미

가정의 기능이 많이 퇴색되었다고는 하나 여전히 많은 수의 청소년들이 그들의 부모와 가깝고도 기능적인 관계형성을 유지하고 있다. 가정은 세계의 어느 지역을 막론하고 청소년들에게 중심적인 지원을 할 수 있는 곳이다(Larson *et al.*, 2002c).

가정은 첫째, 자녀들에게 사회생활 적응에 필요한 지식, 기술 및 도덕을 가르쳐 주는 곳이다. 가정에서 자녀들은 부모, 형제와 더불어 사회에서 필요한 예의, 도덕, 질서, 규범을 배우게 된다. 또한 아이들은 형제들 사이에서 생애최초의 경쟁관계를 경험하게 된다. 둘째, 사회적으로 볼 때 가정은 문화전달의 기능을 수행하는 곳이다. 셋째, 가정은 장래의 진로가 결정되는 곳이다. 넷째, 가정의 정서적 기능이다. 가정은 애정의 교환 장소이다. 정서적 불안정, 사랑의 결핍 등은 청소년들의 문제행동을 유발시키는 강력한 유발인자이다. 이상현·유명성(2007)에 따르면 위기청소년은 일반청소년에 비해 부모로부터 폭행을 당하는 일이 많고 가정이 화목하지 않고 갈등이 많다. 십대에게 독립심과 책임감을 키워주는 과정이 순조롭게 진행되게 하려면 부모들은 그 과정에서 사랑이라는 기름을 발라줘야만 한다. 십대들이 부모의 사랑을 받는다고 느낄 때, 즉, 부모가 마음으로 자신의 행복을 원하고 규칙들이 자신의 유익을 위해 만들어지고 강화된다고 깊이 느낄 때 독립심과 책임감은 더 잘 자랄 것이다(Chapman, 2010).

(2) 가정의 구조 및 기능변화

Plotnick(2007)의 연구에 따르면 교육(학업)에 대한 높은 기대와 좋은 성적으로 구별되어지는 기회비용이 높은 청소년들은 더 늦은 나이에 결혼도 하고 아이도 가지길 희망한다. 또한 좋은 성적을 유지하는 청소년들은 결혼 없이 아이출산을 할 수 있는 기대가 낮은 수준에 있었다. 즉, 교육수준이 높고 기회비용이 높으면 결혼, 아이출산에 대한 기대가 늦춰지는 것으로 나타났다. 이처럼 최근에는 실제로 적은 수의 형제, 삼촌, 이모, 사촌 등 가정규모가 작아지고 있고 자녀가 없는 가정들도 늘어나고 있다. 그러므로 한 명씩만 있는(콩 줄기와 같은) 확대 가족(Bean Pole Family)이 증가하고 있다. 또한 세계의 많은 지역에서 가족 없이 사는 청소년들이 증가하고 있다. 아프리카에서는 에이즈로 인해 부모를 잃은 아동과 청소년들이 매우 많으며 남아시아와 동남아시아에도 이러한 현상이 증가하여 나타나고 있다. 또한 가정유형도 다양해지고 있으며 여성이 가장인 가정들도 증가하고 있다 (Larson et al., 2002b). 특히 우리나라도 최근 들어 가정해체현상을 포함하여 종전에는 찾아볼 수 없는 다양한 가족의 형태가 나타나기 시작하였다. 혼합 가정, 편부모 가정, 격세대 가정 등이다. 격세대 가정(skipped generation household), 이른바 조손 가족은 11만 9297가구로 전체 가구의 0.7%로 나타났다(통계청, 2010). 조손가족의 조부모 평균연령은 72.6세로 70%이상이 만성질환에 시달리고 있다(여성가족부, 2010). 또한 2009년 소년소녀가정의 세대원 수는 1,596명이다. 이러한 가정들의 청소년들이 일반가정에서 성장하는 청소년들의 교육적 환경과 같다고 보기는 매우 어렵다. 따라서 일반가정의 청소년들과는 다른 이들 가정의 청소년에게 필요한 교육적 요구를 진단하여 개발되는 과학적인 청소년 평생교육 프로그램의 개발이 시급하다. 기능적인 변화를 살펴보면, 산업사회로 접어들면서 농경, 가내수공업 등 생산기능을 담당했던 가정의 생산활동이 공장으로 옮겨가게 되었다. 또한 공립학교의 출현으로 교육을 담당했던 부모의 역할을 학교의 교사가 상당 부분 떠맡게 되었다. 그러나 급변하는 지식정보화시대에는 학교교육의 지식전수만으로는 불충분하고 가정교육, 사회교육, 평생교육이 청소년의 교육을 골고루 분담하여 그들의 전인적 성장을 도와줘야 한다.

(3) 가정교육의 중요성

청소년에게 있어서 가정은 매우 중요한 기능을 하고 있는 곳이다. 아동기와 달리 청소년시기에 이르면 청소년들은 부모의 간섭 및 가정으로부터 독립하려는 열망이 강하나 청소년에게 있어서 가정의 부모는 여전히 영향력을 행사하는 중요한 인물이다(Morrissey & Werner-Wilson, 2005). 가정은 전통적으로 사회구성원의 재생산, 경제적, 정서적, 교육적 기능 등 여러 가지 일을 수행하는 사회의 가장 기본적 단위로서 그 역할을 다하였다. 가정은 특히 청소년들의 인격과 행동이 길러지는 곳이다. 프로이드도 출생 후 5세 이전에 지능, 성격발달이 거의 형성된다고 보았다.

강진령(2008)은 변화하는 부모세대와 자녀세대 사춘기의 특징을 다음과 같이 보고하고 있다. 이상을 지향하며 기성세대에 반항적인 태도를 보이는 청소년들의 다른 한편에는 의존과 순종의 심성이 자리잡고 있어 이러한 감정의 양면성은 청소년기에 나타나는 심리적 독립을 위한 대표적 현상이다(강진령, 2008: 38).

강진령(2008)은 구조화의 어려움, 심리적 부담감, 수직적 관계로 인식, 자녀에 대한 책임감, 선택적, 비선택적 역할, 역할혼동의 가능성과 같은 부모역할의 특성 때문에 부모역할을 해내기란 말처럼 쉽지만은 않음을 주장한다.

Bowers 외(2011)에 따르면 어머니의 높은 수준의 온화함, 부모 모니터링, 부모의 학교 참여는 청소년들의 긍정적 발달(positive development)과 관련이 깊다. 지원적인 부모, 높은 참여, 자율적 지원이 없는 청소년들은 청소년 초기에 의도적인 자기 규제(intentional self-regulation)행동에서 낮은 수준을 나타냈다. 이러한 청소년 집단은 동시에 어머니의 교육수준도 낮았다.

표 5-1 부모세대와 자녀세대 사춘기의 특징

	부모세대	자녀세대
시 기	• 중·고교 시절	• 초등 5, 6학년 ~ 중학교 시절
행동상의 특징	• 영화, 소설, 음악을 보고 들으며 까닭없이 눈물짓는다. • 방과 후 친구들과 몰려다니며, 풀빵집이나 떡볶이 집에 간다. • 주로 TV를 통해 연예정보를 입수하고 시장·백화점에 가서 쇼핑했다. • 멋없는 교복을 입어야 하는 걸 끔찍이 싫어한다.	• 부모와 대화하기 싫으면 방문을 닫고 숨는다. • 학교에서는 밝게 지내면서 집에만 오면 짜증을 부린다. • 인터넷을 통해 연예정보를 모으고 TV·인터넷 홈쇼핑을 통해 물건을 구입한다. • "몰라, 묻지 마!"라는 말을 밥 먹듯이 한다.
부모와의 대화	• 형제가 많아 부모가 참견을 안 하는게 오히려 섭섭했다. • 부모와 대화 자체가 적고, 언니·오빠가 있어서 부모에게 반항하거나 대들지도 못했다.	• 말을 걸면 대화를 피하거나 짜증내며 대답한다. • 간섭한다 싶으면 퉁명스럽게 말대꾸를 한다.
주요 고민거리	• 성적 • 진로	• 성적 • 외모

출처: 강진령(2008), p. 38.

이러한 연구결과는 부모의 높은 수준의 온화함, 모니터링, 학교 참여는 청소년 초기의 청소년들이 성공적으로 자기조절적인 행동을 시작하는데 필수적인 요소임을 보여주고 있다.

(4) 가정교육의 미래지향적 방안

청소년의 비행이나 문제를 발생시키는 원인에 대해서는 사회구조적인 측면과 개인의 심리, 생물학적 측면에서 다양하게 제기되어 왔고 또한 청소년을 둘러싼 학교, 사회, 가정 등의 영향이 관심의 대상이 되어왔다. 그러나 무엇보다도 청소년의 일차적 사회화 기능을 담당하고 있는 가정적 요인이 청소년 문제와 가장 밀접하게 관련되어 있다고 할 수 있다(김선요, 2009; 김성일, 2007; 박미라, 2010). 물론 교사가 이를 담당할 수 있으나 개인적인 문제와 행동의 문제를 다루는 데 있어서 여건이 제대로 갖추어지지 못한 경우가 많고 헌신적인 교사들이 부모가 할 수 있는 일을 대신하기도 하지만 부모가 훨씬 유리한 위치에 있기 때문에(김선요, 2009) 청소년 교육의 일차적인 책임은 가정교육이 갖고 있다고 할 수 있다.

1) 부모의 역할 강화

전통사회에서 부모가 아동들에게 가치관, 생활 태도 등을 가르치는데 절대적인 영향력을 행사해 왔다. 그러나 21세기 초 청소년들의 사회화 과정에서 가정이 갖는 의미는 상대적으로 약화되었으며 가정 외에 유치원, 학교, 같은 또래의 친구들, 직장, 미디어 등이 훨씬 중요한 역할을 담당하고 있다. 따라서 가정이 사회에서 차지하는 위치와 의미가 변화되며 청소년들에겐 부모들이 존경의 대상이라기보다는 신뢰할 수 있는 파트너에 불과하다(강정숙, 2003: 57). 이렇듯 부모의 역할과 의미가 많이 희석되고 변화한다고 하더라도 청소년은 아직 미성숙한 발달단계에 있기 때문에 여전히 부모의 영향력아래에 있어야 한다고 할 수 있다. 부모의 모니터링(monitoring)은 자녀의 문제행동과 부적 관련성이 있다. 부모의 모니터링(monitoring)은 다양한 문화권에 걸쳐 청소년 문제, 비행, 약물 남용 등의 행동유형에 반하여 청소년들을 특별히 보호하는 것과 관련이 있는 것으로 나타났다(Noltemeyer & Bush, 2013). Looze 외(2012)에 따르면, 부모가 자녀의 활동과 행방에 관한 인식이 부족하다면, 자녀가 위험행동에 가담하고 있는지 여부를 파악할 수 없다. 이들의 연구결과에 따르면 청소년들이 또래 친구들과 보내는 시간이 많고 부모가 청소년 자녀들에 관해 아는 바가 적으면 마약남용과 초기 성행위 행동에 높게 참여하게 되는 경향이 있었다. 비슷한 연구결과로, 청소년들의 마약사용은 또래 친구들과 같이 있을 때와 성인의 감독하에 있지 않은 상황에서 가장 빈번히 이루어지는 것으로 보고되었다(Trainor et al., 2010). 그러나 청소년 자녀와 부모사이에 감정적 애착이 형성되면 청소년 자녀들은 그들의 부모와 의사소통이 가능해지고 더 잘 적응하게 된다(Looze et al., 2012: 1040).

① 아버지의 부재가 소년에게 미치는 영향

아버지와 딸이 서로 상호작용하는 것보다 아버지와 아들의 상호작용 측면이 많고 일반적으로 레크리에이션이나 실제적인 것들과 관련해서 일어난다. 또한 어머니보다 아버지들이 그들의 아동, 청소년 자녀와 덜 가까운 관계를 가지고 있으나 그럼에도 불구하고 아버지의 역할은 중요하다(Henricson & Roker, 2000). 특히,

아들은 아버지의 정체성을 물려받고 아버지의 부재에 대해 아들이 딸보다 더 부정적인 영향을 받는다(한상철, 2009). 아버지 부재의 가정에서 자라난 남아는 여성적이 되기 쉽고 지적 수행 능력의 수행과 학구열에서 낮은 수준을 보이고 학업 성취의 측정에서 저조한 수행 능력을 보여주고 있다. 지적 수행 능력의 방법이 아버지가 현존하는 가정에서 자란 소년들과 매우 다르며 소녀들의 경우에도 매우 유사하다는 것이다. 아버지가 존재하지 않는 기간이 길면 길수록 아버지와 사별한 나이가 어리면 어릴수록 남아들은 여성화되는 경향이 더욱 더 심하다. 아버지가 없는 가정의 소년들은 보편적으로 여성화의 기질을 더 많이 갖는 성향을 띠고 있다. 또한 아버지가 현존하지만 무능력하고 수동적이고 게으른 집안의 소년들에게도 비슷한 경향이 나타난다(권이종·김용구, 2011: 245).

Harper와 McLanahan(2004)에 의하면 아버지가 부재하는 가정의 청소년들의 구속수감의 위험은 높았고 이들 가정의 다른 요인들인 십대 어머니, 부모의 낮은 교육수준, 인종적 불평등, 빈곤과 같은 요인들로부터도 기인된다. 가장 높은 구속수감 위험에 직면해있는 청소년들은 계부모가정의 청소년들이었다. 그러나 재혼과 거주상의 불안정이 위험을 증가시킨다고 할지라도 만약 함께 거주하는 조부모들이 있다면 이러한 위험을 완화시키는 것으로 나타났다. 따라서 청소년들을 지원하는 사회적 정책 및 교육은 계부모 가정 청소년들이 직면하고 있는 위험까지 고려할 필요가 있다.

② 아버지의 부재가 소녀에게 미치는 영향

아버지의 부재가 소녀보다는 소년에게 더 많은 영향을 미친다는 연구결과가 지배적이지만 소녀 또한 아버지 부재의 영향으로부터 완전히 자유로울 수 없다.

아버지의 부재는 여자 청소년들에게 초기 성적 행동(sexual activity)과 청소년 임신의 위험 인자와 강하게 연관되어 있다. 미국과 뉴질랜드 청소년 1,000여명을 대상으로 종단적 연구를 실시한 Ellis 외(2003)의 연구에 따르면 소녀들이 아버지의 부재에 크게 노출되어 있을시 초기 성적 행동과 청소년 임신의 위험이 증가하였다. 반대로 다른 위험적 요소들이 있다고 할지라도 아버지의 현존은 그러한 초기 성적 산출물에 반하는 주요 보호인자로 기능한다. 이러한 연구결과는 결혼생활이 폭력적이지 않다면 아버지로 하여금 아이들과 함께 가정을 형성하고 가정에 남아

있게 독려하는 사회적 정책들에 정당성을 부여한다(Ellis *et al.*, 2003).

2) 부모역할이 자녀의 학업성취에 미치는 영향

우리나라의 부모들이 자녀들에게 가장 바라는 것은 아마도 건강과 학업 면일 것이다. 많은 연구들이 자녀에게 거는 부모의 기대가 현실 속에서 어떻게 실현화되는지 입증하고 있다.

Halle 외(1997)에 따르면 부모가 자신들의 자녀의 학업성취에 거는 기대는 자녀 자신의 교육적 기대, 자기인식, 그리고 그들의 실제적 학업수행수준과 연관이 있다(Jodl, 2001: 1248, 재인용). 즉, 부모는 자녀의 교육적 기대, 그들의 실제 학업성취도 수준에 따라 자녀의 학업에 기대치를 달리하게 된다. 그럼에도 불구하고 부모의 가치와 믿음이 자녀의 수행수준에 영향을 미치는 연구가 많이 주목을 받고 있다. 스포츠 면에서 부모가 성공에 거는 기대 그리고 스포츠의 즐김은 청소년들의 운동능력에 영향을 미친다. 또한 Eccles(2003)에 의하면 부모는 가정에서 그들이 제공하는 경험과 특수한 부모역할수행을 통해 자녀의 관심과 활동에 대한 선택을 도모할 수 있다(Jodl, 2001: 1248, 재인용). 부모는 그들의 가치와 믿음을 행동으로 보여주고 자녀가 다양한 활동에 몰입할 수 있게 해준다. 만약에 부모가 독서를 하고 학문추구의 가치에 대해 명확한 메시지를 보낸다면-이러한 특별한 부모의 행동들은 자녀가 자신의 행동 우선순위를 결정하는데 영향을 미칠 것이다. 자녀의 학문적 성취와 연관 있는 행동들은 부모의 스타일, 언어적 상호작용, 독서, 숙제도와주기, 학교 참여 같은 것들이다(Jodl, 2001: 1248).

그러나 학업 면과 스포츠 면, 어느 한 영역에서도 부모의 아이에 대한 긍정적 정체성은 부모로부터 아이에게 그 가치가 전달되도록 중재하지 못하였다. 그러나 어머니에 의해 강하게 정체성을 인지한 청소년들은 미래에 중요한 것으로서 학교생활에 큰 비중을 두었다. 그들은 또한 높은 수준의 학업적 자기효능감과 교육적 기대, 열망을 가지고 있었다. 이렇듯 학문적 영역에서의 어머니의 긍정적 기대와 청소년들의 전문적 진로에 대한 열망 사이의 관계는 청소년의 교육적 기대와 열망에 의해 중재된다. 높은 교육적 기대감과 열망을 가진 청소년들은 미래에 전문적 직업을 더 소망할 것이다. 반대로 스포츠 영역에서의 부모의 높은 수준의 정체성은 청소년들의 체육인으로서의 정체성 및 스포츠에 가치를 두는 것과 관련되어 있지 않았다. 청소년 초기에는 자신과 부모를 분리하는 성향이 제일 강한 시기이기 때문에 이런 결과가 나타나는 것으로 보아진다. 그러나 시간이 지나면서 청소년들이 부모에 의해 정체성이 형성되는 정도는 부모의 성취관련 믿음과 가치를 내면화하는 과정에서 증진될 가능성이 높아질 것이다.

학업적 영역에서 부모의 가치는 직접적으로 청소년들의 가치를 예측하는 변인이었다. 한편 아버지의 행동은 스포츠 영역에서의 부모와 청소년들의 가치사이의 관계를 조정하는 역할을 했다. 긍정적 자기정체성은 직접적으로 청소년들의 학업에 대한 가치와 직접적으로 관련되어 있었고 부모의 가치는 청소년들의 직업적 열망을 예측하는 변인이다. 이와 같은 연구결과는 자녀의 성취 지향적 가치, 궁극적으로 청소년들 자신의 미래의 직업적 비전을 사회화시키는 자로서의 부모의 잠재적 역할을 강조하고 있다(Jodl, 2001).

미국, 중국, 칠레 등 많은 문화권에 걸쳐 부모의 지원, 반응은 청소년기 자녀의 학업달성에 큰 영향을 미치는 것으로 나타났다(Noltemeyer & Bush, 2013). Simpkins 외(2009)에 의하면 인지적 자극을 통해 자녀들을 인지적으로 풍부하게 하거나 몰입하는 부모를 가진 청소년들은 가장 높은 학업적, 사회적 적응을 나타낸 반면 많은 양의 규칙을 정하거나 지역사회에 과도하게 참여하는 부모를 가진 청소년들은 가장 낮은 적응을 보였다.

또한 많은 연구들이 청소년들이 가족과 함께 하는 식사의 중요성을 언급하고 있다. 이러한 연구들은 같이 식사하는 횟수가 잦으면 청소년들의 학업성적과 행동산출물에 긍정적 영향을 끼친다고 주장하고 있다. 그러나 최근 처음으로 그렇지 않다는 연구결과가 발표되었다. Miller 외(2012)는 식사횟수가 청소년들의 학업성적 및 행동산출물에 유의미한 영향을 미치지 않는다는 연구결과를 발표하면서 양적인 횟수보다는 가족 간 상호작용의 질에 더 초점을 맞추어야 함을 시사하는 결론을 제시하고 있다.

이와 같이 부모역할 및 가족 간 상호작용의 질을 단순히 양이나 횟수로서 측정하는 우를 범하지 않도록 주의를 기울여야 할 것이다. 그러나 Miller 외(2012)는 식사의 중요성을 완전히 배제할 수 없다고 지적하면서 향후 후속연구들을 통하여 더욱 명백히 밝혀져야 한다고 언급하였다.

3) 부모의 양육태도 유형

가족환경이 청소년들의 발달에 영향을 미치는 것을 감안할 때 특히 부모의 양육태도의 유형에 따라 청소년들의 발달에 미치는 영향을 살펴보는 것이 매우 필요하다. 예를 들어 Fuligni와 Eccles(1993)에 따르면 응석받이형 부모 밑에서 자란 청소년들은 성숙의 정도가 낮으며 무책임하고 친구들에게 동조하는 경향이 강하다. 무관심형 가정에서 자란 청소년들은 위험정도가 가장 높다. 또한 보다 수동적이며 아동기에서부터 위험정도가 높은 행동에 물들어 있을 가능성도 높다(Coleman & Hendry, 1999: 132, 재인용).

Farrington(1978)에 따르면 부모의 양육태도와 청소년의 공격성향에 관한 연구들을 종합한 결과 부모로부터 가혹한 양육을 경험한 아이는 8살 때부터 남을 무시하는 태도와 소극적인 태도를 가지고 있으며 강압적인 부모의 양육태도, 부모의 범죄경력, 부모의 별거 등은 청소년이 14살이 될 때 난폭한 비행을 유발하게 하고 난폭한 비행은 이미 8~10살 때 보여준 공격성향과 밀접한 관련을 갖고 있다고 한다. 과잉보호 역시 자녀의 자립심과 자기 통제력에 대한 사회화가 이루어지지 않아 비행환경에 노출되었을 때 비판적인 사고 없이 쉽게 동조하게 되고 통제하지 못하고 비행을 직접 행하게 할 수 있다(이수정, 2006: 127, 재인용). 이상과 같이 부모의 양육태도는 다양한데 자라나는 아동과 청소년의 성향에 큰 영향을 미친다.

Tajima 외(2010)는 가정내 부부 간의 골깊은 폭력에 노출된 아동기의 경험이 청소년발달에 미치는 영향을 잠재적으로 중재하는 부모의 양육유형과 청소년 또래친구 지원요인들을 종단적으로 연구하였다. 그 결과 친구와의 대화와 신뢰는 폭력에 노출, 우울증, 그리고 가출의 위험을 완화하는 요인들로 나타났다. 또한 친구와의 대화는 고등학교 중퇴를 유발할 수 있는 부부 간의 폭력의 영향력을 완화하였다. 수용형(acceptance)의 부모양육스타일은 청소년 임신과 가출 위험을 유발할 수 있는 부부 간 폭력의 영향력을 완화하는 것으로 나타났다.

Rossman과 Rea(2005)에 의하면 부모의 권위적인 양육스타일은 자녀의 긍정적인 기능과 보다 더 연관이 있는 반면 일관되지 못한 양육스타일은 좋지 않은 산출물들과 관련이 있었다. 특히, 높은 수준의 심리적 고통을 경험하거나 양육스트레스를 경험한 어머니하의 청소년들은 문제를 내면화할 가능성이 높았다.

특히 자율성(autonomy)을 부여하는 양육스타일은 청소년들이 처한 환경이나 상황에 따라 다르게 나타나는 것으로 조사된다. 어머니와 관계에서 자율적인 저위험군 청소년들은 사회적으로 잘 수용되고 같은 연령 또래친구들과의 관계형성에서 더 성공적인 반면에 어머니와의 관계에서 높은 수준의 자율성을 나타내는 고위험군 청소년들은 친구들에 의해 사회적으로 유능한 것으로 간주되지 않았고 또한 가정 밖에서 비행행동이 증가함을 보였다. 이러한 협상유형은 고위험 지역에서 생활하고 있는 가난한 청소년들의 부정적 산출물과 연관성이 있는 같은 유형의 협상이다.

또한 자녀의 자율성을 제한하는 어머니의 행동과 자녀가 인지하는 어머니-청소년과의 관계는 흥미롭다. 고위험군의 청소년들은 어머니가 자율성을 제한하면 더 신뢰감 있게 간주하는 반면 저위험군의 청소년들에게서는 유의미한 결과가 나타나지 않았다. 저위험군의 청소년들에게는 어머니가 자율성을 제한하면 관계를 부정적으로 인식하는 반면 고위험군의 청소년들은 긍정적으로 본다. 따라서 행동에 높은 수준의 자율성을 부여하는 일은 고위험 청소년들에게 치명적 영향을 준다는 과거 연구결과와 일치하게 인지적인 자율성 또한 고위험 상황의 청소년들에게는 문제가 될 수 있다(McElhaney & Allen, 2001).

① 허용적인 부모유형

통제의 결여로 인하여 허용적인 양육태도는 바람직하지 못한 것으로 인식된다. 허용적인 부모는 요구적이지 않고 통제하지 않는 경향이 있다. 그들은 자녀들의 요구에 수용적이고 너그러워 아주 적은 허용선을 만든다. 만약 그들이 그들의 자녀에게 규칙을 만든다면, 자녀들에게 허용범위를 명확히 제시해주지 못한다. 따라서 이러한 부모 밑에서 자란 자녀들은 독립적이지 못하고 비탐험적이며 자제력이 없다. 허용적인 부모와 독재적인 부모들은 좋지 않은 결과를 낳는다(Trinkner *et al.*, 2012: 121).

② 권위적인 부모유형

권위적인 부모유형이 최적의 부모유형이다(Henricson & Roker, 2000: 765). 권위적인 부모는 자녀의 행동에 대한 책임을 지며 지적이며 문제 지향적이다. 이러한 권위적인 부모는 자녀의 자율의지, 교육된 행동 모두를 중시한다. 또한 권위적인 부모는 자녀와 주고받는 대화를 강조하며 부모가 자녀들에게 원하는 사항이나 금지 사항에 대한 합리적인 이유를 자녀들에게 자주 설명함으로써 어린이나 청소년기에 있는 자녀들이 자기 일과 관련된 문제에 대한 토의에 자유롭게 참여하여 의사결정도 할 수 있다. Steinberg(1996)는 권위적인 양육유형이 중심을 이루는 세 가지 구성요소를 설명했는데 첫째, 온정이다. 권위적인 부모는 자녀를 사랑으로 포옹하며 양육하고 둘째, 청소년들이 자신들의 행동에 대해 기대, 규칙을 가질 수 있는 구조를 제공한다. 셋째, 청소년들의 개성을 수용하며 격려함으로써 자율을 지원한다. 이러한 것들 모두는 부모가 한도를 설정함은 물론, 지원과 수용을 제공하며 성취를 권장하여 자율이 촉진되는 가정환경을 구축하기 때문에 매우 중요한 요인이다(Coleman & Hendry, 1999: 132, 재인용).

Trinkner 외(2012)에 따르면 부모의 양육유형은 자녀들이 부모를 정당하게 권위 있는 인물로 간주하는데 영향을 미친다. 권위적인 부모유형은 자녀들이 부모의 권위를 정당한 것으로 인정하게 만들며 또한 부모를 권위적으로 보는 자녀들은 비행행동에 덜 연루되는 것으로 나타났다. 즉, 권위적인 부모유형이 다른 부모유형보다 더 효과적인 이유는 이 유형은 자녀들로 하여금 그들을 사회화시키고자 하는 부모의 시도를 기꺼이 받아들이게 만들고 결과적으로 규칙을 따르게 만들기 때문이다(Trinkner et al., 2012).

11세에서 14세에 이르는 568명의 칠레 청소년들을 대상으로 연구한 Darling 외(2008)에 따르면 부모의 권위에 대한 정당성에 대한 청소년들의 믿음과 복종에 대한 의무감은 연령이 증가하면서 감소하는 것으로 나타났다. 이들은 1차 연구이후 4년 동안 일 년에 한 번씩 추수조사를 실시하였다. 결과적으로, 청소년들의 믿음과 의무감은 개인적 영역에서 초기 청소년기간 동안에 급속한 하향을 보였다. 문제행동에 연루되지 않은 청소년들과 그들의 부모들이 지원적이라고 인식하는 혹은 모니터를 높게 한다고 인식하는 청소년들은 시간이 경과하면서 부모의 권위의 정당성을 인정하고 복종하는 것으로 나타났다. 이와 같이 청소년들이 부모의 권위에 도전하고 개인적 영역의 문제에서 부모의 견해를 따르지 않으려고 하는 경향은 청소년 후기보다는 청소년 전기에 급격히 나타난다고 볼 수 있다.

③ 민주적인 부모유형

민주적이고 일관된 부모의 양육태도가 바람직하다. 또한 어머니와 아버지의 양육방식이 일관되어야 자녀들이 혼란을 느끼지 않는다(권이종·김용구, 2011).

Smetana 외(2006)에 따르면 청소년들은 신중한 문제에 있어서는 부모에게 터놓고 이야기하는 것을 더 의무적, 필수적으로 느끼지만 도덕적, 관습적 그리고 다차원적인 문제에 관해서 부모에게 공개하는 데 있어서는 덜 의무감을 느끼는 것으로 나타났다. 부모들은 청소년을 청소년 자신들이 인식하는 정도보다 더 부모에게 공개를 한다고 간주한다. 특별히 개인적 문제에 관해서는 청소년들은 아버지보다는 어머니에게 더 털어놓는 경우가 많다. 그러나 어머니들은 딸의 공개를 과대평가한다. 자녀에 대한 신뢰, 공개에 대한 인지된 의무감, 개인적인 문제들, 부모의 높은 수준의 수용, 그리고 심리적 통제는 청소년들로 하여금 부모에게 더 터놓고 이야기하게끔 하는 한편 비밀스러운 일은 덜 만들게 할 수 있다.

④ 독재적인 부모유형

독재적인 부모는 요구적이고 고도로 통제적이다. 그러나 자녀들의 요구에는 수용적이지 않고 초연하다. 이러한 부모들은 일방적 의사소통을 단행하고 설명 없이 자신들이 설정한 규칙에 불평이나 의문 없이 복종하기를 기대한다. 독재적인 부모들은 불만에 가득 차고, 내성적이고 의심 많은 자녀들을 만든다(Trinker et al., 2012). 복종을 중시하며 자녀들의 행동과 생각이 자신들이 옳다고 믿는 바와 다르면 자녀들의 의지를 막기 위해 강제적인 방법을 사용하기를 좋아한다. 독재적인 부모는 권위, 일, 질서유지, 전통유지와 같은 도구적 가치를 강화해야 한다고 믿으며 자녀들은 부모의 말이 무조건 옳다고 믿어야 한다는 신념을 아이들에게 심는 데 부모-자녀 간의 대화가 악영향을 미친다고 볼 수 있다. 만일 부모가 자녀를 거부한다면 그들은 자신을 사랑받을 가치가 없는 쓸모없는 인간으로 받아들이기 쉽다. 이처럼 거부당한 자녀들은 성장한 후 부모가 되면 그들의 자녀를 다시 거부하게 되는 경향이 있다(김성일, 2007: 63). Trinkner 외(2012)의 연구결과에 따르면 독재적인 부모유형은 부모권위와 부적으로 관련성이 있었다. 부모권위는 미래의 비행행동과 부적으로 관련이 있기에 독재적인 부모유형의 자녀들은 비행행동에 가담할 소지가 높다. 독재적인 부모유형은 권위적인 부모유형과 반대로 자녀들이 부모의 권위를 정당한 것으로 인정하는 가능성을 감소시킨다. 독재적인 부모 밑에서 자란 자녀들은 사회화에 대한 부모의 시도에 더 저항하는 것으로 나타났다. 반면에 이들의 연구는 허용적인 부모와 비행행동의 관련성을 충분히 입증하지 못하였다.

⑤ 방임적인 부모유형

방임적인 부모유형은 좋지 않은 양육태도이다. 청소년기는 적절한 보살핌과 관리가 필요한 시기인데 부모의 방임으로 인해 부모로부터 적절한 관리와 보호를 받지 못하는 청소년의 경우에 유해환경에 노출되기 쉬워 주의가 요망된다. 경제적 빈곤, 가정의 불화 등은 부정적인 요소로 작용해 부모가 자녀양육에 방임적이 되기 쉽다. 즉, 방임적인 양육태도로 가정형편과 부모의 방임은 밀접한 관계가 있다 (조윤주, 2012).

⑥ 무심한 부모유형

자녀의 행동에 대하여 무관심한 부모유형이다. 무관심형의 부모는 종종 태만한 것처럼 보이기도 한다. 이 유형의 부모는 자녀들의 행동에 대해 거의 알지 못하며 육아활동에 할애하는 시간을 최소한 억제하고자 한다. Crittenden(1995)에 따르면 부모의 방치와 무관심은 청소년으로 하여금 부정적인 정서를 내재시켜 유해환경에 대한 자발적인 통제력이 낮아지게 한다(조윤주, 2012: 121, 재인용). 이처럼 부모의 지나친 관심도 자녀의 발달에 좋지 않은 영향을 미치지만 너무 무관심한 부모의 자녀도 유해환경에 쉽게 노출될 수 있는 위험이 있기 때문에 주의해야 한다.

⑦ 평등적인 부모유형

이 유형은 부모와 자녀의 역할 차이가 거의 없다. 자녀문제에 대해서 의사결정을 할 때 부모와 자녀가 거의 같은 자격으로 참여하여 결정하게 하는 부모유형이다.

이상 살펴본 바와 같이 청소년들에 바람직한 부모의 유형은 민주적이면서도 권위적인 부모유형이다. 다수의 연구는 일관된 결과를 보여주고 있는데 Steinberg 외 (1991)에 따르면 권위적인 부모 밑에서 자란 청소년들은 자아존중감(self-esteem), 시점취득(perspective-taking)에 있어서 뛰어나며 약물사용, 이른 시기의 성행동 등의 위험을 회피하는 행동면에서도 뛰어난 능력을 보여주고 있다(Coleman & Hendry, 1999: 132, 재인용). 권위적인 부모(authoritative parenting)유형이란 자녀에게 반응적인 한편 통제가 적절히 결합된 유형인데 빈곤, 잦은 이동, 무질서한 이웃들, 지역적으로 떨어진 도시에서 일하는 부모의 경우 그들의 청소년기 자녀들을 지속적으로 컨트롤하기란 사실상 쉽지 않다(Larson *et al.*, 2002b). Larson 등(2002b)에 따르면 부모의 양육스타일은 전 세계에 걸쳐서 변화하고 있다. 권위를 덜 내세우고 자녀에게 반응적이지만 부모의 통제가 결여될 수 있는 측면도 있어 우려의 목소리 또한 높아지고 있다. 요즘엔 한 자녀 가정도 많아 자녀를 너무 허용적으로, 자유롭게 키우는 부모들이 많다. 앞서 자율성을 제한하는 부모를 오히려 신뢰감 있게 간주하는 고위험 상황 청소년 연구(McElhaney & Allen, 2001)에서 알 수 있듯이 자녀의 의견은 존중하되 방종하지 않도록 부모는 주의를 기울여야 한다. 이러한 고위험 청소년들에게 높은 수준의 자율을 허락하면 비행행동에 연루될 확률이 더 높아지고 부모도 신뢰성 있게 간주하지 않는다는 것이다.

자녀는 부모가 기대한대로 성장한다. 윤운성(1999)이 중등학생 566명을 조사한 결과에 의하면 부모의 자녀성적, 학교교육, 교사 존경에 대한 기대가 자녀의 자기효능감에 긍정적 영향을 미치는 것으로 나타났다. 그러나 부모의 기대가 자녀의 능력에 비해 너무 높으면 부정적 영향을 미치며 자녀의 단편적 행동만으로 판단해도 부정적 결과를 초래할 수 있다(이기돈, 1991).

4) 가정에서의 양성성의 회복 및 성역할 습득

청소년기 때부터 양성성을 회복하고 부모 및 가족구성원들로부터 올바른 성역할을 습득해야 한다. 권이종·김용구(2011)에 따르면 의사, 약사, 변호사, 교사, 카운셀러 등 현대의 직업군들이 여성적인 섬세함을 요하는 직업들이 많기 때문에 남자이기 때문에 강해야 한다는 식의 너무 남성화된 교육을 받은 남아들은 성인이 되어 경력개발 및 사회적응에 어려움을 느낀다. 또한 청소년기간 동안에 여성이기 때문에 여성상을 지나치게 요구받은 여아들은 성인이 되어 높은 우울증을 보인다(한상철, 2009). 사실상 우리나라의 경우 지나친 입시과열로 인해 청소년기에는 남자, 여자청소년 간의 역할이 크게 차이가 나지 않는다. 청소년기가 대학입시준비기라고 칭해도 과언이 아닐 정도로 모두가 입시에 매달리고 대학에 들어와서도 취업준비생으로서의 남녀 역할이 크게 다르지 않다. 그러나 결혼 후 임신·출산이후부터 남자와 여자의 역할은 극명하게 대조를 이룬다고 볼 수 있다. 입시를 위해 살고 교육받은 여성인력들이 결혼 후 갑자기 달라지는 역할에 당혹감을 느끼는 게 한국가정의 일반적인 실정이다. 대개의 경우 남성들은 살았던 대로 살면 되지만 여성들에게는 며느리, 엄마, 아내라는 여러 가지 역할들이 주어지기 때문에 이를 극복하기란 쉽지 않다(김재인 외, 2009). 따라서 청소년기 때부터 양성평등 교육 및 양성성을 회복하는 교육이 실시되어야 하는데 현행 교육체제로서는 불가능한 일이다.

5) 가정유형별 교육방안

① 함께 사는 조부모의 역할강화

핵가족현상에서 파생되는 문제를 최소화할 수 있는 제도적 기반이 확충되어야 한다. 오늘날 가정교육의 기능 약화를 가져온 것은 부분적으로 핵가족화 현상화 때문이라고 할 수 있다(한국청소년학회, 2000). 물론 옛날 대가족 시대에도 문제는 있었을 것이다. 겉으로는 화목하고 풍부해 보여도 그 안에서 가족구성원 간의 갈등이나 불협화음이 없지는 않았을 것이다(Neuling, 2009). 그러나 확대가족은 여전히 중요한 자원이며 힘의 보고이다. 특히 조부모들은 안전망으로서 경제적, 정서적 지원 및 조언 그리고 아이 봐주기의 역할을 한다. 특히 이혼, 구속, 사별 등으로 인해 아버지가 부재한 가정에서는 할아버지가 아버지의 역할을 대신할 수 있다. 적절한 감독은 청소년들의 문제행동을 예방하는데 필수적이기 때문에 중요하다. 이와 같이 조부모 및 가정 지원 체제망 내의 다른 구성원들도 청소년들에게 감독·지도를 제공해 줄 수 있기 때문에 이는 향후 청소년의 반사회적 행동과 현재의 위험행동을 약화시키는 효과가 있다(Edwards *et al.*, 2007: 40).

② 함께 살지 않는 조부모의 역할강화

Yorgason 외(2011)는 같이 살지 않는 조부모들의 정서적(emotional), 재정적 지원이 손자녀에 어떠한 영향을 미치는가를 연구하였다. 조부모들의 정서적 개입은 청소년 손자녀들의 학교몰입과 동시에 친사회적 행동과 관련이 있었고 조부모들의 재정적 개입은 학교몰입에 관련이 있었다. 정서적 개입은 한부모 가정, 양부모 가정 모두에서 비슷한 결과를 나타냈다. 그러나 재정적 개입은 한부모 가정의 자녀들에게는 시간이 경과하면서 학교몰입의 수준에 변화가 있었지만 양부모가정에서는 변화가 없었다.

이렇듯 연구결과는 조부모-손자녀의 정서적 관계가 특별히 친사회적 발달과 관련이 있음을 보여주고 있는데 이는 청소년과 직계가족의 다른 성인과의 잦은 접촉이 청소년들의 친사회적 발달에 필수적인 중요한 사회·정서적 기술들을 발달시키는데 도움을 준다고 해석할 수 있다. 예를 들어 함께 살지 않는 조부모들은 함께 사는 조부모들보다도 부모 같은(parent-like) 역할을 덜 행사하기 때문이다. 즉, 손자녀들을 훈육하기보다는 그들의 긍정적 발달을 도모하는데 초점을 맞춘다. 특히 부모－자녀 충돌이 증가하는 청소년 초기동안에 조부모들의 이러한 역할은 중요하게 작용한다. 특히 조부모들의 재정적 개입 면에 있어서는 학교몰입과 관련이 있다. 예를 들어 손자녀들이 책을 사고, 학교물품을 사는 등 건강한 학문적 발달을 증진시키는 데 필요한 자원들을 공급해주기 때문이다.

현재 우리사회는 세대 갈등, 지역 갈등, 계층 갈등 등 갈등이 만연된 사회이다. 특히 세대갈등 측면은 접촉가설이론으로 설명할 수 있다. 이 이론에 따르면 세대갈등은 왕래를 하지 않고 세대 간 접촉 부족에 따른 정보의 부족과 오해에서 오는 어느 정도 일시적인 현상으로 해석한다. 접촉이 부족하고 결과적으로 다른 집단에 대한 오해와 고정관념이 만들어지는 것이다(한정란, 2009). 따라서 청소년 자녀를 둔 부모세대들은 조부모들을 서로의 세대가 다르다고 단정하여 외면하기보다는 그들도 정서적, 재정적 지원을 할 수 있는 아주 중요한 성인임을 인식하고 같이 살든 같이 살지 않든 더불어 살아가는 가족공동체의 구성원으로서 그 역할을 행사할 수 있도록 해주어야 한다.

③ 부모의 역할 강화

핵가족화가 되면서 자녀의 지위는 높아진 반면 아버지 및 어머니의 지위는 약화되었다. 핵가족과 더불어 맞벌이부부가 증가되면서 부모부재현상과 아울러 상호인간관계의 약화, 이기주의, 개인주의가 심화되고 있다. 이렇듯 부모의 권위가 약화되어 청소년에 대한 교육, 훈육, 통제를 과거와 같이 기대할 수 없게 되었다(권이종 외, 1998: 139).

토지를 중심으로 군락을 이루어가며 살았던 농경·산업화시대와 달리 현대에는 직업을 중심으로 살아가기 때문에 핵가족화가 불가피해졌고 주말부부, 기러기아빠는 흔한 한국가정유형의 하나가 되었다. 이러한 가정의 경우 대부분 어머니들이 양육을 담당하기 때문에 권이종(2000)은 특히 아버지의 지위약화를 지적하고 있다. 가정교육의 기능이 더 강화되어야 할 필요가 있는 것이다.

즉, 이러한 비동거 가족에 대한 부모교육이 시급하다. 불가피할 경우를 제외하고는 (특히 자녀가 어릴 때) 부부가 떨어져서 생활하는 것은 지양해야 한다(한국청소년학회, 2000). 이러한 가정교육의 상실로 인하여 평생교육 프로그램이 더욱 개발되어야 하고 가정들을 참여시킬 방안이 마련되어야 한다.

④ 한부모 가정

전체가구 중 한부모 가구가 차지하는 비중은 1995년 7.4%(960천가구)에서 2000년에는 7.9%(1백만가구 이상)로 증가하였고 2005년에는 8.6%, 1백4십만 가구, 2010년에는 9.2%, 1백 6십만가구에 이르렀으며 2011년에는 1백 6십만가구를 넘어섰다. 한부모 가구의 78%는 어머니와 자녀로 구성된 모자가구이고 22%가 부자가구이며 모자가구가 약간 감소하고 있는데 비해 부자가구는 약간 증가추세이다. 한부모 가구의 증가에 따라 자녀양육문제가 심각하게 대두되고 있으며 모자가구의 가장 큰 문제로는 경제적 어려움으로 지적되고 있는 반면 부자가구의 경우는 가사노동 및 자녀양육이 가장 큰 어려움으로 지적되고 있다(여성가족부, 2012).

특히 청소년 한부모 가족의 대책마련이 시급하다. 백혜정(2012)의 연구에 따르면 청소년의 임신과 출산 배경으로는 취약한 가정환경, 학업중단상황, 낮은 피임실천율이 지목된다. 낙태 및 입양 경험이 있는 청소년의 심리적 어려움은 자녀를 양육하는 청소년에 비해 큰 것으로 나타났고 현재 자녀를 양육하고 있는 청소년 한부모는 자녀양육과 학업 및 근로를 효과적으로 병행하지 못하는 것으로 나타났다. 특히 19세 미만 미성년자는 원치 않는 임신과 출산에 보다 취약하고 제도적

표 5-2　가구형태별 한부모가구 현황　　(단위: 천가구, 명)

구 분	2007	2008	2009	2010	2011	2012
전체가구(A)	16,543	16,791	17,052	17,339	17,687	17,951
한부모가구(B)	1,468	1,509	1,551	1,594	1,639	1,677
한부모가구 비율(B/A×100)	8.9	9.0	9.1	9.2	9.3	9.3
저소득한부모가족	148	150	171	185	189	218
한부모가족(한부모가족지원법)	73	82	94	108	115	131

자료: 여성가족부(2014), p. 131.

지원의 사각지대에 놓여있는 사례가 발견되었다. 본 조사 표본에서 임신 경험자 중 89.1%는 원하지 않는 임신이었으며 피임실천율은 5.0%, 낙태 경험은 18.2%로 청소년의 재임신과 한부모가 되는 과정이 반복되는 양상을 띠고 있다.

자녀를 양육하는 경우 본인이 직접 돌보는 경우가 87%로 가장 많고 학업을 지속하는 경우는 전체의 30.6%에 불과하다. 특히 전체 응답자의 72.6%는 임신 이전에 학업을 중단한 것으로 나타나 학업중단 상황이 여자 청소년에게 임신과 같은 위기에 취약할 수 있음을 시사하고 있다. 임신 및 출산 이후 직업훈련(교육)을 받은 경험은 24.7%에 불과하며 근로소득이 있는 경우 평균 약 88만원으로 나타났다. 근로소득을 포함한 양육 청소년 한부모의 월 평균 소득은 68.02만원으로 양육과 생계 유지에 매우 취약한 수준이다.

가. 친권 부모의 교육방안

백혜정(2012)에 따르면 각 부처에서 시행중인 복지사업 가운데 청소년 한부모 가족 관련 사업은 생계 22개, 교육·의료 각각 16개, 자활 13개 등 약 111개이다. 지역사회 내 청소년상담복지센터, 청소년쉼터의 아웃리치 기능을 강화하기 위하여 위기 청소년을 조기 발견 및 지원해야 하고 현재 사후(응급)피임약이 전문의약품으로 분류되어 있어 오남용과 부작용을 최소화하면서도 응급상황에서의 접근성을 보장할 수 있도록 재논의가 요구된다.

이상의 결손가정에 대한 사회적 지원이 매우 시급한 실정이다. 우선 가정차원의 노력으로는 부모는 자녀들이 심리적으로 타격을 받지 않도록 해야 하는데 부모의 이혼이 자신 때문이라는 죄책감에 빠지지 않도록 주의해야 한다. Chapman(2010)은 다음과 같이 제안하고 있다.

첫째, 한부모 가정의 공통적인 요인은 어린 시절에 묻혀 있던 감정들이 십대 시절에 가끔씩 솟아오른다는 것이다. 어린 시절에는 좀처럼 드러나지 않았던 상처, 분노, 거부당함 등의 감정들이 낮은 자존감, 욕구불만, 우울증, 비판하는 말들, 학대하는 행동 등으로 나타나기도 한다. 이러한 행동이 비-친권 부모 앞에서는 거의 표현되지 않는다는 것이다.

둘째, 친권 부모에게 중요한 문제는 십대 자녀의 행동이 아니라 감정에 초점을 맞추는 것이다. 청소년과 아동을 구별할 수 있는 특징 중 하나가 정서의 내면화이다. 아동의 정서표현은 강하고 직접적이고도 일시적이지만 청소년이 되면 그들의 정서가 외부에 표출되기보다는 내부에 숨겨진다. 혹은 방어기제에 의해 변화된다든가하여 외부에서는 쉽게 알 수 없다는 점이다(한상철, 2009). 따라서 내면에 문제가 뿌리 깊게 자리하고 있을지라도 겉으로는 정상아처럼 보여지게 될 수도 있다. 이렇듯 문제가 나타나지 않기 때문에 더 큰 위험성을 내포하고 있는 것이다. 따라서 친권부모들은 12~18세의 청소년들은 친구의 죽음, 학교에서의 실패, 거부당함, 부모와의 갈등, 친구를 잃는 것 등으로 정서적인 면이 자극된다는 것을 알아야 한다.

셋째, 비–친권 부모를 비판하지 말라. 아버지에게 거절당한 경험이 있는 소녀들은 이성교제시에도 남자친구에게 다시 한번 거절을 당할까봐 정상적인 교제를 하지 못하는 경우가 있다. 또한 어머니와 같이 살지 않는 소년들은 그릇된 여성상을 갖게 되기 쉽다. 성폭력을 행사하는 범죄자들의 대부분이 어렸을 때 어머니 사랑을 받지 못한 경우가 많다. 이혼하게 된 이유를 포장 없이 진실하게 들려주고 공감적인 대화를 나누는 것이 필요하다.

나. 비-친권 부모의 교육방안

첫째, 비–친권 부모가 자녀를 매일 접촉한다는 것은 거의 불가능하지만 가능한 한 친권 부모에게 허락을 얻어 정기적으로 만나는 것이 필요하다. 일상생활 가운데 자주 만나서 감정을 교류할 필요가 있다. 만날 때에는 전화, 이메일, 문자, 쪽지 등을 이용한다. 십대자녀들은 진정성을 찾고 있기 때문에 서로의 일상생활의 실패, 성공이든 가리지 말고 정직하게 진정성을 갖고 대화를 시작하여 그들의 감정에 접촉한다.

둘째, 앞서 나온 것과 동일한 사항으로 동일하게 친권 부모를 비판하지 말라.

셋째, 확대가족, 친구들, 교회식구 등 도움을 주는 사람들의 목록을 작성한다. 십대 청소년들에게는 혈연관계가 아니더라도 친구, 가족역할을 해 줄 수 있는 사람들이 필요하다. 할아버지, 삼촌, 사촌형, 교회 형 등은 아버지의 부재로 인해 생긴 공백을 메워 줄 수 있다.

⑤ 조손가정

조부모가 가장으로서 손자녀를 양육하는 가족을 지칭하는 용어가 다양하게 사용되고 있지만 일반적으로 조손가정(grandparent-headed home), 격세대가정(skipped generation household)이라고 불리운다. 조손가정은 '아동의 부모가 사망이나, 이혼, 별거, 가출 등으로 인하여 원−가족(family of origin)이 해체되어 현재 조부모와 같이 생활하고 있고 앞으로도 장기간 혹은 영속적으로 생활할 것으로 예상되어 조부모가 실질적으로 부모의 역할을 대행하고 있고 그 안에서 가족의 기능이 수행되는 가족형태이다. 한정란(2009)은 조부모의 만성적인 질병, 사회심리적인 고립감 및 우울감, 양육비로 인한 경제적 어려움, 노부부의 결혼생활 만족도 저하 등을 이유로 들어 조부모의 생활만족도를 우려하였다.

여성가족부(2010)에서 실시한 조손가정에 대한 실태조사 결과를 보면 조손가정의 월평균 가족소득액은 59만 1000원 정도이며 조부모의 평균연령은 72.6세로서 70%이상이 만성질환을 앓고 있었다. 조부모의 2/3정도는 손자녀 양육과 교육에 따르는 경제적 문제를 호소하고 있으며 손자녀의 생활 및 학습지도, 손자녀의 장래준비 문제를 어려움으로 호소하는 경우가 각각 12%, 10%정도로 나타났다. 조손가정의 조부모는 이와 같은 어려운 가족 양육환경에도 불구하고 93%정도가 현재와 같은 가족 형태를 유지하면서 손자녀를 양육하겠다는 의지를 보였다. 그러나 조손가정의 아동이나 청소년은 가족 없이 보육시설에서 보내는 것보다는 낫겠지만(한정란, 2009) 거의 60세가 차이나는 조부모와 살기 때문에 학업적, 정서적 지지를 받지 못하는 경우가 대부분이고 일반가정의 청소년들보다 더 부정적 자아개념을 형성하기 쉽다(권중돈 외, 2012). 권중돈 등(2012)에 의하면 조손가정은 아동 또는 청소년, 노인문제를 복합적으로 경험하기 때문에 다중적인 사회적 관계망과 국가차원의 지원정책이 절실히 요망된다. 경제적 지원뿐만 아니라 일대일 학습 멘토링 프로그램, 조부모 대상의 부모역할교육 등이 더 활발히 실시되어야 한다.

⑥ 절대적 빈곤가정

Sutherland와 Cressy(1975)는 부도덕 가정, 결손가정, 애정결여가정, 갈등가정, 훈육결여가정, 빈곤가정, 시설가정을 현대사회에서의 문제가정으로 분류하고 있다(권이종 외, 1998: 137, 재인용). 빈곤은 청소년들의 건강에 가장 심각한 위험요소이다. 빈곤국가의 경우 위생, 좋은 영양, 건강 서비스, 교육을 위해 중요한 지원체계를 제공할 수 없다. 빈곤국가와 부유한 국가의 혜택 받지 못한 청소년들은 위험한 이웃들, 부정적인 행동 모델에 더 자주 노출되기 쉽고 건강한 성인발달에 이르도록 하는 선택기회들이 극히 제한되어 있다(Larson *et al.*, 2002b).

국내 저소득 한부모 가정현황을 살펴보면 2008년 글로벌 경제위기의 여파로 인하여 2004년 4만 7,405가구에서 2010년 10만 7,313가구로 6년 만에 2배 이상 증가하여 빈곤가정이 증가하였다. 절대적 빈곤가정은 대체로 조손가정, 모자가정, 병사가정, 자녀가정 등에서 많이 나타나며 국민 총생산이 낮은 국가일수록 절대빈곤 가정의 비율이 높아진다. 절대적 빈곤은 인간을 열등감에 빠뜨리고 무기력하게 하며 정서적 불안정을 야기시킴으로써 특히 청소년으로 하여금 공격적 행위로 빠져들게 한다. 반면 국가가 발전될수록 금전적 절대빈곤 가정은 감소하는 대신 심리적 차원의 상대적 빈곤가정의 비율이 증가된다. 상대적 빈곤가정 역시 자녀들에게 무력감, 열등감, 사회에 대한 반발, 반항심, 공격성, 폭력성 등을 초래하게 할 가능성이 커지며 가정문제가 유발되기 쉽다(권이종 외, 1998). 구체적으로 같은 또래들 사이에서 고립되고 소외되는 현상, 예를 들어 여행, 문화, 스포츠 생활을 같이 하지 못하는 형편이 되면 심리적 성장에 큰 장애를 주고 고립된 이들은 폭력조직을 만들거나 마약을 한다. 또한 유해하고 비정기적인 음식물 섭취로 인해 건강상태를 해치고 심리적으로 불안정하다. 학교생활이나 직장생활에 뒤떨어지게 되며 이는 다시금 그들을 빈곤층으로 몰아가는 원인을 제공한다. 이렇게 악순환이 계속되고 가난을 다음 세대에 유산으로 물려주게 된다(강정숙, 2003).

최근의 연구들은 빈곤이 어린이들에게 미치는 영향을 새롭게 조명하고 있다. 경제적으로 궁핍한 가정의 아동들은 학업성취, 인지기능, 사회적 발달 면에서 부유한 가정의 아동들보다 낮은 수준으로 나타났다(Petterson & Albers, 2001). Petterson과 Albers(2001)에 따르면 빈곤과 어머니의 우울증은 매우 어린 소년, 소녀의 발달에 치명적인 결과를 가져온다. 어느 정도는 풍요함이 우울증에서 비롯되는 파멸적인 결과의 충격을 완화할 수 있겠지만 만성적인 어머니의 우울증은 소년, 소녀 모두에게 치명적이다. 반면에 지속적인 빈곤은 소녀들의 발달에 강한 영향을 미친다.

⑦ 자녀가정

최근들어 부모의 사망, 부 사망 후 모 가출, 또는 부모의 행방불명 등으로 부모가 없는 아동들의 가구세대가 출현하여 부모 없는 소년, 소녀 가장세대는 매년 조금씩 증가하는 추세에 있다. 그야말로 생고아가 증가하고 있다(권이종·김용구, 2011). 정부는 이들 소년, 소녀 가장 세대에 대한 경제적 지원을 하고 있고 민간단체에서도 후원결연사업 등 여러 가지 사업을 통해 이들을 지원하고 있으나 근본적으로 어떻게 이들을 보호하느냐의 해결책 제시에는 못 미치고 있다(홍봉선·남미애, 2010: 50).

⑧ 계부모가정

Coleman과 Ganong(1989)에 따르면 어떤 학자는 21세기의 지배적인 가족의 형태는 계부모가정이 될 것이라고 예언한 바 있다. 계부모들은 즉각적인 사랑의 신화, 즉각적 적응의 신화, 구원자 신화, 정상가족 신호, 사악한 계모 신화에 고통받고 있다. 따라서 계부모 가정의 교육 프로그램을 구안할 때는 부모교육 프로그램에 특히 신경을 써야 할 것이다(한국청소년학회, 2000: 524).

종종 십대 청소년들은 계부모의 사랑에 느리게 반응할 것이다. 첫째로, 십대 자녀는 계부모에게 거부당할까봐 두려워할 것이다. 십대 자녀는 부모들의 이혼과정을 지켜보면서 부모로부터 거부당하는 충격을 이미 겪었다. 그들은 다시 새로운 상처를 받고 싶지 않을 것이다. 둘째로 십대 자녀들은 자기 친부모와 계부모와의 관계를 질투할 수 있다. 자녀는 계모를 자기 부모와 자기와의 관계에 위협적인 존재로 볼 수 있고 또한 자기 계모 사랑에 반응하면 자기 생모에게 불효한다는 느낌이 든다는 것이다(Chapman, 2010: 315).

Hetherington(1987)에 의하면 계모가정은 계부가정보다 더 긴장을 경험한다. 자녀양육의 중심적인 역할을 여성이 하기 때문이다. Ferri(1984)는 같은 성(sex)의 계부모-자녀와의 관계가 더 어려움을 경험한다고 주장하는 반면에 Santrock 등(1982)은 소년들이 계부로 역할 모델을 설정하고 서로의 관계를 긍정적인 관계로 발전시켜나갈 수 있다고 주장한다. Shulman과 Seiffge-Krenke(1997)는 사려 깊은 관리 및 권위적인 양육태도를 가진 계부들은 성공적일 수 있고 재구성된 이러한 계부모가정은 청소년들에게 실제로 폭넓은 가족 구성원의 접촉기회를 제공, 경험하게 함으로써 청소년들에게 유익이 되는 사례도 있다(Henricson & Roker, 2000: 768, 재인용).

Chapman(2010)은 다음과 같이 제안하고 있다. 계부모는 첫째, 십대 자녀들이 자신의 모습을 그대로 유지할 수 있도록 자유를 주는 한편 그들의 감정을 인정해 주고 공감하는 마음을 보여주어라. 둘째, 십대 자녀의 친부모를 존중해주고 그들을 비난하는 말은 삼가라.

⑨ 새터민 청소년가정

약 2,000명의 탈북 청소년들이 한국사회의 구성원으로 존재하고 있는데도 이들에 대한 정보나 관심은 매우 미미하다. 특히 가족을 떠나 혼자 탈북한 청소년들은 더 많은 배려와 투자가 필요한 실정이다. 새터민 청소년들의 특성은 첫째, 다수가 불안증상을 나타내고, 남한의 평균적 또래들에 비하여 공격적이고 폭력적인 행동을 보이며 남북한의 문화적 가치관의 차이로 인해 심한 심리적 혼란과 갈등을 겪고 있다. 이들 청소년들은 고립된 생활경험 때문에 자아통제력이 아직 덜 발달하여 여러 가지 행동상의 문제로 나타나기도 하며 장기간의 가족해체, 탈출과 은신과정에서의 긴장, 남한생활에서의 부적응 등 심리적 적응의 문제를 갖고 있다(권이종·김용구, 2011).

김영하(2010)에 따르면 새터민 청소년의 교육이 공교육의 틀 안에서만 모색되는 가운데 사교육에서 배제되고 교우관계형성에도 어려움을 겪고 있다. 남한사회에서 잘 적응할 수 있도록 중장기적 프로그램이 필요하다. 둘째, 새터민 청소년을 위한 예비단계인 하나원 교육과정은 실제로 직면하게 되는 문제들과 연관성 있는 실용적 교육이 되어야 한다. 셋째, 교육과학기술부는 새터민 청소년의 교육이라는 특수성을 인정하고 소규모 대안학교가 특성화학교로 지정받을 수 있도록 행정적·재정적 지원을 확대해 나가야 한다. 마지막으로, 새터민 청소년을 둔 부모에 대한 전문적인 교육, 심리 치료 및 지원도 이루어져야 한다. 이와 관련하여 부모교육 프로그램과 일선교사를 위한 교육 및 연수프로그램도 병행 실시될 필요가 있다. 아울러 후원자 등 자원봉사자들을 위한 교육 및 프로그램도 실시되어야 한다(김영하, 2010). 권이종·김용구(2011)는 남한사회적응을 위한 교육기간이 길면 길수록 좋다고 본다.

⑩ 다문화 가정

2007년 우리나라도 외국인 거주자 수가 백만 명을 돌파하여 단일민족이라는 말이 무색해진 지 오래이다. 특히 다문화 가정들은 일반한국인가정과 같이 대체로 저출산계획을 세우지 않으므로 조만간 전체 다문화 가정의 가구원수는 더 증가할 전망이다. 2011년 외국인 부모를 가진 청소년 다문화청소년 수는 9,621명이고 외국인−한국인부모 밑의 다문화 청소년 수는 126,317명이다. 매년 다문화 청소년의 숫자는 증가하는 추세이다. 아버지가 한국인이라고 할지라도 외국인 어머니 밑에서 성장하는 아동들은 한국어 습득과 학교생활 적응면에서 일반 아동에 비해 많이 뒤쳐진다. 또한 문화적 이질성으로 인해 다양한 부적응현상도 발생하고 있고 외모, 언어능력 등에서 비롯되는 사회적 편견과 차별의식으로 인하여 한국사회의 정착에 어려움을 겪고 있다. 다문화 청소년들을 위한 교육프로그램 개발·보급과 정착이 시급하다.

⑪ 독신성인 가정

결혼의 변화양상을 알아보는 것은 청소년들의 가정경험과 성인으로서 수행해야 할 역할의 변화를 의미하는 것이기 때문에 중요하다. 결혼을 꼭 해야만 한다는 것은 덜 절대적이 되어간다. 서구나라와 아프리카 등에서는 이혼 그리고 결혼 없이 부모가 되는 사례가 흔해지고 있다. 또한 아주 늦은 나이에 결혼하는 것도 보편화되어 가고 있다. 결혼을 해도 과거와 달리 남편과 아내사이에 유연하고 협상적인 관계가 형성된다(Larson *et al*., 2002b).

우리나라도 최근 1인가구가 증가하고 있는 추세이다. 독신성인에는 미혼독신 성인과 결혼을 했지만 이혼이나 사별로 독신이 된 성인을 포함한다. 사회봉사단체에서 봉사하는 활동을 통해 인간적인 유대를 갖게 하는 방안이나 친척이나 주위 사람들의 자녀를 돌보는 여유자원으로 활용하는 프로그램도 개발되어야 한다(한국청소년학회, 2000: 524).

⑫ 동성애 가정

최근 들어 서구여러나라를 중심으로 성적 지향성을 근거로 동성애 가정의 권리를 묵살할 근거는 없다고 보는 견해가 확산되고 있다. 동성애는 분명히 일탈된 성적 행태임에는 틀림이 없으나 동성애 가정이 시험관 아기나 대리모 등을 통해 자녀를 가지는 경우가 있을 수 있기 때문에 이에 대한 대비가 필요하다. 분명히 어렵고 민감한 문제이기는 하지만 동성애에 대한 정책과 교육이 있어야 하며 동성애 가정이 사회에 역기능하지 않도록 돕는 교육프로그램의 개발이 요망된다(한국청소년학회, 2000: 524).

이상과 같이 과거에는 심각하리라고 생각하지 않았던 다양한 가정들이 출현하고 가구원수도 증가하는 추세이다. 이러한 가정의 청소년들을 위한 사회적 기반과 교육프로그램이 갖추어지기도 전에 사회의 한 부분의 구성원으로서 자리하고 있기에 그들을 건전하게 성장할 수 있도록 지금이라도 바로잡아주지 않으면 사회악의 근원으로 형성될 가능성이 있다. 또한 일반가정의 부모들에 대한 교육도 점검할 필요가 있다. 이채식(2007)은 전국 7개 시·군지역을 대상으로 연구한 결과 40대미만의 젊은 연령층, 전문대졸이상의 학력집단, 축산분야나 비농업분야의 집단이 자녀와의 상호작용이 보다 활발하게 이루어짐을 파악하였다. 따라서 부모교육에 있어 보다 나이가 많으며 학력이 높지 않으며 농업분야에 종사하는 부모들이 보다 적극적으로 청소년기 자녀교육에 참여하도록 촉진하여야 하며 이를 위한 다양한 부모교육 프로그램 및 부모－자녀가 참여하는 활동들이 마련되어야 할 것이다.

2. 학교환경과 교육

(1) 교 사

1) 교사지원

Wang과 Eccles(2012)에 따르면 청소년들은 가족구성원 이외의 성인들로부터 지원과 안내를 구하기 때문에 청소년기는 부모가 아닌 성인들과 관계를 형성하고 그것에 대한 의미를 증진시키는 기간이다. 지원적인 교사는 학생들로 하여금 학교에 순응하도록 하고 학교의 구성원이라는 정체성을 심어준다. 그리고 학교에서의 학습에 주관적인 가치를 부여하도록 도와준다.

부모와 더불어 교사가 지원해주고 있다는 것을 청소년들이 느끼게끔 해야 한

다. 이러한 청소년들의 인식은 학교에 대한 거부감을 완충하는 효과를 가져올 것
이다. 대부분의 청소년들은 그들이 학교 밖에서 비행행동을 할 유혹을 받더라도
학교에 대한 소속감에 있어서는 부모와 교사의 영향을 지속적으로 받게 된다.

또한 교사는 청소년들이 서로 좋은 관계를 형성하여 학교에 적극적으로 몰입
하는 것뿐만 아니라 높은 수준의 관심, 존경, 상호작용에 대한 감사를 강조하면서
관계망에 대한 이들의 욕구도 지원할 수 있다. 특히 중요한 것은 주위의 성인들보
다 또래친구들에 의해 훨씬 더 많은 영향을 받는 전형적인 청소년들한테서 이러한
결과가 나타난다는 것이다(Wang & Eccles, 2012: 890).

2) 교사기대

Mead(1934)에 의하면 우리는 우리에게 "의미 있는 타인"이 우리를 보는 방식
으로 우리 자신을 보는 경향이 있다. 청소년들에게 있어 의미 있는 타인으로서 가
장 강력한 영향력이 있는 성인들은 개인차가 있지만 부모와 교사일 것이다. 교사
들의 삶, 말, 행동, 확신 그리고 목적은 학생들에게 영향을 미치며 거듭난 성품을
통해 가르침이 이루어진다(Zuck, 1993: 14-15).

청소년은 무한한 가능성을 지닌 존재이고(이철승, 2008) 사랑으로 대해야 하는
존재이다. 학생의 잠재력 개발에 영향을 주는 교사의 행위를 가장 잘 설명하고 있
는 개념이 피그말리온 효과(Pygmalion effect)이다. 피그말리온은 그리스 신화에 나
오는 조각가로서 갈라테이아라는 처녀상을 조각해 아프로디테에게 생명을 넣어 줄
것을 요청하고 마침내 그녀와 결혼한다. 이렇듯 피그말리온 효과란 교사가 학생에
게 진정으로 기대를 하고 믿고 북돋워주면 그 기대와 믿음대로의 결과가 학생에게
서 나타나는 현상이다. 다른 사람들에게 어떻게 비춰질까 염려하고 의미있는 타인
들에 의해 인정을 받는 일은 대부분의 청소년들의 주요 관심사이다. 청소년들은 이
러한 의미 있는 타인들의 평가에 의해 자기정체성을 형성하는 경향이 강하다.

교사기대는 교사의 수업 행동, 즉 수업계획, 자료준비나 자료 제시방법, 수업
에 임하는 시간, 그리고 학생과의 상호작용 과정 등에서 다르게 표출되어지며 또
그것이 특정학생에 전달된다. 따라서 현대 교육학에서는 교사가 가질 수 있는 학
생성적에 대한 기대차를 어떻게 최소한으로 줄일 수 있을까 하는 방안을 모색한
결과 개인 차 학습지도를 위한 개인처방 지도에 관한 수많은 방법의 활용이 등장

한 바 있다. 또한 집단변화의 역동적 원리의 적용, 즉 학교의 학구적 규범을 바꾸는 일련의 노력들로서 집단적 기대, 신념의 보편화, 협동적 학습자율체제 구축, 평등주의에 대한 수업실천 행위 등에 강조점을 두고 있다(김병성, 2007). 그러나 이러한 일련의 교육적 처방도 교사의 의지가 기본전제로 수반되지 않는다면 아무 소용이 없을 것이다. 오늘날의 교사들은 학생들을 그룹으로 대면한다. 교사들은 전체로서 보고 그룹과 상호작용해야겠고 동시에 각기 다른 개개인 학생을 고유하게 다룰 줄 알아야 한다(Robinson & West, 2012). 또한 교사는 높은 기대감을 가지고 학생들의 잠재력을 극대화하여야 하겠고 학생들 역시 낮은 교사 기대를 받아들여 부정적인 자기 충족적 예언을 현실화시켜서는 안 되겠다.

만일 교사가 청소년들을 인정하지 않는다면 그들은 자신을 매우 하찮은 존재로 여기고 거기에 맞는 역할행동을 하게 될 것이다. 앞서 살펴보았듯이 낮은 기대감으로 부모가 자녀들을 혹은 교사가 학생들의 능력과 가능성을 제한하는 것은 현대 교육학 이론에서 볼 때 교육효과를 저해하는 요소임에 분명하다. 교사는 모든 학생에게 동등한 기대감을 갖고 평등에 입각한 수업을 실천해야 한다. 이상현(2007)에 따르면 위기청소년은 일반청소년에 비해 교사로부터 체벌을 많이 당하고 또한 폭행을 당하는 경우가 많은 것으로 나타났다. 또한 위기청소년은 일반청소년에 비해 학교생활에 대한 만족도가 현저하게 낮았다. 하지만 연구가설과 달리 위기청소년은 일반청소년에 비해 교우관계가 좋은 것으로 나타났다.

(2) 교우관계

또래집단과의 상호작용은 청소년시기의 경험에서 매우 중요한 비중을 차지하고 있다. 이러한 상호작용은 협력적, 수평적 관계형성에 대한 기술을 증진시키기 위한 것으로 기대되어질 수 있다. 21세기를 살아가는 성인에게 매우 중요한 요소이다. 동시에 긍정적인 성인의 지원은 부족한 반면 많은 청소년들이 부정적 또래집단의 역동성에 노출되고 있어 관련되는 강압적인 방법들을 학습할지도 모른다(Larson *et al.*, 2002b).

1) 동성친구

청소년들에게 있어서 교우관계는 매우 중요하다. 특히 남자 청소년들의 경우,

10~11세를 시작으로 하여 또래집단의 성원으로 인정받으려는 욕구가 점점 강해진다. 13세의 남자청소년에게 가장 정점을 맞이하는 문제는 또래집단으로부터의 거절에 대한 공포이고 이러한 현상은 15세까지 상승추세로 유지된다(Coleman & Hendry, 1999). 따라서 청소년들이 어느 유형의 청소년들과 관계를 형성하고 있느냐가 청소년의 발달에 큰 영향을 미친다. 즉, Sutherland의 차별접촉이론으로 설명될 수 있는 데 청소년들이 통제적이지 못할 때 주변의 비행청소년과 접촉하기 쉬우며 비행에 가담할 가능성이 높다. 청소년들이 또래집단의 성원으로 인정받기 위해 행하는 행동들은 청소년기의 자연스러운 현상이나 비행집단의 성원으로 인정받기 위해 비행행동을 습득할지도 모르는 일이기 때문에 청소년기 자녀를 둔 부모는 평소 자녀가 어떤 친구들과 만나고 있는가를 파악하는 일이 필요하다.

아동기에서 청소년기로 들어서면서 청소년들은 친구들과 개인적인 문제를 공유하거나 해결책을 같이 모색하는 과정에서 우정은 깊어지고 더욱 가까운 관계가 형성된다. 그러나 성차에 따른 특징을 알아둘 필요가 있는데 Rose 외(2012)의 연구에 따르면 일반적으로 남자청소년들은 놀림감이 될 수 있다는 걱정과 당황스러움을 느낀다는 일반적 통념과 달리 여자청소년들과 비교하여 그리 많은 부정적인 기대감들을 나타내지 않았다. 다만, 남자청소년들이 여자청소년보다 자신의 이야기를 하는 것을 이상하고 불편하게 여겼으며 시간낭비라고 생각하는 경향이 더 높았다. 이와 같이 부정적 기대감에 있어서 남자, 여자 간에 몇 가지의 근소한 차이가 있었으나 여자청소년들은 이야기를 하면서 자신이 돌봄을 받고 이해를 받고 있다는 긍정적 기대감이 남자청소년들보다 높았다. 여자청소년들은 자신이 덜 외롭고, 괜찮은 사람이며 문제를 해결하는 데 있어서 더 희망적이 되는 것이다. 비슷하게 청소년 후기(18~23세)의 대학생들을 연구대상으로 한 Morgan과 Korobov(2012)에 의하면 이들 역시 가까운 동성 친구들과 대화에 의해 그들의 대인관계(데이트, 애정관계)에 대해 적극적으로 공동구성하고 재평가하는 것으로 나타났는데 여자대학생의 경우 문제에 관해 동성친구로부터 반응을 얻는 횟수가 남자대학생보다 훨씬 높았다.

2) 이성친구

청소년 후기가 되면 동성친구보다는 이성친구에게 더 깊은 관심을 가지게 된다. 이성과의 로맨틱한 관계는 청소년들의 자기정체감의 형성 및 친밀감의 능력에 중요한 역할을 한다(Kerpelman et al., 2009). 특히 남자청소년들은 성적 욕망이 강해지고 그러한 동기에서 이성에게 접근하는 경향이 많아진다. 반면에 여자청소년들은 친밀감, 따뜻함, 사랑받고 싶은 정서적 동기에서 이성교제를 시작하게 된다(한상철, 2009). 그러나 남자들의 성적욕망은 인정하지만 Giddens(2005)는 남자들은 신뢰감을 공유하는 사람이나 약자에게 사랑과 보살핌을 제공하는 데는 뛰어나다는 점도 함께 고려해야 한다고 지적한다(권이종 외, 2010: 84, 재인용). 과거에는 이성교제가 자체가 청소년비행으로 간주되던 때가 있었지만 최근에는 이성교제의 이점을 들어 교육적 효과를 거두려는 연구시도가 지속되어지고 있다. 권이종 외(2010)는 이성교제가 주는 영향으로 첫째, 이성 관계는 청소년들에게 성정체성과 성역할 형성에 중요한 영향을 준다. 청소년 초기에는 또래집단 내에서 전통적인 성역할 고정관념을 확증하려는 욕구가 크지만 청소년 중·후기에 이르게 되면 이성과의 상호작용에 필요한 기능과 자신감을 획득할 필요성이 커진다. 둘째, 이성친구 관계는 자신의 애착 인물집단을 확장시킴으로써 정서적 욕구를 충족시키는 데 도움을 준다. 셋째, 이성관계로 파생되는 사회적 관계망의 확대로 사회적응에 긍정적 영향을 미친다.

청소년 후기의 이성교제는 친밀감의 세 가지 영역, 상호작용 횟수, 상호작용 다양성, 영향력의 정도에서 친한 친구와 부모의 영향력을 능가하는 것으로 나타났다(Connolly & McIsaac, 2009). 로맨틱한 관계는 자기 가치의 감정과도 관련이 있고(Connolly & Konarski, 1994) 로맨틱한 관계에서의 자기 유능감은 일반적인 역량의 신뢰할만한 구성요소로 간주된다(Mastern et al., 1995). Chen과 Graham(2012)는 로맨틱한 이성친구와 가까운 친구가 학교폭력의 영향을 중화하는 것을 파악하였다. 이들의 연구에 의하면 반목하는 친구관계와 적대적인 이성관계는 학교 폭력의 피해자가 되었을 때 자기 비난을 예측하는 요소가 된다. 청소년들은 가까운 친구들과 이성 친구들을 자주 안정과 지원의 원천으로 인식하기 때문에 친구 및 이성 친구들과의 부정적인 관계는 동료 괴롭힘을 당할 시 많은 경우 사회적 실패에 대한 책임을 더 자주 자신에게 전가함으로써 결국 자기비난으로 이어질 경향이 높다.

그러나 Alleyne 등(2011)은 청소년 이성교제가 증가하면서 데이트 폭력도 증가함을 경고하고 있다. 또한 Kerpelman 등(2009)은 청소년들의 이성교제에 대한 교육적 중재를 통해서 청소년들에게 올바른 이성교제에 대한 정보와 지식을 준다고 주장하면서 Healthy Couples, Healthy Children: Targetting Youth(HCHCTY) 프로그램에 참여한 청소년들의 행동에 변화가 있음을 보고하였다. 프로그램은 언어적 폭력, 의견불일치, 데이트 학대에 대한 내용을 담고 있는데 참가한 청소년들은 특히 언어적 폭력과 데이트 학대에 대한 교육내용에 많은 가치를 부여했다. 건강한 관계인가를 파악하는 3가지 물음, 상대를 파악하는 4단계의 활동들, 실제적인 가이드로서 현명한 데이트를 위한 7가지 원리를 소개하고 있다. 또한 청소년들은 데이트 학대의 사례를 활동과 교육적 비디오를 통해서 파악하게 되고 그러한 부정적 관계를 피하거나 벗어나는 방법을 습득하며 건강한 관계를 위한 의사소통 기술을 배우게 된다. 많은 청소년들이 잘못된 이성 교제시 상대에 대한 올바른 지식을 갖고 현명한 결정을 내리는 대신에 그 관계에서 벗어나지 못하고 점점 더 깊은 수렁에 빠져들고 있다. 이에 HCHCTY 프로그램은 학대적인 관계가 아닐지라도 데이트를 종결해야 할 관계를 알려주고 있으며 종결시점, 결별을 하는 데 있어 좋은 방법 및 나쁜 방법, 결별 후의 단계들을 소개하고 있다.

교육부는 1983년에 처음으로 학교 성교육에 관한 교사용 지도서를 개발하였다. 그러나 대체로 과학적인 성지식을 바탕으로 올바른 성의식을 갖게 하는 목적으로 청소년기의 신체적 변화와 성행동, 성병 등에 관한 정보를 주는 것(김형태, 1998)에 그치고 있다. 우리나라도 청소년 이성교제가 과거에 비해 상당히 증가하는 추세임에도 불구하고 성교육 이전의 건전한 이성교제에 대한 교육실천이 미비하다. 성교육만 강조할 것이 아니라 건전한 이성교제를 위해서 데이트 폭력, 데이트 학대 등 이성교제 시 동반될 수 있는 각종 문제에 관한 집중적인 교육이 필요하다.

(3) 학 교

1) 학교의 기능

청소년은 일반적으로 학생들에게 높은 기준을 적용하고, 잘 훈련된 교사들, 부모참여가 있는 효율적인 조직이 갖추어져 있는 지원적인 환경의 학교에서 더 잘 수행하게 된다(Cook *et al.*, 2008).

학교가 가지고 있는 기능은 많이 있으나 중요한 기능으로는 교육의 기능, 사회화의 기능, 사회 구성원의 선발 및 분류기능, 문화유산 전달의 기능, 국가사회의 복지 및 발전기능, 사회의 통합 및 통제기능, 사회변화와 혁신의 기능 등이 있다. 과거에는 학교가 비교적 긍정적인 평가를 받아왔으나 최근 들어 학교교육에 대한 부정적인 평가와 역기능이 자주 지적되곤 한다.

학교는 작은 사회로 간주될 수 있다. 능력평가중심의 학교는 명예욕이 강하고 자기 중심적이고 자신의 일에만 관심을 가지고 개인 중심의 이익을 자행하는 이기적인 인격을 형성하게 한다. 학교사회의 소외현상은 이렇게 학교사회에서 크게 드러나지 않은 많은 일들이 모아져서 이 결과와 후유증이 곧 교육병리로 나타나는 것이다. 자기 중심적, 이기적, 개별적인 학생은 사회생활을 할 수 없는 무력한 사람이 되고 만다. 이 같은 방식으로 얻어지는 성취욕이 주는 압박감은 대단히 크다. 이렇게 무력한 학생을 양성하는 학교제도가 바로 '학교에서의 소외감'을 일으키는 가장 큰 원인이 된다. 다른 어느 사회화의 담당기관보다도 학교의 영향력은 크다 (한국청소년학회, 2000).

2) 학교의 중요성

청소년들의 삶에 있어 학교생활은 실로 많은 부분을 차지하고 있다. Li등 (2011)에 따르면 학교에 정서적, 행동적으로 몰입되어 있는 청소년들은 마약 남용, 비행행동과의 관련성에 부적관계가 있었다. 즉, 학교에 대한 애착이 결여되어 있고, 학교 활동에 만성적으로 참여하지 않는 청소년들은 청소년비행과 같이 보다 높은 행동위험에 연루되는 경향이 높은 것으로 나타났다. 그러므로 이들의 주장에 의하면 청소년들은 학교에 감정적 애착관계를 형성하고 다양한 참여를 증진시키기 위한 구성요소를 포함하는 마약 남용 혹은 비행을 예방하기 위해 고안된 프로그램에 참여하는 것이 중요하다. 반드시 마약남용이나 비행예방프로그램이 아닐지라도 예를 들어 '학급관리프로그램'과 같은 프로그램들은 긍정적인 학습 환경을 창조하기 위해서 청소년들이 어떻게 협동해야 하는지 가르쳐주고 있다. 또한 소년과 소녀집단을 분리하여 기획된 중재프로그램이 각각 개발되어야 할 필요성이 있다(Li et al., 2011). 왜냐하면 학교가 미치는 영향은 성별에 따라 차이를 보이기 때문이다. 대체로 학교는 소녀들보다 소년들에게 더 영향력을 행사하는 기관으로 보여진다. 다음은 이와 관련한 연구들이다.

　　López 등(2008)은 소녀들의 경우에는 긍정적인 가정환경이 학교에서의 문제
행동의 발달에 강한 보호 인자가 되는 반면 소년들의 경우에는 긍정적인 학급 환
경이 보호인자가 됨을 보고한다. López 등(2008)에 따르면 교사와 동료 친구들과
의 부정적 상호작용은 행동적 문제를 유발할 수 있는데 이러한 관련성은 여자청소
년보다 남자청소년에게 더 강력하게 작용하는 것으로 보인다. 가능성 있는 설명으
로, 여학생보다 남학생들은 교사들과의 부정적인 상호작용과 또래들과 사회적 통
합 문제를 갖기 쉽다(Bearman et al., 2006). 예를 들면, 그들은 청소년 시기 동안에
또래들과 문제적 관계를 갖게 되고 급우들에게 거부당할 수 있는 높은 가능성, 친
밀감이 적은 관계를 형성한다(Cillessen, 1996). 이처럼 또래사이의 사회적 수용과
통합의 문제는 소녀들의 반사회적 그리고 공격적인 행동보다 소년들의 반사회
적 그리고 공격적인 행동에 강한 영향을 주는 것으로 밝혀졌다(McDougall et al.,
2001).

　　이와 같이 학교는 학문을 전수하는 기능뿐만 아니라 위험환경을 접하는 청소
년들의 위험행동을 미리 예방·중재하고 정서적 지원을 제공할 수 있는 중요한 기
관이다. 특히 이상에서 언급한 학교기반의 프로그램(school-based program) 처방은
실로 중요하다고 할 수 있고 청소년들에게 유용하다. 이외에도 부모 및 학교와의
관계가 청소년들의 비행행동과 관련이 있다는 수많은 연구가 있다. Cavendish 등
(2012)의 연구에서는 부모와의 애착관계가 증가할수록 알코올 사용이 감소하는 관
련성을 보여준 반면, 학교몰입은 알코올 사용, 공격성, 문제행동에 관련성이 없는
것으로 나타났다. 그러나 이들의 연구는 도시지역의 소수민족 청소년들을 대상으
로 실시된 것이므로 결과를 일반화하기에는 한계가 있다. 향후 학교에 관련된 행
동이 청소년들의 비행행동을 억제하는 효과를 실증적으로 검증하는 더 많은 후속
연구가 수행되어야 하겠다.

　　학교는 청소년들이 가정을 떠나 생활하는 제2의 사회집단으로 교사, 학우와
의 인간관계를 지속하면서 오랫동안 청소년기를 보내는 곳이다. 즉, 청소년기는
가족과의 관계도 여전히 중요하지만 또래친구와 교사와의 상호작용이 증가되는
시기이다. 이에 학교는 가정의 교육기능을 확장시키는 역할을 감당할 수 있어야
한다. 우선, 교사들은 세심한 지도와 많은 상담을 통해 문제 청소년들뿐만 아니라

일반청소년들의 건전한 성장과 발달에 최선의 노력을 해야 한다. 즉, 교사는 조각가와 같은 예술가여야 하며 단순한 방관자가 아닌 교실 안의 피그말리온이 되어야 한다(Rosenthal & Jacobson, 심재관 역, 2003: 16-17, 292).

3. 사회환경과 교육

(1) 지역사회

1) 지역사회환경

환경은 청소년의 행동에 매우 중요한 영향을 끼친다. 특히 청소년기가 되면 가정에서보다 학교나 지역사회에서 보내는 시간이 점점 많아지기 때문에 사회환경은 청소년의 발달에 많은 중요한 영향을 미친다. 또한 가정은 청소년들을 위험 환경으로부터 항상 보호해줄 수 없다(Alleyne et al., 2011). Bronfenbrenner(1979)의 사회생태학 이론(social ecosystems theory)은 청소년들에게 있어서 발달의 맥락이란 가족뿐만 아니라 그 가족도 지리적, 역사적, 사회적 그리고 정치적인 환경 속에서 생활하고 있다는 사실을 설명한다(Coleman & Hendry, 1999). 즉, 청소년들의 발달은 직접적인 상황이나 설정에서 뿐만 아니라 점점 복잡해지는 시스템과 상호작용의 위계성의 영향력에 의해 영향을 받는다는 것을 강조한다. 즉, 이 이론에서는 인간발달이 개인적 성숙의 요인에 의해서만 결정되는 것이 아니라 개인적 요인과 환경과의 상호관련성의 작용하에 이루어진다는 것을 강조하고 있다(VanderVen & Torre, 1999: 412). 최근 들어 더욱 많은 학자들이 청소년 발달에 있어 개인적 요인과 더불어 청소년을 둘러싼 환경 및 상황요인을 인정하고 있는 추세이다. 예를 들어 중동지역에서 유대인과 아랍민족 간의 지속적인 분쟁을 예로 들 수 있다. 갈등의 역사는 해당지역의 구성원들이 공유하는 분명한 문화적 가치, 이데올로기 그리고 정체성의 형성에 영향을 미친다. 이러한 거시체제의 정치적인 폭력성향은 공격적 행동의 증가와 미시체제의 폭력의 증가에 영향을 미친다. 미시체제의 정치적 폭력의 영향은 청소년들의 공격적 행동의 증가로 이어진다(Boxer et al., 2012).

우리나라의 170개 도시 및 농촌지역(7개 광역시, 74개 중소도시, 89개 농촌지역)을 조사대상으로 한 정하성(2006)의 연구에 따르면 농촌지역이 도시지역보다 청소년범죄 발생률이 낮게 나타났으며 단란·유흥주점, 비디오방과 청소년범죄 발생률은 유의적인 정적 상관관계가 있었다. 이는 지역사회에 단란주점및 유흥주점, 비디오방이 많이 생길수록 청소년범죄가 많이 발생한다는 것을의미한다.

제주도를 제외한 전국 시도의 중, 고등학생 7,084명을 대상으로 연구한 이윤호·정의롬(2012)의 연구에 따르면 유해매체물 중 폭력성 게임의 이용만이 폭력행위에 유의미한 영향을 미치는 것으로 나타났는데 이는 폭력매체가 아동이나 청소년의 공격성을 촉진시킨다는 선행연구결과들과 일치한다. 또한 유해매체를 이용하는 친구들을 의식적으로 기피하는 경향이 높을수록 폭력을 행사할 가능성이 높게 나타났는데 이는 유해매체물을 이용하는 친구보다 친구들을 의식적으로 기피하는 경향에 더 많은 의미를 두고 응답했을 가능성도 있을 뿐만 아니라 제한된 데이터 안에서 자기보고식 기법으로 응답한 결과이기 때문에 연구결과를 일반화하는데는 한계가 있다.

이와 같이 청소년들이 처한 지역사회의 환경 및 유해매체물 환경 등은 청소년들에게 악영향을 미치고 있어 지역사회 유해업소의 단속 및 유해매체물 배포에대한 규제가 더욱 강화되야 함을 시사해주고 있다.

2) 지역사회유해환경의 유형

권이종·김용구(2011)는 사회의 유해환경을 세 가지로 구분하여 설명하였다.

첫째, 사회 심리적 유해환경으로 성인들의 유해행동이다. 성인들의 지나친 간섭, 기대, 차별 등이고 성인들의 부정적 인식이다.

둘째, 사회제도적 유해환경으로서 지역사회 해체현상, 사회문화적 가치의 상실, 세대 간의 갈등 등이다. 특히 최근 우리사회는 갈등이 고조되고 있다. 지역갈등, 세대갈등, 계층갈등 등이다. 세대공동체 교육, 갈등해결프로그램의 개발이 요망된다. 마지막으로 물리적 유해환경면이다. 유해 인쇄매체, 영상매체, 유해 화학물질, 유해 시설, 업소 등 이 청소년의 건강한 발달에 악영향을 끼치는 요소들이다. 선정적이고 폭력이 난무하는 대중매체들은 청소년들을 타락과 방종의 도가니로 몰아넣을 기세이다. 특히 약물중독의 경우 과거에는 범죄조직이나 특수계층에

구 분	가 정	학 교	사 회
사회 심리적 유해환경	가정 불화 부적절한 양육 태도 애정이 결핍된 부모 - 자녀 관계 등	입시 위주 교육풍토 교사-학생 간의 부정적 상호작용 학생 상호 간의 부정적 상호작용 비행성 또래 집단 등	성인들의 유해행동(간섭, 기대, 차별) 성인들의 부정적 인식
사회 제도적 유해환경	가족 구조상의 유해 환경(가족 제도의 변화, 가족 해체 현상 등)	교육 제도에서 비롯되는 유해 환경(교육 구조의 병리, 입시 제도의 병리적 현상 등)	지역사회 해체 현상 사회 문화적 가치의 상실(정치, 경제, 종교 윤리의 상실 현상) 세대 간의 갈등
물리적 유해환경	빈곤가정 결손가정 불량 주거 공간 애정 결핍 가정 등	과대 학교 과밀 학급 실내 환경 요소 실외 환경 요소 주변의 불량 환경 등	유해 인쇄 매체 유해 영상 매체 유해 화학 물질 유해 시설·장소 등

표 5-3 유해환경의 분류

출처: 권이종·김용구(2011), p. 265.

서만 유통되던 것이 최근 사회가 발달하면서 직장인, 주부, 학교, 연예인 등으로 폭넓게 번져가고 있어 우려의 목소리가 드높다. 청소년 때 약물중독에 빠지게 되면 중독증세가 5배 정도가 더 심하다. 실제로 약물에 노출된 청소년 아이들을 살펴보면 그보다 훨씬 낮은 연령인 초등학교 5~6학년 때부터 이미 술과 담배를 경험했음을 알 수 있다. 치료보다는 예방교육이 더욱 필요하다.[1]

중고생 15,000명을 대상으로 조사한 청소년 유해업소 이용률을 살펴보면 노래방, PC방, 전자오락실, 만화방, 성인용 주점, 비디오방/DVD방, 성인용 무도장 순이다(여성가족부, 2012).

〈그림 5-1〉에서와 같이 청소년 출입금지를 하고 있는 비디오방, DVD방 등이 순위에 나와 있는 것은 유해업소 업주들이 청소년들의 출입을 허용해주고 있기 때문이다. 또한 〈표 5-4〉와 같이 청소년 이용가능 업소지만 유해요인을 보유하고 있는 노래방, PC방은 청소년들이 밀폐된 공간에 있지 않게 공간을 재구성하도록 해야 한다.

---

1) http://agapao.kr/gnuboard4/bbs/board.php?bo_table=addiction&wr_id=444

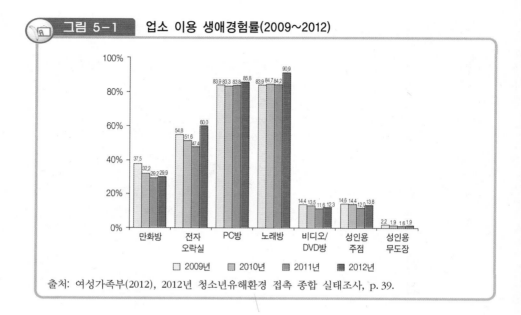

그림 5-1 업소 이용 생애경험률(2009~2012)

출처: 여성가족부(2012), 2012년 청소년유해환경 접촉 종합 실태조사, p. 39.

표 5-4 유해업소별 출입여부 및 대책

유해업소명	청소년 출입여부	대책의 기본방향
성인PC방/비디오/DVD방	청소년 출입금지업소	청소년 출입관리
여관		
술집		
도서대여점	청소년 이용가능업소	유해요인관리
슈퍼/마트/편의점		
PC방		
오락실		
카페/식당		
찜질방		
노래방		
당구장		

출처: 유진이 외(2005). p. 138.

3) 지역사회유해환경의 영향

Bronfenbrenner의 사회생태학 이론에서 제시한 바와 같이 청소년의 발달은 가정, 학교, 지역사회를 통합한 유기적 시스템체제 속에서 이해하지 않으면 효과성이 떨어질 것이다. 생애초기에는 집과 가족이 미시체제를 대표하지만 나이가 들면서 놀이터, 학교, 또래친구, 여름 캠프, 교회 등 청소년들의 삶과 밀접하게 연관된 지역사회 환경의 영향력에 의해 영향을 받는다(권양이, 2013).

도기봉(2009)에 의하면 사회폭력허용도가 낮아지면 학교폭력의 문제도 감소될 것이다. 또한 청소년들의 학교폭력 문제행동에 있어서 지역사회 환경적 요인들이 큰 영향을 미치지만 이러한 요인들이 공격성과의 상호작용으로 인하여 학교폭력을 더욱 유발하게 된다는 것이다. 대중매체 폭력접촉이 많으면 학교폭력의 행동이 많아지는 것을 확인할 수 있었다. 또한 공격성과 지역사회 환경적 요인이 각각 단독으로도 학교폭력에 미치는 영향력이 크기 때문에 공격성을 조절하는 자기통제훈련, 분노조절프로그램, 행동관리전략 등 다양한 프로그램이 제공되어야 할 것이다. 또한 지역사회 환경적 요인이 학교폭력에 미치는 영향력을 감안하여 특히 지역사회유해환경 개선을 위한 홍보와 캠페인이 필요하다. 즉, 청소년지킴이 프로그램, 유해환경 개선을 위해 생태체계적 관점에서 청소년, 가정, 학교, 지역사회체계에서 발생하는 요인들을 연계시스템구축을 통해 효과적인 개입 방안이 강구되어야 할 필요가 있다. 연구결과는 사회폭력허용도가 청소년의 학교폭력에 미치는 영향력을 감안하여 지역사회를 중심으로 부모나 교사들을 대상으로 부모교육 프로그램이나 다양한 프로그램을 개발하고 제공하여 실제 청소년들의 문제에 대한 상담과 지도 시 체벌보다는 훈육을 통한 바람직한 지도가 우선 제공되어야함을 시사한다.

또한 정진성(2009)의 연구결과에 따르면 사회적 유대가 약할수록, 일탈성향이 강한 친구들의 영향을 많이 받을수록 학교폭력을 더 많이 행사하는 것으로 나타났고 이러한 연구결과는 가족, 학교, 사회에 대한 건전한 인성교육과 또래 간 바람직한 사회연결망 구축이 필요하며 아울러 물리적 무질서에 대한 정확한 실태파악과 적극적인 조치가 필요함을 보여주었다. 더 나아가 유해환경에 대한 엄격한 관리 없이 사회적 유대를 증가시키려는 노력은 큰 효과를 기대하기 어렵기 때문에 주변 유해환경에 대한 적극적인 대책이 선행 또는 병행되어야 함을 시사하고 있다.

이외에도 청소년들의 약물비행에 영향을 미치는 요인들은 유해매체물, 유해약물, 유해업소가 통계적으로 유의하게 영향을 미치는 것으로 나타났다. 그리고 지위비행에 영향을 미치는 요인에는 유해매체물, 유해약물, 유해행위가 중요한 영향을 미친다고 결론지을 수 있다(김종오·성용은, 2006). 이상과 같이 대중매체, 사회폭력허용도, 공격성, 사회적 유대와 같은 요소들은 독립적으로 혹은 지역사회의 유해환경과 복합적으로 작용하여 청소년의 건강한 발달에 악영향을 끼치고 있다. 특히 최근 들어 대중매체 및 미디어에 의한 사회폭력 허용도가 위험수위에 이르고 있어 이에 대한 사회적 경각심의 확산과 법적·제도적·교육적 대책 마련이 시급하다.

4) 지역사회유해환경 대책방안

앞서 Alleyne 등(2011)이 언급한 바와 같이 가정은 환경으로부터 청소년들을 항상 보호해줄 수 없다. 가정이 보호해줄 수 있는 것은 실로 한계가 있다. 이에 지역사회적 차원의 유해환경 대책방안을 살펴보면 다음과 같다.

첫째, 청소년 유해환경 관련법령의 엄격한 집행이 필요하다. 학교보건법의 학교환경위생정화구역 조항이나 공중위생법, 식품위생법, 시행행위규제법, 미성년자 보호법, 풍속영업의 규제에 관한 법률 등으로 입법화되어 오래전부터 실시되어 왔으나 법령에 대한 인지도가 낮고 단속실적 역시 대단히 부진하여 사법적 효력은 매우 취약한 상태이다. 그러나 사회전반적인 분위기는 청소년의 유해업소 제한에 동의하는 추세라 앞으로 강력한 법적 규제로의 수정이 요구된다(이사라, 2012).

둘째, 유해요인을 보유하고 있지만 청소년들의 출입이 허용되는 잠재적인 유해시설에 대한 대책이 필요하다. 잠재적 유해시설의 대표적인 예로 PC방, 노래방 등을 들 수 있는데 이러한 시설들은 일단 유해요인을 보유하고 있는 상태이고 이에 대한 청소년들의 접촉이 발생하지 않도록 예방적 차원의 대책이 마련되어야 한다. 따라서 이들 업소에 대해서는 무조건적으로 청소년 출입금지 조치를 취하기보다는 이들 업소를 청소년들이 이용하는 과정에서 유해요인에 접촉하지 않도록 하는 조치가 필요하다. 즉, 이들 업소에 대해서는 출입제한 대책보다는 유해요인 관리대책이 적절한 조치이다. 특히 관리대상이 되어야 할 것이다(유진이 외, 2005).

셋째, 청소년 유해환경에 대한 논의는 오랫동안 지속되어 왔으나 각종 규제대책은 영업자유라는 측면과 대치되어 실효성이 부족한 경우가 많았고 청소년들의 유흥업소 출입은 상당히 근절되었지만 청소년들이 마음놓고 마땅히 즐길 수 있는 건전한 놀이공간은 매우 부족한 현실이다(이사라, 2012). 따라서 청소년들이 마음

놓고 놀 수 있는 청소년 문화존 및 문화공간 등이 청소년의 취향과 기호에 맞게 더욱 더 많이 발굴되어야 하겠다.

넷째, 청소년정책영역에 대한 수요조사 결과를 살펴보면 중요도 순위와 정책영역별 예산투입현황 순위 간 격차가 가장 큰 것은 유해환경 영역이다. 학부모와 청소년들은 청소년 유해환경단속정책영역이 매우 중요하다고 생각하고 있으나 실제 예산투입은 타 정책영역에 비해 떨어지는 것으로 나타났다. 이렇듯 정책영역별 수요와 추진현황 간의 격차가 큰 유해환경단속, 가족지원 영역과 건강, 위기청소년지원영역은 시급히 정책적 지원이 강화되어야 할 것이다. 또한 사업의 실효성을 높이기 위해서는 관계 부처 사업에 대한 총괄조정이 매우 필요한 실정이다. 세부 정책청소년 예산의 개념 및 범주를 측정할 수 있는 기준을 마련하고 범부처 청소년예산체제를 확립해야 한다.

Wridt(2013)에 따르면 학교나 지역사회의 환경이 여의치 않다면 이는 종종 지자체 또는 국가 수준에서 아동, 청소년 및 그 가족을 위한 무언가가 제대로 작동하지 않고 있다는 것을 의미한다. 예를 들어, 어떠한 지역사회에서 아동과 청소년을 위한 교육의 질이 충분하지 않다면 이는 다음과 같은 원인의 결과물이다. 훈련받은 교원의 부족, 아동의 학습을 위한 충분한 조명을 갖추지 못한 교실, 의사결정에 있어 학생 또는 부모의 참여 부족, 시의 교육예산 부족, 장애가 있는 아동이 학교에 가는 것을 방해하는 불공정한 국법 등이다.

Youth Education

제 **6** 장	## 청소년의 상담과 멘토링

1. 　　**청소년 상담과 이론**

(1) 청소년 상담의 정의

'상담'이란 용어는 근래에 매우 다양한 영역에서 폭넓게 활용되고 있다. 그런 만큼 그 의미를 정확하게 파악하기란 쉽지가 않다. 상담의 어원은 consulere로서 고려하다, 반성하다, 숙고하다, 조언을 받는다, 상담한다 등의 뜻을 지니고 있다. 또한 相談이란 글자를 보면 서로 말을 주고받는다는 뜻이 되기 때문에 정보를 교환하고 서로 협의하는 모든 상황은 상담이라고 할 수 있다. 그러나 단순히 얼굴을 대면하여 의견을 교환하는 것이 전부는 아니며 한쪽이 다른 한쪽의 문제해결에 도움을 주는 특성을 지닌다. 즉, 전문기능으로서의 상담은 독특한 인간관계에 기초하여 이루어지는 매우 전문적인 활동이다(이현림·김지혜, 2008: 176).

청소년기는 매우 스트레스가 많은 시기로서 학업이외에도 여러 가지 발달과 업을 요청받는 시기이다. 사회규범을 인지하고 합리적으로 사고하는 능력을 기르는 한편 성숙한 성인이 되기 위한 사회적 역량 개발 및 사회적 역할 습득을 해야하는 시기이기 때문이다. 따라서 청소년 상담이란 청소년들이 가지고 있는 걱정, 불안, 고민, 갈등을 슬기롭게 해결하고 긍정적인 자기정체성을 형성하며 건강하고 생산적인 삶을 살아갈 수 있도록 가정, 학교, 지역사회에서 도와주는 활동이다.

1) 인간중심적 상담

Rogers에 의하여 1940년대 초에 창시된 인간중심적 상담은 초기에는 정신분석학과 지시적 상담의 입장에 반대하면서 비지시적 상담을 표방하며 등장하여 1970년대에 이르러 내담자중심 상담으로 불리우다가 최근에 와서는 한 개인의 긍정적인 성장 가능성을 중시한다는 입장에서 인간중심 상담으로 불리우게 되었다(조성연 외, 2010).

인간중심적 상담에서는 모든 내담자가 자기 자신의 중요한 일들을 스스로 결정하고 해결할 수 있는 능력을 지니고 있음을 강조한다. 여기서 상담자는 내담자들이 긴장이나 정서적 불안을 발산하고 자신의 문제에 대한 해결능력을 되찾아 인간적인 성숙을 기할 수 있도록 돕고 적극적으로 성장할 수 있도록 허용적인 분위기를 만드는 데 주력한다. 이런 점에서 Rogers는 상담에서 인간의 위치를 단순히 행위를 받기만 하는 로봇의 개념에서 잠재력과 성장능력을 가진 인격체로 그 의미를 변화시켰다고 할 수 있다(이현림·김지혜, 2008: 193).

① 인간중심적 상담의 인간관

Rogers 이전의 상담영역에서 보는 인간이란 일반적으로 비합리적이고 사회화되기 어려우며 자기자신이나 타인에 대해 파괴적인 존재였다. 이에 반해 Rogers는 인간을 근본적으로 합목적적이고 건설적이고 긍정적이며 독립적이고 수용적이며 현실적인 존재인 동시에 아주 신뢰할 만한 선한 존재로 보고 있다. 또한 Freud와 달리 한 인간을 결정론적인 입장에서 보는 것이 아니라 자유로운 존재로 보았다. 즉, 인간은 사회적이고 미래지향적이며 자아실현의 의지와 더불어 선한 마음을 갖고 태어난다고 보았다. 또한 인간은 부적응 상태를 극복하고 정신적 건강상태를 되찾을 수 있는 능력을 선천적으로 가지고 있다고 믿기 때문에 치료 진행의 책임을 내담자 자신에게 주었다. 그러므로 상담과정에서 상담자는 최선의 해결책을 모두 다 알고 있는 권위적 존재로 상담에 임하지는 않는다. 즉, 내담자는 상담자의 지시에 단순히 따르기만 하는 수동적 존재가 아니라 상담 및 심리치료의 과정에서 일차적 책임을 지는 능동적 존재로 보았다(이현림·김지혜, 2008: 194).

② 인간중심적 상담의 기술

가. 공감적 이해

공감이란 내담자의 생각, 감정, 경험에 대하여 내담자의 입장에 따라 그대로 이해하는 것이다. 즉, 상담자가 내담자와 더불어 함께하는 과정이라 할 수 있다. 상담자는 자신의 개념의 틀을 개입시키지 않고 내담자의 내적세계를 마치 자신의 내면세계인 것처럼 느껴야 한다. 상담자의 이와 같은 이해는 내담자가 명백히 표현하고 있는 표면적 감정, 사고뿐만 아니라 명백히 표현하지 못하고 있는 내담자의 내면적 감정, 사고를 이해하고 표현하여 내담자의 심층적인 자기탐색을 촉진하게 된다.

나. 무조건적 긍정적 수용

상담자는 내담자를 전적으로 신뢰하고 수용하여 내담자 자신이 자기이해 및 긍정적인 자기변화에 대한 잠재력이 있음을 깨닫도록 한다. 상담자는 내담자를 갈등과 부조화, 좋은 점과 나쁜 점을 모두 갖추고 있는 그대로의 개인으로 수용한다. 또한 내담자의 행동을 가치의 유무에 상관없이 비판적으로 보지 않으며 내담자를 있는 그대로 받아들이며 무조건적이고 긍정적으로 존중해야 한다. 이러한 상태가 되면 내담자는 자신의 약점까지도 기꺼이 나타낼 수 있으며 있는 그대로의 자기를 수용하면서 자신의 긍정적인 면을 찾고자 노력하게 된다.

다. 진실성

진실성은 상담자가 내담자와의 관계에서 나타나는 반응의 순간순간 그의 내적 경험과 합치되는 상태를 말한다. 상담자로서의 역할 수행을 위한 가식적인 모습으로서가 아니라 인간으로서의 자신의 모습을 진솔하게 나타내는 것을 말한다. 따라서 진실성이 있는 상담자는 속으로 생각하고 느끼는 것과 겉으로 나타나는 언행이 일치한다. 그런 면에서 일치성이라는 표현을 사용하기도 한다. 상담자의 이러한 진실성 앞에서 내담자는 상담과정을 더 쉽게 신뢰할 수 있게 된다.

2) 정신분석학적 상담

정신분석이론은 무의식의 존재와 결정론이라는 두 가지 가정을 갖는다. 개인의 행동에 미치는 무의식적 힘의 중요성을 강조하는데 인간의 행동은 억압된 무의식적 동기에 의해 결정되며 이러한 무의식적 동기와 힘을 자각함으로써 성격과 행동의 변화가 이루어질 수 있다고 본다. 정신분석이론은 또한 결정론적인 입장을 취한다. 개인의 충동, 사고, 감정, 행동들은 개인이 과거에 겪었던 경험의 결과에 의해 결정되며 마음속에 일어나는 여러 가지 생각이나 감정은 우발적이거나 우연적이거나 서로 무관한 것이 아니라고 본다. 즉, 인간의 성격은 생후 약 6년간의 생활경험, 특히 양육자와의 관계 특성에 따라 형성되며 인간의 아동기의 경험을 뛰어넘지 못한다고 가정한다(이복희 외, 2008).

① 상담의 과정

정신분석학적 상담은 초기단계, 전이의 발달, 훈습, 전이의 해결과 같은 4단계로 크게 구분해 볼 수 있다.

가. 초기단계

내담자가 지닌 문제의 성질을 확인하는 단계이다. 초기상담의 두 가지 목표는 수집된 정보를 근거로 임상적, 역동적 진단을 내리고 그가 정신분석적 치료에 적합한 사람인지 그리고 어떻게 치료해 나갈 것인지를 결정하는 것이다. 이를 위해 내담자의 현재 생활과 곤란한 점, 지금까지 성취한 것, 대인관계 방식, 가족적 배경, 그리고 아동기의 발달사 등을 알아본다. 화제의 우선순위는 내담자에게 맡긴다. 내담자가 자신의 문제를 상담자에게 어떤 식으로 제시하는지도 많은 것을 시사할 수 있다. 즉, 초기단계에서는 내담자의 개인적 성장 및 발달사에 대해 알게 됨으로써 내담자가 갖는 무의식적 갈등에 대한 전반적 윤곽을 이해하게 된다(이복희 외, 2008).

나. 전이의 발달단계

내담자와 상담자 사이에 래포가 형성되어 분석의 과정이 발전되어 가는 어떤 시점에서 내담자는 자신의 무의식적인 갈등문제를 표출하게 되는데 이때 그 갈등과 관계되는 어떤 중요한 인물에 대한 내담자의 정서적 반응이 상담자를 향하여 나타나게 된다. 즉, 여기서 전이란 '내담자가 과거의 중요한 인물에게 느꼈던 감정을 상담자에게 투사하는 현상'으로서 내담자가 아동기의 중요인물, 즉 아버지, 어머니, 형제, 자매, 그 밖의 가족들에게 느끼고 행동하는 것을 말한다. 내담자는 자신의 감정을 의식하지만 자신의 감정이 반복된다는 것을 깨닫지 못한다. 상담자는 내담자가 말하는 것을 들으면서 현재의 경험과 어렸을 때의 경험이 연결되어 있다는 것을 알 수 있다(이복희 외, 2008).

다. 훈 습

훈습은 '중심적 갈등을 내담자가 반복해서 이야기하고 상담자가 이를 반복해서 해석하는 과정'이다. 갈등의 본질에 대한 한두 번의 통찰경험으로 변화가 이루어지지는 않으며 전이의 분석은 여러 번에 걸쳐서 여러 가지 방식으로 지속되어야 하는데 이러한 통찰이 계속적으로 반복되고 정교화되고 확대되는 과정이 바로 훈습이다. 내담자는 자신의 방어와 동기가 무엇인가를 이 반복과정에서 의식하게 된다. 특히 주된 저항이나 방어는 한 번의 해석이나 한 번의 면접으로 해결되지 않으며 역동적 변화는 여러 주, 여러 달의 훈습과정을 거쳐서 나타날 수 있다(이복희 외, 2008).

라. 전이의 해결단계

전이의 해결이란 상담자에 대한 내담자의 무의식적이고 신경증적인 애착을 해결하는 것이라고 할 수 있다. 이것으로 정신분석의 과정이 종결되는 것이다. 즉, 내담자와 상담자가 처음에 설정한 분석의 주요 목표가 성취되고 전이가 잘 이해되어 모두가 만족스럽게 되면 이제 더 이상 분석할 필요가 없게 되는 것이다.

전이의 해결단계, 즉 종결단계에서는 매우 현저하고 전형적인 몇 가지 특징들이 나타난다. 가장 특징적인 것은 내담자가 상담을 요청하게 된 원인이었던 증상들이 놀랍게도 약화된다는 것이다. 둘째로 지금까지 억압되어 있던 기억들이 나타나서 상담의 초기에 이루어졌던 해석이나 재구성을 확고하게 하고 정교화 시켜준다. 마지막으로 내담자나 상담자 모두가 더 이상 분석의 필요성을 느끼지 않게 된다(한상철, 2009).

② 정신분석상담의 주요기법

가. 해 석

해석이란 자유연상, 꿈, 저항, 전이 등을 분석하고 그 속에 담긴 행동상의 의미를 내담자에게 지적하고 설명하는 것이다. 해석의 과정에서 상담자는 자유연상이나 꿈을 설명하고 가르친다. 이와 같은 해석은 자아(ego)로 하여금 무의식적인 자료들을 의식화하도록 촉진시킴으로써 내담자로 하여금 자신의 무의식적 자료들을 통찰하고 올바로 이해하도록 돕는다. 상담자는 간혹 내담자가 방어적인 태도를 취할 때 내담자의 방어, 저항행동을 지적하고 설명한 다음 행동이면에 숨겨져 있는 원인을 해석해야 한다. 또한 내담자가 표현하는 감정 뒤에 숨겨진 감정의 이면을 이해해야 한다.

나. 자유연상[1]

정신분석과 정신분석적 심리치료에서 행해지는 기본적인 절차이다. 프로이트는 1890년대에 최면대신에 자유연상을 도입한 이래로 자유연상을 정신분석의 방법론적인 열쇠라고 하였다.

이 용어에서 자유라는 단어는 의식적 통제를 중지시키는 것을 의미한다. 정신분석 치료에서 환자는 머리 속에 떠오르는 모든 생각, 감정, 바람, 감각, 이미지그리고 기억을 아무런 유보 없이 있는 그대로 표현하도록 요구받는다. 이런 요구는 정신분석의 기본 규칙(fundamental rule of psychoanalysis)으로 불린다. 이 규칙을 따르기 위해서 환자는 종종 당황스러움, 공포, 수치심과 죄책감 같은 감정들을 극복해야 한다. 치료를 위해 필요한 환자의 협력은 부분적으로 그가 분석을 받고 있는 목적 — 갈등을 다루고 문제들을 극복하는 것 — 을 아는 것에서부터 온다.

정신분석 과정에서 환자가 제공하는 연상은 분석가로 하여금 환자가 산출해낸 것들 — 이것들의 무의식적 영향들과 그것들 사이의 갈등을 포함하여 — 의 결정 요인, 유형 그리고 내용을 추론할 수 있게 해준다. 분석가의 개입, 특히 무의식적 결정 요인들에 대한 해석은 무수히 다양한 방식으로 표현되는 저항(무의식적 방해)의 의미를 밝혀주고 극복할 수 있게 해줌으로써, 환자의 자유연상을 확장시켜준다.

---

1) 네이버 지식백과에서 참조함.

정신분석은 처음부터 언어, 추리, 의식과 결정을 내리는 능력 간의 밀접한 관계를 강조했다. 정신생활의 모든 것이 말로 표현될 수 있는 것은 아니지만, 자유연상은 환자로 하여금 가능한 한 많은 것들을 표현할 수 있는 특별한 조건을 제공해주고, 분석 과정의 효과에 대한 환자 자신의 경험을 통합할 수 있게 해준다. 분석가는 언어 또는 침묵을 사용하여 개입함으로써 환자로 하여금 표현과 성찰 간의 균형을 유지할 수 있게 해준다.

다. 꿈의 해석

꿈의 해석이란 꿈 속에 숨어 있는 욕망이나 불안을 자유연상(自由聯想)에 의해 찾아내는 일을 말한다. 이러한 꿈의 해석은 수면 중에는 깨어 있을 때의 자아활동이 저하됨으로써 억압된 욕망이나 불안이 변형된 의식으로 떠오르는 것이라고 상정(想定)한 상태에서 이루어지는 것이다. 프로이드는 먼저 여러 학자들의 문헌을 통해 이전의 꿈 해석 및 인식 방법을 검토한 뒤 자신의 독특한 꿈의 이론을 제시하고, 나아가 '꿈 문제에 관한 학문적 문헌', '꿈 해석의 방법: 꿈 사례분석' 등의 내용을 통해 꿈이 정신분석 이론에 어떻게 적용되는지를 상세하게 보여주고 있다.

라. 저항의 해석

저항은 '상담자의 치료노력을 방해하는 내담자의 방어'이다. 저항의 원인은 상담과정에서 위협을 주는 불쾌한 감정, 즉, 분노, 죄의식, 수치심, 모욕감, 격분, 두려움 등이다. 이때 상담자가 할 일은 내담자가 말하기 두려워하고 부끄러워하는 내용을 정확히 이해하는 것이다. 첫째, 상담자는 내담자가 저항 혹은 방어적인 태도를 취할 때 그 방어적인 행동의 이면에 숨겨져 있는 원인을 해석하기 전에 내담자의 방어나 혹은 저항행동 그 자체를 지적하고 설명해 주어야 한다. 내담자가 전혀 감지하지 못하는 방어나 저항행동의 무의식적인 동기를 해석하려고 하는 것보다 우선 현재 나타나고 있는 방어행동을 지적해 줌으로써 내담자가 두려워서 움츠러드는 것을 막을 수 있고 더 깊은 원인을 해석할 수 있는 기초를 마련할 수 있다. 둘째, 상담자는 내담자가 표현한 감정의 이면을 이해할 수 있어야 한다(한상철, 2009: 375).

3) 합리적·정서적 상담

Ellis에 의한 이론으로서 합리적·정서적 상담의 목적은 청소년 내담자의 비합리적이고 자기 비하적인 신념체계들을 최소화하고 그들이 보다 합리적이고 이성적인 자아상을 가지고 적극적인 인생관을 갖게 하여 건강한 발달을 하게 하는 데 주요 목적이 있다. 즉, 청소년 내담자가 지닌 근본적인 신념 또는 가치체계를 다시 한번 점검함으로써 성격의 변화 및 인생관의 변화를 가져오게 하는 것이다. 이렇듯 상담자는 청소년 내담자의 왜곡된 자아상과 비합리적인 생각에 기인하는 심리적인 문제를 인지시키고 합리적, 현실적, 논리적인 생각으로 재조직하도록 하는 데 많은 도움을 주는 상담접근기법이다.

① 비합리적 신념의 특성

가. 당위적 사고

'반드시~해야 한다'로 지나치게 경직된 사고이다.

나. 이분법적 사고

이것 아니면 안 된다는 사고로서 여러 가지 대안이 있다는 생각을 못하는 사고이다.

다. 완벽주의적인 사고

내가 사랑받기 위해서는 유능하고 완벽하며 실수를 해서는 안된다. 지나친 과장: '~하면 끔찍하다', 또는 '~하면 큰일이다' 등으로 표현되는 사고나 진술체계이다.

라. 자기 및 타인 비하

자신이나 타인, 또는 상황적 조건 중에서 한 가지 부정적인 면을 기초로 하여 전체를 부정적인 것으로 생각해 버리는 경향을 말한다. '~한 것을 보면 나는 무가치한 사람이다'가 이에 해당된다.

마. 좌절에 대한 인내심 부족

원하거나 요구하는 것이 주어지지 않았을 때, 그 상황을 견디지 못하여 그 어떤 행복감도 느끼지 못하는 것을 말한다.

바. 두려움과 불안의 지속성

일어나지도 않은 미래 일에 대한 불안과 두려움을 의미한다. 이러한 걱정이나 불안은 위험한 사태가 일어날 가능성에 대한 객관적인 평가를 방해할 뿐만 아니라 위험한 일이 정말로 일어날 경우 그에 대해 효과적으로 대비하는데 방해가 된다.

사. 책임회피성

어떤 어려운 일이나 책임을 맡는 것보다 이를 피하는 것이 더 쉬운 일이라고 사고하는 것을 말한다. 이는 해야 할 일을 피하는 것이 실제로 하는 것보다 더 어렵고도 고통스러울 수 있다는 것을 인지시켜야 한다.

아. 과거집착적인 사고

비합리적인 사람은 돌이킬 수 없는 과거의 사건을 가지고 괴로워한다. 합리적인 사람은 과거의 행동이 현재에 미친 영향은 인정하지만 과거의 행동이나 사건에 얽매이는 현재의 비합리적 신념들에 대해 지속적으로 논박하면서 현재의 상황을 개선시키고자 한다.

② 상담기법(ABCDE 전략)

합리적 · 정서적 접근에 있어서 상담의 과정은 Ellis 성격이론의 핵심 개념이라고 할 수 있는 ABCDE과정으로 설명될 수 있다.

가. 선행사건(Activating event)

인간의 정서를 유발하는 어떤 사건이나 현상으로서 선행 사상 또는 촉발 사상이라고 한다(학사경고를 받았다).

나. 신념체계(Believe)

환경적 자극에 대하여 사람이 지닌 신념을 말한다(극도의 절망감에 빠졌고 비합리적인 신념체계로서 나는 아무런 능력도 쓸모도 없는 사람이다).

다. 결과(Consequence)

선행 사건과 관련된 신념으로 인해서 생긴 정서적 결과를 말한다. 만약에 합리적 신념을 지니고 있었다면 그 상황에 적절한 정서적 반응을 할 수 있게 될 것이지만 비합리적인 신념을 지니고 있었다면 그 결과는 죄책감, 불안, 분노 등을 보이게 될 것이다(학사경고를 받았다는 것에 대해 창피함을 느끼고 창피함을 느끼는 자신이 못마땅한 느낌이 드는 정서적 결과).

라. 논박(Dispute)

비합리적 신념에 대해서 도전하고 다시 생각하도록 하여 재교육하기 위해 적용하는 논박을 뜻한다. 내담자가 자신의 가장 대표적인 비합리적인 신념들을 택하여 적어도 하루에 10분 이상씩 체계적으로 그것을 논박하는 것이다(학사경고를 받은 것이 좋은 일은 아니지만 자기비하, 자기 파괴적인 생각까지 할 필요는 있는가에 대한 논박)(한상철, 2009: 347).

마. 효과(Effect)

논박(D)의 인지적 효과를 의미한다. 내담자가 가진 비합리적 신념을 철저하게 논박함으로써 합리적인 신념으로 대치한 다음 자기 수용적인 태도와 긍정적인 감정을 느끼게 한다.

4) 행동주의적 상담

학습이론에 기초를 둔 행동주의(Behaviorism)는 오직 관찰 가능한 사건만이 과학적으로 연구될 수 있다는 입장을 고수하는 이론으로서, 정신적 삶과 내성(introspection)을 중요하게 생각하는 정신분석적 추론과는 대조된다. 행동 치료 또는 행동 수정은 실험심리학과 학습 이론의 원리에 기초한 치료 방법으로서, 조건형성의 기법을 통해 부적응 행동의 변화를 시도한다. 그리고 치료의 초점은 기저의 원인을 찾기보다는 관찰 가능한 행동을 변화시키는 데 있다. 즉 행동주의적 상담은 인간의 행동이란 거의 학습과 환경조건에 의해 형성된 것이므로 내담자로 하여금 바람직하지 못한 행동을 없애고 적응적인 행동을 학습하도록 돕는 것이다.

① 행동주의 상담의 인간관

행동주의에서 인간은 그들의 반응과 미래 행동을 형성하고 결정하는 환경에 의해 직접적으로 영향을 받는 존재이다. 즉, 인간은 조건화의 산물이지, 환경을 변화시키는 행위자는 아니다. 따라서 인간의 문제를 잘못된 학습에서 비롯된 것으로 간주하며 특정한 행동을 이끌어내고 유지시키고 제거하는 환경적 반응이나 사건 사이의 상호작용과 관계를 강조한다(조성연 외, 2010: 155). 따라서 Corey(1996)는 다음과 같은 기본전제를 제시하였다(이현림·김지혜, 2008: 213, 재인용).

가. 타인의 행동변화

인간행동 과학은 타인의 행동을 변화시켜 주는 데 필요한 기술을 마련한다.

나. 타인에 의한 학습

인간은 사회적 존재이므로 타인을 통해 학습한다.

다. 타인의 행동에 영향력 행사

인간은 타인의 행동에 영향을 미칠 수 있다.

라. 목표와 수단

목표와 그 성취를 위한 수단은 별개의 것이므로 상담자의 역할은 내담자에게 목표에 도달하는 가장 효과적인 수단을 선택하고 사용하게 하는 것이다.

마. 최선의 선택

인간은 무엇이 자신을 위하여 가장 좋은 것이며 어떤 결과가 인간으로서의 발달에 기여할 것인지를 알고 있다.

② 상담의 과정

가. 관계형성

어떤 상담접근기법을 막론하고 내담자와 상담자 간의 관계형성(rapport)은 매우 중요하다. 관계형성을 위하여 상담자는 청소년 내담자의 이야기를 진실성 있게 적극적으로 경청해야 한다. 대부분의 청소년들은 초기에 말을 잘 하려고 하지 않을 것이다. 그러나 관계가 형성이 된다면 자신들의 이야기를 풀어나갈 것이다.

나. 문제행동의 규명

상담자와 청소년 내담자 간의 관계가 형성이 되었다면 청소년이 안고 있는 문제행동이 무엇인지 명확히 규명되어야 한다. 청소년은 자신의 문제행동을 분명하게 알고 있는 경우도 있지만 그렇지 못한 경우도 많다. 상담자는 청소년 스스로가 자신의 문제를 확실하게 알 수 있도록 즉, 관찰 가능한 구체적인 행동으로 표현할 수 있도록 도와주어야 한다. 그러나 관계형성이 제대로 이루어지지 못했는데도 불구하고 너무 문제행동에만 집착하여 이를 규명하려고 한다면 문제행동을 규명하지 못할 뿐만 아니라 심지어 상담이 중지될 수 있으니 이 점을 명심해야 한다(한상철, 2009: 356).

다. 현재상태의 파악

청소년 내담자가 안고 있는 현재의 문제, 행동, 생각 등을 파악하는 것을 말한다. 청소년 내담자를 파악하기 위해 면접, 질문지, 직접적 관찰 등 다양한 방법이 동원될 수 있다(한상철, 2009: 356).

라. 상담목표의 설정

바라는 목표행동의 기본방향을 설정한다.

마. 상담기술의 적용

상담목표가 설정되었다면 목표달성에 가장 적합한 기술을 결정해야 하며 이와 함께 그 기술을 적용해야 한다. 다음에 소개되는 상담의 기술을 적절히 적용하도록 한다.

바. 상담결과의 평가

목표행동으로 변화되어 가는 행동을 기록함으로써 상담절차의 효과를 평가한다.

사. 상담의 종결

상담을 종결한다.

③ 행동주의 상담의 주요기법

가. 체계적 둔감화

행동치료 기법의 하나로, 특정 자극이나 상황에 대하여 비정상적으로 강한 불안이나 공포를 나타내는 사람(또는 환자)을 치료하기 위해 사용된다. 구체적으로 문제가 되는 불안이나 공포와 양립할 수 없는 근육 이완(과 같은 반응)을 문제가 되는 자극과 역조건을 형성시키는 절차를 따르게 되는데, 흔히 불안이나 공포를 덜 일으키는 자극으로부터 시작하여 점차 더 강한 불안이나 공포를 일으키는 자극을 심상으로 유발시켜 역조건을 형성시킴으로써, 최종적으로 특정 자극에 대해 나타내던 비정상적인 불안이나 공포 반응을 완전히 제거 또는 치료하게 된다. 단계적 둔감법, 단계적 둔감화, 체계적 감강법, 체계적 감도 감강법, 체계적 둔감법 등이라고도 한다.

나. 주장훈련

행동요법의 한 기법(技法)이다. 주장적행동(主長的行動), 즉 분명하게 자기주장을 하는 것은 신경증적불안에 길항하는 작용, 예를 들면 장애나 벌의 불안에 의하여 남에게 대한 공격욕구가 억제되어 있으면 신경증이 일어나지만 이 불안을 소거(消去)하는 반응으로서 공격적 행동을 주장시킨다. 불안에 의하여 억제되어 있는 분노나 정동(情動)을 폭발시키는 것에 의하여 역으로 불안반응을 억제코자 하는 것이다.

다. 혐오치료

바람직하지 않은 행동에 대하여 전기나 화학약품과 같은 불쾌한 자극을 제시함으로써 바람직하지 않은 행동을 줄여 나가고자 하는 치료법이다.

혐오치료의 과정은 혐오 자극이 부적응 행동을 하는 동안에 주어지고 그 행동을 그만두면 혐오 자극은 사라지도록 하는 것이다. 혐오치료는 약물중독과 성도착증(노출증이나 어린이에 대한 이상 성욕과 같은 상식 밖의 성적행동)의 치료에 주로 사용된다.

라. 모델링(modeling)

모델링은 내담자에게 가능한 행동대안들을 시범적으로 보여 주는 것이다. 이는 상담자 개인이나 집단상황에서 혹은 동료들이나 중요한 타인들에 의해 영화, 비디오, 녹음된 테이프 등을 통해 수행될 수 있다. 모델링은 관찰학습, 모방, 사회학습, 대리학습 등과 같은 용어들과 함께 사용된다.

마. 조형(shaping)

행동수정(behavior modification)에서 바람직스럽고, 목적한 형태의 행동변화를 점차 보이도록 하는 치료절차를 말한다. 즉, 조형은 전체 목표행동을 작은 단계로 구분하여 각 단계의 행동을 단계적으로 변화시킴으로써 전체 행동을 변화시키는 것을 말한다.

바. 행동시연(behavior rehearsal)

행동시연은 모델이 행동하는 것을 관찰한 후 그 행동을 연습할 기회를 제공하는 것이다. 역할 시연이라고도 한다. 실제 생활에서 특정 행동을 적절히 해낼 가능성을 증가시키고 연습 장면에서 이를 실행하도록 하여 바람직한 행동을 습득하도록 하는 데 목적이 있다. 시연과정을 통하여 행동을 수행할 때 나타날 수 있는 오류를 평가하고 정정하는 기회를 제공한다. 행동시연은 사회적 기술 훈련, 주장 훈련 및 분노 조절 훈련과 같은 다양한 영역에서 행동 수행을 증진시키는 데 이용된다.

사. 부적 연습법

부적 연습법(negative practice)은 내담자가 자신이 없애고 싶어하는 습관적인 행동을 적극적으로 의식하면서 연습하는 방법이다. 예를 들면, 말을 더듬는 행동을 치료하고자 할 경우 더듬는 현상에 주의하면서 더듬는 부분을 정확히 반복 연습하는 것이다. 이 원리는 한 가지 반응을 계속 되풀이하면 신체적 피로감 또는 심리적 권태 등으로 인하여 그 반응이 나타날 수 있는 잠재력을 약화시킴으로써 결국 그 행동을 감소시킬 수 있다는 것이다(한상철, 2009: 360).

아. 심적포화

심적포화(satiation)는 정적 강화자극이라고 할지라도 계속적으로 주어져 포화상태에 이르게 되면 강화자극으로서의 기능을 상실하게 되고 오히려 반대의 효과를 나타낸다는 원리에 입각한 것이다. 특정한 동일행위를 반복·계속하여 수행하는 경우 피로나 단조감 등과는 달리 속행할 노력이나 의지에도 불구하고 중단해버리는 심적 상태를 말한다. 한 가지 일을 계속해서 하고 있으면 심적 포화에 빠지기 쉽다. 또 흥미를 가지고 하는 일에서는 심적 포화가 비교적 적지만, 단조로운 일이나 귀찮은 일에서는 일어나기가 쉽다. 심적 포화가 생기면 일의 질이 떨어지거나 양이 줄어드는데, 싫증이 난다는 것은 이와 같은 상태를 말한다. 이 상태가 강요되면 정동적(情動的)인 폭발이 일어나거나 또는 일을 포기하게 될 뿐만 아니라, 일을 강요한 사람에 대한 폭력행위로까지 발전하기도 한다.[2]

자. 환권보상치료

행동주의 기법 중에 널리 사용되고 있는 환권보상치료는 Skinner의 강화원리를 포함하여 조작적 조건형성의 원리를 적용시킨 것이다. 이는 직접적으로 강화인자를 쓰는 대신 의도하는 행동변화가 일어난 후에 내담자가 원하는 다양한 물건과 교환할 수 있는 환권(token)을 줌으로써 바람직한 행동을 강화시키는 방법이다. 즉, 적절한 행동을 보일 때마다 직접 확인될 수 있는 강화물로 환권(token)이 제공되며 환권(token)이 모이면 더 큰 보상을 얻어낼 수가 있어 어린이의 행동수정에 효과적인 강화기법이다.

차. 사고정지

사고정지(thought stopping)는 내담자가 부정적인 인지를 억압하거나 제거함으로써 비생산적이고 자기패배적인 사고와 심상을 통제하도록 도와주기 위해 사용

---

2) 네이버 지식백과 참조.

된다. 사고정지는 특히 돌이킬 수 없는 과거사건에 대해 고심하는 내담자, 발생 가능성이 없는 사건에 대한 생각에 빠져있는 내담자, 반복적이고 비생산적이며 부정적인 사고와 반복적으로 불안을 유발하는 사고 그리고 자기패배적인 심상에 빠져있는 내담자 등에게 적용할 수 있다(이현림·김지혜, 2008: 216).

2. 청소년 상담의 유형

(1) 개인상담

개인상담이란 한 명의 상담자와 한 명의 내담자가 대면 혹은 매체를 통하여 직접적 혹은 간접적으로 만나서 수용적이고 구조화된 상담관계를 형성하고 일상적인 관계와는 다르게 내담자가 자기 자신에 대한 환경을 이해함으로써 내담자 스스로가 효율적으로 의사결정을 내리고 심리적으로 긍정적인 방향으로 변화시키도록 도와주는 일이다.

(2) 가족상담

청소년 문제에 있어서 상담은 해당 청소년만을 포함하지 않고 가족구성원까지 상담을 해야 한다. 청소년들 대부분이 가정으로부터 벗어나고자 하는 심리적 특성이 있기는 하지만 실제로는 여전히 부모, 가정의 영향력 안에 있기 때문이다(권양이, 2013). 가족상담이란 한 명 또는 그 이상의 상담자가 가족 전체를 하나의 단위로 가족 간의 관계에 초점을 맞춰 조화로운 관계를 유지하기 위해서 관계를 긍정적으로 수정해 나가는 과정이다. 가족 구성원 개인이나 다른 구성원들 간의 정신적 증상이나 문제 행동은 가족을 구하기 위한 구조신호로 간주된다. 청소년 문제에 접근할 때 관계적 영역을 중요하게 다루지 않으면 그들의 문제를 해결함에 있어서 많은 부분을 잃어버리기 때문에(권이종·김용구, 2011: 349) 가족상담은 청소년 문제를 깊이 이해하는 데 있어서 필수적인 요소이다.

(3) 집단상담

한 사람의 상담자가 동시에 여러 명의 내담자를 대상으로 내담자 개개인의 문제해결과 인간적 성장을 촉진하는 상담적 접근방법이다. 집단상담에서는 내담자 개인이 다른 내담자들과 상호작용하면서 자신만이 겪는 문제가 아니라는 것을 이해하게 되면서 간접적으로 치료를 받을 수 있다는 점에서 매우 유용한 기법이다. 이렇듯 집단원 간의 역동적인 상호작용을 치료적으로 활용할 수 있으며 다른 참여자로부터 도움을 받을 뿐만 아니라 도움을 제공하는 경험도 가능하다는 장점이 있다.

(4) 전화상담

전화만 있으면 24시간 언제 어디서나 누구나 상담이 가능하다. 여러 가지 사정으로 인해 직접 방문하기 힘든 경우에도 유용하게 사용될 수 있다. 자살, 가출, 이혼 등 긴급 상황에서는 전화상담도 매우 유용하기는 하나 장시간 상담을 할 수 없는 점이 단점이다. 또한 청각적 단서만 가지고 상담이 진행되기 때문에 상담자는 음성에서 드러나는 분위기, 느낌, 어조, 톤, 침묵 그리고 이들의 변화에 주목해야 한다(이복희 외, 2008: 300).

(5) 사이버상담

21세기 정보화시대에 들어와서 컴퓨터와 통신의 급격한 발전 덕분에 가능하게 된 상담의 유형이다. 무엇보다도 익명성이 보장된다는 점에서 유리하다. 또한 사이버상담에서는 신체적 특징, 인상, 용모 등이 전혀 제시되지 않으며 사회적 지위나 권위를 나타내는 사회적 단서 역시 제한되기 때문에 상대의 권위에 영향을 받지 않고 이야기 내용에만 집중할 수 있다.

3. 멘토링

(1) 멘토링의 개념

현명하고 신뢰할 수 있는 상담 상대, 지도자, 스승, 선생의 의미로 쓰이는 단어이다. 원래 '멘토'라는 단어는 〈오디세이아 Odyssey〉에 나오는 오디세우스의 충실한 조언자의 이름에서 유래한다. 오디세우스가 트로이 전쟁에 출정하면서 집안일과 아들 텔레마코스의 교육을 그의 친구인 멘토에게 맡긴다. 오디세우스가 전쟁에서 돌아오기까지 무려 10여년동안 멘토는 왕자의 친구, 선생, 상담자, 때로는 아버지가 되어 그를 잘 돌보아 주었다. 이후로 멘토라는 그의 이름은 지혜와 신뢰로 한 사람의 인생을 이끌어 주는 지도자의 동의어로 사용되었다. 즉, 멘토는 현명하고 신뢰할 수 있는 상담 상대, 지도자, 스승, 선생의 의미이다. 멘토의 상대자를 멘티(mantee) 또는 멘토리(mentoree), 프로테제(Protege)라 한다.

1970년대 중반이래로 멘토링과 코칭의 개념은 서로 구분되기가 어렵다(Gray, 1988). 어떤 이들은 멘토링과 코칭이 같다고 보는 견해도 있고(Sperry, 1996) 멘토링은 스폰서 쉽, 가이던스, 코칭, 전통적인 상사－부하 관계와 다르다고 보는 견해도 있다(Chao, 1998). 멘토링은 코칭에 비해 인간의 감성적인 면까지를 다루는 경향이 많다. Joo(2005)에 의하면 멘토링은 대체로 구조화되어 있지 않고 장기간에 걸쳐 사람 중심인 반면에 코칭은 체계적, 구조화되어 있고 문제, 이슈 중심이며 단기간에 이루어진다는 특징이 있다(권양이, 2012b: 203, 재인용).

청소년 '멘토링'은 멘티의 성장을 위해서 책임있는 성인 멘토가 청소년을 정서적으로 지지하는 과정이라고 할 수 있다. 성인 멘토가 청소년 멘티의 친구, 형, 아버지로서 역할을 수행하여 어려운 시기에 있는 청소년을 도와서 사회의 건전한 성인으로 성장할 수 있도록 지원하는 것이다. 최근에는 중고대학생 연령대의 청소년들도 멘토로 참여하여 또래 또는 나이 어린 청소년을 지원하는 경우가 확대되고 있다. 청소년시기부터 나눔을 실천함으로써 봉사와 참여에 대한 태도를 학습한다는 의미를 갖는다(김경준 외, 2012: 3).

Aspy 등(2010)에 따르면 청소년 초기에 자원봉사활동에 참여한 청소년들은 자원봉사활동을 하지 않은 청소년들보다 청소년 후기에 문제행동을 덜 나타낸다. 그들은 지역사회에 더 연관되어 있으며 일 윤리의식, 타인의 복지에 대해 더 많이 생각한다(Kupermine et al., 2001).

(2) 멘토링 실태

김경준 외(2012)에 따르면 국내 청소년멘토링 정책과 사업은 교육과학기술부, 보건복지부, 여성가족부, 법무부, 고용노동부 등 각 정부부처에서 저소득층 청소년, 탈북 청소년, 비행 청소년, 다문화가정 청소년 등 다양한 대상에 대해 학습, 진로, 정서, 문화 등 다양한 주제의 멘토링을 추진하고 있는 것으로 나타났으나 위와 같이 부처별로 산발적으로 추진되고 있고 국가수준의 종합적이고 체계적인 멘토링 운영 및 관리체계가 구축되지 않은 상태이다. 또한 국내 883개 청소년관련 기관 중에서 청소년멘토링을 실시하고 있는 기관은 41.1%였으나 향후 청소년멘토링을 실시할 의사가 있는 기관이 81.7%로 높게 나타났다. 멘토링을 시행하지 않거나 과거에 시행했으나 현재 중단한 이유로는 인력재원부족이 많았다. 현재 시행되고 있는 청소년멘토링 사업 수준과 여건이 열악함에도 불구하고 관심과 필요성 인식은 전반적으로 높은 것으로 나타나 사업의 귀추가 주목된다.

최근 미국 청소년정책 중에서도 관심을 가질만한 청소년정책은 청소년멘토링으로 나타났다. 청소년멘토링은 청소년의 학업을 도와주는 멘토링으로부터 시작해서 이제는 비행청소년, 위기청소년, 시설청소년, 소수청소년 등 취약계층 전반의 청소년들에게 멘토링을 제공하고 있다. 멘토링 대상 청소년이 다양해지면서 이를 담당하는 부서도 교육과학기술부, 보건복지부, 법무부 등 다양하다(여성가족부, 2012: 28).

국내 봉사멘토 운영사례

• 서울대 'SNU멘토링' 사업
  - 참여기관: 서울대, 동작교육청, 동작구, 관악구
  - 사업내용: 2006년부터 서울대 사범대학에서 100명 대학생을 모집하여 시작. 관악구와

동작구 거주 저소득 초중학생에 대한 서울대 학생 1:1 멘토링(주1회 이상 무료 학습지
도 및 야외체험 활동)
  * '09년 참여 학생 2,000명, 09년 말까지 5,000명 확대 예정
 - 사업성과: 학력결손 빈곤아동들에 대한 진로상담 및 학습지도로 대상아동의 성적향상(평
   균 10~20점 향상 효과)

• 서울시립대-미래국제재단 '새싹 멘토링' 장학금 협약체결(2009년), 5년간 40억 원 장학금
  지원(서울대 사업과 동일)
  * 미래국제재단: S-Oil 김선동 전 회장이 가난의 대물림을 막기 위해 '08년에 사재로 설
    립한 장학재단으로 서울대와 서울시립대에 '새싹 멘토링' 장학사업 지원

• 연세대학교의 '드림스타트 멘토링' 사업 참여
  연세대학교 여학생 50명이 인근 드림스타트 센터와 연계하여 서대문구 지역 저소득층 초
  중학생 50명을 추천받아 주당 9시간씩 1:1 학습지도 및 상담 실시

• 수원여대의 '1사1촌1교'운동 사례
 - 학생봉사동아리와 교직원봉사단이 함께 전문적 사회봉사활동 실시
 - 32개 학과 20여 개 동아리가 전공을 활용한 봉사활동 실시
 - 지속적인 봉사 유도를 위해 봉사활동 공모를 통한 지원금 지급
 - 삼성전자와 공동으로 [사회봉사장학금]신설, 매 학기 12명의 봉사우수 학생 선정하여
   장학금 지급

출처: 이명숙(2013). p. 515.

(3) 멘토링의 교육적 효과

우리나라에서는 기독교계에서 전도방식의 하나로서 1978년 멘토링이 처음 소
개되었고 1980년대 초반부터 교회에서 멘토링 관련 지도자 육성교육을 실시하였
다. 멘토링 프로그램은 19세기 후반 미국에서 가난한 청소년들에게 역할 모델을
제시하기 위해 시작된 일종의 인간발달지원(human development support)활동이다
(이명숙, 2013: 508). Zand 등(2009)에 따르면 멘토링 프로그램은 혜택을 받지 못하
는 불리한 환경의 청소년들의 역량을 육성하는 데 크게 기여할 수 있는 프로그램
이다. 더욱이 우리나라의 저출산 현상으로 인해 1인 자녀 가구가 늘고 있는 것을
감안한다면, 대학생 형이나 누나 연령의 멘토를 만나는 청소년멘토링의 교육적 효
과는 기대이상일 것으로 추정된다. 이처럼 멘토링은 청소년의 학업성취, 자기정체

감 및 자기인식 형성, 사회적 역할행동 및 대인관계 발달에 도움이 됨으로써 총체적인 정서적, 사회적, 학문적 역량을 향상시키는 데 효과성이 입증된 프로그램이다

정리해보면 멘토링의 교육적 효과는 다음과 같다고 할 수 있다.

첫째, 멘토링은 상호대인적인(interpersonal) 관계의 인식에 긍정적인 영향을 끼친다. Thomson과 Zand(2010)의 연구에 따르면 멘토-청소년의 관계의 질이 관계에 기초한 산출물(성인에게 자기 공개 및 우정형성)에 있어서 청소년의 점수에 주요하게 영향을 미친다.

둘째, 멘토링은 학업성취면에서 매우 효과적인 프로그램이다. 이명숙(2013)에 따르면 멘토링에 대한 청소년의 욕구는 진로 및 학업상담에 관한 것이 높다. 실제로도 국내에서 멘토 사례로서 소개되는 내용을 보면 학업에 관련한 요소가 많이 들어가 있는 것을 알 수 있다. 대학생이 참여하는 멘토링 프로그램은 청소년의 학습능력 향상에 효과가 있기 때문이다. Herrera 등(2011)의 연구에 따르면 학교기반의 멘토링 Big brother와 Big sisters 프로그램에 참여한 청소년들은 프로그램에 참여하지 않은 청소년들보다 자신에게 특별한 의미의 성인이 주위에 있다고 응답하는 경향이 더 높았으며 학업적으로도 더 우수했고 자신의 학문적 능력에 대해서도 더 긍정적인 인식을 갖고 있는 것으로 나타났다.

셋째, 멘토링은 청소년 비행이나 정신적 질병의 위험에 처한 청소년들에게 효과적이다. Keating 등(2002)의 연구는 멘토링 프로그램 참여자들이 참여하지 않은 청소년들보다 문제행동에서 분명하게 개선되는 변화가 있었음을 보여주고 있다. 성별에 따른 멘토링 효과성 차이연구로서 Zand 등(2009)의 연구에 따르면 높은 수준의 역량을 가진 청소년들은 낮은 수준의 역량을 가진 청소년들보다 평균적으로 연령이 젊고, 여자이며, 멘토들과 양질의 관계를 형성하는 경향이 있는 것으로 나타났다. 이들의 연구에 따르면 소녀들이 소년들보다 더 그들의 멘토들과 양질의 관계를 형성하는 경향이 있다. 양질의 관계형성은 가족구성원 간의 연합, 성인과의 관계형성, 학교몰입, 그리고 인생기술에서의 청소년 역량과 정적으로 연관이 있었다. 멘토와의 좋은 관계는 청소년 멘티의 긍정적 청소년 발달에 영향을 미친다. 이러한 청소년들은 일대일 멘토링, 그리고 적어도 8개월간 지속적으로 유급 멘토로부터 지역사회에 기초한 멘토링을 받은 경우이다. 보수를 받은 멘토들은 더 책임감 있게 임할 것이며 자원봉사자 멘토들보다 그들의 멘티들에게 다르게 인지

될 수 있다는 것이다.

　　김경준 외(2012)에 의하면 멘토 및 멘티 교육, 멘토링 활동내용, 참여도, 코디네이터의 개입, 담당자 수퍼비젼, 관리체계 구축, 평가체계 등 다양한 요인이 영향을 미치기 때문에 멘토링이 교육적 효과를 나타내려면 이러한 다양한 요인들을 면밀히 고려해야 할 필요가 있다.

　　이상과 같이 멘토링에 대한 주의사항을 요하는 해외 연구(Spencer, 2007) 결과를 살펴보면 멘토 관계형성의 부족, 멘토의 동기부족, 멘티 가족의 간섭, 부적절한 기관 지원, 멘토 혹은 멘티의 불참여, 멘토에 대한 충족되지 못한 기대사항 등은 프로그램 참여 전에 가졌던 초기의 기대감을 무너뜨리고 일찍 프로그램이 종영되는 요인으로 나타났다. 우리나라도 2008년 글로벌 경제위기여파로 빈곤계층이 증가하였다. 이러한 가정경제의 열악함은 경제적 불이익뿐만 아니라 문화적·교육적으로 불이익을 받는 현상, 교육양극화로 이어질 수밖에 없다. 따라서 양질의 멘토링 프로그램이 더욱 많이 보급되어 사회적, 경제적, 문화적, 교육적으로 불리한 위치에 있는 청소년들에게 보다 많은 혜택과 기회가 주어져야 할 것이다.

제**7**장 청소년 교육과 지도

1. 학업지도와 청소년 교육

　교육은 청소년들의 현재의 삶과 향후의 사회적 지위획득에 중요한 영향을 미친다. 성공적인 학습참여와 학업성취는 사회화과정에 있는 청소년들의 삶에 대한 만족감을 고양시킬 뿐만 아니라 그들이 성인기에 이르러 공정하게 사회경제적 지위를 성취하는데 기여한다. 반대로 비효율적인 학습참여와 불평등한 학업성취는 청소년들의 삶의 질 저하와 사회문제를 야기할 수도 있어 매우 중요한 문제이다 (차종천·오병돈, 2012). 이렇듯 청소년 교육에 있어 학교교육의 중요성은 아무리 강조해도 지나치지 않을 것이고 학생들의 학업성취도 역시 중요한 문제이다. 그러나 학생들의 자율, 창의성, 인성교육 등을 과도하게 강조하여 커리큘럼을 체험일색 등으로 구성한다면 아마도 학생들의 기초학력미달 사태 등이 발생할 것이다. 마치 자연주의를 가정하는 진보주의가 아동들의 학업능력 저하에 대한 책임추궁을 당한 것(성태제 외, 2012)처럼 말이다.

최근 교육병리현상이 일어나는 장소로 학교를 꼽고 있으나 학교이외의 다른 많은 변인들도 원인을 제공한다는 것을 주목할 필요가 있다(권이종 외, 1998). 청소년들은 학업문제를 가장 많이 경험하고 있고 그 다음으로 진로문제, 충동과다행동, 교사관계문제, 인터넷 중독 순으로 문제를 경험하는 것으로 나타났다(이해경, 2012). 이와 같이 청소년들에게 있어 학업은 중요한 문제이고 이러한 교육기능을 전적으로 담당하고 있는 학교와 지원해주는 부모의 청소년 교육은 매우 중요한 일이라고 할 수 있다. 이밖에도 또래친구와 지역사회 관계망은 청소년들의 학업에 영향을 미치는 중요한 사회적 지원체계로서 그 역할을 한다.

(1) 부모참여와 청소년의 학업성취도

아마도 우리나라 부모들에게 있어 자녀의 건강문제 다음으로 가장 큰 관심거리는 자녀들의 학업문제일 것이다. 이처럼 부모참여와 자녀들의 학업성취의 관련성을 연구한 수많은 연구(Grolnick *et al.*, 2000; Grolnick & Slowiaczek, 1994; Keith & Lichtman, 1994; Stevenson & Baker, 1987)가 있다.

임선아(2012)에 따르면 부모의 교육적 기대와 학생의 수학적 자기효능감은 수학성취도에 직·간접적으로 효과가 있는 것으로 나타났다. 또한 사전 수학성취도(고1)는 부모의 기대와 수학적 자기효능감을 매개해 2년 후의 수학성취도(고3)에 간접적인 영향을 미치는 것으로 나타났지만 부모참여와 학업적 관여는 수학성취도에 직접적인 효과를 주지 않는 것으로 나타났다.

차종천·오병돈(2012)은 중학교 2학년 청소년들을 대상으로 2003년(중학교 2학년)부터 2008년(고등학교 3학년 졸업이후 1년차)까지 6년 동안 반복적으로 추적 조사한 '중2 패널 자료'를 활용하여 6차년도 수능점수에 미치는 영향효과를 알아보았다. 간접효과를 포함한 전체효과를 기준으로 정리해보면 자녀의 교육열망, 아버지 학력, 공교육, 부모의 교육열망, 자기주도학습, 사교육, 성별, 가구소득의 순서대로 학업성취도에 대해 큰 영향력을 갖는다. 가구소득과 부모의 교육열망은 직접효과가 통계적으로 무의미하게 나타났다.

류방란·송혜정(2009)의 연구에 따르면 중학교 단계에서는 부모의 사회경제적 지위가 낮고, 부모의 자녀에 대한 교육기대가 낮은 경우, 사교육을 수강하지 않으며 학습노력 정도가 낮은 학생, 교사열의를 인식하지 못하는 학생이 보통 성취수준에 비해 낮은 성취수준에 속할 가능성이 높다.

부모의 참여는 초등학교 때 제일 높은 수준에 이르고 중학교, 고등학교로 가면서 참여의 수준은 점차로 낮아진다(Entwisle, 1990). 라틴계 청소년들을 연구한 Kuperminc 등(2008)의 연구에 따르면 부모참여와 학업적 적응의 관련성은 중학교 학생들보다 고등학교 학생들에게서 더 강하게 나타났는데 이는 Entwisle(1990)이 말한대로 중학교에 비해 고등학교에서의 부모참여의 수준은 낮은 것이기에 일단 참여를 하면 학교 측에서 볼 때 현격하게 드러나 보일 것이다. 또한 고교로 가는 과정에서 많은 청소년들이 학업중단을 했고 결국 이 연구에 참여한 청소년들은 교사로부터 대학에 입학할 수 있을거라는 기대감을 입은 학생들이기에 학업성취도 면에서 우수할 것으로 추론된다. 결론적으로, 라틴 청소년들의 부모는 고교생활 동안에 걸쳐 그들 자녀의 학업 적응에 지속적인 역할을 하였다.

신혜진(2011)의 연구결과에 따르면 타 학부모와 자녀교육과 관련하여 정보, 도움, 호의를 교류한 경험이 많은 부모일수록 자녀의 특성, 부모의 사회경제적 지위와 상관없이 가정과 학교 모두에서 자녀의 교육에 더 적극적으로 관여하는 것으로 나타났다. 즉, 학부모 간 사회관계망의 양적·기능적 활성화가 가정과 학교에서의 부모의 교육적 관여를 촉진시킬 수 있는 교육적 방안이 될 수 있음을 시사해준다. 그러나 이러한 연구결과는 부모의 사회관계망이 자녀의 학업성취에 직접적인 영향을 미친다기보다는 부모의 교육적 행동에 변화를 초래함으로써 간접적인 효과를 발휘할 수 있음을 보여준다. 실제로 부모의 사회관계망이 학업성취에 직접적인 영향을 미친다고 보기는 어렵기 때문이다.

비슷한 연구로서 Ryabov(2011)는 또래친구 관계망과 학교 인종, 민족 조직이 교육적 성취와 달성에 중요한 예측변인임을 파악하였다. 아프리카 아메리칸들은 관계망이 주로 같은 아프리카 아메리칸으로 구성될 때 더 학습성취도가 높고 고교 졸업률도 높은 것으로 나타났다.

(2) 청소년의 기대차이와 학업성취도

Boxer 외(2011)에 따르면 학업을 잘하고자 하는 열망과 성취할 수 있는 기대 차이가 큰 청소년들일수록 학교생활에의 개입정도가 낮고, 높은 수준의 시험 및 시험성적 걱정(불안), 고조되는 행동적·감정적 어려움을 더 많이 경험하는 것으로 나타났다. 차이란 공부를 잘 하고 싶고 충분히 그렇게 할 수 있음에도 불구하고 이를 인지하지 못하고 자기자신에 대한 기대치가 낮아, 결국 열망과의 차이가 큰 것을 의미한다. 이러한 학생들은 높은 수준의 사회적, 그리고 학업적 위험을 보고하였다. 이들의 주요한 특징은 부모의 교육수준이 낮고 둘러싼 이웃환경들이 열악하다는 것이다. 경제적으로 열악하여 증가하는 위험에 직면하는 청소년들은 자신이 충분히 할 수 있음에도 불구하고 먼저 자신이 수행할 수 없다고 인식, 공부를 잘하고자 하는 열망이 더 앞서는 경우라 할 수 있다. 왜냐하면 이들 청소년들은 유리한 환경에 있는 청소년들보다 성공하기 위해서 직면해야 하는 장애요소들에 더 민감하기 때문이다(Destin & Oyserman, 2009). 이러한 청소년들은 학교 환경이 그들이 필요로 하는 사회적 그리고 인지적 발달을 지원하기 위해 필요로 하는 것을 지원해주지 않는다면, 학업을 하고자 하는 열망이 꺾이고 좌절감을 느끼게 될 것이다. 이러한 도전은 특히 청소년 초기에 더욱 악화될 소지가 있다(Eccles et al., 1993).

따라서 Boxer 등(2011)은 다음과 같은 해결방안을 제시하고 있다.

첫째, 해결방안으로서 이러한 청소년들의 기대수준을 향상시키는 것을 들 수 있다. 학업적 성공과 자기효능감을 증진시키기 위한 접근에서 개인적 믿음과 가치체계에 목표를 두는 것이다. 즉, 학업 지향적 가치관 및 분명한 과제목표를 설정하고 더 나은 학업습관을 형성하게끔 하는 것이다.

둘째, 학교기반의 기획된 교육적 전략들을 통하여 학생들이 학업목표성취가 가능해질 수 있도록 하는 대안들에 대해 인식하도록 돕는 것이다. 예를 들면 심리교육적 인식캠페인과 같이 쉽고 활성화된 창구를 통해 장학금, 기금, 그리고 기타 다른 상금에 대한 정보, 지원절차 등을 제공하는 것이다.

셋째, 이상의 전략들은 직업에 대한 인식고취 및 커리어 선택과 교육적 과정에 대한 이해를 제고하는 적성 카운슬링(aptitude counseling)과 병행하여 실시될 필요가 있다.

빈곤이 청소년에게 미치는 영향은 실제로 크다(Brooks-Gunn & Duncan, 1997; Ryan et al., 2002). 우리나라에도 최근 사회적 양극화로 인한 교육 양극화 문제가 심화되고 있어 이에 대한 우려의 목소리가 높아지고 있다. 불우 청소년들은 자신을 둘러싼 여러 가지 부정적인 제반 상황으로 인해 심리적으로 위축되기 쉽고 이는 학업성취도에 직·간접적으로 영향을 미칠 수밖에 없다. 그러므로 이들의 학업

성취도를 제고하기 위한 노력이전에 학교차원의 심리치료, 카운슬링 노력이 요구
된다.

(3) 학교와 청소년의 학업성취도

인지된 학교 소속감과 교사들의 기대는 학업적 적응에 관련된 부모의 참여를
조절하는 것으로 나타났다. 또한 교사들은 학생들의 학교기록으로부터 학생들의
학업적 달성과 성적에 대한 기대를 하게 된다(Kuperminc et al., 2008). 즉, 과거에
형성된 학생들의 학업성적과 기타 기록은 교사들이 학생에게 거는 향후 기대에 직
접적으로 영향을 미치게 된다. 그러나 교사는 성적이나 가정배경을 잣대로 학생들
을 평가해서는 안 되고 모든 학생들에게 높은 기대감을 가지고 평등주의에 입각하
여 수업실천행위를 해야 한다.

류방란·송혜정(2009)의 연구는 학교에서의 긍정적인 경험이 중학교에서 높은
성취수준에 도달할 가능성을 높여준다는 것을 보여주고 있다. 그러나 학교 경험이
중요하기는 하나 학생들이 서로 다른 성취수준에 속하게 되는 것이 순전히 학교의
탓으로 돌려질 수는 없다. 많은 연구에서 가정에서의 경험이 학업성취도에 영향을
미치고 있음을 입증하고 있기 때문이다.

2.   생활지도와 청소년 교육

(1) 생활지도의 의미

학교에서 이루어지는 활동은 크게 학업(교과지도)과 생활지도로 구분된다. 그
러므로 생활지도 활동은 교과지도 활동과 마찬가지로 중요한 교육활동이다(김청
자·정진선, 2010: 18). 생활지도는 학생들의 현실적응능력을 길러주는 교육활동으
로서 영어 'guidance'를 번역, 학생들을 안내하고 이끈다는 어원적 의미를 가지고
있다. 개인으로 하여금 자기 자신과 자기를 둘러싸고 있는 환경을 잘 이해할 수
있도록 도와주는 전반적인 교육활동이다. 오늘날의 생활지도는 학생들의 발달에
관한 것, 정서적 적응에 관한 것, 사회적 대인관계에 관한 것, 진로 및 학업에 관한

것 등을 고려하는 전인교육을 위한 교육적 실천이라고 할 수 있다. 즉, 전체 학생
들의 생활을 직접대상으로 하여 펼치는 인간중심 교육이라고 할 수 있다. 상담은
학생을 포함한 모든 사람이 구체적인 생활과제와 적응문제에 대처하도록 돕는 활
동인 반면 생활지도는 주로 교육 장면의 학생 전체를 대상으로 하여 실시하는 교
도활동이라고 할 수 있다(이현림·김지혜, 2008).

생활지도는 학교 교육과정의 전 범위, 즉, 학교생활 전체를 통해 학생이 자신
과 자신의 주변세계를 잘 이해하고 자신의 미래를 상상하며 건전한 사회의 일원으
로서 자랄 수 있도록 돕는 일련의 활동이라고 정의할 수 있다. 생활지도는 표면적
교육과정뿐만 아니라 특히 학교 내·외의 잠재적 교육과정을 통해 학생들이 도덕
적 정향성에 기초하여 자신의 잠재력을 계발하도록 돕는 활동이다(정탁준, 2009:
58). 김형태(1998)는 청소년의 생활지도를 청소년의 인성교육, 예절교육, 성교육,
진로교육, 경제교육, 약물사용교육, 환경교육, 자원봉사교육 등으로 분류하여 설명
하고 있다. 생활지도는 실로 범위가 넓다고 할 수 있다. 생활지도를 진로지도 또는
도덕적인 생활 및 행동지도에 국한시키려고 하나 일반적인 의미의 생활지도란 행
동습관, 청결과 위생, 예절, 상담 등 거의 모든 영역을 관할하기 때문에 광범위하
다(김청자·정진선, 2010). 생활지도는 기본적으로 교사가 맡아야 하는 교육활동이

표 7-1 **생활지도와 상담의 비교표**

	생활지도	상 담
대상	학생 전체	정상적인 학생, 내담자
목표	바람직한 생활과정과 성장 발달의 지도	구체적 생활과제의 해결: 감정, 사고, 행동양식의 변화
다루는 문제	현실적 능력의 평가 및 장래계획	긴장, 불안, 당면 문제의 선택해결, 적응문제
접근방법	정보, 자료 제공: 교양강좌, 토익집단 등	면접 중의 조언, 일시적인 욕구불만이나 갈등해결, 교육, 훈련, 분석
전문가	일반교사, 교도교사, 연수 담당자	상담교사, 상담심리 전문가
장소	교육장면 전체	상담실, 출장장소
기간	단시간, 1~6회 정도	단시간, 1~20회 정도
상담료	무료	무료 혹은 유료

출처: 이현림·김지혜(2008), p. 178.

지만 전문적 훈련을 요하는 부분이 많이 요구되는 경우의 생활지도면에서는 일반 교사들이 담당하기 어려운 부분이 있다(김청자·정진선, 2010). 청소년 교육은 학교 내·외의 일상생활면에서의 생활지도 활동을 포함할 수 있기 때문이다. 따라서 청소년 전문지도사가 생활지도의 많은 부분을 감당할 수 있다. 또한 앞서 3장에서 언급하였듯이 근래에는 학교교육도 '특별한 종류의 평생교육'으로서 평생교육의 영향력에서 완전히 벗어날 수 없기에(한승희, 2010) 본절에서는 청소년에 관한 부모 및 교사의 교육 및 생활지도를 청소년 교육이라는 큰 범주 안에서 논의하고자 한다.

(2) 생활지도의 기본원리

이재창(2005)은 생활지도의 기본원리를 다음과 같이 설명하고 있다.

1) 생활지도는 모든 학생을 대상으로 해야 한다

문제를 가진 학생뿐만 아니라 개개인의 성장발달과 잠재력의 계발에 역점을 둔다. 일반적으로 연령에 상관없이 모든 학생을 대상으로 한다.

2) 생활지도는 전인적 발달에 초점을 둔 것이다

생활지도는 인지적 영역 이외에도 올바른 판단과 사고를 할 수 있도록 정의적 학습에 역점을 두어야 한다.

3) 생활지도는 치료나 교정보다는 예방에 중점을 두어야 한다

생활지도는 어떤 특정 개인이나 문제 학생만을 목표로 하지 않는다. 개인의 전인적 발달에 역점을 두어 일반 청소년 모두가 생활지도대상에 포함될 수 있는데 이는 청소년 교육에서 무엇보다 중요한 것은 예방이기 때문이다.

4) 생활지도는 학생의 자율성과 책임을 강조해야 한다

인간은 자기발달의 능력을 갖고 있다. 생활지도는 개인의 권리와 존엄성 및 가치의 인정을 기초로 하고 있다 즉, 생활지도는 개인의 행동에 개입하는 것이지만 협력지향적이고 강제나 강압은 지양한다. 따라서 생활지도는 처벌이 아닌 지도하는 과정이 되어야 한다.

이외에도 주영흠 외(2002)는 적응의 원리, 인간관계의 원리, 자아실현의 원리를 생활지도의 원리에 포함시키고 있다.

(3) 생활지도의 영역

1) 진로지도

생활지도가 학생들의 생활을 주체로 보고 생활환경과 개인의 개성을 강조한다고 하면 진로지도는 각 학생들이 자신의 진로에 대한 의식을 고취하고 자신의 적성에 맞는 진로의 결정과 그 목표달성에 필요한 활동들을 실행할 수 있도록 돕는 영역이다. 진로지도는 개인으로 하여금 중요한 미래의 방향을 선택·준비하도록 돕는 의사결정의 과정으로서 크게 진학지도와 직업지도가 포함된다(김청자·정진선, 2010).

중학교 시기에는 아직 확고한 신념이 서 있지 않은 단계이므로 사고나 행동이 매우 유동적임을 고려해야 한다. 즉, 중학교에서의 진로교육은 탐색의 단계이기 때문에 자신의 특성과 능력, 제한점들을 인식하게끔 지도하고 자신의 흥미와 능력을 발견하여 그것을 자신의 희망 진로에 관련시킬 수 있도록 하는 반면 고등학교에서의 진로교육은 취업을 위한 지도와 진학을 위한 지도로 나뉘어진다. 고등학교에서의 진로지도의 목표는 자신의 적성 및 여러 가지 여건을 고려하여 구체적인 진로계획을 수립하고 진학 또는 직업에 필요한 정보를 넓게 수집, 분석하여 자신에게 적합한 직업 및 학교를 선정하여 이를 위해 준비한다(김형태, 1998).

2) 인성지도

최근 들어 학교 내에서 폭력이 발생하는 일이 잦아지면서 생활지도면에서 도덕·인성교육에 대한 중요성이 심각하게 대두되고 있다. 정탁준(2009)에 의하면 학교 현장에서 볼 수 있는 학교폭력에 대한 지도활동은 가해학생에 대한 처벌을 위주로 하고 피해학생에 대한 배려가 소홀한 면이 있다. 또한 전체 학교 분위기의 쇄신을 통한 체계적인 폭력방지 활동이 없어, 몇몇 폭력 행위에 대한 미봉적 대책이 끝나고 나면 학교에는 잠재적인 폭력의 가능성이 상존하고 있는 실정이다. 폭력을 유발하는 집단들을 파악하여 개별적인 생활지도 및 교육을 제공하는 것이 필요하다.

3) 건강지도

건강지도는 건강 및 신체의 발달에 관해 학생이 올바른 판단과 실행력을 갖출 수 있도록 교사가 지도를 통하여 학생의 건강의식을 조성하는 지도활동이다. 학교생활 측면(급식, 급수, 채광, 휴식공간, 학교건물, 정신위생적 및 신체적 건강), 건강서비스 측면(건강진단, 신체검사, 질환이나 영양 결함자에 대한 치료 등), 건강교수 측면(건강교육에 필요한 기초적인 원리와 지식을 이해시키고 스스로의 건강을 관리할 수 있도록 하는 것)의 세 영역으로 나뉘어진다(김청자·정진선, 2010).

4) 여가지도

여가지도란 공부나 노동과 같이 일에 보내는 시간과 수면이나 식사 또는 그 이외의 시간을 제외하고 개개인이 마음대로 활용할 수 있는 시간이나 기회를 뜻있고 생산적으로 보낼 수 있도록 하기 위해서 취미활동이나 창작활동, 감상활동 등을 할 수 있도록 지도하는 생활지도의 한 영역이다. 주 5일제 수업이 정착되었고 여가는 정신건강의 증진뿐만 아니라 공부나 일의 능률향상에도 도움이 되기 때문에 생활지도와 평생교육일반에서 점차로 그 중요성이 높아지고 있다.

5) 사회성지도

반사회적이거나 비사회적인 행동을 예방치료하고 건전한 사회적 행동을 발달 촉진하기 위한 생활지도의 한 영역이다. 공격적이거나 반항적인 행동, 파괴적인 행동이나 퇴행적이며 도피적인 행동 등과 같은 사회성 문제에 관련된 행동을 들 수 있다. 지도상의 유의점은 다음과 같다(김청자·정진선, 2010: 32).

6) 가정생활지도

가정생활지도란 청소년들이 가족 구성원으로서 원만한 가정생활을 영위해 나갈 수 있도록 지도하는 것을 말한다. 즉, 모든 학생으로 하여금 가정에서 자신의 중요성을 인식하게 하고 부모와의 관계에서 원만함을 유지하도록 지도한다. 가정적인 문제로 고민하거나 가정생활에서의 부모의 폭력, 이혼, 불화 등 갈등으로 인하여 부적응 상태에 있는 학생을 대상으로 가정생활에 적응할 수 있도록 전문적인 상담과 지도를 해야 한다(김청자·정진선, 2010).

결론적으로 생활지도의 대상은 문제 청소년만이 아니고 모든 학생들이 대상이 된다. 교사들과 청소년지도자들은 무엇보다 생활지도가 본질적으로 청소년에 대한 봉사활동이라는 점을 인식해야 하고 과학적이고 체계적으로 학생들의 생활을 지도하는 태도와 기술을 습득할 필요가 있다. 즉, 생활지도는 청소년들이 발달과정에서 봉착하게 되는 인지적, 교육적, 직업적, 정서적, 사회적인 영역에서의 발달상의 문제를 자신의 힘으로 해결할 수 있도록 도와주는 전문적인 교육·봉사활동이다.

3. 청소년 지도

(1) 청소년 지도의 의미

청소년 문제가 날로 심각해지면서 청소년 지도에 대한 방법에 관심이 주목된다. 이복희 외(2008)에 의하면 우리나라에서 1950년대에서부터 1960년대에 학교교육의 보충수단으로서 청소년 지도의 개념이 유행하였다. 1970년대 이후에는 부적응 청소년(가출, 비행, 범죄청소년)선도에 관심이 컸으며 그러한 청소년을 대상으로 하는 시설이 많이 생겨났다. 1980년대에 들어오면서부터는 사회 일부에서 '청소년 선도'의 개념이 불순시되고 오히려 '사회적 비판의식'을 고양시키려는 시도가 일어났다. 1990년 이후에는 다양한 새로운 모습의 청소년 지도활동이 전개되고 있는데 선도, 계도 차원이 아닌 수련, 교류, 문화활동 등이 주를 이루고 있다. 청소년 지도는 학생 청소년을 비롯해 근로, 비행, 복무, 농어촌, 무직, 미진학 청소년을 포함한 모든 청소년들을 대상으로 하여 그들의 개인적 성장과 사회 적응 및 사회 공동체감을 형성하도록 조력하고 지원하는 청소년 교육, 생활, 심신, 수련활동에 대한 지도와 안내를 포함하기 때문에 그 의미가 매우 넓다.

(2) 청소년 지도의 특징

한상철 외(2001: 15)는 청소년 지도의 특징을 다음과 같이 분석하였다.

첫째, 청소년 지도는 청소년 개개인의 다양한 욕구와 사회적 요구를 반영한다. 이는 개인의 욕구 충족과 사회 및 기관의 목적 달성을 동시에 고려하는 것으로 이를 기초로 지도 목표를 설정하게 된다.

둘째, 청소년 지도는 무의도적이거나 반의도적인 교육과는 구별되는 지도 목표를 갖는 의도적인 활동이다.

셋째, 청소년 지도는 지도 목표, 내용 선정 및 조직, 실행 계획, 평가의 전 과정을 체계적으로 설계한 결과물인 프로그램에 근거하여 이루어짐으로써 계획적인 활동이다.

넷째, 청소년 지도는 청소년들의 자발적인 참여를 전제로 한다. 자발적인 참여에 의한 지도야말로 지도의 효과성과 효율성을 극대화할 수 있으며 진정한 의미의 청소년 지도가 가능하다고 할 수 있다.

다섯째, 청소년 지도는 청소년 전문 지도사에 의한 활동이다. 청소년들은 욕구가 다양하고 무한한 잠재력을 가지고 있어 다양한 경험과 활동을 제공함에 있어서 그러한 능력을 발흥시킬 청소년 지도과정이 필요한데 청소년 전문지도사는 그러한 역할을 수행해야 한다.

여섯째, 청소년 지도는 지속적이고 장기적인 활동이다. 일회성의, 단순행사 형태의 구조화되지 않은 활동들은 오히려 청소년에게 해가 된다(Mahoney, 2000).

(3) 청소년 지도의 기본 전제

청소년 지도의 기본전제는 청소년지도사가 청소년을 지도하기에 앞서 반드시 고려해야 할 요소이며 청소년 지도의 효율성과 매력성을 높이는 데 필수적인 내용이라고 할 수 있다. 첫째, 청소년에 대한 정확한 이해가 전제되어야 한다. 청소년은 누구이고, 어떤 특성을 가지고 있고 어떤 발달단계를 거치고 있는가 등의 청소년 심리정서발달 전반에 대한 이해와 통찰이 전제가 되어야 한다. 둘째, 청소년 문화에 대한 깊은 이해와 통찰이 전제되어야 한다. 특히 청소년 문화는 새로운 문화라는 특성이 있기 때문에 청소년들의 언어, 춤, 패션 등의 문화가 시시각각 어떠한 양상으로 진화하는지 면밀히 관찰·분석할 필요가 있다. 셋째, 청소년들의 교육적 요구를 정확하게 분석할 수 있어야 한다. 청소년들은 다양하기 때문에(Lerner et al., 2001) 제각기 다른 교육적 요구를 가지고 있다. 넷째, 청소년지도사와 청소년 간의 충분한 공감대 형성이 전제되어야 한다(한상철, 2009). 마지막으로 청소년 지도는 무엇보다 청소년들의 자발적, 지속적 참여라는 기본전제가 바탕이 되어야 한다. 또한 청소년들이 자발적으로 참여했다고 하더라도 지속되지 않는다면 아무 의미가 없을 것이다. 청소년지도사는 앞서 논의한 청소년 지도에 있어 기본 전제가 되는 요소들을 숙지하고 동기를 지속적으로 유발시킬 수 있는 방안을 모색해야 한다.

(4) 청소년 지도방법

1) 청소년 지도방법의 기초이론

① 경험학습이론

경험학습이란 경험에 의한 학습 또는 경험을 통한 학습이라고 할 수 있다. 경험학습은 구체적으로 경험한 경험의 의미를 어떻게 규정하는가에 따라서 매우 다양하게 이해될 수 있다. 경험학습은 평생교육의 맥락에서는 특정한 교육목표를 달성하기 위한 효과적인 교육방법을 위한 이론적 기반으로서 형식으로 경험학습을 이해하는 전통적인 입장과는 구별되는 측면이 있다. 즉, 체험학습이나 실천학습의 현상을 포괄하는 개념으로서 객관적 실재에 대한 개인의 지각으로 인해서 획득하게 되는 산물로 경험을 바탕으로 이루어지는 인간의 변화 및 성장과정으로서 이해

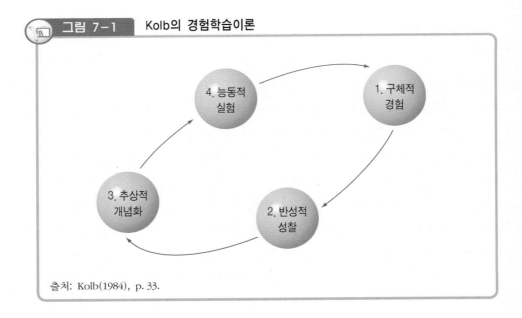

그림 7-1   Kolb의 경험학습이론

출처: Kolb(1984), p. 33.

될 수 있다(김지자·정지웅, 2001). 삶, 교육, 일을 통해 얻은 경험은 청소년들의 학습과정에서 중요한 역할을 할 것이다. 이러한 경험의 변혁을 통하여 지식이 재창조되는 것이다.

경험학습 이론 중 가장 대표적인 것은 Kolb(1984)의 이론이다. Fry 외(2006)에 의하면 Kolb의 학습 사이클은 순환적 학습 모형이다. 첫째, 학습자는 새로운 경험에 충분히 자유롭게 참여하여야 한다. 둘째, 학습자는 다양한 관점에서 자신의 경험을 반성할 수 있는 시간과 공간을 확보해야 한다. 셋째, 학습자는 아이디어를 재구성, 처리하여 자신의 것으로 만들고 새로운 아이디어를 건전하고 논리적인 이론으로 통합할 수 있어야 한다. 넷째, 학습자는 자신의 이해를 활용하여 의사결정과 문제해결을 시도하고 새로운 상황에서 가설을 검증하는 네 번째 요소로 이동하게 되는데 이 과정에서 생성된 자료는 다시 구체적 경험으로 이어진다(권양이, 2012b: 43, 재인용).

② **구성주의 이론**

구성주의에 따르면 절대적 지식 또는 객관적 진리란 존재하지 않으며 학습은 학습자가 과거에 축적한 선행경험과 지식을 바탕으로 혹은 현재 경험에 의해 형성되는 것과 아울러 새로운 지식을 재구성하는 과정을 의미한다. 따라서 구성주의 학습-이론은 다음과 같은 학습형태에 의미를 부여한다.

가. **체험학습**(learning by doing)

학습자가 지식을 구성하고 공유할 수 있는 학습환경을 제공한다. 학습의 주체자로서의 학습자의 역할을 중시한다.

나. **자아성찰적 학습**(learning by reflection)

학습자의 기존 지식과 개념을 활용할 수 있는 학습환경을 제공한다. 자신의 경험내용에 대해 무심코 지나치지 않고 사건과 경험의 의미와 중요성에 대해 항상 의문과 분석을 하는 인지적 습관을 말한다.

다. **협동학습**(learning by collaboration)

구성주의의 지식구성은 사회적 요소와 개인적 요소의 통합을 통해 이루어지므로 학습자가 속해있는 협동학습을 전제로 이루어진다는 것을 의미한다. 협동학습은 학습자들 간의 토론, 대화, 상호작용을 통해 성찰적 학습기회를 촉진한다.

라. 실제적 성격의 과제중심의 학습(learning by authentic task)

교육과 실생활과의 연계성을 중시하는 한편 실제생활의 문제를 풀어가는 구체적 상황이 전제되어야 한다.

마. 교사역할은 조력자(facilitator), **동료학습자**(co-learner)

교사의 역할이 학생에게 이양, 교사의 역할 변화가 있어야 한다(권양이, 2012: 22).

구성주의 이론에서는 전통적인 의미의 교수·수업 설계의 비중이 약화되고 학습자 중심의 학습지원 환경의 설계가 보다 강조됨을 알 수 있다. Jonassen(1999)은 구성주의 학습환경 설계에서 고려해야 할 요소로 문제·프로젝트, 관련사례, 정보자원, 인지구조, 대화·협력도구, 사회적·맥락적 지원 등 6가지로 설명했다(권양이, 2012b: 29 재인용).

그림 7-2   구성주의 학습환경의 설계

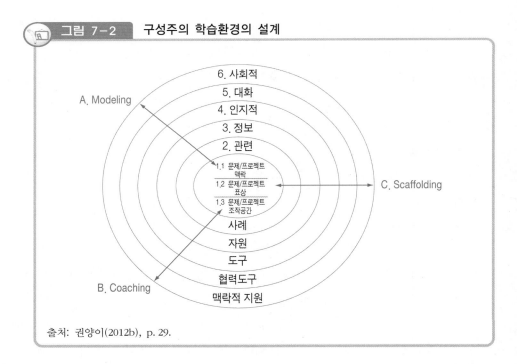

출처: 권양이(2012b), p. 29.

표 7-2 구성주의 학습환경

문제 · 프로젝트	• 문제 혹은 질문은 학습자가 이미 학습한 내용을 확인하는 성격이 아니라 새로운 학습을 유발하는 성격을 지니고 있음. • 문제를 해결하는 과정에서 그 문제와 관련된 영역의 지식을 새로 학습하게 됨.
관련사례	• 학습자의 지적 모형이나 경험이 부족할 경우에 학습자를 도와줌. • 제공된 관련 사례를 통해 제시된 문제에 포함된 쟁점들을 보다 명확히 파악함.
정보자원	• 학습자가 문제를 규정하고 가설을 설정하기 위해 매우 중요한 기능을 함. • 풍부한 자료를 준비함으로써 학습자가 필요할 때는 언제든지 활용할 수 있도록 해야 함.
인지적 도구	• 실제 문제를 해결해 가는 인지과정을 지원하고 촉진하는 역할을 함.
대화 · 협력도구	• 학습자 상호 간에 이루어지는 학습활동을 지원하는 수단임. • 다양한 유형의 컴퓨터 매개 통신 수단을 통해 학습자들은 각자의 지식과 정보를 서로 교환하고 협동적인 활동을 수행하면서 지식을 구성해감.
사회적 · 맥락적 지원	• 참여 교사들에 대한 지원체제나 학생들에 대한 안내 체제 등이 해당됨.

출처: 권양이(2012b), p. 30.

표 7-3 구성주의 학습환경에서 학습자의 주요 활동

탐구(Exploration)	목표를 세우고 자신의 수행을 관리하는 활동을 설명함.
의미의 명료화(articulation), 성찰(reflection)	수행과정에서 학습자가 자신의 활동을 명확히 이해하고, 이를 반추함으로써 수행을 발전시키는 것을 의미함.

출처: 권양이(2012b), p. 31.

③ 동기이론

청소년 지도에 있어 동기는 매우 중요한 요소이다. 청소년 지도와 방법은 청소년의 자발적 동기를 유발할 수 있는 것이어야 하고 지속적 참여를 꾀할 수 있도록 모색되어야 한다. ARCS 모형은 Keller에 의해 주장된 교수설계모형으로서 학습자의 동기를 증진시키기 위한 체제적인 설계방법을 설명하고 있다. 이 ARCS 모형은 주의(Attention), 관련성(Relevance), 자신감(Confidence), 만족감(Satisfaction)의 앞 글자를 따서 만든 것으로 각 요소마다 세 가지 하위 범주를 밝히고 각 동기요소들

표 7-4	Keller의 학습 동기 유발 모형(ARCS 모형)
주의 (Attention)	• 호기심과 관심을 유발/유지시키는 역할을 수행. • 학습동기가 유발되고 유지되기 위한 필수요건임.
관련성 (Relevance)	• 학습과제가 자신의 개인적 흥미나 삶의 목적과 관련되어 있어야 함. • 친숙한 사례를 제공해야 함.
자신감 (Confidence)	• 학습을 성공적으로 완수할 수 있다는 인식을 갖도록 해야 함. • 노력에 따라 성공할 수 있다는 자신감을 제공하는 것이 중요.
만족감 (Satisfaction)	• 만족감은 유발된 학습자의 동기를 지속적으로 유지시켜주기 위한 것: 수행결과에 대한 학습자의 인지적 평가 및 피드백이 중요.

을 유발하는데 필요한 구체적 전략을 제시하였다.

　　Keller는 수업의 효과가 동기(motivation)와의 밀접한 관련이 있음을 강조하면서 수업의 효과를 극대화하기 위해서는 학습동기를 수업시간 내내 지속적으로 유지할 수 있는 체계적이고 구체적인 접근 방법이 필요하다고 주장하였다(권양이, 2012).

가. 주의(Attention)

(ㄱ) 지각적 주의 환기: 시청각 매체, 새롭고, 놀라운 것, 기존의 것과 모순되는 정보를 사용함으로써 학습자의 주의를 획득한다.

(ㄴ) 탐구적 주의 환기: 질문, 문제해결 등을 통해 학습자의 호기심과 탐구심을 자극하여 학습에 대한 기대감을 갖게 한다.

(ㄷ) 다양성 추구: 정보제시, 연습, 토론 등 수업의 요소를 변화시킴으로써 학습자의 흥미를 지속시킨다.

나. 관련성(Relevance)

(ㄱ) 친밀성: 친밀한 이름, 인물, 그림 등을 사용하거나 친숙한 배경 지식을 이용하여 학습자의 경험과 수업내용을 연결한다.

(ㄴ) 목표지향성: 학습목표와 미래의 실용성과의 관계 설명.

(ㄷ) 필요나 동기와의 부합성: 학습과정 중에서 학습자의 성취욕구와 소속감의 욕구를 충족시킬 수 있도록 유도한다.

다. 자신감(Confidence)

(ㄱ) 학습의 필요조건 제시: 학습목표 및 평가기준의 명확한 제시, 성공적인 학습에 필요한 선수학습 지식, 태도 등에 대해 명확히 알려 줌으로써 성공적인 학습의 가능성 여부를 짐작하도록 도와준다.

(ㄴ) 성공의 기회 제시: 쉬운 내용부터 어려운 내용으로 수업을 조직하는 등 수업의 적정한 난이도를 조정하고 학습이 어느 정도 이루어진 다음에는 다양한 연습, 적용의 기회를 제공하여 자신감을 심어준다.

(ㄷ) 개인의 조절감 증대: 학업 성취가 운이나 과제의 쉬움에 의한 것이 아니라 개인의 내적 요인(능력, 노력)에 의한 것임을 부각시켜 자신감을 높여 준다.

라. 만족감(Satisfaction)

(ㄱ) 자연적 결과 강조: 학습이 끝난 후 습득한 지식을 실제 또는 모의 상황에 적용해 볼 수 있는 기회를 제공하여 만족감을 높인다.

(ㄴ) 외적 보상: 바람직한 행동을 계속 유지할 수 있도록 강화와 피드백을 제공한다. 프리맥원리(Premack Principle)를 사용하는 것도 한 방법이 될 수 있다. 프리맥원리에 따르면 빈도가 높은 행동은 빈도가 낮은 행동에 대하여 강화력을 갖는다(예: 제일 하기 싫어하는 산수를 30분 공부하면 좋아하는 축구를 할 수 있도록 하는 것).

(ㄷ) 공정성: 수업내용을 학습목표와 일관성 있게 제시하고 학습한 내용과 평가 문항을 일치시키는 등 학업성취에 대한 기준과 결과가 일관되게 유지시킨다.

④ 커뮤니케이션 이론

커뮤니케이션 이론은 교수-학습활동에서 송신자와 수신자 사이에 일어나는 커뮤니케이션의 전체과정을 대상으로 하는 이론이라는 점에서 커뮤니케이션 이론은 청소년지도에서 매우 중요한 이론적 토대가 된다. 커뮤니케이션 모델에는 Berlo(1960)의 SMCR모델과 Schannon과 Schramm(1964)모델이 있다.

S(Sender)는 전달자 또는 커뮤니케이터로서 메시지를 발생시키는 자를 말한다. 송신자가 가지고 있는 요소는 통신을 얼마나 효과적으로 할 수 있는가의 통신기술, 통신을 하기 위한 태도, 가지고 있는 지식수준, 처해 있는 사회체계, 그리고

표 7-5 Berlo의 SMCR 모델

Sender (송신자)	Message (전달내용)	Channel (통신경로)	Receiver (수신자)
통신기술	내용	시각	통신기술
태도	요소	청각	태도
지식수준	처리	촉각	지식수준
사회체계	구조	후각	사회체계
문화양식	코드	미각	문화양식

출처: 변영계 외(2010), p. 233.

그 사회체계가 가지고 있는 문화양식 등이다. 송신자가 보내는 전달내용(Message)은 상징적으로 기호화된 전달내용으로서 내용, 요소, 처리, 구조, 코드 등으로 이루어지게 되고 C(Channel)는 메시지가 실려 가는 목소리, 책, TV 등과 같은 통로 또는 매개물 통신수단을 의미한다. 즉, 통신수단에는 시각, 청각, 촉각, 후각, 미각이라는 인간의 다섯 가지 감각이 있다. 이렇게 보내진 전달내용은 송신자와 마찬가지로 수신자(Receiver)쪽에서도 그들이 가진 통신기술, 태도, 지식수준, 사회체계, 문화양식 등에 의해 받아들여지고 해석되게 된다는 것이 Berlo의 모델이다(변영계 외, 2010: 233).

Schannon과 Schramm의 커뮤니케이션 모델에서는 피드백의 요소를 가지고 있다는 점에서 Berlo의 모델과 구별된다. 커뮤니케이션이 발생하기 위해서는 송신자와 수신자의 경험의 장이 공통적인 요소를 가지고 있어야 한다. 또한 필연적으로 여러 가지 수준과 다양한 형태의 잡음이 개입될 수 있으며 이러한 잡음과 경험 차이에서 오는 문제나 커뮤니케이션 내용에 대한 피드백이 발생한다. 이 모델에 따르면 커뮤니케이션이 일어날 수 있는 조건은 송신자와 수신자 사이에 공통된 경험의 장이 많으면 많을수록 커뮤니케이션이 잘 일어날 수 있고 피드백이 원활하게 많이 발생할수록 경험의 차이와 잡음에서 발생하는 문제를 풀어나갈 수 있다.

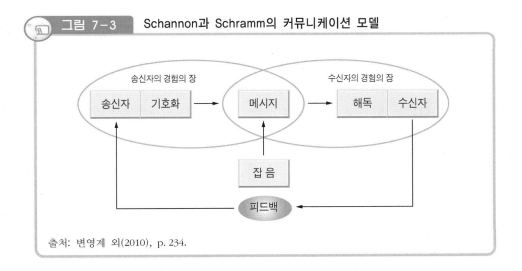

그림 7-3 Schannon과 Schramm의 커뮤니케이션 모델

출처: 변영계 외(2010), p. 234.

이 이론이 청소년 지도에 주는 시사점은 청소년지도자와 청소년 참여자 사이에 서로 공유할 수 있는 공통의 경험의 장이 많아야 하고 청소년지도자는 참여자들과 빈번하게 상호작용하면서 활동에 대한 피드백을 수시로 주어야 한다는 것이다.

(5) 청소년 지도방법의 기본원리

1) 자기주도의 원리

Larson과 Walker(2010)에 의하면 청소년 프로그램은 청소년이 중심이 되어야 한다. 청소년들이 자기주도적으로 청소년 프로그램에 참여하기 위해서는 프로그램초기 단계인 요구분석단계부터 프로그램에 참여시켜 프로그램의 주체가 되도록 하는 것이 필요하다. Duerden과 Gillard(2011)에 따르면 청소년들은 그들의 의견이 존중된다고 느껴질 때 그리고 프로그램에서 무엇이 일어나고 있는지 선택할 때 더욱 자기주도성을 보이는 경향이 있으며 프로그램에 더욱 깊이 참여하게 된다(권양이, 2013: 91, 재인용).

2) 활동중심의 원리

청소년 지도방법은 활동중심으로 전개되어야 한다(Roth & Brooks-Gunn, 2003).

강의식 위주의 교육에서 벗어나 최대한 경험위주, 활동위주의 내용으로 구성해야
청소년들의 산 경험이 될 수 있다. 또한 이로 인해 청소년들의 참여 동기가 유발되
고 지속될 것이다. 특히, 활동의 과정에서 구체적 경험인 활동의 의미를 내면화시
키는 반성적 성찰(reflective thinking)과정이 중요하다. 성인지도자는 활동에만 머무
르지 말고 활동한 후에 청소년들에게 성찰 보고서 등을 작성하기를 권하여 그들에
게 반성적 성찰의 기회를 제공해주는 것이 또한 필요하다.

3) 다양성의 원리

청소년은 매우 다양하다(Lerner et al., 2001). 청소년들은 그들의 특성, 발달, 성
장환경에 있어서 다양한 개인차가 있음으로 그들의 욕구 또한 매우 다양하다. 이
러한 청소년 개개인의 고유한 특성과 욕구를 인정하고 수용할 수 있도록 다양한
프로그램과 지도가 마련되어야 할 것이다. 따라서 청소년들의 다양성을 최대한 반
영하여 가능한 맞춤형 지도방법을 제공해야 청소년 지도의 산출물을 극대화할 수
있을 것이다. 대체로 14세가 청소년 전·후기를 구분하는 기준연령이 된다. 청소년
전·후기의 발달 특징이 다소 차이가 있듯이 지도에 있어서도 연령을 구분하여 그
특성을 반영하는 지도를 해야 효과성을 볼 수 있을 것이다. Park(2004)에 따르면
청소년 전기에는 가족이 중심이 되는 것으로 구성하고 청소년 후기에는 또래 친구
들이 중심이 되는 프로그램이 적합하다.

4) 창의성의 원리

청소년 시기는 인지적 발달 면에서 전 생애동안 가장 발달이 왕성하게 일어
나는 시기이다. 따라서 이 시기에 하나의 답을 논리적으로 찾아가는 수렴적 사고
(convergent thinking)와는 다른 여러 가지 가능한 방안과 해결책을 찾아 가는 발산
적 사고(divergent thinking)와 관련하여 청소년들의 발산적 사고를 통해 유창성, 독
창성, 융통성을 기를 수 있도록 한다(한상철, 2009). 청소년 문화의 특징 중 하나가
새로운 문화인 것처럼 청소년들은 그들의 창의성과 독창성을 발휘하여 기성세대
와 다른 뭔가를 창조할 수 있는 세대이다.

5) 효율성의 원리

효율성이란 같은 시간과 노력을 들여도 산출물의 결과가 다르게 나타났듯이

최소의 비용과 에너지, 시간을 들여 효과의 극대화를 꾀하는 것을 의미한다.

(6) 청소년 지도방법의 유형화

청소년 지도방법은 여러 가지 구분에 의해서 유형화할 수 있으나 여기에서는 교육 프로그램을 통해 이루고자 하는 계획된 변화가 무엇인지에 근거하여 다음과 같이 유형화할 수 있다. 또한 청소년 지도방법에 최고의 교육방법은 존재하지 않는다. 청소년 지도방법에 대한 선정은 청소년 학습자 특성, 학습자 수, 학습내용, 시간과 장소, 시설을 포함한 기관 환경 등 실제적인 제약을 복합적으로 고려하여 내리게 된다(권양이, 2013).

1) 지식·기법 습득 프로그램

① 강의법

강의는 누구나 할 수 있지만 누구나가 잘할 수 없는 게 강의이다(차갑부, 2010). 주로 대집단을 대상으로 하여 교육실시를 할 때 사용되는 한편 가장 많이 사용되는 방법 중의 하나이다. 단시간에 많은 학습자에게 지식과 정보를 전달하는 방법으로 비용을 절감할 수 있으나 학습자의 참여가 제한되어 있기에 학습자의 주의 집중을 지속시키기가 어렵고 강사의 질에 크게 의존해야 하는 특성이 있다.

좋은 강의를 위해서는,

첫째, 수업준비를 철저히 해야 한다. 교수자가 아무리 관련분야에 지식과 명성이 뛰어나다고 하더라도 미비한 수업준비는 학습자의 학습동기와 의욕을 떨어뜨릴 수 있다.

둘째, 너무 한 곳에 서있지 않고 경우에 따라서 수업전체를 장악하고 있다는 느낌을 주기 위해 교실 뒤편까지 이동할 필요가 있지만 너무 산만하게 움직여서도 안 된다.

셋째, 말의 속도는 너무 빨라선 안 된다. 학습자가 학습내용을 내면화하고 강의에 좀 더 주의집중을 하게 하기 위해 속도를 늦추고 중간 중간 멈추는(pause) 시간을 갖는다.

넷째, 눈을 깜박인다든지, 허리띠를 추스르는 등 강사 특유의 버릇은 학습자의 시선과 주의집중을 저해할 수 있어 주의가 요망된다.

표 7-6 교육목표 구분에 따른 청소년 지도방법의 유형화

구 분	교육방법	특 성	활용방법	교수-학습 상황
지식·기법 습득	강의형 (일반 강의, 팀티칭)	• 단시간 내 다수에게 대량의 정보제공 • 교육효과 저조 • 강사자질에 좌우	기본지식, 공통 개념, 정보 제공	• 학습 집단의 인원은 50명 이상임 • 교실(학습 공간)이 전통적임 • 교육내용이 개념과 원리 학습임 • 새로운 지식 습득에 초점을 둠
	강의형 시범, 동료교수 (peer teaching)	• 실제 실물을 보거나 직접 조작함 • 비용과다	기기사용법/ 조작법 교육	• 학습 집단의 인원은 30~40명임 • 학습공간이 융통성이 있음 • 교육내용이 운동 기능적 영역임 • 새로운 지식 습득 및 숙달에 초점을 둠
태도 변용	집단중심형 (사례 연구)	• 사례개발에 시간, 노력 소모 • 판단기준 내면화 가능 • 행동으로 전이 용이 • 편협한 사고 → 유연한 사고	상황분석력이나 문제해결능력개발	• 학습 집단 인원은 30~40명이나 소집단 구성이 가능함 • 학습공간이 융통성이 있음
	집단중심형 (토론법, 브레인스토밍)	• 흥미끄는 정도 강력 • 경험, 정보 교류 • 동료의식 • 정보량이 적음	해결방법, 아이디어 개발, 문제의식 공유	• 학습 집단 인원은 20명 이하임 • 학습공간이 전통적임 • 교육영역이 태도, 정의적 영역임 • 기존 지식의 이해/적용, 강화에 초점을 둠
문제해결 능력향상· 행동변용	체험학습형 (역할연기, 감수성훈련, 레크리에이션)	• 장시간 소요 우려 • 촉진자의 능력 중요	접객응대, 전화응대, 회의진행 방법, 대인관계 스킬, 게임을 통한 순발력 기름	• 학습 집단 인원은 20명 이하임 • 학습공간이 전통적임 • 교육영역이 태도, 정의적 영역임 • 기존 지식의 이해/적용, 강화에 초점을 둠
	협동학습형 (문제해결학습법, 프로젝트 개별 팀)	• 동기부여가 되지 못할 경우 학습 효과 저조	팀별과제/ 협업작업 통해 협동심 기름/ 문제해결능력개발	• 새로운 지식의 창출, 탐구, 문제 해결이 초점임 • 교육영역이 인지적 영역임

출처: 권양이(2013), p. 156. 수정·보완.

다섯째, 도입, 전개, 정리의 순서로 강의를 전개해나가며 강의도중 이제까지 한 강의내용을 잠깐씩 반복적으로 요약해주는 것이 좋다.

여섯째, 강의주제와 관련된 사례를 인용하되 주제와 벗어난 이야기는 삼가는 것이 바람직하다.

일곱째, 열정적이고 애정을 가지고 강의에 임한다. 학습자를 무시하는 태도나 자신의 감정을 격하게 드러내는 강의는 좋지 않다.

여덟째, 쉬는 시간, 종료시간을 철저히 지켜서 학습자가 지치지 않도록 배려한다.

강의 후 검토해야 할 사항은 다음과 같다.

- 목적은 달성하였는가?
- 목적과 내용은 합치되었는가?
- 내용의 계통이 서 있고, 학습자의 능력수준에 알맞았는가?
- 강의상황은 적절하였는가?
- 도입, 전개, 정리부분은 효과적이었는가?
- 질문, 판서, 사례 제시 등은 적절하였는가?
- 학습자들의 열의가 있었는가?

② 질문법

- 집단전체를 대상으로 명료하고 정확하게 질문하도록 한다. 호명하여 질문할 경우에는 질문을 먼저 하고 호명을 다음에 한다.
- 주의가 산만한 학생의 주의집중을 유도하기 위해서는 호명부터 하고 질문하는 것이 좋다.
- 청소년의 개인차를 고려하여 질문하도록 한다. 선수능력이 뛰어난 청소년과 그렇지 않은 청소년에 따라 질문내용을 달리 구성해야 하며 불안이 높은 청소년과 그렇지 않은 청소년에 따라 질문의 빈도를 다르게 해야 할 것이다.
- 질문에 반응할 수 있는 충분한 시간적 여유를 주어야 한다. 질문 후 곧바로 반응을 요구하는 것은 청소년의 심리적 혼란을 야기할 우려가 있다.
- 청소년의 반응에 대해 적절한 피드백을 제공해 주어야 한다. 질문에 대하여 정확한 반응이든 그렇지 않은 반응이든 피드백을 제공해야 하는데 특히 잘못된 반

응인 경우 무엇 때문에 그런 반응을 하게 되었는지를 바로잡아 주고 올바른 반응을 유도해내야 한다.

　• 청소년들이 자신에게 질문이 주어지더라도 이를 즐거운 마음으로 받아들일 수 있는 융통성 있는 분위기를 조성해 줄 필요가 있다. 엄격하고 딱딱한 분위기에서 청소년의 창의적인 사고를 기대할 수 없기 때문이다.

　• 청소년의 질문을 자유롭게 허용해 줄 필요가 있다. 청소년들의 질문에 대해 지도사의 응답이 필요한 부분은 적절히 대답을 하되 그렇지 않은 부분에 대해서는

표 7-7　인지적 도제 학습절차

단 계	내 용
모델링 (modeling)	전문가인 교사가 시범을 보이면 초보자인 학습자는 전문가의 과제수행의 과정을 살펴봄.
코칭 (coaching)	학생들이 스스로 문제를 해결하도록 교사는 문제를 풀어 나가는 자신의 사고과정에 대해 단계, 단계 자세히 설명함.
교수적 도움 (scaffolding)	교사는 학습자와 공동으로 과제를 수행하며 학습에 도움을 주는 디딤돌 역할을 함.
교수지원중단 (fading)	학습자가 문제를 스스로 해결할 수 있도록 교수적 도움을 점차 줄여나감.
명료화 (articulation)	학습자 스스로 자신이 구성한 지식과 수행 기능을 설명하도록 하며, 지식, 기능, 이해, 사고 등을 종합적으로 연계하게 함.
반성적 사고 (reflection)	학습자는 자신이 수행하고 있는 문제해결과정을 전문가인 교사가 수행한 것과 비교하며 반성적으로 검토함.
탐구 (exploration)	배운 것을 적용할 수 있는 새로운 방식을 탐구해 보도록 함.

출처: 권양이(2012b), p. 26.

다시 청소년들에게 되묻거나 하는 방식으로 청소년 상호 간의 토론을 유도할 수 있다(한상철, 2009).

　　기타 지식·기법습득을 위한 개인대상 지도기법으로는 인지적 도제학습, 개인현장학습, 개인프로젝트학습, 인턴십, 컴퓨터보조학습 등 다양한 기법들이 등장하고 있다. 인지적 도제(cognitive apprenticeship)학습이란 전통적 의미의 도제원리를 통해 전문가의 수행의 성격을 밝히고, 그러한 수행을 적절히 학습할 수 있는 방법을 고안해 보려는 데서 비롯, 특정 사회집단의 전문가들이 지닌 지식과 사고과정을 학습하는 것이다(〈표 7-7〉 참조).

　　개인현장학습은 개인을 활동단위로 하여 현장 체험학습이 이루어지는 것으로서 산학협력을 실시하고 있는 학교에서 많이 활용되고 있다. 개인프로젝트학습은 개인에게 프로젝트를 부여해서 수행하도록 하는 것이고 인턴십은 현장에서의 사전직무경험이 그대로 이어져 실무에서의 실제적응력을 기르도록 하기 위한 선행경험학습이라고 할 수 있다. 학교, 기업 등 다양한 종류의 인턴십이 활발히 이루어지고 있다.

2) 태도변용 프로그램

① 토의법

　　청소년 지도 장면에서 집단토의를 하기 이전에 먼저 특정 문제나 주제를 선정하고 집단의 크기를 3~7명으로 나누고 토의목표를 구체화할 필요가 있다. 즉, 버즈집단토의를 활용하면 효과적이다. 버즈집단토의란 집단사고나 집단토의를 효율적으로 하기 위해 그 자리에서 소그룹으로 갈라져 어떤 주제에 대해 토의를 진행하는 방법이다. 한상철(2009)은 다음과 같이 토의법 절차에 대해서 설명하였다.

　　• 집단의 청소년 구성원을 3~7명으로 하고 한정된 시간을 배정하여 진행한다. 그리고 집단의 역동을 고려하여 집단의 구조 및 공간배치를 적절히 해야 한다. 집단을 구성할 때 청소년의 다양한 의견을 수렴하고 협력적인 태도를 높이기 위하여 집단의 성격을 이질적으로 만드는 것이 좋다.

　　• 토의 진행과정에서 지도사는 가능한 한 개입을 하지 않음으로써 청소년들의 자주적 토의가 이루어질 수 있도록 적극 권장한다. 지도사는 토의활동에 대하여 언어적 또는 비언어적 피드백을 제공하는 것만으로 충분하다.

• 정리단계에서 지도사와 청소년 모두 토의과정을 평가하고 토의과정에서 예기치 못했던 새로운 사실의 발견이나 오류, 토의의 결론 등을 정리하고 기록해야 한다.

② 브레인스토밍[1]

집단토의의 일종으로 특정한 문제나 주제에 대하여 두뇌에서 폭풍이 몰아치듯 생각나는 아이디어를 가능한 한 많이 산출하도록 하는 방법이다.

브레인스토밍에서 중요한 것은 산출된 생각에 대하여 비판을 하거나 섣부른 결론을 내리지 않아야 하며 여러 사람들이 자유롭게 제시한 창의적인 아이디어를 종합하여 합리적인 해결책을 모색해야 한다.

브레인스토밍의 변형된 형태로 브레인라이팅(brain writing)과 전자 브레인스토밍(electronic brainstorming)이 제안되고 있다. 브레인라이팅은 언어능력이 부족한 사람들로 하여금 자신의 생각을 자유롭게 글로 표현하도록 하는 방법이다. 전자 브레인스토밍은 동일한 장소에서 화면을 보면서 각자의 컴퓨터로 자신의 아이디어를 입력하거나 같은 장소에 모이지 않더라도 네트워킹된 컴퓨터로 타인의 아이디어를 보면서 입력하도록 하는 것이다. 전자 브레인스토밍은 동 시간에 한 장소에 모일 필요가 없고 익명성이 보장되며 저장과 인출이 자유로워 타인의 생각을 언제든지 확인할 수 있기 때문에 중복되는 아이디어를 생성하는 데 소비되는 시간을 줄여 준다. 참가자 수에 제한이 없고 평가에 대한 두려움 없이 집단 구성원들 간의 상호 작용이 원활하다는 장점이 있어 창의적 사고를 촉진하는 기법으로 활용되고 있다.

③ 사례연구법

사회현장에서 실제로 발생될 것으로 생각되는 문제를 청소년 학습자에게 사례로 제시하고 이를 연구하게 하는 것으로서 학습자들이 분석력, 판단력 등 문제해결능력과 직업수행능력을 체험을 통해 익히게 하는 기법이다. 구체적인 해결을 필요로 하는 문제가 있어야 하고 자유롭고 자주적인 사고 촉진을 위한 교육방법이다. 사례분석 훈련은 기업교육에 있어서도 실무처리 능력을 배가시킨다. 그러므로 많은 사례를 준비하고 있어야 한다. 이러한 일련의 과정에 있어서 사례를 일관성

---

1) 네이버 지식백과 참조.

있게 판단하고 해석하여 줄 유능한 강사의 확보가 필요하다.

사례연구법은 세 가지 상호의존적 활동이 필요하다. 첫째, 사례를 스스로 읽고 사색하는 활동, 둘째, 청소년들이 다른 청소년 참여자들과 함께 집단으로 사례를 분석하고 토의하는 활동, 셋째, 사례토의 및 그 자신의 태도와 행동에 대한 반성을 하는 활동이다.

3) 문제해결능력향상·행동변용 프로그램

① 역할연기법

역할연기란 타인의 역할을 경험해 봄으로써 자신과 타인을 이해하는 데 도움을 주고자 하는 극화된 놀이로 청소년이 이용하는 공간을 하나의 드라마 세트로 설정하여 모든 참여자들에게 역할을 맡겨서 서로를 관찰하고 건설적인 비판을 하도록 하는 방법이다(오치선 외, 2000). 이희경(1989)의 연구에 따르면 역할연기법이 갈등해결유형 변화에 어떤 영향을 미치는지를 검증한 결과 역할놀이 후 청소년들의 능동적 갈등완화방식이 증가하고 능동적 갈등격화방식은 감소하였다. 이는 역할놀이를 통해서 역할획득의 기회가 생겨 타인의 입장을 이해하게 되는 신념변화로서 역할갈등과 가치갈등이 감소가 되었다고 볼 수 있다(최창욱 외, 2005: 30, 재인용).

② 문제해결학습

문제중심학습은 문제상황에서 학습이 시작된다. 문제상황이 주어지면 학습자는 교실에서 그들이 해결해야 할 문제와 관련된 지식 목록을 작성하는데 이것은 문제상황을 더 잘 이해하기 위하여 필요한 것이다(백영균 외, 2010). 즉, 문제중심학습은 문제가 먼저 제시되는 경우로서 교수자는 이때 코치로서의 역할을 수행한다. 학습자는 문제해결의 참여자로서의 역할을 수행한다. 인지적 초점은 문제해결을 위해 학습자들이 지식을 종합하며 문제의 특성은 잘 구조화되지 않은 실제적이고 상황적인 문제가 많다. 교수자에 의해 제공되는 정보는 거의 없으며 필요한 정보는 학습자에 의해 모아지고 분석된다. 반면에 문제해결학습은 문제가 나중에 제시되는 경우이다. 이때 교수자는 자료원으로서의 역할을 수행하고 학습자는 문제해결자로서의 역할을 수행한다(권양이, 2012: 144).

다음 〈그림 7-4〉와 같이 문제가 언제 제시되느냐에 따라 문제중심과 문제해

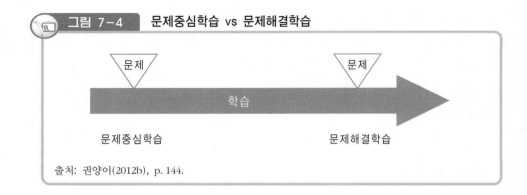

그림 7-4 문제중심학습 vs 문제해결학습

출처: 권양이(2012b), p. 144.

결학습으로 구분될 수 있다.

문제해결법의 과정은 대체로 다음과 같다(권양이, 2012b).

(1) 1단계는 문제인식의 단계이다. 학습자가 문제점을 발견하고 충분히 인식하여 강한 학습동기가 유발되는 단계이다. 또한 교사가 제시할 때는 충분히 설명하여 학습자가 그 문제를 파악하도록 하는 문제의 결정단계이다.

(2) 2단계는 자료수집의 단계이다. 인식된 문제를 해결하는 데 관련된 자료를 계획에 따라 조사하는 단계로 문헌 등을 통해서 자료를 수집한다.

(3) 3단계는 가설설정의 단계이다. 인식된 문제를 해결하기 위하여 해결방법을 계획하는 단계로서 결과를 가정하고 그 문제의 성질에 따라서 해결방법이나 과정, 그리고 과제의 분담 등을 정하는 단계이다.

(4) 4단계는 실행검증의 단계이다. 수집한 자료를 가지고 실제활동을 전개하는 단계이다. 학습활동은 학습자 중심이며 자유로운 분위기에서 자율적인 활동을 한다. 교사는 단지 문제에 대한 깊은 연구와 정확한 지식을 가지고 학습자에게 시사점을 던져주며 자주적인 활동이 가능하도록 환경을 정비해주는 역할을 한다.

(5) 5단계는 일반화의 단계이다. 실행하고 검증한 결과를 일상생활에서 일반화하는 단계이다. 문재해결활동을 실시한 후 종합적인 결과를 정리, 검토 및 발표하게 된다. 교수자는 학습자의 문제해결과정과 발표를 비판하고 지도함으로써 후속 학습으로 발전할 수 있도록 이끄는 역할을 한다.

③ 감수성훈련[2)]

소집단 모임의 상호작용을 통하여 인간관계에 대한 이해와 기술을 향상시키고자 하는 사회성 훈련기법이다. 감수성 훈련의 기본적인 의도는 훈련 참가자들이 자신들의 감정과 그 감정이 상대방에 미치는 영향, 그리고 집단 상호작용 과정의 역학을 보다 잘 이해하게 만들어 결국 인간관계를 향상시키고자 하는 것이다.

감수성 훈련은 1946년 미국에서 인종 편견을 없애기 위한 훈련으로 시작되어, 리더십 훈련에서도 중시되었으며, 현재는 상담원 훈련, 종교훈련, 기업체에서 태도 변화를 위한 산업훈련, 그 외 인간관계 향상을 위한 각종 훈련에 사용되고 있다. 처음에 강의식 기법, 사회적 기술 양성 기법, T(training)−집단 기법 등을 사용하였던 감수성 훈련은 점차 T−집단 기법 중심으로 발전되어 이제는 T−집단과 감수성 훈련은 거의 동의어로 이해되고 있다.

T−집단을 중심으로 한 감수성 훈련은 15명 정도의 구성원과 1−2명의 지도자로 구성된 비교적 자유로운 소집단을 중심으로 시작된다. 소집단 모임은 정해진 주제나 방향없이 시작되어, 「지금−여기서」의 문제를 중심으로 모든 구성원 간의 자유로운 상호작용으로 발전된다. 구성원 사이의 자유로운 활동과 다양한 행동 반응을 통하여 각자의 감정과 생각을 표현하고, 스스로를 관찰, 분석, 평가할 기회를 가지며, 새로운 행동을 실험해 보고, 서로에 대한 피드백을 주고 받도록 하는 것이다.

감수성 훈련과정에서 구성원들은 이야기의 내용도 경청하지만 집단이 운영되는 방식, 상호작용시의 분위기나 구성원들의 감정에 더욱 관심을 갖게 된다. 이 훈련과정에서 지도자는 자유로운 모임의 분위기를 조성하고 상호작용에 필요한 행동들의 모범을 보이며, 활발한 집단활동을 유지하는데 필요한 규준을 발전시키도록 자극하는 등 훈련의 전문적인 조력자로서의 역할을 담당하게 된다.

④ 레크리에이션

개인이나 집단이 여가로서 갖는 활동이며 그 활동으로 얻어지는 직접적 또는 간접적 동기가 학습활동에 영향을 미치도록 하는 방식이다. 모든 청소년 지도자들은 이에 관한 주요 이론뿐만 아니라 실제로 레크리에이션을 진행할 능력을 갖추어

---

2) 네이버 지식백과 참조.

야 한다(이복희 외, 2008).

4) 기타 교육프로그램

① 여행, 견학, 현장답사

여행, 견학, 현장답사는 학습관련 내용을 직접 관찰하기 위해 관심대상이나 장소를 방문하는 계획된 교육여행이다. 여행, 견학, 현장답사는 경험학습(experiential learning)으로서 학습자가 쉽게 접할 수 없는 것을 직접 경험·관찰하거나 이론과 현장에서의 적용을 관련시키고자 할 때 효과적이다.

㉠ 우선 사전계획이 중요하다. 계획단계에서는 먼저 여행, 견학, 현장답사의 목적을 구체적으로 진술해야 하고 청소년들이 함께 참여할 수 있도록 한다. 거리와 교통편, 날씨 등을 고려하여 견학할 장소, 지역 등을 선정해야 한다.

㉡ 시행단계에서는 청소년들에게 현장견학에 관련된 모든 내용들을 상세히 소개한다.

㉢ 여행, 견학, 현장답사가 재미에만 그치지 않도록 소집단을 만들어 주는 등의 분위기 조성에 주력한다.

㉣ 질문이나 토의를 제시하고 청소년들이 활발하게 참여하게 하여 모든 청소년들이 능동적으로 참여할 수 있도록 한다.

㉤ 현장의 특성, 청소년의 특성, 자연조건 및 날씨 등을 고려하여 청소년들이 활발히 활동할 수 있도록 한다.

㉥ 추수지도로서 여행, 견학 학습 등을 마친 후에 청소년들로 하여금 모든 단계를 스스로 요약해 보게 한 후 잘된 점과 잘못된 점 등을 스스로 지적하는 성찰보고서를 작성해 보도록 한다.

② 전람회, 박람회, 페스티벌

전람회, 박람회, 페스티벌 등은 아이디어, 생산품, 과정들을 전시하여 보여준다. 전람회는 고정되어 있으며 연속되는 전시회를 말한다. 박람회는 비연속적으로 이루어지며 페스티벌은 이동하는 전시회를 의미한다.

이상과 같이 여러 가지 유형의 청소년 지도방법이 있지만 상황과 교육목표에 적합한 지도기법을 선택해야 소기의 목적을 거둘 수 있다. 기타 대집단을 위한 지도방법으로 회의지도기법, 강연, 매체 이용, 매스컴의 활용 등 다양한 기법이 있지만 가장 적절한 지도방법은 소집단을 중심으로 한 방법이므로 대집단을 적절한 방식으로 분할하여 소집단 지도방식을 적용하는 것이 효과적이다(이복희 외, 2008).

(7) 청소년지도자

1) 청소년지도자의 분류와 유형

① 일반적 분류

2012 청소년백서에서는 '청소년지도자'라 함은 청소년기본법에 의한 청소년 지도사 및 청소년 상담사와 청소년시설·청소년단체·청소년관련기관 등에서 청소년육성 및 지도업무에 종사하는 자를 총칭한다라고 되어있다.

과거에는 역할모델로서 부모, 교사의 지위와 위치가 중시되었지만 이제는 사회변화와 더불어 많은 부분이 약화되어 있다. 사회구조가 1차 사회에서 2차 사회로 변모되고 서로의 익명성과 복잡성이 강조되면서 이러한 기능은 더욱 더 줄어들고 있다. 역설적으로 가장 중요한 시기에 청소년들에게 역할모델이 가장 많이 필요함에도 불구하고 청소년들에게 역할모델이 될 사람이 절대적으로 부족하다는

그림 7-5 　**청소년지도자의 일반적 분류**

출처: 여성가족부(2012), p. 395.

의미이다. 그렇다면 이러한 역할을 누군가가 인위적으로 해주어야 할 필요가 있고 그 기능을 하는 사람들이 청소년지도자이다(권일남 외, 2003).

권일남 외(2010)는 청소년지도자를 일반적 분류와 기능적 분류로 나누어 설명 하였다. 일반적 분류란 〈그림 7-5〉와 같이 청소년지도사 1, 2, 3급과 청소년상담 사 1, 2, 3급을 포함하여 전문청소년 지도자로 구분하고 나머지 청소년 시설 및 단체 관련기관 종사자로서 청소년 일반지도자와 자원지도자를 모두 총괄하여 일 반청소년지도자로 분류하고 있다.

② 기능적 분류

청소년지도자들이 실제로 현장에 소속되어 일하고 있는 실태를 중심으로 기 능적으로 분류하면 다음과 같다(권일남 외, 2010: 248).

첫째, 청소년 활동 영역의 청소년지도자는 전체 청소년을 대상으로 다양한 체 험활동을 통해 개인적인 성장과 사회적응을 지원하고 잠재된 역량개발을 촉진하 여 건강한 성인으로의 이행을 돕는 주로 청소년 단체나 청소년수련시설 등에 소속 되어 활동하는 지도자로 분류될 수 있다.

둘째, 청소년 복지 영역의 지도자들로서 국가와 사회의 지원이 절실한 청소년 대상을 중심으로 이들의 자립, 자활, 사회복지원 활동을 주요업무로 하고 있다. 대 표적인 청소년복지기관으로서는 청소년쉼터와 청소년복지지원법 제 18조에 따라 이주배경청소년을 지원하고 더불어 살아가는 다문화 사회를 만들어가는 비영리 재단법인인 무지개청소년센터 등이 있다.

셋째, 청소년상담지도자들로서 청소년의 발달과정에서 발생할 수 있는 다양 한 문제를 적극적으로 대처할 수 있는 다양한 삶의 기술을 제공하는 한편 지속적 으로 성장하도록 돕는 역할을 한다. 대표적인 기관으로 한국청소년상담복지개발 원, 청소년상담센터 등이 있다.

넷째, 청소년보호지도자는 청소년의 건전한 성장에 유해한 물질, 물건, 장소, 행위 등 청소년의 건강한 성장에 유해한 환경으로부터 청소년이 접촉 또는 접근하 는 것을 예방 또는 보호활동을 위주로 하는 지도자를 의미한다. 그러나 현실적으 로는 청소년보호활동을 전문적 또는 직업적으로 전개하고 있기보다는 청소년단체 나 시설 등 청소년유해활동 감시운영기관으로 지정된 기관에 소속되어 활동 중인

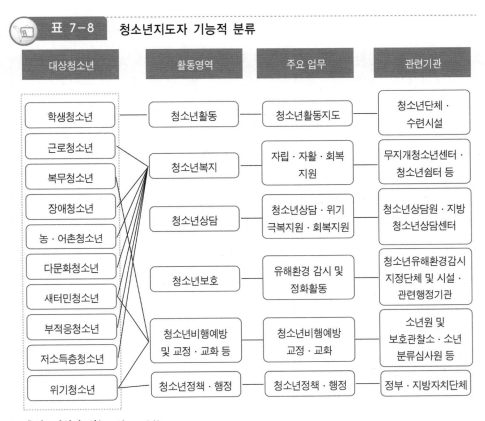

표 7-8 청소년지도자 기능적 분류

대상청소년	활동영역	주요 업무	관련기관
학생청소년	청소년활동	청소년활동지도	청소년단체 · 수련시설
근로청소년	청소년복지	자립 · 자활 · 회복 지원	무지개청소년센터 · 청소년쉼터 등
복무청소년			
장애청소년	청소년상담	청소년상담 · 위기 극복지원 · 회복지원	청소년상담원 · 지방 청소년상담센터
농 · 어촌청소년			
다문화청소년	청소년보호	유해환경 감시 및 정화활동	청소년유해환경감시 지정단체 및 시설 · 관련행정기관
새터민청소년			
부적응청소년	청소년비행예방 및 교정 · 교화 등	청소년비행예방 교정 · 교화	소년원 및 보호관찰소 · 소년 분류심사원 등
저소득층청소년			
위기청소년	청소년정책 · 행정	청소년정책 · 행정	정부 · 지방자치단체

출처: 권일남 외(2010), p. 249.

지도자들이 부수적인 활동으로서 보호활동에 임하는 경우가 대부분이며 특히 이들은 지속적 · 정기적인 유해환경 감시활동을 하기보다는 부정기적으로 활동에 임하고 있다.

다섯째, 청소년교정담당 청소년지도자들은 주로 법무부 소속소년원, 청소년보호관찰직, 교도관, 소년보호관 등 공무원이 주로 많고 기관에 소속되어 청소년들의 비행예방활동과 교정업무 등에 종사하는 사람을 말한다.

여섯째, 청소년정책행정담당지도자는 청소년에 관련된 정책이나 행정사무에 종사하는 자로서 중앙정부의 청소년정책 전담부서에 소속되어 있거나 지방자치단체의 청소년업무를 수행하는 공무원들을 의미한다. 또한 방송통신심의위원회, 영상물등급위원회 등 청소년미디어콘텐츠 관련 행정직도 여기에 해당할 수 있다.

2) 청소년지도사

급격한 사회변화에 따라 심각해지고 있는 청소년문제를 적극적으로 해결하고 체계적인 청소년활동을 제공하기 위해서는 청소년수련활동에 대한 전문지식과 지도기법 및 자질을 갖춘 청소년지도자의 양성이 필요하다. 청소년지도자의 체계적이고 전문적인 양성을 위해 청소년기본법에서는 청소년지도사 양성 및 배치에 관한 내용을 규정하여 1993년부터 국가공인 청소년지도사를 양성해 오고 있다. 청소년지도사는 1, 2, 3급으로 구분되며, 청소년 관련분야의 경력·기타 자격을 갖춘 자로서 자격 검정에 합격하고 소정의 연수를 마친 자에게 국가자격을 부여한다. 청소년지도사는 청소년활동(프로그램, 사업)을 전담하여 청소년의 수련활동, 지역·국가 간 교류활동, 동아리활동, 봉사활동, 예술활동 등을 지도한다(여성가족부, 2012).

① 청소년지도사 등급별 자격검정 응시자격의 기준

국가공인자격증인 청소년지도사 자격증 소지자는 2011년까지 1급 청소년지도사 1,462명, 2급 청소년지도사 17,143명, 3급 청소년지도사 8,225명 등 총 26,830명이 배출되었다(여성가족부, 2012). 다음 〈표 7-9〉는 청소년지도사 등급별 자격검정 응시자격의 기준에 대한 내용이다.

표 7-9 청소년지도사 등급별 자격검정 응시자격의 기준

등 급	응시자격기준
1급 청소년지도사	2급 청소년지도사 자격 취득 후 청소년활동 등 청소년육성업무종사경력이 3년 이상인 사람
2급 청소년지도사	1. 대학 졸업(예정)자 또는 이와 같은 수준 이상의 학력이 있는 사람으로서 2급 청소년지도사 자격검정에 필요한 과목 모두를 전공과목으로 이수한 사람 2. 2005년 12월 31일 이전에 대학을 졸업하였거나 이와 같은 수준 이상의 학력을 취득한 사람으로서 별표 1의 2에 따른 과목을 이수한 사람 3. 대학원의 학위과정 수료(예정)자로서 2급 청소년지도사 자격검정에 필요한 과목 모두를 전공과목으로 이수한 사람 4. 2005년 12월 31일 이전에 대학원의 학위과정을 수료한 사람으로서 별표 1의 2의 규정에 따른 과목 중 필수영역 과목을 이수한 사람

	5. 대학 졸업 또는 이와 같은 수준 이상의 학력이 있다고 다른 법령에서 인정받은 후 청소년활동 등 청소년육성업무에 종사한 경력이 2년 이상인 사람 6. 전문대학 졸업 또는 이와 같은 수준 이상의 학력이 있다고 다른 법령에서 인정받은 후 청소년활동 등 청소년육성업무에 종사한 경력이 3년 이상인 사람 7. 3급 청소년지도사 자격 취득 후 청소년활동 등 청소년육성업무에 종사한 경력이 2년 이상인 사람 8. 고등학교 졸업 또는 이와 같은 수준 이상의 학력을 인정받은 후 청소년활동 등 청소년육성업무에 종사한 경력이 8년 이상인 사람
3급 청소년지도사	1. 전문대학 졸업(예정)자 또는 이와 같은 수준 이상의 학력이 있는 자로서 3급 청소년지도사 자격검정에 필요한 과목 모두를 전공과목으로 이수한 사람 2. 2005년 12월 31일 이전에 전문대학을 졸업하였거나 이와 같은 수준 이상의 학력을 취득한 사람으로서 별표 1의 2에 따른 과목을 이수한 사람 3. 전문대학 졸업 또는 이와 같은 수준 이상의 학력이 있다고 다른 법령에서 인정받은 후 청소년활동 등 청소년육성업무에 종사한 경력이 2년 이상인 사람 4. 고등학교 졸업 또는 이와 같은 수준 이상의 학력이 있다고 다른 법령에서 인정받은 후 청소년활동 등 청소년육성업무에 종사한 경력이 3년 이상인 사람

출처: 여성가족부(2012), p. 397.

② 청소년지도사 배치기준

다음 〈표 7-10〉은 청소년지도사 배치기준으로서 청소년시설(청소년수련관, 청소년수련원, 유스호스텔, 청소년야영장, 청소년문화의집, 청소년특화시설)과 청소년단체는 청소년지도사를 배치하여야 한다.

표 7-10 청소년시설의 청소년지도사 배치기준

배치대상	배치기준
청소년수련관	1급 청소년지도사 1명, 2급 청소년지도사 1명, 3급 청소년지도사 2명 이상을 두되, 수용인원이 500명을 초과하는 경우에는 500명을 초과하는 250명당 1급, 2급 또는 3급 청소년지도사 중 1명 이상을 추가로 둔다.
청소년수련원	1) 2급 청소년지도사 및 3급 청소년지도사를 각각 1명 이상 두되, 수용정원이 500명을 초과하는 경우에는 1급 청소년지도사 1명 이상과 500명을 초과하는 250명당 1급, 2급 또는 3급 청소년지도사 중 1명 이상을 추가로 둔다. 2) 지방자치단체에서 폐교시설을 이용하여 설치한 시설로서 특정 계절에만 운영하는 시설의 경우에는 청소년지도사를 두지 않을 수 있다.

유스호스텔	청소년지도사를 1명 이상 두되, 숙박정원이 500명을 초과하는 경우에는 2급 청소년지도사 1명 이상을 추가로 둔다.
청소년야영장	1) 청소년지도사를 1명 이상 둔다. 다만, 설치·운영자가 동일한 시·도 안에 다른 수련시설을 운영하면서 청소년야영장을 운영하는 경우로서 다른 수련시설에 청소년지도사를 둔 경우에는 그 청소년야영장에 청소년지도사를 별도로 두지 않을 수 있다. 2) 국가, 지방자치단체, 그 밖에 공공법인이 설치·운영하는 청소년야영장으로서 청소년수련거리의 실시 없이 이용 편의만 제공하는 경우에는 청소년지도사를 두지 않을 수 있다.
청소년문화의집	청소년지도사를 1명 이상 둔다.
청소년특화시설	2급 청소년지도사 및 3급 청소년지도사를 각각 1명 이상 둔다.

출처: 여성가족부(2012), p. 400.

표 7-11　**청소년단체의 청소년지도사 배치기준**

배치대상	배치기준
청소년단체	청소년회원 수가 2천명 이하인 경우에는 1급 청소년지도사 또는 2급 청소년지도사 1명 이상을 두되, 청소년회원 수가 2천명을 초과하는 경우에는 그 초과하는 2천명마다 1급 청소년지도사 또는 2급 청소년지도사 1명 이상을 추가로 두며, 청소년회원 수가 1만명 이상인 경우에는 청소년지도사의 5분의 1이상은 1급 청소년지도사로 두어야 한다.

출처: 여성가족부(2012), p. 400.

3) 청소년 상담사

청소년상담사 자격증은 상담관련분야를 전공하고 상담실무 경력이나 기타자격을 갖춘 자로서 자격검정에 합격하고 소정의 연수를 마친 자에게 부여하는 국가자격증이다. 청소년상담사는 국가차원의 청소년상담 관련 기관인 한국청소년상담복지개발원, 시·도 및 시·군·구 청소년상담복지센터, 초·중·고·대학의 학생상담소, 청소년수련관, 사회복지관, 청소년쉼터, 청소년관련 복지시설, 경찰청이나 법무부 등 청소년업무 지원부서, 사설 청소년상담실, 아동청소년대상 병원, 일반청소년관련 사업체, 근로청소년관련 사업체 등에서 청소년상담업무에 종사한다. 청소년상담사 1, 2, 3급에 응시하기 위해서는 청소년(지도)학·교육학·심리학·사회사업(복지)학·정신의학·아동(복지)학 분야 또는 그 밖의 상담관련 분야를 전공하여야 한다. 대학의 경우, 학부명, 학과명, 전공명 중 어느 한 곳에 상담관련분야가 명시되어 있으면 인정하고 대학원의 경우, 학과명, 전공명 중 어느 한 곳에 상담관련분야가 명시되어 있으면 인정한다.[3]

① 청소년상담사 자격검정 등급별 응시자격기준

청소년상담사는 1, 2, 3급이 있으며 청소년상담사 자격검정 등급별 응시자격기준은 다음 〈표 7-12〉와 같다.

표 7-12   청소년상담사 등급별 자격검정 응시자격기준

등 급	응시자격기준
1급 청소년상담사	1. 대학원에서 청소년(지도)학·교육학·심리학·사회사업(복지)학·정신의학·아동(복지)학 분야 또는 그밖의 상담관련분야(이하 "상담관련분야"라 한다)를 전공하고 박사학위를 취득한 자 2. 대학원에서 상담관련분야를 전공하고 석사학위를 취득한 후 상담실무경력이 4년 이상인 사람 3. 2급 청소년상담사로서 상담실무 경력이 3년 이상인 사람 4. 제1호 및 제2호에 규정된 자와 동등 이상의 자격이 있다고 인정하는 자
2급 청소년상담사	1. 대학원에서 상담관련분야를 전공하고 석사학위를 취득한 자 2. 대학 또는 다른 법령의 규정에 의하여 이와 동등한 학력을 인정받는 기관에서 상담관련분야를 전공하고 학사학위를 취득한 후 상담 실무경력이 3년 이상인 자 3. 3급 청소년상담사로서 상담 실무경력이 2년 이상인 자 4. 제1호 내지 제3호에 규정된 자와 동등 이상의 자격이 있다고 총리령이 정하는 자
3급 청소년상담사	1. 대학 및 「평생교육법」에 따른 학력이 인정되는 평생교육시설의 상담관련분야 졸업(예정)자 2. 전문대학 및 다른 법령의 규정에 의하여 이와 동등한 학력을 인정받는 기관에서 상담관련분야를 전공하고 전문학사를 취득한 자로서 상담 실무경력이 2년 이상인 자 3. 대학 및 다른 법령의 규정에 의하여 이와 동등한 학력을 인정받는 기관에서 상담관련분야가 아닌 분야를 전공하고 학사학위를 취득한 후 상담 실무경력이 2년 이상인 자 4. 전문대학 및 다른 법령의 규정에 의하여 이와 동등한 학력을 인정받는 기관에서 상담관련분야가 아닌 분야를 전공하고 전문학사를 취득한 후 상담 실무경력이 4년 이상인 자 5. 고등학교를 졸업하고 상담 실무경력이 5년 이상인 자 6. 제1호 내지 제4호에 규정된 자와 동등 이상의 자격이 있다고 총리령이 정하는 자

출처: 여성가족부(2012), p. 402.

---

3) 한국청소년상담복지개발원 홈페이지(http://www.youthcounselor.or.kr/new/sub02_2_1.html)에서 발췌·요약함.

② 청소년상담사 자격검정시험

2011년 기준 청소년상담사 자격증 소지자는 4,805명을 넘어서고 있다. 청소년 상담사 자격검정은 필기시험과 면접시험으로 구성되어 있으며, 필기시험 과목은 1급 5과목, 2급과 3급은 각각 6과목이며, 합격기준은 매과목 100점을 만점으로 하여 매과목 40점 이상, 전과목 평균 60점 이상이다. 필기시험 합격 후 응시자격 기준에 해당하는지에 대한 여부를 확인하기 위하여 서류심사를 실시하며, 이를 통과한 자에 한해 면접시험을 볼 수 있다. 면접시험에 합격한 자를 자격검정 최종 합격자로 본다(여성가족부, 2012). 청소년상담사 자격검정 과목과 방법은 다음과 같다.

표 7-13 청소년상담사 자격검정 과목 및 방법

등 급	검정과목		검정방법	
	구 분	과 목		
1급 청소년상담사 (5과목)	필수 (3과목)	• 상담사 교육 및 사례지도 • 청소년 관련 법과 행정 • 상담연구방법론의 실제	필기 시험 (과목당 30문항)	면접 시험
	선택 (2과목)	비행상담 · 성상담 · 약물상담 · 위기상담 중 2과목		
2급 청소년상담사 (6과목)	필수 (4과목)	• 청소년 상담의 이론과 실제 • 상담연구방법론의 기초 • 심리측정 평가의 활용 • 이상심리	필기 시험 (과목당 30문항)	면접 시험
	선택 (2과목)	진로상담 · 집단상담 · 가족상담 · 학업상담 중 2과목		
3급 청소년상담사 (6과목)	필수 (5과목)	• 발달심리 • 집단상담의 기초 • 심리측정 및 평가 • 상담이론 • 학습이론	필기 시험 (과목당 30문항)	면접 시험
	선택 (1과목)	청소년이해론 · 청소년수련활동론 중 1과목		

출처: http://www.youthcounselor.or.kr/new/sub02_3_1.html

Youth Education

제**8**장　청소년 교육프로그램 개발

1. **청소년 교육프로그램**[1]

(1) 청소년 교육프로그램의 정의

청소년지도자 및 평생교육사는 청소년 활동현장에서 필요한 프로그램을 개발하는 프로그래머의 역할을 수행해야 한다. 청소년의 건전한 성장과 발달을 위한 중요한 요소로서 청소년 교육프로그램 개발을 위해 청소년지도자는 청소년교육과정의 요구를 분석하고 설계, 개발해서 실행 및 평가에 이르는 과정까지 프로그램 개발 관련 이론뿐만 아니라 실행력을 갖추고 있어야 한다.

'프로그램(program)'이라는 용어는 일반적으로 다양한 사고와, 사상들, 그리고 실행을 다루기 위해 쓰여지기 때문에 다소 혼란스러운 용어이기도 하다. '프로그램'이란 용어는 일상적인 교육 영어인 '교육과정(curriculum)'이나 '코스(course)'와

---

1) 이 부분은 졸저(2013). 『청소년 프로그램 개발과 평가』 제3, 4장의 내용을 발췌·요약하여 수정·보완한 것이다.

유사하지만 규범적이고 필수적인 성격을 띠고 있는 후자와는 다르게 이해된다(이복희 외, 2008). 사실 '프로그램'은 공공 기관인 학교나 기관의 실제 상황에 맞추어 쓰이고 있는 '커리큘럼'과 종종 동등한 것으로 간주되기 때문에 프로그램이란 용어는 자주 커리큘럼이라는 용어와 혼용되어 쓰인다. 그러나 프로그램이란 용어는 학교교육과정의 커리큘럼(curriculum)이나 코스(course)와 유사하지만 규범적이고 필수적인 성격을 띠고 있는 후자와는 다르게 이해된다(권양이, 1999). 프로그램은 계획적이고 합리적인 방법으로 계획된 변화를 얻어내기 위해 어떤 활동을 구조적으로 조직화하고 진행과정을 시간적 순서에 따라 구체적으로 체계화한 일정표라고 할 수 있다.

(2) 청소년 교육프로그램의 필요성

청소년 교육프로그램은 학교, 지역사회, 그리고 청소년 단체 및 평생교육기관 등에서 제공하고 있다. 청소년 시기는 학업이외에도 이 시기에 수행되어야 하는 발달과업 때문에 스트레스가 고조되는 시기이다(Compas et al., 1988; SeiffgeKrenke, 2000). 청소년 시기에 아동기와 비교하여 정서적인 면, 행동적인 면을 포함하여 사회적 관계에서 초래되는 더욱 다양한 스트레스를 경험한다. 따라서 다양한 교육처치가 수반되는 교육프로그램에 참여하는 것은 청소년들의 사회적·감정적·도덕적·인지적·행동적 역량을 증진시키는 기회가 될 수 있으므로 매우 필요하다고 할 수 있다. Trainor 등(2010)의 연구에 따르면 특별히 하는 일 없이 시간을 보내는 청소년들은 부정적인 감정, 사회적 고립감을 보고하였고 자기존중감과 삶의 만족도에서 낮은 점수를 나타냈다. 즉, 도전, 노력, 그리고 집중 없이 소일하는 것은 정신적 가치가 거의 없다고 할 수 있다. 빈약한 정신건강을 가진 청소년들은 도전, 집중, 노력을 요하는 구조화된 여가 활동에 좀처럼 참여하지 않으려고 한다. 이에 반해 정신적으로 건강한 청소년들은 구조화된 여가활동에 참여하는 경향이 있어 의미있는 여가시간 사용은 이러한 청소년들에 한해 행복하게 생활하는 것과 관련이 있다. 즉, 신체적으로 활동적인 청소년들은 일반적으로 비활동적인 청소년들보다 장기적인 면에서 보다 잘 생활하게 된다. 결론적으로 신체활동을 요하는 청소년 프로그램은 청소년들의 장기적 발달에 매우 중요하고 필요한 요소이다.

또한 친사회적 활동 프로그램에 참여한 청소년들은 높은 학업성취 및 알코올과 마약사용의 감소를 보였다(Eccles & Barber, 1999). 이들의 연구는 청소년들의 학교 특별활동 참여가 청소년들의 사회적 관계 욕구를 충족시켜주고 학교 사회의 중요하고 가치 있는 구성원으로서의 자기정체성 형성에도 기여할 수 있음을 보여주고 있다. 8학년부터 12학년 청소년들을 대상으로 연구를 실시한 Zaff 등(2003)에 따르면 학교 특별활동의 지속적 참여가 성인 초기의 학교 성적 향상과 친사회적 행동에 긍정적 영향을 미치는 것으로 나타났다.

이상의 연구이외에도 셀 수 없이 수많은 연구가 청소년 프로그램이 청소년의 긍정적 발달을 도모한다는 것을 입증하고 있다(Roth & Brooks-Gunn, 2003).

(3) 청소년 교육프로그램의 목적

궁극적으로 청소년 프로그램의 목적은 문제 행동을 방지하기 위한 해결책을 찾을 때일지라도 긍정적 발달을 촉진하는 것이다. 즉, 청소년 프로그램은 청소년들이 건강한 방법으로 청소년기를 항해할 수 있도록 하는 한편 프로그램을 통해 긍정적 발달을 도모함으로써 청소년들이 그들의 미래를 효과적으로 준비할 수 있도록 돕는 것이다(Roth & Brooks-Gunn, 2003: 172).

Roth와 Brooks-Gunn(2003)은 청소년 프로그램의 목적을 5C로 분류하고 있다. 역량(competence) 증진, 자신감(confidence) 증진, 관계형성(connections) 증진, 자기조절(character) 증진, 타인 이해(caring) 증진이다.

첫째, 청소년 프로그램은 청소년 참가자들의 사회적, 학문적, 인지적, 그리고 직업적 역량을 증진시키는 데 목적이 있다. 사회적 역량은 의사소통, 결단력, 지속력 그리고 갈등 해결 기술과 같은 상호 대인 관계적 기술을 포함한다. 학문적 역량은 학교 성적, 출석, 시험 성적 그리고 졸업률을 포함하고 있다. 인지적 역량은 인지적 능력, 논리적, 분석적 사고와 문제해결, 의사결정, 계획, 목표 설정 기술 등을 말한다. 직업적 역량은 일, 직업 선택을 위한 탐색을 포함하고 있다(Roth & Brooks-Gunn, 2003). 공식적 혹은 비공식적 스포츠 활동 프로그램에 빈번히 참여한 청소년들은 낮게 참여한 청소년들에 비해 자신의 사회적 역량, 체육적 역량 및 글로벌 자기 가치를 보다 더 인식하고 있었다(Donaldson & Ronan, 2006).

둘째, 자신감 증진 면이다. 청소년들의 자신감 증진을 도모하기 위해 청소년 프로그램은 청소년들의 자기존중감, 자기인식, 자기효능감, 자아정체감, 그리고 미래에 대한 믿음을 증진시키기 위한 목표들로 구성될 필요가 있다(Roth & Brooks-Gunn, 2003). Pössel 등(2005)에 따르면 낮은 자기효능감을 가진 청소년들이 높은 자기효능감을 가진 청소년보다 보편적인 일차적 예방 프로그램에서 더 많은 혜택을 입는 것으로 나타났다. 보편적인 예방적 스트레스 관리 프로그램은 아동후기나 청소년기부터 적용되어야 한다. 또한 자기주장훈련 프로그램에 참여한 청소년들은 인지적 습득, 의견 진술과 언어적 요청 등 자기주장적 행동영역에 있어서 참여하지 않은 청소년들보다 더 높았다. 향후 자기주장훈련 프로그램은 다양한 상황에서 단언적인 반응을 연습할 기회를 보다 많이 제공해야겠고 이러한 프로그램은 주장과 관련한 청소년들의 자기효능감을 증진시킬 수 있을 것으로 기대된다(Thompson *et al.*, 1995).

셋째, 청소년 프로그램은 청소년들이 타인 및 학교와 같은 기관과 관계형성을 하고 관계를 강화하는 데 목적이 있다(Roth & Brooks-Gunn, 2003). 대다수의 미국 청소년들은 고등학교 재학 기간 동안에 적어도 하나의 학교 특별활동(school-related extracurricular activities)에 참여하고 있다. 학교기반의 프로그램들은 지식과 정보를 습득하는 데 도움을 주었을 뿐만 아니라 결과적으로 청소년들의 인생기술 증진, 동기부여, 자기 인식, 목적의식 고취에 기여하였다(Kirk & Day, 2011). 또한 청소년들은 프로그램 참여를 통하여 프로그램의 성인 지도자와 긍정적 관계를 형성함으로써 자신들이 많은 혜택을 입었다고 인식하였다(Serido *et al.*, 2011).

넷째, 청소년 프로그램은 자기 조절력을 증진시키는 데 목적이 있다(Roth & Brooks-Gunn, 2003). Hampel 등(2008)에 따르면 특히 초등학교부터 중학교 학령기에는 청소년들에게 중요한 변화가 일어나는 시기임으로 문제적인 정신사회적 발달에 영향을 미치는 위험요소 역시 증가하는 시기이다. 따라서 청소년 프로그램에 참여함으로써 위험 행동에 가담하는 기회를 줄이고 문화적 혹은 사회적 규칙의 준수, 선과 악의 구별과 같은 도덕적 판단 기준을 발달시켜야 한다. 공식적인 스포츠 활동에 빈번히 그리고 오랫동안 참여한 청소년들은 사회적 문제행동, 외현화 문제, 공격적 문제, 비행문제에 관련하여 낮은 점수를 나타냈다. 결론적으로 청소년들에게 스포츠 활동 참여는 부정적인 행동 표출보다는 사회적으로 수용되어지는 방식으로 에너지와 공격성을 발산할 기회를 제공해주기 때문에 효과적이다(Donaldson & Ronan, 2006).

다섯째, 청소년 프로그램은 청소년들의 타인에 대한 이해와 동정, 돌봄 의식을 발달시키는 데 목적이 있다. 청소년 참여자들의 심리적 유대감, 봉사활동에 대한 그들의 견해와 중요성에 대한 인식은 청소년들의 개인적 그리고 사회적 발달을 예측하는 중요한 예측변인이 된다(Youniss & Yates, 1997). 여름 동안의 120시간 봉사학습 프로그램(service learning program)에 참여한 청소년들을 대상으로 한 연구(Ngai, 2009)에 따르면 프로그램 사용자인 낙후지역에 거주하는 노인층, 주로 만성질환에 시달리는 환자들 및 특별한 보호가 필요한 아이들과 그들의 부모들과 긴밀하게 접촉하는 것과 그들과의 심리적 유대감 형성이 청소년들의 개인적 발달과 시민적 현실참여를 설명하는 중요한 변인으로 나타났다. 불우한 이웃에 대한 봉사와 관계형성, 돌봄의 활동들은 청소년들에게 자신을 이해하고 다른 사람들과 효과적으로 일하며 일에 대한 책임감 형성 등, 개인적 발달의 기회를 제공하는 한편 돌봄, 관심 그리고 소외계층에 대한 책임감, 사회문제를 넓은 시각에서 볼 수 있는 능력과 관련된 시민적 성숙의 기회를 제공해준다(Ngai, 2009).

청소년 교육프로그램은 이상 열거한 다양한 목적을 충족시켜야 한다. 궁극적으로 청소년 교육프로그램은 청소년의 전인적인 성장과 건강한 발달을 도모하기 위해 수행되어야 하는데 이러한 목적달성이 선결요건으로 제시될 때 더욱 완전한 청소년 발달이라는 효과를 기대해볼 수 있을 것이다.

(4) 청소년 교육프로그램의 유형

청소년 교육프로그램을 분류하는 잣대는 여러 가지가 있으나 간략히 지도내용에 따라 분류한 청소년 프로그램 유형이다. 한상철(2009)은 프로그램의 지도내용에 따라 다음과 같이 여덟 가지로 청소년 프로그램을 분류하였다.

1) 자연체험활동 프로그램

청소년들로 하여금 자연을 이해하고 사랑하는 마음을 갖도록 하는 데 주목적이 있다. 자연탐사활동 프로그램, 자연을 가꾸고 보존하는 활동 프로그램, 레크리에이션을 겸한 자연탐구 프로그램 등이 이 유형에 해당한다.

2) 체육활동 프로그램

청소년들의 신체적·정신적 건강을 증진하는 데 목적이 있다. 각종 스포츠 활동 프로그램, 안전·훈련 프로그램, 영양 및 보건 프로그램, 스포츠 행사 프로그램 등이 여기에 속한다.

3) 예능활동 프로그램

이 유형의 프로그램은 청소년들로 하여금 예술 활동에 대한 기본적인 소양과 안목을 갖추도록 할 뿐만 아니라 정서발달과 창조능력을 증진시키는 데 목적이 있다. 종합예술 프로그램, 음악활동 프로그램, 미술활동 프로그램, 문학활동 프로그램, 기타 춤 강연, 영화감상, 앨범제작 교환 등이 있다.

4) 과학활동 프로그램

과학활동 프로그램은 청소년들에게 직접적인 관찰과 실험을 통하여 과학의 기초적인 지식과 원리를 습득하도록 하고 여러 가지 과학적 현상에 대한 탐구능력을 키우도록 하는 데 그 목적이 있다. 실험 및 실습활동 프로그램, 관찰 및 탐사활동 프로그램, 견학 프로그램, 과학 공작 프로그램 등이 있다.

5) 봉사활동 프로그램

청소년들에게 더불어 살아가는 삶이 중요하다는 것을 인식시키고 자신의 삶을 사회질서나 자기가 속한 조직에 바람직하게 적응할 수 있도록 도와주는데 목적이 있다. 합리적 생각과 공정한 경쟁으로 맡은 책무를 다하고 민주사회 구성원으로서 자질과 품성을 육성하고자 하는 데 있다. 프로그램의 기대효과로는 돌봄 의식의 발달, 민주시민으로서 합리적으로 생각하고 의사결정 능력을 함양할 수 있게 하고 공동체의 구성원으로서 협력하며 봉사할 수 있다. 상대방의 어려움을 이해하고 문제해결에 공동으로 참여할 수 있다. 또한 우리라는 공동체 의식이 함양되어 집단과 소속구성원에 헌신할 수 있다(정하성·안승열, 2003).

6) 예절수양활동 프로그램

이 유형의 프로그램은 청소년들이 사회성원으로서 갖추어야 할 공동생활규범을 습득하도록 하는 데 주목적이 있다. 전통예절 프로그램, 가정생활예절 프로그램 등이 있다.

7) 전통문화활동 프로그램

이 유형의 프로그램은 청소년들에게 올바른 문화적 정체성을 형성시켜 주고 문화의 전달과 유지, 창조의 과정을 익히도록 하는 데 그 목적이 있다. 민속놀이 프로그램, 향토민속 프로그램, 문화유적탐사 프로그램, 민속예술 프로그램, 전통문화행사 프로그램 등이 있다.

8) 자아계발활동 프로그램

자아계발활동 프로그램은 청소년기의 발달과업인 자아정체감 형성을 돕고 자아에 대한 이해와 수용을 바탕으로 타인과의 참만남 관계를 형성하도록 도우며 자기의 건전한 성격개발과 인간관계 및 사회적응을 조력하는 데 그 목적이 있다. 자기 성장 프로그램, 심성계발 프로그램, 인간관계 개선 프로그램, 가치관 명료화 프로그램, 진로탐색 프로그램 등이 있다.

이상과 같이 청소년 활동 프로그램 영역에서 많은 유형의 프로그램이 개발·실행되고 있다. 특히 2011년에는 청소년 활동 프로그램에 대한 컨설팅, 평가 및 환류과정을 통해 프로그램 운영의 일관성과 효율성을 제고하고 프로그램의 질을 향상시키고자 '청소년 활동 프로그램 공모사업 컨설팅 및 평가 사업'이 실시되었다(여성가족부, 2012: 80). 프로그램 공모는 프로그램의 다양한 개발을 지원·발굴하는 기폭제 역할을 하고 있다. 또한 2012년부터 주 5일제 수업이 전면 실시되고 2013년부터 창의적 체험활동이 전면 확대·실시됨에 따라 양질의 청소년 활동 프로그램에 대한 사회적 수요가 더욱 증가할 것으로 예상된다.

(5) 청소년 교육프로그램의 효과성

수많은 연구에서 청소년 프로그램의 효과성을 언급하고 있다. 청소년 프로그램의 효과성은 청소년의 건강한 발달이라는 궁극적 목적을 얼마나 충족시키느냐에 달려있다. 청소년의 건강한 발달은 대체로 청소년의 학업성취도 향상, 긍정적 자기정체감, 자기효능감의 발달, 지역사회 및 가정에 기여, 스포츠, 게임, 각종활동의 적극적 참여와 사회적 역량, 사회적 기술의 발달 등의 요소들이 포함된다. Park (2004)에 의하면 청소년이 건강하게 성장하기 위해서는 삶의 만족도(life satisfaction)

가 우선 높아야 하는데 삶의 만족도는 여러 가지 요인들로부터 기인한다. 생물학적 요인, 가정적 요인, 부모의 양육 스타일, 부모 관점과 청소년 자녀와의 의견 일치, 구조화된 활동, 취미, 대화, 친구와의 상호작용활동, 삶의 이벤트 등이다. 특히 Park(2004)에 따르면 한국 청소년들의 경우에는 학교에 대한 만족도가 큰 비중을 차지하는 반면 미국 청소년들은 자기 자신에 대한 만족도가 전반적인 삶의 만족도를 예측하는 중요한 변인이었다. 이러한 결과는 문화차이에서 오는 것인데 한국사회는 집단주의가 발달된 반면 미국사회는 개인주의가 발달된 사회라는 데서 그 원인을 찾을 수 있겠다. 따라서 교육 프로그램 개발도 참여자들의 문화적 다양성을 고려해서 기획할 필요가 있다(Park, 2004: 33).

　　청소년 프로그램의 효과성은 다음과 같이 정리될 수 있다.

　　첫째, 신체적 활동 참여는 청소년들의 스포츠 역량의 자신감, 신체적인 자아개념을 증진시킬 수 있고 그리하여 신체적 활동에 더 참여하게 한다. 신체적 외모의 성숙과 관련된 변화는 기능적 역량에서의 변화보다 더 겉으로 관찰가능하다. 그리하여 여자청소년의 경우는 보다 더욱 자기 가치 및 자기 존중의 원천으로 작용한다(Cumming *et al.*, 2011).

　　둘째, 청소년 시기는 학업뿐만 아니라 대인관계 형성면에서도 스트레스를 경험하기 시작하는 시기이다. 이러한 대인관계 측면에서 오는 스트레스 인자들은 청소년 시기에 증가하고 감정적, 행동적 문제와 관련성이 높다(Hampel *et al.*, 2008). 청소년 프로그램은 상호 대인관계 및 사회적 기술 발달을 도모한다. 즉, 청소년들로 하여금 성인기를 더 잘 준비할 수 있도록 사회적 역량을 발달시켜 준다.

　　셋째, 청소년 프로그램은 청소년들의 학업적 발달, 즉, 학업에 대한 동기부여, 학업상담, 학업적 성취를 도모할 수 있도록 도와준다. 특히 대학생들이 멘토로서 참여하는 청소년 교육프로그램이 청소년들의 학업성취에 많은 도움을 주고 있다(이명숙, 2013; Herrera, 2011; Zand *et al.*, 2009).

　　넷째, 청소년 프로그램에 의해 청소년시기 동안에 필요한 정서적 지원이 제공된다. 인간은 누구나 혼자서 살아갈 수 없지만 특히 청소년과 노인 시기는 주변의 도움이 필요한 시기이다. 청소년 프로그램은 청소년시기에 필요한 정서적 지지의 원천을 제공한다.

　　다섯째, 청소년 프로그램에 참여함으로써 가정 및 지역사회에 기여할 수 있

다. SeiffgeKrenke(2000)에 따르면, 청소년 시기는 학업에 대한 발달도 중요하지만
다른 여러 가지 발달과업도 이루어져야 하는 시기이기에 이 시기에 봉사의 개념을
발달시키는 것이 필요하다. 예를 들어 자원봉사활동은 청소년초기부터 시작하는
것이 바람직하다(Aspy et al., 2010). 청소년 시기 동안에 타인에 대한 돌봄, 이해에
대한 과업을 발달시키지 않는다면 성인기에 이르렀을 때 이들에게서 타인에 대한
돌봄의 행동을 기대할 수 없을 것이다.

2.　청소년 교육프로그램 개발

(1) 청소년 교육프로그램 개발의 정의

　　Boyle(1981)에 따르면 프로그램 개발이란 프로그램 개발자와 같이 참여하여
프로그램에 의하여 의도된 행동변화를 유발하게 할 수 있는 아주 정교하고 복잡한
연속물로서 요구분석, 계획, 지도, 개발, 평가 그리고 보고(report)의 모든 활동을 포
함한다. 대체로 개발과정은 첫째, 사회적 학습배경(사회, 지역사회, 학습자)을 분석하
고 상황적 데이터, 사실, 경향들을 수집, 분석하고 둘째, 교육 목표의 정의, 셋째,
교수법 기획, 넷째, 프로그램 실행 및 평가의 순서를 거친다(Boyle, 1981). Tyler
(1974)는 교육목적의 규명, 교육경험의 선정, 교육경험의 조직, 교육목적의 성취평
가를 통해서 교육프로그램 개발이 가능하다고 보았다. Houle(1972: 31)은 교육프로
그램 계획을 가능한 교육활동 파악, 진행결정, 목표의 확인 및 상세화, 수업 형태
개발, 프로그램을 다양한 학습 환경에 적용, 계획의 효율성 재고, 결과를 측정하고
평가하기로 보고 있다. 궁극적으로 '프로그램 개발'이란 학습자의 역동적인 '요구
(문제)'를 분석하여 교육 목표를 수립하고 교수법을 기획, 교육 활동을 실시, 평가
하는 단계로 이루어지는 유기적인 일련의 활동이라고 말할 수 있다(권양이, 2013:
62).

(2) 청소년 교육프로그램 개발의 특성

　　Perkins와 Borden(2003)은 청소년 프로그램 개발 시 고려해야 될 중요 특성들

을 다음과 같이 제시하였다.

첫째, 청소년 프로그램 개발에 있어 청소년들이 파트너가 되어야 한다는 것이다. 청소년들은 프로그램의 개발에 충분히 관여하고 있어야 한다. 청소년들은 무엇이 요구되고 있는지 그리고 프로그램의 견지에서 얻기를 원하는 것이 무엇인지를 파악하는 과정에 참여해야 한다. 또한 프로그램 구조설계와 운영에 청소년들의 목소리가 충분히 반영되어야 한다. 즉, 프로그램의 성공을 위해서 프로그램 설계, 개발, 평가에 청소년들을 충분히 참여시켜야 한다.

둘째, 청소년 프로그램 개발은 특정한 기술, 역량 그리고 자산(asset)의 개발을 강조하는 분명한 목표하에 시작되어야 한다. 분명한 목표는 잠재적 참여자들의 파악된 요구와 강점으로부터 도출된다. 청소년들이 이러한 파악과정에 참여하는 것은 중요하다. 예를 들면 의사소통 기술은 모든 청소년들에 의해 요구될지도 모르지만 연극무대기술은 지역사회 내의 특정 그룹의 청소년들에게만 필요한 것이다.

셋째, 청소년 프로그램 개발은 청소년학습자들의 학습 스타일을 반영할 수 있는 다양한 활동과 경험으로 구성되어야 한다. 예를 들어 리더십에 관해 가르칠 때 필답시험이 따르는 미니 강의를 통해서 내용을 전달할 수 있고 그룹으로부터 리더가 등장할 수 있도록 문제해결식 기법을 사용할 수도 있다.

넷째, 청소년 프로그램 개발은 성인과 또래 친구들과의 긍정적이고 지속적인 관계형성을 위한 기회들을 제공해주기 위해 프로그램 이외의 시간에도 그들의 관계가 지속될 수 있도록 활동 개발을 위한 전략적 사고가 필요하다(Villarruel et al., 2003: 333).

청소년 프로그램은 청소년들이 성장하면서 직면하게 되는 도전에 부응하기 위해 필요한 지식과 역량발달의 기회를 제공함으로써 유능하고 책임감 있는 성인으로 성장할 수 있도록 하며 대체로 학교보다는 지역사회 기반하에서 이루어지고 있다(Roth et al., 1998). 즉, 청소년의 건전한 발달과 사회적응을 조력하기 위한 목적으로 실시되는 다양한 청소년 활동들을 보다 효율적으로 실현하기 위한 경험의 집합체로서 청소년 프로그램은 청소년의 전인적 육성발달이라는 거시적 교육목표 아래 다양한 청소년들의 교육요구를 반영하여 체계적이고 과학적으로 설계·개발되어서 청소년들의 학습경험을 조직화할 수 있는 다양한 교육방법을 적용하여 실시되는 일련의 과정이 되어야 한다.

(3) 청소년 교육프로그램 개발 시의 유의점

1) 구조화된 활동 프로그램

내재적 동기와 목적을 결합하는 많은 촉진활동들이 청소년들의 학교, 학문적 그리고 사회적 성취 등 적극적인 결과물들을 촉진하는 요소로 밝혀진 반면(Larson, 2000) 구조화되지 않은 활동들은 오히려 청소년들에게 부정적 영향을 줄 수도 있다고 밝혀지고 있다(Mahoney, 2000). 이외에도 Anderson과 Mezuk(2012)에 따르면 학교 환경 내에서 성인들과 빈번하게 상호작용을 할 수 있는 구조화된 프로그램들은 청소년들이 학교에 몰입할 수 있게끔 도모하는 반면에 방과후 일, 운동과 같은 비구조화된 활동들은 몰입을 증진시키는데 미약한 것으로 나타났다. 실제로 미국의 YMCA에 의하여 수행되어진 연구결과를 보면 국가적 규모로 대대적으로 표집된 청소년들의 52%가 이웃과 지역사회에 더 구조화된 방과 후 활동이 있기를 희망한다고 응답하였다. 청소년들이 생산적인 활동에 시간을 소비하는 것은 많은 이유에서 긍정적으로 평가받을 수 있다. 청소년들은 안전하고 구조화된 틀 안에서 또래친구들과 상호작용할 수 있고 텔레비전, 비디오 게임, 비행 활동에 참여하는 대신 생산적인 활동에 시간을 소비할 수 있게 된다. 청소년들은 또한 프로그램을 통해 긍정적 자기 인식의 발달기회를 갖게 되고, 멘토링 관계를 통해 성숙한 성인들과의 만남의 기회를 갖게 된다(Zaff et al., 2003). 이렇듯 청소년 프로그램은 우선 구조화된 활동이어야 한다. 구조화된 활동으로 구성된 프로그램의 유형으로는 방과후 활동 프로그램, 4-H 프로그램 등을 들 수 있고 이같이 체계가 있고 정기적으로 실시되는 활동을 일컫는다. 친구들과 빈둥거리며 소일한다거나 일회적인 활동에의 참여는 청소년들의 발달에 긍정적 영향을 미치지 못한다. 특히, 청소년들의 삶의 만족도 수준이 방과 후 혼자 있거나 시험공부를 하거나 집에서 텔레비전 시청시 낮게 나타난 점을 미루어볼 때, 특히 부모와의 관계가 깊지 못한 청소년들에게는 구조화된 방과 후 특별활동에 참여하는 것이 삶의 만족도를 높이는 데 효과가 있다고 할 수 있다(Park, 2004).

즉, 청소년들이 의미없이 홀로 보내는 시간이 많은 것은 바람직하지 않은 상태다. 성인의 감독과 참여하에 이루어지는 구조화된 활동 프로그램에 적극적으로 참여함으로써 시간을 의미있게 보내고 필요한 역량을 개발하는 것이 청소년기에 중요하다.

2) 장기적이고 주기적인 활동 프로그램

청소년을 위한 레크리에이션, 여가 그리고 체육활동이 효과적이려면 우선은 정기적으로 그리고 장기적으로 실시될 필요가 있다(Bronfenbrenner & Moris, 1998). 전통 있는 잘 구조화된 프로그램도 많은 반면 많은 프로그램들이 (예를 들어) 계절 스포츠 프로그램과 같은 일회성의, 단순행사형식으로 진행되고 있는데 이와 같은 프로그램의 경우 오랜 시간 축적된 경험과 노하우가 없기 때문에 사전지식과 준비가 미흡한 경우가 많다. 이는 경험 미숙으로 인한 안전사고의 위험으로 이어질 수 있기 때문에 특별히 주의해야 한다.

3) 성인지도자 참여 프로그램

잘 훈련된 전문가, 파트타임 직원들 그리고 자원봉사자들의 청소년들에 대한 보호와 감독은 매우 중요한 사안이다. 청소년의 프로그램 참여활동에 대한 이들의 피드백은 청소년들의 관심과 내재적 동기를 향상시킬 수 있고(Eccles, 1993), 프로그램 청소년 지도자와의 대화 내용과 형식은 청소년들이 그들의 후속 참여에 대한 의사결정을 내리는 데 영향을 미치기 때문이다(Villarruel *et al.*, 2003: 192). 이때, 성인지도자와의 관계는 종속적이거나 수직적이 아닌 수평적인 파트너십관계가 좋다. 청소년기는 성인기를 준비하는 중요한 기간이다. 따라서 역할모델을 할 수 있는 성숙한 성인과의 상호작용 기회와 경험은 청소년의 건강한 발달에 매우 중요한 요소이다.

4) 성인들의 과도한 안내와 지도는 금물

위와 같이 성인들의 지도는 청소년 발달에 중요한 요소이나 성인지도자의 과도한 안내나 지도는 부정적인 영향을 미치기 쉽다. 공식적인 프로그램의 경우, 지나치게 프로그램을 조직화하기 때문에 청소년들이 의미 있는 방식으로 기여할 수 있는 기회가 상대적으로 주어지지 않을 수 있다. 청소년도 의사결정자로서 역할을 행사할 기회가 주어지지 않는다면 부정적인 결과를 낳게 될 것이다(Perkins &

Borden, 2003).

5) 조기처방형 교육프로그램

교육프로그램의 조기처방을 통해 교육자들이 가장 적합한 교수적·중재적 기법을 파악하고 검증하게 함으로써 결과적으로 청소년들에게 필요한 교육이 제공되게 한다(Edwards *et al.*, 2007: 38). 즉, 건강한 청소년 발달을 위한 청소년 프로그램이 그 효과성을 극대화하기 위해서는 아동기 때부터 적용이 되어야 한다. 유아, 아동기 때의 가정환경과 초기 교육적 처방이 성인 초기의 우울증상에 미치는 영향을 연구한 McLaughlin 외(2007)에 따르면, 초기 처방을 받은 이들은 우울증상을 거의 보이지 않았다. 또한 성인초기의 우울증상에 영향을 미치는 좋지 않은 가정환경의 부정적 영향력은 유치원 시기동안의 지속적인 교육적 처방에 의해 거의 상쇄되는 것으로 나타난 반면 세심한 교육적 처치를 받지 않은 통제그룹(유아기 및 유치원 시기동안 보육 상황 및 장소가 계속 바뀌는)에 있어서는 초기가정환경이 악화되면서 우울증상도 증가하는 것으로 나타났다. 이들은 성인초기에 더 많은 우울증상을 보고하였다. 이러한 연구결과를 통하여 지적으로 자극하는 등 일관되고 지속적인 아동초기 보호프로그램의 효과가 입증된 셈이다.

특히 이러한 문제행동 예방(Campa *et al.*, 2008) 뿐만 아니라 아동기 때 형성된 스포츠나 음악적 취미는 청소년 시기까지 이어지므로 프로그램의 적용은 청소년기 이전에 시작되어야 하고 지속되어야 한다(Simpkins *et al.*, 2010).

3. 청소년 교육프로그램 개발의 이론적 접근

최근 들어 청소년 분야는 프로그램의 목표, 산출물, 그리고 프로그램 전략을 수립하기 위하여 가장 최선의 실천 경험뿐만 아니라 관련 이론과 연구의 결과물들을 사용할 준비가 되어 있다(Eccles & Gootman, 2002).

Duerden과 Gillard(2011)에 의하면 청소년 프로그램 개발에 있어 이론적 틀을 통합하는 것은 현장 실천가들에게 성공적인 프로그램 원리와 주요 과정에 가치 있는 통찰력을 제공해준다. 새로운 프로그램을 개발하기 위해 혹은 현재 존재하고 있는 프로그램들의 기초를 다지기 위해 전통적으로 연구자들은 관련 이론의 지식 기반을 연구하곤 한다. 관련 이론의 지식 기반에 대한 이해를 바탕으로 프로그램 개발자와, 직원 그리고 평가자들은 청소년 발달을 촉진하기 위해 명시된 지식 기반과 주어진 프로그램이 제공하려고 의도한 것이 조화 또는 일치되는지를 파악해야 한다(Oden, 1995). 이와 같이 프로그램 실행자들은 효과적인 프로그램을 만들기 위해 무엇보다 청소년 발달을 이해해야 하며 프로그램 개발의 기초가 되는 개념 틀인 이론모델을 설정하는 것이 중요하다(Shek & Wai, 2008).

지난 수십 년간 수많은 청소년 발달 프로그램들이 청소년들의 위험행동을 예방하고 그들의 건강한 발달을 도모하기 위해 개발되었다. 1980년대 후반 이후로 청소년 프로그램 분야에서는 두 가지의 기본적 모델—다중의 위험·예방 인자 모

표 8-1 프로그램 개발의 세 가지 접근법

접근 유형	예방적 접근 (prevention approach)	탄력성 접근 (resilience approach)	긍정적 청소년 발달 접근 (positive youth development approach)
토대 이론	발달적 맥락주의 (Developmental Contextualism)	탄력성 이론 (Theories of Resilience)	발달적 시스템 이론 (Developmental systems theories)
기본 가정	문제행동이 일어나기 전의 청소년들을 지원하는 데 초점을 맞추고 문제 행동 예방에 주력함	극악한 환경에도 굴하지 않고 건강한 발달을 할 수 있도록 탄력성을 증진시키는 데 있음	단순히 문제나 결함을 최소화하거나 예방하는 것이 아니라 청소년을 개발되어야 할 자원으로 간주하여 개인적, 사회적 자원을 발달시키는 데 초점을 둠. 즉 발달적 자산을 강조함.
프로그램 모델	다중 위험·예방 인자 모델 (Ostrom et al., 1995)	탄력성 지향모델(Garmezy, 1985; Masten & Coatsworth, 1998; Luthar et al., 2000; Zolkoski & Bullock, 2012).	긍정적 청소년 발달 모델 (Lerner, 2003, 2004)
대표 프로그램	약물 및 마약 남용방지 프로그램, 각종 예방 프로그램	Say It Straight(SIS), Families and Schools Together(FAST), Resilient Youth Curriculum	방과 후 프로그램 4-H 프로그램 Boys & Girl Scout 프로그램

출처: 권양이(2014), p. 95. Amaro et al., 2013; Edwards et al., 2007; Lerner et al., 2005; Roth et al., 1998; Small & Memmo, 2004; Zolkoski & Bullock, 2012 재구성.

델(자주 예방 혹은 공공건강 모델로 불리움)과 긍정적 청소년 발달(positive youth development)모델이 강한 영향력을 발휘해 왔다(Olson & Goddard, 2012). 이외에도 탄력성 접근 모델이 청소년 발달과 문제 예방을 위한 프로그램들의 토대가 되었다. 청소년 프로그램은 예방적 접근, 탄력성 접근, 긍정적 청소년 발달의 세 가지 접근모델 중 하나를 채택하고 있다(Small & Memmo, 2004). 각각의 접근법들은 장단점을 가지고 있기 때문에(Small & Memmo, 2004), Kerpelman(2004)은 이러한 접근모델을 결합한다면 더 효과적인 프로그램을 개발할 수 있을 것이라 보았다(권양이, 2014: 105 재인용).

(1) 예방적 접근(Prevention approach)

지난 수십 년간 수많은 청소년 발달 프로그램들이 청소년들의 위험행동을 예방하고 그들의 건강한 발달을 도모하기 위해 개발되었다. 비행, 약물남용, 학교중도탈락, 초기성행위와 같은 외현화된 행동문제들에 초점을 맞춘 프로그램들이다. Catalano 등(2002)에 따르면 1980년대 예방 접근법은 문제행동이 일어나기 전의 청소년들을 지원하는 데 초점을 맞추고 있다. 자주 조기 처방노력에 주력하였고 당시의 대부분의 예방 프로그램들은 처음부터 한 가지의 문제 행동 예방에 초점을 맞추었다. 이 모델에 기초한 프로그램들은 전통적으로 프로그램 참여자들이 경험하는 위험 요인들의 수를 줄이는데 초점을 맞추는 한편 예방 인자들의 수는 증가시킨다. 그러므로 이 모델의 약점은 지나치게 결손 중심적 견해이고 문제만을 강조한다는 점이다. 사람들로 하여금 무엇이 옳은 것보다는 무엇이 잘못되었나에 초점을 맞추게 한다. 전문가의 견지에서 보면 청소년들의 동기를 손상시키고 오명을 씌우고 청소년들로 하여금 프로그램에 참여하게 하는 것을 좌절시킬 수 있는 잠재성을 가지고 있기 때문에 대부분의 예방 프로그램들은 특별한 문제를 예방하기 위한 전략으로서 긍정적인 청소년 발달 접근을 취하도록 하고 있다(Small & Memmo, 2004).

(2) 탄력성 접근(Resilience approach)

탄력성(resiliency)은 새로운 개념은 아니다. Rolf(1999)에 따르면 Norman Garmezy에 의해서 50년 전에 소개되었다(Edwards et al., 2007: 33). 많은 청소년들이 열악한 발달환경에서도 문제적인 결과를 일으키지 않는다는 관찰을 통해 일차 예방의 분야에서 복원력에 대한 연구가 시작되었다(Garmezy, 1993). 탄력성은 주어진 환경에 단순히 순응하기보다는 원하는 것을 파악하고 삶을 창조하며 부정적인 것과 유혹을 단호하게 물리치고 심각한 상황에 직면하여 성공적으로 적응할 수 있는 회복탄력적 특성을 의미한다(Boyd, 1998). 따라서 탄력성 접근 모델은 극악한 상황이나 환경에 굴하지 않고 환경을 극복해 건강한 발달을 하는 수많은 청소년을 이해하고 설명하는데 유용한 접근법이다. 이 접근법에 기초하여 현재 열악하고 극악한 환경 하에서 문제행동을 경험하는 청소년들이나 그러한 유해인자에 노출되어 있는 청소년들의 복원력 증진을 위한 프로그램 개발 노력이 있어 왔다. 즉, 탄력성 접근의 견해는 혜택 받지 못한 청소년들 사이에 복원력을 기르기 위해 기획된 프로그램의 발달을 가져왔다. Say It Straight(SIS), Families and Schools Together(FAST), Resilient Youth Curriculum과 같은 프로그램들은 청소년들로 하여금 폭력, 마약, 범죄를 피하도록 돕고 생산적이고 책임감 있는 시민의식을 발달시킨다(Small & Memmo, 2004).

(3) 긍정적 청소년발달 접근(Positive youth development approach)

정신분석이론가들에 따르면 청소년기의 혼란은 지극히 정상적인 행위이며 오히려 혼란이 없는 청소년에 대해 더 관심을 기울여야 한다고 강조하였다. Anna Freud는 청소년기의 혼란은 정상적이고 바람직함으로 일시적인 청소년의 혼란은 장애가 아니지만 지속적인 장애현상은 지속적인 치료를 요한다. 그러므로 일시적인 장애인을 비정상적으로 보는 것은 잘못된 판단이다(권이종 외, 1998: 27). 이처럼 문제가 전혀 없는 것이 청소년의 건강한 발달을 의미하지는 않는다. 1990년대 초 이후로 단순히 문제를 방지하는 것이 아닌 긍정적 발달 산출물을 촉진하기 위한 긍정적 청소년 발달모델이 등장하기 시작했다(Olson & Goddard, 2012). 문제를 단순히 예방하는 것뿐만 아니라 청소년들의 긍정적인 발달 산출물을 촉진하기 위한 프로그램의 중요성에 대한 관심이 높아진 것이다. 긍정적 청소년 발달(positive youth development)프로그램들은 강점과 자원들을 형성하기 위한 기회를 제공함으로써 청소년들의 삶을 향상시키는 데 목적을 두고 있다(Holt, 2008).

긍정적 청소년 발달의 접근은 발달적 시스템 이론(development systems theories)에 기초를 두고 있고 청소년들은 긍정적 변화를 위한 잠재성을 가지고 있다는 가정에 전제한다. 긍정적 청소년 발달 프로그램들은 결함(deficits)을 줄이거나 문제행동을 최소화하는 것보다 개인적 그리고 사회적 자원을 발달시키는 데 초점을 두고 있다(Lerner *et al.*, 2005). 이렇듯 긍정적 청소년 발달이라 함은 문제가 없음 그 이상의 것을 내포하나(Lerner *et al.*, 2005). 긍정적 청소년 발달을 구성하는 개발되어져야 할 다양한 정신적, 행동적 그리고 사회적 관련 요소들의 본질을 파악해야 비로소 긍정적 청소년 발달이 무엇이라고 정의할 수 있을 것이다. Little(1993)은 이러한 이론적으로 잠재하는 구성인자들을 4C로서 설명하였다. 역량(competence), 자신감(confidence), 관계형성(connections) 그리고 자기조절(character)이다. 이후 Eccles와 Gootman(2002)은 5번째 C로 타인이해(돌봄)(caring)을 추가하였다. 또한 이상의 다섯 가지를 가지고 있을 때 6번째 C로 기여(contribution)를 추가할 수 있을 것이다. 긍정적 청소년 발달의 목적을 향해 나아갈 때 젊은이들은 자기 자신, 가정, 지역사회 궁극적으로는 시민사회에 긍정적으로 기여한다(Lerner *et al.*, 2005).

청소년 프로그램 개발에 있어 절대적인 오직 단 하나의 최선의 접근모델은 없다. 단순한 보호예방견지에서 출발하는 프로그램 개발에서부터 건강증진을 포함한 다양한 청소년발달영역에서의 역량증진을 도모하기 위한 긍정적 청소년발달 프로그래밍 모델로의 전환 혹은 통합적 접근모델의 개발노력들은 향후 청소년 프로그램 개발 분야에 중요하게 작용할 것이다(권양이, 2014: 105).

4. 청소년 교육프로그램 개발 모형

(1) 교수설계와 체제적 접근

Hawkins 등(2002)에 따르면 청소년 프로그램 개발자들은 하나의 견고한 이론적 그리고 경험적 토대 위에 프로그램을 개발할 것을 강조해왔다(Olson & Goddard, 2012: 3, 재인용).

현대의 청소년 중심 프로그램들은 프로그램의 설계(design), 실행(implementation), 평가(evaluation)에 있어 체제적 접근(systematic approach)이 많이 시도됨으로써 그 효과성이 크게 제고되었다(Olson & Goddard, 2012). 체제(system)라는 말은 기술적으로 상호관련된 구성 요소의 집합이며 이 구성요소가 어떤 목표를 향하여 유기적으로 상호작용하는 과정을 말한다. 체제 내의 구성요소는 상호 투입과 산출의 관계에 있게 되며, 목표에 도달하였는지를 판단하기 위하여 전체에 피드백을 하게 된다. 그러므로 체제적 접근은 모든 구성요소 하나하나가 중요한 역할을 한다(백영균 외, 2010: 145).

Reigeluth(1986, 1991)에 따르면 청소년뿐만 아니라 그 밖의 모든 활동에 있어서 프로그램 개발은 분석(analysis), 설계(design), 개발(development), 실행(implementation), 평가(evaluation)의 다섯 가지 영역을 포함한다. 청소년 프로그램에 있어서도 이 다섯 가지 영역 각각은 상호작용하지만 독립적인 영역을 가지고 있는 전문적인 활동이라고 할 수 있다(한상철, 2009: 313, 재인용). 다음은 대표적인 체제적 접근 모형들이다.

1) 글레이져(Glaser)의 모형[2]

이 모형은 체제접근이론에 기초한 모형으로 다양한 수업설계모형의 기초가 되었다(백영균 외, 2010: 165). 즉, 글레이져의 모형은 1세대 모형에 가까운 모형으로 다른 모형에 비해 매우 단순하게 이루어진 것을 알 수 있다. 사전(진단)평가 및 사후평가가 있는 것이 이 모형의 특징이다.

① 절 차

Glaser(1962)는 교수-학습과정의 요소를 다음과 같이 네 가지로 나누었다.

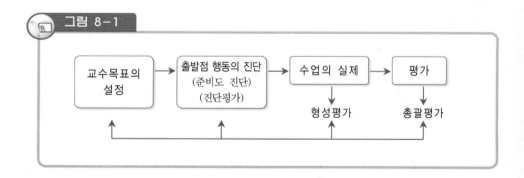

그림 8-1

---

2) 모형 부분은 졸저(2012). 『청소년 및 성인학습자를 위한 유비쿼터스 러닝 시대의 통합적 평생교육 방법론』 49-55페이지의 내용을 가져온 것임.

② 수업모형의 특징

가. 개별화 원리 적용

나. 학습자 스스로 알맞게 조정 가능

다. 자발성의 원리

라. 수업목표 내용 사실을 구체적 세분 조직화

마. 네 가지 과정이 상호작용할 때 큰 학습성취효과 습득 가능

③ 수업단계의 특징

가. 수업목표 설정(specification of learning outcomes)

교수-학습과정을 통해 학습자가 달성해야 할 것을 구체적으로 세분해놓은 것으로, 수업목표는 도착점 행동(terminal behavior)과 같다.

- 교사가 설정
- 학생수준에 알맞게
- 수업을 통해서 변화된 학생의 행동특성 상태
- 구체적으로 명확히 설정

나. 출발점 행동(entry behavior)

학습에 임하는 학습자의 현재 상태로, 학습자의 지능·적성·흥미·이전 학습에서 어느 정도를 성취했는가, 지금 배울 내용에 대해서는 얼마나 아는가에 대한 것이다.

- 학습의 경향성, 준비성 고려
- 선수학습의 성취상태파악
- 학습 성취의 가능성, 자신, 흥미감, 동기유발촉진
- 학습의 장애나 결손요인 파악, 적절한 제거나 보충

다. 수업의 실제(instructional alternatives)

수업목표를 학습자에게 어떤 순서에 따라 어떤 방법으로 가르칠 것인가의 문제를 다룬다.

- 구체적 수업목표 달성을 위해 구체적 교수활동 전개
- 학생에게 적극적 학습동기 유발 촉진

• 완전학습 위해 가장 중요한 단계
• 형성평가: 수업전개 과정의 일부로서 교육목표 달성도를 파악하는 것

라. 평가(evaluation)

교수-학습이 바르게 진행되었는가를 확인하는 것으로, 수업이 끝난 후 설정된 수업목표에 근거하여 학습 성과를 평가하며, 평가결과는 다음 단위의 수업과정설계의 시초자료로 이용되어 계속적인 피드백이 이루어진다.

2) Dick & Carey모형

Dick & Carey의 체제적 교수설계 모형은 체제 접근에 입각하여 교수설계, 교수 개발, 교수 실행, 교수 평가의 과정을 제시하는 대표적인 모형이다. 이 모형은 2세대 모형으로 가장 유명한 모형으로 70년대부터 현재까지 활용되고 있는 모형으로서 세밀화된 과정과 체계적 사고의 적용이 가장 강조되는 모형이다. 이렇듯 2세대 모형은 현재까지 사용되고 있는 모형으로 너무 기계적이고 비탄력적인 과정에 의해서 과정개발이 이루어졌다(권대봉, 2003).

① 교수목표는 학습자가 학습 완결 후 결과로서 무엇을 기대할 수 있는가를 결정하는 과정이다. 최종 교수목표는 교과의 학습 목표나 또는 요구분석의 결과 등으로부터 추출된다.

② 교수분석은 교수목표가 정해진 뒤에 그 목표가 어떤 유형의 학습인가를 결정하는 과정이며 그 목표를 성공적으로 학습하기 위해서 학습자가 학습해야 하는 하위 기능을 분석하는 것이다. 교수분석의 단계는 우선 그 목표가 어떤 학습영역에 속하는지를 분류하는 것이다. 그 목표는 지적 기능(intellectual skills), 언어적 정보(verbal information), 인지적 전략(cognitive strategy), 운동 기능(psychomotor skills), 태도(attitudes) 중 하나이다. 첫째, 지적 기능은 학습자가 하나의 문제를 해결할 수 있어야 하고 생소한 정보나 예를 가지고 하나의 활동을 할 수 있는 인지적 활동을 요구하는 기능이다. 여기에는 두 가지 사물이 같은지 다른지를 구분할 수 있는 기능이자 가장 하위 기능인 변별(discriminations), 이름이나 특징에 따라 사물을 분류할 수 있는 기능인 개념(concepts), 여러 개념들이 모여 이루어진 원리(principles)나 규칙(rules), 이를 적용하는 문제 해결(problem solving) 등 네 가지 기능이 위계적으로 존재한다. 둘째, 언어적 정보는 특정 자극에 대해 회상하는 것으

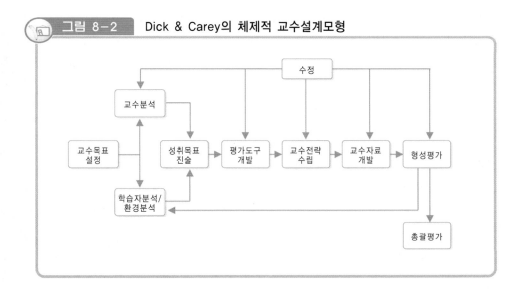

그림 8-2 Dick & Carey의 체제적 교수설계모형

로 정의 혹은 기술할 수 있는 목표이다. 셋째, 근육 운동을 수행해야 하는 운동 기능 목표가 있다. 넷째, 어떤 행동을 선택하는 것을 진술한 태도 목표가 있다. 하위 기능 분석은 목표를 성취하기 위해 요구되는 하위 기능을 분석하는 것을 말한다. 하위 기능 분석 방법에는 위계적 분석, 절차적 분석, 군집분석, 통합적 교수기법 등이 있다. 하위 기능 자체는 상위 기능을 학습하기 위해 반드시 필요한 기능으로 목표 영역 특성에 따라 분석 방법이 다르다. 첫째, 지적 기능의 하위 기능인 변별, 개념, 원리를 분석하는 위계적 분석이 있다.

둘째, 단계로 이루어진 운동 기능을 분석하는 절차적 분석이 있다. 절차적 분석이란 운동기능의 목표와 같이 학습과제가 절차적인 순서관계로 구성되어 있는 경우 먼저 수행하여야 할 과제와 나중에 수행하여야 할 과제의 순서를 분석하는 것이다(백영균 외, 2010: 168). 셋째, 언어적 정보와 같이 관련된 학습과제 간에 논리적 구조가 없는 과제의 분석에 주로 사용되는 방법으로 군집적 분석이 있다. 넷째, 태도 영역은 위의 분석 방법을 통합적으로 적용한다.

③ 학습자 및 환경 분석은 교수 활동 설계에 중요하게 고려되어야 할 사항인 학습자들의 역량이나 구체적인 특성을 살펴보는 과정이다.

④ 성취 목표 진술은 교수 프로그램의 학습 결과로서 학습자가 행동으로 보

여줄 수 있는 것이 무엇인가를 구체적으로 진술하는 과정이다. 이렇게 진술된 성취목표는 나중에 평가를 위한 준거 기준이 된다.

⑤ 평가 도구 개발은 학습자가 최종목표에 얼마나 도달하였는가를 측정할 수 있는 검사 문항을 개발하는 과정으로 검사 문항과 최종목표에서 진술한 성취 행동이 반드시 일치하고 있어야 한다.

⑥ 수업 전략 수립은 최종 목표를 성취하기 위해 학습의 전달 방법과 전달 매체를 결정하고 특히 제시되어야 할 학습 사태를 결정하는 것이다.

⑦ 수업 자료 개발은 앞서 고안한 교수사태를 가장 효과적으로 전달하기 위한 교수 자료를 제작하거나 기존의 자료를 선택하는 과정이다. 여기서 교수 자료란 메뉴얼, 평가 자료, 교사 지침서 등을 포함한다.

⑧ 형성평가 설계 및 실행은 교수 프로그램의 초고가 완성되면, 교육 프로그램의 질을 개선하기 위한 일련의 평가가 실시된다. 일대일 평가, 소집단 평가, 현장 평가와 같은 유형의 평가가 실시되어 설계한 교수 프로그램을 개선하는 데 사용될 수 있는 다양한 정보를 확보하게 된다.

⑨ 교수 프로그램 수정은 형성 평가의 결과를 토대로 교수 프로그램을 재검토하여 대다수의 학습자에게 최적화된 완벽한 프로그램을 제공하는 것을 목표로 하고 있다.

⑩ 총괄평가 설계 및 실행은 교수 프로그램의 효과를 총체적으로 알아보는 평가 과정으로 교수 프로그램의 절대적 혹은 상대적 가치를 평가한다(권양이, 2012b: 51-54).

3) ADDIE 모형

① 모형의 특징

실제 교수체제 설계를 위해 쓰이는 가장 대표적이고 일반적인 모형으로 3세대 모형에 해당한다. 1980년대부터 현재까지 활용되는 모형이다(권대봉, 2003). ADDIE 모형은 분석(Analysis), 설계(Design), 개발(Development), 실행(Implementation), 평가(Evaluation)의 앞 글자를 따서 만든 것으로 요구에 입각하여 투입의 최소화와 성과의 최대화를 모색하는 절차적 모형이다.

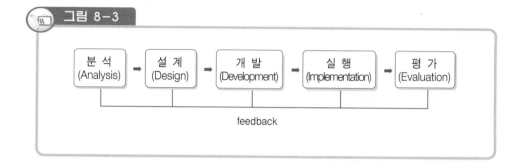

그림 8-3

분 석
(Analysis) → 설 계
(Design) → 개 발
(Development) → 실 행
(Implementation) → 평 가
(Evaluation)

feedback

가. 분석(Analysis)

설계를 위한 조직적인 계획을 결정해야 하는 단계로 요구분석, 교육을 통해 문제해결 가능여부 분석, 학습자 분석, 환경 분석(교수-학습 상황과 조건, 가용자원 등), 직무 및 과제 분석(교수내용에 관한 정보를 제공해주기 위해 가르쳐야 할 모든 종류의 지식이나 기능을 분석하는 과정 — 가네의 분석: 언어정보, 지적기능, 인지전략, 태도, 운동기능-위계, 군집, 통합분석)을 하는 단계이다. 첫째, 요구분석은 청소년들의 요구와 특성을 분석하는 것에서 시작하여 기관 및 시설의 요구, 사회의 요구, 부모의 요구 등을 종합적으로 분석하고 이를 반영하는 것을 말한다(한상철, 2009). 이와 같이 청소년 프로그램에서 요구분석이 무엇보다 중요한 이유는 청소년 프로그램이 청소년 중심이어야 한다(Larson & Walker, 2010)는 기본 원리하에 청소년들의 요구를 적극적으로 반영하는 것이 프로그램의 성패와 직결되어 있기 때문이다.

나. 설계(Design)

효과적이고 효율적인 교육훈련 프로그램을 개발하기 위하여 분석 과정에서 나온 산출물을 창조적으로 종합하는 일이다. 이 단계에서는 수행 목표의 명세화, 평가 도구의 개발, 계열화, 교수전략과 매체의 선정을 통하여 교육 훈련의 전체 모습, 즉 청사진 또는 설계 명세서를 만들어낸다.

다. 개발(Development)

분석과 설계 단계에서 만들어진 청사진에 따라 수업에 사용될 교수자료를 실제로 개발하고 제작 및 수정한다.

라. 실행(Implementation)

설계되고 개발된 교육 프로그램을 실제 현장에 사용하고, 이를 교육 과정에 반영하며 계속 유지, 관리하는 활동이다.

마. 평가(Evaluation)

가치나 유용성을 평가한다. 평가방법은 주로 준거지향 검사, 학생 설문지, 학생 면접 등을 이용하여 교수설계 과정의 효율성을 평가하고 교수 내용이 효과적으로 전달되었는가를 평가한다.

이상은 체제적 교수설계의 대표 모형들이고 이것에 의거하여 국내에서 개발된 청소년 프로그램 개발단계들을 살펴보면 〈표 8-2〉와 같다. 연구자들마다 조금씩 다른 개발 단계를 취하고 있지만 크게 다르지 않고 체제적 설계 모형의 큰 흐름에서 크게 벗어나지 않는 특징을 보인다.

표 8-2 **국내 청소년 프로그램 개발 단계**

연 구 자	프로그램 개발 단계
한국청소년개발원(1993)	설계, 운영, 평가
김성수·권일남(1994)	계획, 전개, 작성, 평가
한국청소년개발원(1994)	계획, 설계, 실행, 평가
남정걸·권이종(1995)	계획, 조직, 시행, 평가
한상철(1997)	분석, 설계, 개발, 실행, 평가
한상철(1998)	설계, 개발, 전개, 관리, 평가
한상철(2009)	요구검토, 조사·분석, 목표 진술 및 평가전략 수립, 설계, 개발, 현장검증, 제작, 실행, 평가
김진화·정지웅(2000)	기획, 요구분석, 목적·목표설정, 설계, 마케팅, 실행관리, 평가

출처: 한상철 외(2001), p. 181, 수정·보완.

5. 청소년 교육프로그램 개발의 실제[3]

(1) 프로그램 요구분석

1) 상황분석

교육요구분석은 교육적인 요구가 있는 어느 곳에서나 발생할 수 있다. 학교교육에서도 학습자의 요구를 충족시키고 교육과정의 타당성을 타진하는 데 요구분석이 활용되어야 하지만 학교교육은 교육과정이 고정되어 있어 요구분석이 적용될 여지가 적은 반면 특정한 교육과정이 고정되어 있지 않은 기업이나 어떠한 형태의 평생교육기관에서도 요구분석은 교육과정 개발을 위해 중요한 수단이 될 수 있다(최정임, 2002: 20). 이러한 요구분석의 첫 번째 단계는 상황분석이다. 요구분석이 필요한 상황을 이해하고 요구분석에 필요한 정보를 분석하는 일이다. 요구분석을 통하여 어떤 목적을 달성할 것인지, 어떤 정보를 얻을 것인지를 결정하기 위해서는 요구분석이 필요한 상황에 대한 정확한 이해가 있어야 한다. 왜 요구분석을 실시해야 하는가? 요구분석을 통해 어떤 결과를 얻기를 원하는가? 요구분석 시 어떤 사항들을 고려해야 하는가? 등의 정보를 확인할 수 있어야 한다(권양이, 2013: 122).

프로그램 상황분석은 프로그램이 개발되기 위한 기초 작업이다. 또한 프로그램이 개발되는 것은 이미 어떤 상황에서 그것이 요구되기 때문이다. 프로그램 개발자가 그 상황을 어떻게 인지하느냐에 따라 개발하게 될 프로그램의 유형이 달라진다. 따라서 프로그램의 상황을 분석하는 것은 프로그램의 전체적인 밑그림을 그리는 작업이 된다. 청소년 프로그램의 궁극적인 목적은 청소년들에게 유익한 것을 성취하도록 도움을 주는 일이다. 프로그램 개발에서 중요한 문제는 변화나 개선을 필요로 하는 문제, 논점, 상황, 관심 등을 확인하는 것이다. 청소년 프로그램 개발의 개념으로서 상황분석은 학습대상자와 지역사회에 대한 연구, 분석, 해석, 판단을 강조한다.

2) 학습자 분석

학습자 분석은 요구분석의 하위분석 개념이다(DeSimon *et al.*, 2002). 즉, 학습

---

3) 이 부분은 졸저(2013). 『청소년 프로그램 개발과 평가』의 7~12장을 발췌·요약한 것이다.

자 분석은 앞서 제시한 상황분석과 아울러 요구분석을 구성하는 하나의 분석으로 보면 된다. Tyler(1971)에 의하면 프로그램 개발은 학습자의 인지된 '요구(need)'로부터 출발한다. 프로그램을 개발할 때 가장 중요한 것은 학습자의 교육 요구이다. 프로그램 개발자는 학습자의 이러한 교육적 요구를 간파해서 프로그램에 반영시킬 수 있어야 한다. 또한 Tyler(1974)는 요구를 파악하고 교육목표를 설정하는데 필요한 세 가지 유용한 정보의 자원을 제시한다. 잠재적 학습자, 동시대의 사회, 주제 전문가이다. 이상의 세 가지들은 모두 학습자 분석과 관련이 있다.

즉, 학습자 분석은 프로그램에 참여할 가능성이 있는 잠재적 고객(학습자)들의 신념, 멤버십, 상호작용유형, 가치, 믿음, 정서, 리더십, 사회문화적 기원 등을 분석하는 일이다. 또한 학습자 분석에 있어 목표집단과 지도자 규명을 하는 작업은 매우 중요하다. 분명한 목표집단의 명시화 여부는 프로그램 성패와 직결되어 있기 때문이다.

3) 요구분석의 기법

① 문헌자료 분석

문헌자료 분석 즉, 신문이나 각종통계자료, 영상 자료, 소설, 뉴스레터 등의 면밀한 내용 분석을 통해 면접, 질문지, 관찰 등으로 획득될 수 없는 유용한 자료를 얻을 수 있다. 예를 들어 청소년 자살률이 증가하고 있다는 통계는 자살방지예방 프로그램이 시급하다는 것을 보여주는 단적인 예이다. 이러한 문헌자료 분석의 장점은 보존·축적되어 있는 기록을 연구대상으로 삼기 때문에 예를 들어 청소년 집단 따돌림 문제가 시대를 통하여 어떻게 발달되어 왔는가를 분석할 수 있다. 시간·비용 면에서 경제적이고 많은 양의 데이터를 범주화할 수 있다는 장점이 있으나 기록된 자료와 내용만을 가지고 분석하기 때문에 유실되거나 데이터가 손상된 경우에는 분석에 한계가 따른다.

② 서베이

서베이 기법은 학습자의 요구를 파악하고자 할 때 가장 널리 사용되는 요구분석 기법이다. 이 기법은 주로 잠재적 학습자 집단이 비교적 많고 널리 분포되어 있는 경우에 요구와 관련된 정보를 수집하기 위하여 사용되고 있다. 교육 프로그램 개발자는 서베이 기법을 통해 잠재적 청소년 참가자들로부터 비슷한 요구정보를 통합적으로 획득할 수 있을 뿐만 아니라 비교적 쉽고 체계적인 방법으로 정보를 얻을 수 있다는 장점을 가지고 있다. 서베이를 실시하는 방법에는 질문조사법과 면접법이 있다.

가. 질문지

질문지는 요구를 수집하는 가장 보편적인 방법으로 우편으로도 가능한 것이 특징이다. 질문조사는 조사방식에 따라서 자기기입식 질문조사, 면접조사, 전화조사 등으로 구분된다. 최근에는 인터넷을 활용한 조사가 활발하게 이루어지고 있다. 자기기입식 질문조사는 응답자가 직접 질문지에 답을 하는 방식이며 집단조사와 우편조사로 구분되어 실시된다.

나. 면 접

면접조사는 자기기입식 질문조사와는 달리 면접자가 응답자와 대면하여 직접 응답 내용을 기록하는 방식이다. 전화조사는 전화를 이용하여 응답자를 면접하고 자료를 수집하는 기법이며 인터넷 조사는 유무선 인터넷 통신 네트워크를 통하여 이루어지는 조사이다(한국청소년정책연구원, 2007). 면접법은 응답자와 직접 대면하는 대면면접과 전화를 통해 질문에 응한 사람들과 질의응답의 형식으로 이루어지는 전화면접이 있다.

③ 벤치마킹

벤치마킹이란 어느 특정 분야에서 우수한 상대를 표적으로 삼아 자기 기업과의 성과차이를 비교하고, 이를 극복하기 위해 그들의 뛰어난 운영과정을 배우면서 부단히 자기혁신을 추구하는 경영기법이다. 청소년 프로그램 요구분석에서 벤치마킹을 사용하는 것도 매우 유용하다. 즉, 다른 청소년기관에서 어떠한 프로그램이 진행되고 있는가를 분석하고 이를 응용·개발하는 것이다. 우수 청소년 수련관으로 선정된 곳이나 우수 프로그램을 표적으로 삼아 기관의 철학, 이념, 특성에 맞게 맞춤형 프로그램으로 개발해보는 것도 권장할 만한 요구분석 기법이라고 할 수 있다. 그러나 이때 주의할 점으로는 기관 고유의 독창성을 잃지 않는 프로그램이 되어야 한다는 점이다. 결론적으로 벤치마킹을 하는 이유는 타 기관에서 이루어지고 있는 유사 프로그램의 차별성을 찾고 프로그램 진행 시 예상될 수 있는 장애요소들을 미리 찾아서 극복하고자 하는 데 있다.

④ 관찰법

관찰법은 관찰자가 현장에 직접 참여하여 조사 대상의 개인, 사회집단, 또는 지역사회의 행동이나 사회현상을 현장에서 직접 보거나 들어서 필요한 정보나 상황을 정확히 알아내려는 방법이다. 따라서 관찰은 융통성이 있고 직접 보거나 듣기 때문에 현장에서 발생하는 실상의 문제와 요구를 이해하는 데 있어서 더욱 자세한 정보를 얻을 수 있다는 장점이 있다.

⑤ 결정적 사태 분석

결정적 사태 분석(critical incident analysis)이란 면담이나 회의, 설문조사를 통해 개인적 경험의 풍부함과 다양한 세부적인 이야기를 끌어내는 기법이다. 즉, 다양한 실제 사례를 체계적으로 끌어내는 기법이다. 이러한 목적을 달성하기 위해서는 필요한 자료를 얻어내기 위해 가장 적절한 위치에 있는 사람들로부터 특정한 행동에 대한 구체적인 행동 기록을 얻어내는 것이다.

⑥ 데이컴법

데이컴(DACUM)이란 Developing a curriculum을 줄인 말로서 교육과정을 개발하는 데 활용되어온 직무분석의 한 기법이다. 이 방법은 교육이나 훈련을 목적으로 교육목표와 교육내용을 비교적 단시간 내에 추출하는 데 효과적인 방법으로 미국과 캐나다의 직업교육 분야에서 많이 활용되고 있다. 데이컴은 핵심단계로서 워크숍과 설문조사를 연이어 실시한다. 워크숍은 진행자와 패널로 구성된다. 패널의 선정은 매우 엄격하여 전문성과 경험을 가지고 있어야 한다. 또한 사회성도 매우 중요한 요소이다. 즉, 자기가 알고 있는 것을 남에게 정확하게 전달할 수 있는 사람 그리고 처음 만난 사람과 조화롭게 협력해서 결과를 도출할 수 있는 사람을 선발한다. 데이컴법은 교사, 청소년 지도사, 방과 후 활동 교사, 상담센터 상담원, 지역사회 유력인사 등 청소년과 밀접한 관련이 있는 사람들이 패널로 구성되어 워크숍을 진행할 경우 더욱 심도 있는 청소년 대상의 과제나 업무 분석이 이루어질 수 있을 것으로 기대된다. 청소년 프로그램 기획, 개발이라는 직무가 주어졌을 경우 이를 수행하는 데 요구되는 사항들이 효과적으로 분석되어질 수 있다.

표 8-3 **과제의 타당성 검증을 위한 설문지의 예**

직무: 프로그램 기획, 개발 평가	중요도	필요도
1. 학생들과 학부형들의 관심을 조사한다.	5-4-3-2-1-0	5-4-3-2-1-0
2. 인력수급평가 데이터를 수집하고 평가한다.	5-4-3-2-1-0	5-4-3-2-1-0
3. 커리큘럼 개발에 사용하기 위해 직무과제분석을 주도한다.	5-4-3-2-1-0	5-4-3-2-1-0
4. 직무에 필요한 초급 수준의 필수사항들에 대한 확인을 지시한다.	5-4-3-2-1-0	5-4-3-2-1-0
5. 프로그램 기획과 개발에 지역사회대표들을 참여시킨다.	5-4-3-2-1-0	5-4-3-2-1-0
6. 프로그램 개발을 위해 지역기관으로부터 지원을 얻는다.	5-4-3-2-1-0	5-4-3-2-1-0
7. 직업교육 프로그램 개발과 실행 시 지역사회기관들과 협력한다.	5-4-3-2-1-0	5-4-3-2-1-0
8. 연간 프로그램 계획안을 준비한다.	5-4-3-2-1-0	5-4-3-2-1-0
9. 장기적인 프로그램 계획안을 준비하고 최신화한다.	5-4-3-2-1-0	5-4-3-2-1-0
10. 전반적인 직업교육 프로그램의 목표를 설정한다.	5-4-3-2-1-0	5-4-3-2-1-0

출처: 오인경·최정임(2002), p. 76.

⑦ 개별이력

요구를 개인적으로 결정하고 기록하는 데 이용하는 방법이다. 많은 다른 분석자료들이 여러 전문직에 이용될 수 있고 여러 가지 주제와 내용에서 다양한 분석자료들을 얻을 수 있다. 이것은 과업분석이나 직무분석과 유사한 것이라 할 수 있다(김진화, 2012: 217).

⑧ 비형식적 기법

가. 비공식적 대화

프로그램 개발자는 프로그램이 진정으로 필요한가를 면밀히 분석해야 하는데 이를 위해선 각 원인이 발생하게 된 구체적인 이유 및 출처를 밝혀내야 한다. 비공식적인 대화는 일상 생활 속에서 동료와의 대화를 통해 일상 생활 속에서 접촉을 통한 정보수집기법으로서 아이디어를 끌어내는 것이다. 프로그램 개발자는 어떤 문제를 해결하기 위해 끌어낸 아이디어가 구체적인 프로그램으로 개발되기 전에 이와 같은 방법을 통해 프로그램 아이디어의 효과성을 확인하는 과정이 필요하다.

나. 비활동적 측정

과거의 행동을 조사하는 물리적 흔적, 보관된 기록문서, 관찰이 여기에 해당된다.

4) 우선순위 결정

설문조사나 인터뷰 등을 통해 도출된 여러 가지의 교육요구 중 프로그램으로 개발될 필요성이 있는 교육요구를 결정하는 것을 의미한다. 즉, 우선순위 결정이란 요구분석을 통해서 얻게 된 수많은 요구(아이디어)들 중에서 실시기관(조직)의 이념 및 철학, 한정된 자원, 기타 제반 여건을 고려하여 일정한 기준에 따라 그 순위를 결정하는 것을 의미한다. 다양한 요구를 동시에 만족시키는 프로그램을 개발하기란 불가능하기 때문에 프로그램 개발자는 현재 그들이 속해 있는 조직의 인력, 상황, 비용, 학습자들의 관심, 프로그램 개발자 자신의 역량 등을 고려해야 한다.

우선순위를 결정하는 방법에는 여러 가지가 있으나 카파렐라(Caffarella)의 우선순위 결정 접근방법이 가장 일반적인 방법이다.

우선순위 결정 접근

- 카파렐라(Caffarella, 1994) 우선순위 결정 접근
- 〈단계적 우선순위 결정과정 전략〉

  1단계 우선순위 결정에 참여할 사람을 결정한다.

  2단계 우선순위 결정을 위한 평가 준거를 개발한다.

  3단계 평가 준거에 따라 아이디어를 기록한다.

  4단계 아이디어의 가격치의 입력 및 우선순위 점수를 합산하여 순위를 정한다.

---

(2) 프로그램 목적 및 목표설정

1) 프로그램 목적

청소년 프로그램의 목적은 청소년 교육기관의 이념, 방향, 철학, 사명 등을 아우르고 궁극적으로 프로그램에 참여하는 청소년 학습자들의 도착점 행동이 되어야 한다. 따라서 프로그램 개발자와 청소년 지도자 및 평생교육사가 청소년 프로

그램의 목적을 수립하기 위해서는 프로그램이 궁극적으로 지향하는 바가 무엇인가를 명백히 인식할 필요가 있다. 프로그램의 목적을 수립하기 위해서는 다음과 같은 설정 기준에 유의할 필요가 있다.

첫째, 프로그램의 목적은 국가, 지방자치단체, 지역사회, 청소년 기관이 지향하는 이념을 파악하는 것이 필요하다.

둘째, 청소년 프로그램에 인적·물적 자원 및 재정적인 지원을 제공하는 정부나 민간단체, 지방 유력인사 등 이해관계자들의 결정이 프로그램의 개발에 영향을 미칠 수 있다는 것을 이해하고 경우에 따라서는 프로그램 목적의 설정에 그들의 의견을 수렴할 필요가 있다.

셋째, 청소년 기관을 둘러싸고 있는 제반 속성과 사회적 변화 및 동향에 의해 프로그램의 목적이 설정될 수 있다. 청소년 기관은 평생교육기관유형의 한 유형임으로 학교와 비교하여 상대적으로 급격하게 그리고 예측불가능하게 지속적으로 변화되는 제반 환경에 효과적으로 적응하고 대처해 나가야 한다. 청소년 기관은 프로그램을 통해 청소년들이 변화하는 사회에 적절히 대응해 나아가게끔 준비시킬 의무가 있고 궁극적으로는 변화하는 미래에 청소년들이 바람직한 사회변화창출의 주체가 될 수 있도록 적극적인 대안을 제시해야 할 책무가 있다.

넷째, 청소년 기관의 설립 취지와 이념은 프로그램 목적을 설정하는데 중요한 토대가 된다. 대부분의 청소년 기관이 청소년의 요구와 흥미를 토대로 프로그램을 개발하기도 하지만 다양한 각각의 청소년 기관이 고유하게 가지고 있는 기관 특수성때문에 기관마다 나름대로 지향하는 가치와 이념을 반영할 수밖에 없다. 이와 같이 청소년의 요구, 지역사회 및 기관과 국가적 청소년 정책 기관과 국가적 청소년 정책이 지향하는 가치를 반영하여 청소년 프로그램을 개발한다.

다섯째, 청소년의 성장, 발달, 요구, 문제, 필요 등은 프로그램 목적을 설정하는데 중요한 근거가 된다. 청소년 프로그램은 대체로 지역사회 기반하에 있고(Roth et al, 1998). 학교교육처럼 교육과정이 고정되어있는 것이 아니기 때문에 철저한 요구분석에 근거하여 이에 관련해 프로그램 목적을 설정하여야 할 것이다.

① 프로그램 목적 진술방법

청소년 기관 및 평생교육현장에서 프로그램의 목적을 진술하는 작업은 매우 필요한 사항이다. 청소년 캠프를 포함하여 프로그램을 참가자에게 알리기 위해 홀더나 소책자 및 전단지를 발송할 때에도 프로그램의 목적을 진술하는 것이 효과적이다.

프로그램 목적의 진술은 다음 제시된 바와 같이 상황, 대상, 내용, 직접적 결과, 기대효과 등 다섯 개의 요소를 포함시키면 된다. "상황"은 학습자가 처해있는 상황이나 학습자의 현재 상태를 명시하며 "대상"은 프로그램의 참여자를 제시하고 "내용"은 참여자가 경험하게 될 프로그램의 포괄적인 내용을 명시한다. 그리고 직접적 결과는 프로그램의 결과로 즉시적으로 변화된 특성을 명시한다. 또한 프로그램 종료 후 프로그램에 참여한 학습자의 변화될 궁극적인 기대효과를 명시한다(김진화, 2012: 280).

② 프로그램 목적 진술 사례

청소년 자신감 증진 프로그램 "벽을 넘어서"

■ 프로그램 목적

입시위주의 획일화된 공교육체제 아래에서 많은 실패와 경험을 반복하는 청소년들에게 자아
　　　　　　　　　① (상황)　　　　　　　　　　　　　　　　　　　② (대상)

존중감을 형성하고 자신감을 높일 수 있는 프로그램을 개발하여 운영함으로써 청소년들이
　　　　　　　　　③ (내용: 프로그램)

실패를 두려워하지 않고 새로운 도전을 즐길 수 있는 마인드를 갖게 하는 것을 목적으로 한다.
　④ (직접적 결과)　　　　　　　　　　　　　⑤ (기대효과)

출처: 권양이(2013), p. 147.

2) 프로그램 목표

목적은 국가 혹은 사회적인 차원에서 가장 포괄적인 의미의 목적을 지칭하며 목표는 가장 최소한의 단위의 목적을 지칭할 때 사용된다. 듀이(Dewey)에 따르면 목표는 예견된 목적이며 바로 활동으로 연결된다. 크레크(Krech)는 목표를 도달하고자 하는 목적과 피해야 할 목적에 따라 최종적으로 얻게 되는 것으로 정의한다. 목표는 최종 행동의 기대결과 혹은 이루고자 하는 상태나 얻고자 하는 지위이다. 그래서 목표는 변하고 변해야 되고 개선되어야 할 상황에서 제시된다(기영화, 2004: 144).

첫째, 프로그램 목표는 프로그램이 지향하여 가는 구체적인 교육결과이다. 앞

서 실시한 청소년과 지역사회의 요구를 분석하여 프로그램 목표로 전환할 수 있어야 한다(Tyler, 1974). 흔히 프로그램 목표는 목적과 혼용되고 있다. 목적과 목표는 결과를 얻기 위한 행동지침이다. 프로그램 개발과정에서 목표는 그 기능에 따라 일반목적, 프로그램 목표, 학습목표로 구별된다. 일반목적은 청소년 기관에서 실현하고자 하는 포괄적인 수준의 목표이다. 프로그램의 일반목적은 프로그램이 시작될 때 형성되어 장기적인 조직의 교육방향과 지침을 제공한다. 프로그램 목표(program objective)는 일정한 시기에 조직의 프로그램이 지향하는 교육적 결과로서 학습목표는 학습참여자 개인의 특별한 학습활동을 위한 세부적인 행동결과이다. 학습목표는 행동목표와 같은 의미로 교수–학습과정 설계시 논의된다. 학습목표는 학습자에게 초점을 맞춘 구체적인 진술이다.

둘째, 프로그램 목표는 학습자의 개발행동의 범위와 수준을 표현한다. 프로그램 목표는 학습자들의 어떤 활동을 개발할 것인가에 초점을 두고 있다. 프로그램 목표는 프로그램 개발을 지도, 안내하고 전체 프로그램의 목적과 다양한 활동 간에 균형을 이룬다.

셋째, 전체 프로그램 목표는 프로그램의 목적과 개별의 다양한 활동과의 관계와 균형을 촉진한다. 즉, 전체 프로그램의 목적, 프로그램이 직접적으로 의도하는 바가 무엇인지를 체계적으로 명시함으로써 프로그램 참여자에게 기대감을 갖게 하고 프로그램 홍보에도 기여한다. 개별활동목표는 전체 프로그램의 목적과 조화를 이루어야 한다. 이러한 개별활동목표는 과연 의도된 학습결과에 도달했는가에 대한 것이다. 학습경험의 범위 지정, 교육의 내용·방법, 방향 규정, 수련활동의 활성화, 평가의 방향·내용·결과 해석의 규준 결정의 기능을 한다.

넷째, 프로그램 목표는 프로그램의 종료 시의 평가기준을 제시한다. 이와 같이 청소년 프로그램 목표는 프로그램이 실시된 후 프로그램 결과를 가시화하고 평가기준을 제시해야 하나 프로그램 목표가 너무 광범위하고 모호하게 진술되어 있는 경우 프로그램 산출물을 측정하는 것을 어렵게 만들 수 있다(Cato, 2007). 즉, 프로그램의 결과 기대되는 활동이 목표로 기술되며 그 목표가 분명하고 정교할 때 효과적인 결과를 얻을 수 있고 평가 측정이 용이해지기 때문에 이 점을 유의해야 한다.

① 프로그램 목표진술 방법

목표진술은 대체로 두 가지 수준에서 이루어진다. 하나는 과정 종료 후 청소년이 달성하기를 기대하는 도착점 목표이며 다른 하나는 이 도착점 목표를 달성해 나가는데 필요한 수단적인 중간목표로써 도착점 목표의 하위목표라고 할 수 있는 수행목표(enabling objectives)이다(한국청소년개발원, 2005). 도착점 목표 진술 후 각 도착점 목표 아래에 수행목표를 순서에 따라 진술한다.

프로그램 목표가 의미 있게 진술되려면,

첫째, 목표를 획득하려는 참여자들의 유형을 구체화한다.

둘째, 목표를 달성할 것으로 기대되는 학습자의 비율이나 최소인원을 나타낸다.

셋째, 참여자들이 프로그램을 통해 얻고자 하는 것을 구체적으로 기록한다.

넷째, 장래 고객에게 중요하고 가치 있는 것을 다룬다.

다섯째, 진술된 문제와 명백한 관계를 보여준다. 목표획득은 사실상 문제나 요구를 해결하는 것이기 때문이다.

여섯째, 프로그램에 투입할 수 있는 노력과 자원의 양 및 실현가능성을 나타낸다.

일곱째, 주어진 시간 내에 획득될 수 있어야 한다.

여덟째, 목표의 성취 여부를 평가 가능하도록 가시적이고 구체적으로 정의해야 한다.

마지막으로 프로그램의 핵심부분에 초점을 맞춰 목표가 진술되어야 한다.

청소년 프로그램 활동영역은 크게 인지적 영역, 정의적 영역, 신체·운동적 영역으로 나눌 수 있다. 프로그램 목표의 진술에 있어 어떠한 행위동사를 사용할 것인가를 결정하는 것은 매우 중요한 사안이다. 목표 진술 시에는 관찰 가능한 행동동사를 사용할 것이며 청소년 입장에서 진술하되 다른 목표와 조화를 이루어야 한다. 또한 학습 후 기대되는 행동 진술로 기술되어야 한다.

(3) 프로그램 설계 및 개발

청소년 프로그램 설계는 프로그램의 특성상 청소년의 흥미와 요구에 부합되도록 하는 한편 청소년의 특성에 알맞은 프로그램이 설계되어야 한다. 프로그램 참가자의 다양한 측면을 파악하는 것은 프로그램 설계에 있어 매우 중요한 요소이다. 프로그램 설계란 프로그램 교육요구분석을 통하여 확인된 요구에 의거하여 프로그램 내용과 방법을 선정하고 조직화하는 일련의 과정을 말한다. 즉, 프로그램 설계는 청소년 지도의 방법 및 전략을 이해하고 개선하며 적용하기 위한 것이다. 지도효과를 극대화하기 위하여 청소년의 특성과 학습내용에 적합한 지도방법을 고안하는 일련의 활동을 말하며 이와 관련된 원리, 이론, 모형 등을 의미하기도 한다. 즉, 이 단계에서 중요한 것은 가장 적절한 지도방법과 지도전략을 산출해내는 일이다.

프로그램 개발은 지도과정을 창조하는 방법을 이해하고 개선하며 적용하기 위한 것이다. 전문적 활동으로서의 프로그램 설계가 건축설계자의 설계도(blueprint)에 비유될 수 있다면 프로그램 개발은 이 설계도에 바탕을 두고 실제로 건물을 짓는 것에 비유될 수 있다. 프로그램 개발은 새로운 지도 상황을 창안하기 위한 적절한 절차들을 처방하고 활용하여 실제 지도에 사용될 자료, 강의안, 지도계획서 등을 산출해내는 것을 말한다(한상철, 2009). 즉, 청소년 프로그램 개발단계에서는 강의안, 학습자용 교재, 유인물, 보충자료, 시청각 자료 등 가시적인 프로그램의 산출물이 나오는 단계이다. 개발(development)단계는 설계단계에서 결정한 사항에 따라서 실제 프로그램의 관련 자료를 개발하는 단계이지만 사실 대부분의 프로그램 개발 과정에서는 설계와 개발이 함께 병행되는 경우가 많다. 또한 그렇게 함으로써 프로그램 개발의 시간과 비용을 절감할 수 있기 때문이다. 즉, 프로그램의 교수방법을 결정하면서 이러한 교수방법을 운영하기에 필요한 매뉴얼을 개발하는 과정이 병행된다. 또한 프로그램 시간표를 작성하면서 동시에 상세한 프로그램 운영 매뉴얼도 작성된다(권대봉, 2003: 164). 프로그램 실행을 위한 체크리스트도 이 매뉴얼에 포함시켜야 된다.

(4) 프로그램 마케팅 및 홍보

1) 프로그램 마케팅

'프로그램 마케팅'이란 프로그램을 잠재적 고객들에게 가장 효과적으로 어떻게 제공할 수 있느냐 하는 방법에 대해 연구하고 분석하고 판단하는 포괄적인 개념을 의미하는 것으로 프로그램을 판매하는 것과 학습자를 표집하는 두 가지 활동 모두를 포함한다. 청소년 프로그램 개발자들에게 있어서 마케팅의 문제는 청소년 (잠재적 고객)들로 하여금 가치가 있다고 느낄 수 있게 하는 '프로그램의 교환가치' 를 생산하는 데 있다.

이와 같이 '마케팅' 개념은 원래 경영학에서 주도했었으나 최근 교육, 의료, 법률 분야까지 도입되었다. 청소년 프로그램은 정부 등 비영리기관에 의해 개발 및 시행되었으므로 정부의 요구에 의해 프로그램이 개발되어 왔다(한국청소년개발 원, 2005). 그러나 최근 청소년 분야에 대한 관심이 급증함에 따라 관련 유사기관과 프로그램이 급격히 늘어나 경쟁이 심화되고 있는 상황이기 때문에 기관의 핵심적 요소인 청소년 프로그램의 효과적인 마케팅 전략의 수립은 기관의 성패와도 직결 되어 있어 매우 중요하다고 할 수 있다. 일반적으로 프로그램 마케팅 과정은 문제 인지 및 정의, 마케팅 목표 설정, 집단 세분화 전략, 마케팅 전략형성, 실행, 평가의 순으로 이루어진다.

프로그램의 성공을 위해서는 마케팅 전략 수립이 관건이다. 이때 일반적으로 마케팅의 핵심적인 구성요소로 4P(Product, Price, Place, Promotion)를 들 수 있다.

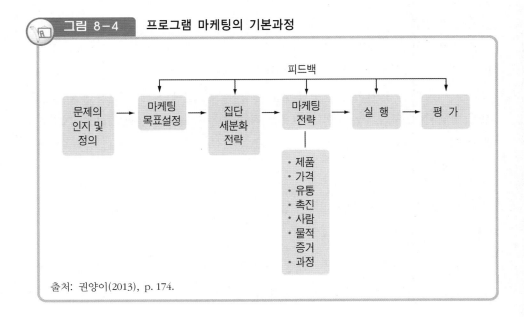

그림 8-4 **프로그램 마케팅의 기본과정**

출처: 권양이(2013), p. 174.

그러나 최근에는 Person, Physical Evidence, Process가 추가되어 7P MODEL이 제
시되었다. 교육기관들은 이러한 네 가지의 요소들을 개선하고 변경시킴으로써 프
로그램에 고객의 참여를 유도하는 전략을 수립해나가는 것이다. 이때 강조되는 마
케팅 믹스(marketing mix)는 위의 시장분석에 따라 수립된 전략을 바탕으로 마케팅
요소들을 가장 적절하게 조합하는 일을 말한다. 이것은 최소의 마케팅 비용으로
최대의 마케팅 성과를 달성하는 것을 목적으로 한다. 각각의 구성요소의 내용은
다음과 같다.

① 제품(product)

청소년 프로그램에서 제품은 곧 프로그램이다. 즉, 청소년 교육기관에서 제공
하는 프로그램이나 교육적 서비스를 의미하는 것으로 청소년 집단들의 변화하는
요구 및 필요를 충족시키기 위하여 청소년 고객에게 제공된다. 프로그램과 관련된
기본가정은 "청소년 프로그램의 잠재적 수요자들은 프로그램이 그들의 요구와 잘
맞아떨어질 때 더욱 참여하게 된다"는 것이다.

② 가격(price)

마케팅에서 가격이란 청소년 기관에서 운영되는 교육 프로그램에 보다 많은
청소년 학습자들이 이용할 수 있도록 수강료와 같이 고객(학습자)이 지불하는 비
용을 결정하는 것을 의미한다.

③ 유통(place)

유통은 프로그램의 시간배정과 장소의 선정에 관한 것을 포함한다. 유통이란
기관에서 제공하는 교육 프로그램이나 서비스를 고객(학습자)에게로 유통시키기
위한 판매점의 선택육성 및 지원에 관한 마케팅 활동을 의미한다. 즉, 여기서 말하
는 유통이란 장소나 시간적 개념의 참여 접근 가능성을 의미하는 것이다. 기관에
서 개발된 프로그램을 어느 장소에서 운영하느냐는 잠재적 고객의 직접적인 참여
에 상당한 영향을 끼친다. 많은 경우에 잠재적 학습자들은 의외로 프로그램이 운
영되는 장소에 따라 참여에 많은 차이를 보이는 경향이 있다. 교육 프로그램의 경
우에 있어서 최상의 유통전략은 가능한 한 대상집단의 위치에서 가까이 프로그램
서비스를 할 수 있도록 하는 것이다. 이러한 위치는 물리적이고 시간적인 측면에
서 이점을 갖는다(이화정 외, 2008).

④ 촉진(promotion)

촉진은 프로그램 수요자와의 의사소통을 통해 판매를 높이는 것으로 프로그램의 성패를 좌우하는 중요한 요소이다. 광고(advertising), 인적 판매(personal selling), 홍보(publicity), 판매촉진(sales promotion), 특전 제공 등이 여기에 해당된다.

⑤ 사람(person)

사람과 관련된 강사, 직원 및 동료 청소년 집단을 의미한다. 강사는 프로그램 내용과 방법의 전문가로서 청소년들의 요구와 취향에 적합한 인물을 선정해야 프로그램 만족도를 높일 수 있을 것이다. 직원은 프로그램 운영요원을 포함한 청소년 프로그램 관련 직원으로서 청소년과 직접 접촉하는 사람이다. 따라서 직원의 태도, 인격, 사명은 청소년의 건강한 발달에 직접적인 영향을 미치게 되기 때문에 선발에 신중을 기해야 한다. 또한 동료 청소년 집단을 어떻게 구성할 것인가도 매우 중요한 사안이다. 청소년 교육기관에서 활동은 일반적으로 집단적(모둠)으로 이루어지기에 청소년의 성별, 연령대, 기타 특성을 고려한 운영방법이 필요하다.

⑥ 물적 증거(physical evidence)

물적 증거로는 시설과 설비, 각종 편의시설 등이 포함된다. 밀레니엄 세대 청소년들은 최첨단 디지털 기술의 발달과 함께 성장한 세대들이다. 따라서 이들의 기호에 맞게 첨단 교육기자재와 시설이 확충되어야 할 것이다.

⑦ 과정(process)

과정은 프로그램에 대한 안내서부터 접수, 변경, 수료, 서류발급, 건의 등의 과정이 원활하게 진행되는가를 의미한다. 최근에는 인터넷 접수가 일반적이므로 미리미리 점검하는 노력을 기울임으로써 기술적 문제가 발생하여 등록이 지연, 취소되는 사항을 미연에 방지해야 할 것이다.

프로그램 마케팅 실행에 앞서 실행계획을 세워야 한다. 앞서 집단 세분화가 이루어지게 되면 다양한 프로그램 마케팅 기법들이 마련되고 실행과정을 거치는데 후원단체, 경쟁 기관 및 잠재적 고객의 저항 사항 등도 고려되어질 수 있다.

마지막으로, 프로그램 참여를 촉진시키기 위한 최종 단계는 마케팅 평가이다. 이 단계는 마케팅 실행을 하고 나서 성공여부를 진단하기 위해서 목표에 비추어 프로그램 마케팅의 결과를 사정하는 것이다. 그러나 프로그램 마케팅 활동의 결과를 추적하는 것은 어렵기 때문에 마케팅 활동을 평가할 때는 그 활동을 통한 고객 만족도 조사(학습에서 반응평가에 해당)를 비롯하여 매출분석, 시장점유율 분석, 매출 대 마케팅 비용 분석, 추정 재무 분석 등을 행할 수 있다. 매출분석이란 관련 프로그램과 관련하여 매출고, 즉, 얼마나 많은 사람과 수강료가 들어왔는가가 성공이나 실패의 지표가 될 수 있다(이화정 외, 2008: 51).

2) 프로그램 홍보

프로그램 홍보는 비용을 거의 들이지 않고 기업이나 제품을 매체의 기사나 뉴스로 소비자에게 알리는 것을 일컫는다. 김진화(2012: 355)에 의하면 홍보란 프로그램을 진흥시키기 위해 별도의 소요 비용이 없이 잠재적 학습고객에게 전달하는 것으로 신문이나 방송에서 기사화된 기획물이나 인터뷰 등이 이에 해당된다. 홍보는 다음과 같은 단계를 거쳐서 시행된다.

① 대상자 규명

청소년 프로그램이 지향하는 잠재적 고객 집단이 누구인지 정확히 규명하는 것을 말한다.

② 반응의 명시

홍보를 통해 잠재적 고객 집단으로부터 얻기를 바라는 것이 무엇인가를 의미한다.

③ 메시지 개발

잠재적 고객 집단들로부터 기대하는 반응이 결정되면 이를 달성하기 위한 적합한 메시지를 만든다. 메시지를 작성할 땐 바람직함, 독특성, 신뢰성을 기준으로 한다.

④ 매체선택

매체는 대인적, 비대인적 의사소통 두 가지가 있다. 대인적 의사소통은 직접적으로 의사소통하는 것으로서 인격적 만남이 이루어진다. 비대인적 의사소통은 직접 대면하지 않고 신문, 잡지, 라디오, TV, 우편을 이용하는 방법이다.

⑤ 전달자 선정

전달자는 청소년에게 인기가 있거나 신뢰성이 높은 전달자가 좋다.

그림 8-5　홍보의 기본단계

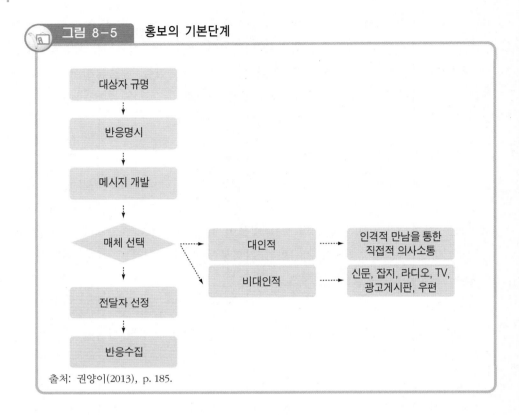

출처: 권양이(2013), p. 185.

⑥ 반응수집

반응수집은 홍보의 홍보내용에 대한 인식을 마지막 단계로써 대상 집단으로부터 획득하는 단계이다.

---

* 프로그램 마케팅 및 홍보시기

프로그램 마케팅의 최적의 시기는 청소년 기관과 프로그램 개발자가 축적한 경험과 노하우를 바탕으로 판단해야 하지만 대체로 다음과 같다.

1) 인쇄물은 약 3주 전
인쇄물은 약 3주 전에 발송·도착되도록 하는 것이 좋다.

2) 광고, 포스터, 기관우편물
광고, 포스터, 기관우편물 등은 4-6주 전에 전달되도록 하는 것이 좋다.

3) 홍보
홍보는 개강 전 약 2주 전이 가장 중요한 시점이 된다. 개강 2주 전부터는 자주 대중광고를 하고 광고지를 돌리도록 한다.

(5) 프로그램 실행 및 운영

프로그램 실행계획을 수립하는 단계에서는 청소년들의 상황과 요구에 알맞은 자료와 미디어 등을 동원하여 효과적인 청소년 활동을 제공할 수 있어야 한다. 프로그램 제공 후원 단체, 청소년 미디어 교사, 청소년지도사, 평생교육사 및 자원봉사자 등 프로그램 실행을 담당한 실무자들은 청소년 활동 프로그램이 전개되는 장소들을 미리 현장조사하고 이용 가능한 시설, 장비, 공간, 재료 등에 제반 사항들을 고려해서 선정해야 하고 점검한다. 또한 만약의 사태를 대비하여 청소년 프로그램이 진행되는 지역의 지역사회 유력인사 등과의 사전섭외 및 협조요청 등도 필수적인 사항이다.

프로그램 실행계획수립이 이루어졌다면 프로그램의 실행에 대한 운영지원체제를 수립하여야 한다. 우선 청소년지도사는 청소년 프로그램을 실시하는 데 필요한 인적·물적 자원, 재정관리 체제를 결정한다. 즉, 프로그램을 실행하기 위하여 필요한 인적 자원이나 시간, 재정, 이용 가능한 자원에 대한 파악과 그것을 조직하여야 한다. 내부 구성원 간의 역할분담과 강사 및 레크리에이션 지도자 섭외, 그 밖의 편의시설, 장비, 식사제공, 숙식 및 교통편 등에 대한 사항들도 고려되어야 한다.

프로그램 운영자인 청소년지도사는 다음과 같이 프로그램의 진행의 기본 방향을 설정하고 운영에 임해야 할 것이다.

첫째, 청소년 프로그램에서 청소년은 중심이 된다는 점을 명심하고 자기 주도적 활동이 되도록 분위기를 조성한다. 청소년들은 개개인 차이가 많다. 개성, 지적 수준, 체력, 교육경험, 생활방식, 가치관, 성격 등 여러 가지 면에서 차이가 있기 때문에 청소년들에게 프로그램의 중요성을 개별적으로 인식시키고 자기 주도적, 자발적으로 활동에 임하도록 하여야 한다.

둘째, 지도자와 청소년은 종속적인 관계가 아니라 상호협력적인 관계가 되어야 한다.

(6) 프로그램 평가

청소년 프로그램을 설계·개발하고 실행한 이후에는 평가과정을 거쳐야 하는데 과정상의 어려움 때문에 자칫 소홀해질 수 있다. 그러나 프로그램 평가를 실시하는 목적을 명확히 이해한다면 개발과정상의 중요한 한 영역으로서 간과되는 일이 없을 것이다. 청소년 프로그램을 평가하는 목적은 다음과 같다.

첫째, 프로그램의 교육적 가치나 장점을 판단하거나 결정하는 일이다. 이는 비교적 기본적이고 핵심적인 평가의 의미를 나타내는 것으로서 평가대상의 장점이나 가치를 체계적으로 판단하는 일을 평가라고 보는 관점이다.

둘째, 프로그램의 효과 및 영향을 파악하고 판단하는 일이다. 프로그램 사전·사후로 실시하여 프로그램 효과성 평가 및 만족도 평가를 실시할 수 있다.

셋째, 프로그램의 목적 달성 정도를 확인하는 일이다. 즉, 프로그램이 소기의 목적을 달성하였는가를 검증하는 것이다.

넷째, 프로그램에 대한 의사결정을 보조하는 일이다. 즉, 프로그램에 대한 의사결정에 필요한 자료를 제공하는 일이다. 프로그램의 수정, 보완, 폐기 등과 같은 의사결정에 도움이 되는 자료를 제공하기 위한 목적에 부응하기 위하여 평가를 실시한다는 점이다.

다섯째, 프로그램에 대한 투자의 정당화를 입증하는 것이다. 모든 프로그램이 비용·효과측면에서 반드시 이익을 산출하는 것은 아니다. 어떤 교육적 프로그램일 경우에는 비용이 오히려 더 들어갈 수도 있는 것이다(변창진 외, 2001). 또한 행동변화가 장기간에 걸쳐 나타나는 교육프로그램일 경우 그 효과성을 프로그램 종료 직후 입증하기란 쉽지 않은 일이다. 즉, 손익계산에 잘 나타나지 않는 교육효과를 입증하고 교육투자의 정당화를 입증하는 방법을 강구하는 것이 프로그램 개발자의 몫으로 남는다.

① 평가계획 수립단계

평가목적에 따라 평가내용과 방법이 달라지기 때문에 평가의 목적 또는 필요성을 확인하고 학습목표 진술방식, 평가 설계 선정, 평가도구 제작, 자료수집 절차, 결과분석 방법, 결과보고 형식, 결과활용 방안 등에 관해 탐색하고 검토한 것을 정리하여 평가계획을 수립하고 계획서를 작성하는 단계이다.

② 평가의 세부목표 설정

2단계로서 프로그램 평가의 절차는 우선 프로그램 목표를 확인하고 평가의 세부목표를 설정하는 일이다. 이는 보다 나은 프로그램의 개발과 실시를 목적으로 시행된다. 실제로 평가활동이 이루어질 수 있도록 학습 또는 평가의 세부목표를 진술하는 여러 방식 중에서 가장 적합한 진술방식을 선정하여 보다 구체적인 평가목표를 확인하고 진술한 다음 진술한 평가목표를 검토, 평가하는 단계이다. 세부 하위목표를 구성한 다음, 평가목표의 이원분류표로 작성하여 좀 더 전문적이고 세밀한 평가를 할 수 있다.

③ 평가의 내용과 방법

평가내용은 청소년 행동의 변화, 지식과 기능의 습득, 태도의 변화 등이 프로그램의 주요한 평가내용이 된다. 이 단계에서는 프로그램의 내용 즉, 지식정보의 전달, 태도변화의식, 기관이나 지역사회의 지도 등의 프로그램 내용과 프로그램 실시 목적에 부합하여 결정되도록 수집, 분석, 비교할 평가방안을 설계한 후 실험 및 통제 집단의 구성, 평가시기 및 횟수, 평가결과의 비교 기준 등 구체적인 평가방법을 설정하는 것이 포함된다.

④ 평가도구 제작

평가도구의 정확성은 평가의 신뢰성과 타당성을 좌우하기 때문에 매우 중요한 요소이다. 평가목적과 내용에 비추어 여러 가지 많은 평가방법 또는 측정 도구 중에서 어느 것을 이용하여 필요한 정보 및 자료를 수집할 것인가를 검토, 선정한 후 가장 적합한 평가도구를 선정 또는 제작하는 단계이다.

⑤ 평가실시

평가실시단계에서는 정해진 방법에 따른 시험, 설문응답, 심사분석, 관찰, 집단협의 등으로 평가한다. 평가실시에 필요한 인력, 시설, 예산, 시간을 확보하고 제반 여건을 점검, 개선해서 실질적으로 정보 또는 자료를 수집하는 단계이다.

⑥ 평가결과의 처리·분석

실시된 평가데이터를 기반으로 하여 데이터 편집(editing), 부호화(coding), 표 만들기(tabulating), 통계분석(computing)이 필요한 단계이다. 즉, 평가자료 수집단계에서 모은 자료 또는 정보를 정리하여 채점을 해서 평균과 표준편차 등을 구하는 일련의 작업을 평가결과의 처리·분석이라 하며 수집된 평가자료를 평가목적에 맞게 양적 혹은 질적으로 분석하는 단계이다.

⑦ 평가결과의 보고

• 평가결과에 대한 보고

• 평가결과에 대한 보고서 작성

• 프로그램 각 영역에 대한 평가의견서 작성(프로그램 자체 평가, 진행자 서비스 상태, 인적개발, 프로그램 결정자의 행정처리 능력 등 프로그램 기획에서 평가에 이르기까지 제반사항 일체)

• 보고서는 정책위원회나 의사결정 당사자에게 제출되어 정책 제언이 다음 프로그램에 피드백이 되도록 한다.

• 프로그램 개선 및 보완 사항

• 보고서 작성 및 제출

⑧ 평가결과의 활용

프로그램 목표의 무리한 점 등 잘못된 점을 파악하고 내용적·방법적인 면의 개선사항을 작성한다. 평가결과는 필요할 때 즉각적으로 사용할 수 있게끔 가용성이 있어야 하고 여러 이해관계자들의 관심을 존중하고 수렴해야 한다. 이해관계 당사자들의 관심이 최대한 반영되도록 평가계획 수립단계부터 이해관계 당사자들이 많이 참여할 수 있는 길을 열어 두어야 한다. 마지막으로 평가결과에 대한 보다 구체적인 설명과 해석 그리고 결과활용 방법이 제시되어야 한다. 결과분석을 통해 밝혀진 장점과 단점, 평가결과를 활용했을 때 얻을 수 있는 득실, 의사결정자가 관련 사람에게 평가결과를 효과적으로 전달할 수 있는 방법, 그 밖에 예상되는 비판과 반응 등을 평가결과 보고에 포함시킨다면 평가결과는 훨씬 더 활용될 수 있을 것이다(변창진 외, 2001).

PART 3

청소년 교육의
문제와 과제

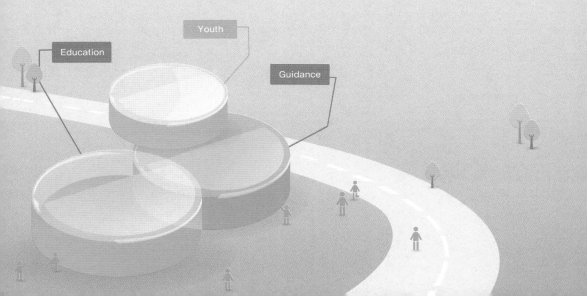

제**9**장 │ 청소년의 불안과 방어기제

1. 청소년 불안

최근 들어 불안은 환자가 아닌 일반인들 사이에서도 화두가 되어가고 있다. 명확히 고통스러운 상태(질병에 시달린다거나, 빈곤으로 고통을 당함)에 있지 않은 사람일지라도 급격히 변화하는 사회에서 삶의 고단함과 미래의 불확실성으로 인해 왠지 모르게 미래에 대해 막연한 불안감을 느끼고 한다. 이것은 분명 중독성이 있고 현재의 삶의 질을 훼손하는 경향이 있다. 청소년 후기에 해당하는 우리나라 대학생들이 직업을 포함하여 미래에 대한 막연한 불안으로 고통 받고 있다는 것은 이미 잘 알려진 사실이다.

(1) 청소년 불안의 유형

아동기의 불안은 귀신, 동물 등 두려워하는 대상이 분명하지만 청소년기 이후는 불안 장애가 특정 대상이나 상황에 제한되지 않는다. 특히 중·고등학생들은 자신에게 요구되는 역할이나 발달과업의 급격한 변화때문에 불안에 직면할 가능성이 높다. 따라서 이 경우에는 불안이 과도하게 강하여 만성화된다고 생각될 때만 임상적으로 유의미한 장애로 진단된다.

청소년기의 불안 증상은 점진적으로 서서히 진행될 수도 있고 특정한 사건의 경험 후에 나타나기 시작하여 만성화될 수도 있다. 일반적으로 가족 간의 갈등이나 청소년기의 성문제에 기인한 죄책감이 누적될 때 청소년들의 불안장애는 서서히 만성화된다(김진화 외, 2002: 67).

1) 사회적 불안장애

Garcia-Lpez 등(2009)에 따르면 사회적 불안장애를 가진 청소년들은 편안함을 느끼는 또래 친구들의 숫자가 적고 부모의 표현된 감정, 특히 당황, 수치 등의 감정에 민감하여, 이러한 장애를 가진 청소년들은 비평과 적대에 매우 취약하다는 것이 특징이다. Garcia-Lpez 등(2009)은 사회적 불안을 극복하기 위해 학교기반의 인지행동 중재프로그램에 참여한 16명의 청소년들을 대상으로 연구한 결과 부모의 감정표현은 프로그램 참여효과에 매개변인으로 작용함을 파악하였다. 즉, 부모의 표현된 감정(부모의 과잉참여, 비평, 적대)은 청소년들의 사회적 불안 치료와 회복에 관련이 있다. 낮은 수준으로 감정을 표현하는 부모의 청소년들은 프로그램 이후 사회적 불안점수에서 유의미한 감소를 보였다. 따라서 높은 수준으로 감정표현을 하는 부모를 가진 청소년들의 치료를 위해 부모 정신병리(psychopathology)도 함께 고려될 필요가 있다.

2) 강박장애

자신의 생각이나 행동이 지나치게 불합리하거나 중독성이 있다는 것을 알면서도 지속적으로 반복적으로 생각함으로써 신체적, 정신적으로 소진상태에 빠져 일상생활에 지장을 가져올 정도로 심각해지는 것을 말한다. 즉, 강박장애는 불안장애의 하나로서 끊임없이 떠오르는 생각, 충동, 심상 등을 의미하는 것이다. 따라서 이러한 사고, 충동, 심상을 무시하거나 억압하려고 시도하며 다른 생각이나 행동에 의해 이를 중화하려고 한다. 주된 강박행동으로는 잦은 손 씻기, 숫자 세기, 확인하고 지속적으로 점검하기, 청소하기 등과 같은 행동 등이다.

3) 외상 후 스트레스 장애

재난, 자동차·비행기·기차사고, 천재지변, 전쟁, 폭행, 고문 등의 심각한 스트레스에 의해 자신의 생명이나 신체적 안녕이 위협받는 사건을 직접 경험했다거나 다른 사람의 생명이나 신체적 안녕이 침해되는 것을 목격하여 정신적 충격을 경험했을 때 나타난다.

증세는 개인에 따라 다양하여 충격 후에 나타나거나 수일에서 수년이 지난 후에 나타날 수도 있다. 증세는 과민반응, 충격의 재경험, 감정회피 또는 마비를 들 수 있다. 환자들 대부분은 비현실적이고, 분노, 피해의식, 수치심을 잘 느끼게 된다. 어린이의 경우에는 경험 자체에 대한 꿈 대신에 악몽을 꾸는 경향이 있고 위통, 두통, 학교공포, 외부인 공포로 나타날 수 있다. 또한 알코올이나 약물남용, 자해적 행동과 자살 시도, 직업적 무능력, 대인관계 장애가 나타날 수도 있다.

(2) 청소년 불안의 치료

사회적 불안장애나 강박장애 치료는 근본적으로 비합리적이고 소모적인 사고방식을 바꾸어야 하기 때문에 사고방식을 교정해주는 행동치료요법 등이 권장된다. 과거에는 불안장애의 원인을 심리학적 측면에서 접근하여 치료하려는 노력이 많았으나 최근에는 발달된 약물연구나 의학연구의 결과로 각종 약물치료 등도 권장된다. 외상후 스트레스 장애의 치료는 정신과적 치료, 최면치료, 그룹요법, 약물치료, 신경차단 치료요법 등이 있다.

Silk 등(2003)에 따르면 불안, 슬픔, 화를 빈번히 보고하는 청소년들은 유의미한 수준의 우울증 증상과 문제행동을 보였다. 즉, 불안은 불안 그 자체로 그치지 않고 우울증, 문제행동과 밀접한 연관성이 있음을 나타낸다. 특히 청소년 우울증의 빈번한 보고는 청소년기와 성인 초기에 걸쳐 지속되는 우울증 연구의 증가를 가져왔다(Rudolph et al., 2009). 이와 같이 청소년 불안 및 우울증은 청소년 시기의 문제로만 그치지 않고 성인기까지 이어지는 현상을 보이기에 더욱 주의가 요망되는 사안이다.

2. 청소년 방어기제

청소년의 불안은 심리적 평형상태를 방해하는 긴장이 고조된 고통스러운 상태이기 때문에 개인은 이것을 감소시키려는 반응양식을 배우려고 한다. 발달과정에서 청소년은 불안에 대처하고 방어하는 다양한 기술을 습득한다. 인성발달에 대한 정신분석학의 중요한 공헌 중의 하나는 이러한 다양한 기술이나 방어기제들을 자세하고도 통찰력 있게 설명했다는 점이다. 이러한 여러 종류의 방어기제에 대한 개념화는 원래 정신병리학 연구에서 나온 것이다. 정신병리학이란 기억상실증, 공포증, 강박관념과 강박충동 그리고 심리적 불일치와 같이 무의미한 것처럼 보이는 행동들을 합리화하거나 설명할 수 없는 것으로 규정지으려고 하는 학문이다. 이처럼 증상의 원인들이 고통이나 공포를 수반하는 무의식적 사고 및 감정과 충동 등에서 기인한다는 것을 많은 예에서 찾아볼 수 있다(권이종, 2000).

청소년 초기에는 주지화, 반동형성, 억압, 금욕주의, 전위와 같은 신경증적 방어기제들이 사용되다가 청소년기가 끝날 무렵에는 이런 방어기제의 사용은 현저히 감소되고 승화와 같은 바람직한 방어기제로 대치되는 경향이 나타난다(이복희 외, 2008).

1) 주지화(intellectualization)

불편한 감정을 조절하거나 최소화하기 위해 과도하게 추상적으로 사고하거나 일반화함으로써 감정적 갈등이나 내외적 스트레스를 처리하는 방어기제를 말한다. 어떤 문제로 위협받고 있음을 알고 그런 문제들에 대해서 장황하게 분석하고 지적으로 다루는 척하면서 교묘하게 그 상황을 벗어나고자 하는 것이다. 예를 들어 미팅에 성공한 적이 없는 인기 없는 남학생이 미팅에 나갈 때마다 여학생들 앞에서 철학, 세계 정치나 경제문제 등의 심각한 주제로 장황하게 말하며 아는 체하는 경우이다.

2) 반동형성(reaction formation)

억압된 감정이나 욕구가 행동으로 나타나지 않도록, 그것과 정반대의 행동으로 바꾸어 놓을 수 있는 기제(機制)이다. 금지된 충동을 억제하기 위하여 그 반대의 경향을 강조함으로써 스스로 수용하기 어려운 충동을 제어하려는 심적인 태도 또는 습성을 말한다. 지그문트 프로이드(Sigmund Freud)가 강박신경증 환자에게서 발견한 것이지만 건강한 사람에게서도 흔히 볼 수 있는 방어기제(mechanism of defense)의 일종이다.

부모에게 꾸중을 들은 아이가 친구나 개에게 화풀이를 하는 것과 같은 안전한 방식의 욕구해소의 통로도 이에 포함되지만, 억압된 충동이 위장된 출구로 나가는 전위(displacement)와 같은 방식도 있는데, 이는 공격성이 억압되어 있는 경우에 극단적으로 친절해지는 것을 말하며 과장·강박성 등이 특징이다.

이 방어기제는 금지된 충동을 모조리 차단함으로써 원래의 억압을 보충하려는 노력으로, 억압된 소망을 정반대의 것으로 차단한다. 예를 들어 여동생을 시기하고 미워하여 적의에 찬 행동 때문에 처벌을 받은 어린 소녀가 여동생에게 정반대의 감정인 지나친 사랑과 친절을 베푸는데, 이는 자신에게 용납되지 않은 공격적 소망을 막아내기 위한 결사적인 방벽인 것이다.

3) 억압(repression)

자신이 감당하기 어려운 고통스런 기억이나 스스로 받아들일 수 없는 생각이나 욕구를 의식 밖으로 밀어내서 무의식 속으로 가두어 버림으로써 이것을 의식하지 못하게 억누르고 차단하는 것을 말한다. 억압은 어떤 생각, 기억, 그리고 욕동들이 의식으로부터 추방되어 무의식에 감금되는 과정을 의미한다. 억압의 본질은 욕동을 표상하는 관념을 절멸시키는 것이 아니라 그것이 의식으로 되는 것을 막는 것이다. 욕동을 가로막는 억압은 그것을 완전히 제거하는 것이 아니라 의식화되지 못하게 방해하는 것이다. 그렇다면 억압받게 될 욕동은 그것이 충족될 경우 쾌락보다는 불쾌를 유발하게 될 것이다. 바로 이 점 때문에 억압이 생겨난다. 이와 같이 억압이 일어나는 이유는 욕동의 즉각적인 실현이 여러 가지 이유로 인해 오히려 불쾌한 것으로 경험되기 때문이다. 예를 들어 억압이 심한 경우 기억상실증에 빠지는 경우가 있는데 이에 해당된다.

4) 전위(displacement)

치환 또는 전치라고도 한다. 종로에서 뺨 맞고 한강에서 화풀이하는 경우이다. 전위는 직접 표현할 수 없고 만족되지 못한 충동에너지를 다른 대상에게 돌려서 표현함으로써 긴장을 완화시키고자 하는 방어기제이다. 예를 들어 기말고사를 잘 치르지 못한 대학생이 기숙사 방 친구에게 화를 내는 경우이다.

5) 보상(compensation)

비교적 자신 있는 행동이나 태도를 선택하여 그 방면에서 남을 능가함으로써 자신의 열등감, 무력감 등을 의식적으로 또는 무의식적으로 극복하려는 심리적 기제를 말한다. 즉, 보상은 자신에 대한 불만이나 부족함을 숨기거나 보완하기 위해서 다른 능력이나 특성을 강조함으로써 자신의 결함과 대치시켜서 열등감을 해소하고 대리만족을 얻으려는 적응기제를 말한다. 예를 들어 학업성적에서 뒤떨어지는 학생이 다른 사람에 비해 잘하는 운동을 연습하기에 열중하는 경우가 이에 해당된다.

6) 퇴행(regression)

퇴행은 감당하기 어려운 스트레스 상황을 피하려고 어렸을 때의 유치한 행동이나 원시적인 방어형태로 돌아가는 것을 말한다. 즉, 현재의 부딪히고 있는 문제를 해결하기 위해서 아주 예전에 경험했던 행동으로 되돌아가는 것이다. 예를 들어 친구와의 말싸움이나 어떤 논쟁에서 궁지에 몰린 사람이 갑자기 어린애처럼 울음을 터뜨리는 경우가 좋은 예이다.

7) 투사(projection)

투사는 자기 자신이 사회적으로 용납되기 어려운 부정적인 생각이나 동기, 감정 등을 가지고 있을 때 남에게 전가함으로써 심리적 갈등에 대처하는 것을 말한다. 예를 들어 자기가 어떤 친구를 미워할 때, 그 친구가 자신을 미워한다고 생각하며 그 친구 탓을 하는 것을 말한다.

8) 동일시(identification)

개인이 한 가지 또는 몇 가지 측면에서 다른 사람을 닮게 되는 자동적이며 무의식적인 정신과정을 의미한다. 동일시는 성숙 및 정신발달을 수반하며, 흥미, 이상, 버릇, 기타 다른 속성을 획득하거나 배우는 과정을 돕는다. 즉, 동일시는 자신의 무능력이나 열등감에 대한 감정을 피하기 위해 다른 사람의 바람직한 특성을 마치 자기가 가진 것처럼 끌어들이는 경우를 말한다. 예를 들어 청소년들이 유명 연예인의 패션이나 어투, 행동 등을 모방하는 경우가 이에 해당된다.

9) 승화(sublimation)

승화는 자신의 욕구불만을 사회적으로 용납받을 수 있고 가치 있는 방향으로 충족함으로써 긴장을 해소, 발산시키고 부분적으로나마 만족을 얻으려는 행동을 말한다. 즉, 사회적으로 용납받기 어려운 욕구나 충동을 현실적으로 표출하는 대신 높은 차원의 스포츠, 예술활동을 통해 발산하는 것이다. 예를 들어 지나친 공격성을 스포츠로 해소하는 경우이다.

10) 합리화(rationalization)

합리화는 자신에게 처한 어려운 상황이나 자신이 한 일을 그럴듯하게 꾸미고 사회적으로 용납받을 수 있는 이유를 붙여 정당한 것처럼 인정받으려 하는 것을 말한다.

예를 들어 이솝우화에 나오는 여우의 신포도 이야기를 보면 여우가 포도가 따기 어렵자 다른 동물들에게 포도가 시어서 먹기 싫다고 하는 경우이다.

11) 부정(denial)

그대로 수용하기에 너무나 힘든 상황에 부딪혔을 때, 불쾌하고 위협이 되는 현실이나 스트레스원에 대한 지각을 거부함으로써 자아를 지키려는 심리적인 기제이다. 두 가지 유형이 있는데 입수된 형태를 의도적으로 거부하는 경우(예를 들면, '그럴 리가 없다')와 정보를 받아들이되 타당하지 않은 정보로 처리해 버리는 경우(예를 들면, '잘못된 일일 것이다')이다. 예를 들어 사랑하는 사람이 불치병으로 시한부 인생의 선고를 받았을 경우 그 사실을 믿지 않고 그럴 리가 없다고 그런 사실 자체를 거부해 버리는 것을 부정이라 한다(한국청소년학회, 2000).

Youth Education

1. 청소년 문제의 개념

　　청소년 문제는 청소년 비행과 동일시되는 경향이 있지만 청소년 문제는 좀 더 넓은 광의의 의미라고 볼 수 있다. 청소년 비행은 살인, 강도, 폭력, 절도 등 형법에 위반되는 범죄행위는 물론 음주, 흡연, 불건전한 이성교제, 성매매 등 각종 불건전한 행위를 포함하는 개념으로 사용되고 있다. 그러나 이와 같은 비행 청소년은 다수의 청소년에 비해 극히 제한적일 수밖에 없다. 그러므로 청소년 문제는 이처럼 제한적인 것, 즉 비행 청소년들만의 문제가 아니라 청소년 전체의 문제로서 청소년에 대한 사회문제라고 볼 수 있다(김병성, 2010: 303). 청소년 문제에 대한 개념적 이해는 특정 행동에만 국한된 것이 아니라 일반 청소년들에게도 흔히 나타날 수 있는 청소년 문제에 대한 포괄적이고 다면적인 이해를 도모하는 것이다. 궁극적으로 청소년 문제의 본질을 이해하고 교육적 처방을 내리기 위함이다.

　　청소년 문제와 유사한 개념은 다음과 같다.

1) 일탈(deviance)

모든 규칙과 규범 위반행위를 의미한다. 넓은 의미에서는 형법을 위반한 행위인 범죄(crime)를 포함하는 데 반해 좁은 의미에서는 법에 의해서 규제되는 범죄를 제외한 규칙과 규범 위반행위만을 지칭하게 된다.

2) 청소년 비행(juvenile delinquency)

청소년에게 기대되는 규범에서 벗어난 일탈행동이다. 형법에 저촉되는 행위인 심각한 범죄는 물론이고 범죄의 구성요건에는 해당하지 않더라도 그 사회에서 청소년에게 기대하는 규범으로부터 벗어난 일탈행동을 포함한다.

3) 지위 비행(status delinquency)

성인이 했을 때는 문제가 되지 않지만 청소년이라는 사회적 지위 때문에 일탈행동으로 간주되어 규제와 통제를 받게 되는 행위이다. 흡연이나 음주를 들 수 있다.

4) 청소년 문제행동(youth problem behavior)

행위의 주체가 청소년이라는 점을 부각시키는 개념으로 범죄를 포함하는 반사회적 행동과 타인보다는 자신에게 심각한 영향을 미치는 비사회적 행동, 그 밖의 다양한 부적응 행동을 포함한다.

5) 소년범죄(juvenile crime)

소년법상의 개념이다. 범죄란 형벌법령을 위반한 행위이므로 소년범죄는 형벌법령을 위반한 19세 미만 연소자의 행위를 의미한다.

2. 청소년 문제의 이론적 접근

(1) 생물학적 접근

김경동(1979: 465)에 의하면 이 이론은 일탈자와 정상인 사이에는 특수한 생물학적 차이가 있다고 간주하는 이론이다. 다윈의 진화론을 이용하여 원시인과 비슷한 모습을 가진 사람일수록 범죄형이라는 학설을 주장한 이태리 외과의사 세자르 롬브로조(Cesare Lombroso)에 의하면, 두뇌의 크기, 두개골의 모양, 팔의 길이, 귀의 크기, 머리털 색, 신체형 및 유전인자 등에서 그 원인을 찾으려 한다. 이외에도 날 때부터 타고난 신체적 불구, 두뇌에 입은 상처, 영양실조 등 생리적 요인으로 일탈 행위를 설명하려고 한다(김병성, 2010: 311, 재인용).

이 이론의 단점은 생리적 요인의 영향을 무시할 수는 없지만 방법상 비과학적이라는 점이다. 즉, 통제와 규정의 범위가 너무 한정적이라는 점, 문화의 영향을 너무 무시한 점, 죄를 생물적 구조의 단순한 기능, 예컨대 소화작용, 식욕과 같은 현상으로 보았다는 점, 그리고 청소년 비행은 대부분 신체적 이상자보다 정상적인 청소년에게서 발생하고 있다는 점이다(김병성, 2010: 311).

(2) 심리학적 접근

범죄발생원인을 지적, 성격장애, 정서불안 등에서 찾으려는 접근법이다. 정신분석이론은 비행의 무의식적인 과정, 상징적 표현 및 갈등을 강조함으로써 비행을 역동적 관계에서 보려고 하였다.

Freud의 일탈행동론은 청소년들의 비행을 설명해준다. Freud는 인간의 정신을 세 개의 기본적 구조로 나누고 있다. 원욕(id), 자아(ego), 초자아(super ego)이다. 원욕은 가장 원시적이고 본능적인 것으로 성적인 그리고 파괴적이면서 공격적인 본능을 포함하고 있다. 원욕을 지배하는 기관으로서 자아(ego)가 존재한다. 자아의 기능은 감각을 정리하며 근육과 사고의 조절을 통하여 자신(self)을 통제한다. 강한 자아의 소유자는 강한 이성적 존재로 해석할 수 있다. 초자아(super ego)는 사회규범과 행동기준이 내면화된 상태를 말하는데 사회문화적 가치체계의 총체로서 우리의 행동을 결정한다(한국청소년학회, 2000). 즉, 일탈행동이란 충동적이고 동물적인 무의식속의 원욕(id)과 사회적 욕구 사이의 갈등에서 빚어지는 것이다(김병성, 2010: 312).

(3) 사회학적 접근

사회학적 접근은 생물학적, 심리학적 접근에 비하여 일탈이 일어나는 사회적 상황과 맥락에 더 비중을 둔다. 즉, 비행을 사회조직의 결함에 반작용하는 정상적 개인으로 보고 비행의 연구에 있어서도 사회구조 자체를 범법의 원인적 메커니즘으로 보는 입장이다(김병성, 2010). 이 이론은 최근 들어 더욱 설득력을 가질 수 있다. 오늘날 사회는 사회구조특성상 사회유기체적인 성격이 강해지고 있다. 이러한 변화는 인간을 더욱 환경의 상호작용하에 있게 만든다. 따라서 오늘날 많은 학자들은 청소년 발달에 대한 이해를 개인적 성숙의 요인보다 청소년을 둘러싼 환경과의 상호작용요인에서 파악하려고 한다. 예를 들어 성매매 확산의 원인을 소셜 미디어, SNS(social networking service)를 포함한 인터넷의 접근용이성에서 찾을 수 있는 이유이다.

1) 아노미론(Anomie)

Durkeim은 사회의 변화에 인간의 정신의 변화가 따라가지 못해 일어나는 부적응 상태가 원인이라고 보았다. 원래 아노미란 그리스어의 규범, 규정 등의 의미를 지닌 Normos에서 온 말로서 반대적 의미의 a와 결합되어 규범으로 해석된다. 즉, 아노미란 현존하는 사회적 규범은 충분치 못하고 더 나아가 모순적으로 나타나서 개인들이 방향성을 상실케 되는 혼란한 상황을 의미한다. 아노미 현상의 원인은 첫째, 규칙 없는 주장이나 사회통제가 무너졌을 때 둘째, 사회적 불평등을 야기시키는 고도의 분업사회로의 발달을 들 수 있다. 분업화된 사회에서는 각 구성원은 서로 다른 사회적 기능을 갖고 있고 이 기능의 차별화와 그에 따른 경제적 소득, 사회적 지위를 통해 사회적 불평등이 생성되고 이는 개인의 사회적 행동을 불안정하게 만드는 원인이 된다.

Merton은 이 아노미 이론을 더욱 더 발전시켜서 일탈행동의 주요한 사회학적 접근이론을 만들어냈다. Merton은 일탈행위에 초점을 두었다. Merton은 이들 적응

방식을 5가지 유형으로 분류하였는데 동조형, 혁신형, 의례형, 도피형, 반역형으로 나누고 동조형을 제외한 나머지 적응방식을 일탈행위로 규정하였다.

2) Cohen과 Miller의 하위문화론

가정에서 출발하는 이론으로서 하층에는 중산층과 다른 문화가 존재한다는 기본전제하에서 출발한다.

① 비행하위문화론

Cohen은 하층소년들이 지위, 욕구불만에 기인하여 중산층의 문화에 대항하는 反문화과정에서 비행이 발생한다고 본다. 즉, Cohen은 중류계층의 규범과 가치를 거부하는 것이 일탈문화로의 흡입력이라 하였다. 일탈집단은 그들의 행동규범에 따라 하류층의 청소년들에게 인정, 애정, 자긍심 등을 경험할 수 있는 기회를 제공하기 때문이다.

② 하층계급문화론

Miller에 의하면 중산층에 대한 반문화가 아니라 하층계급 자체의 고유문화가 청소년에게 영향을 주는 것이다. 하층계급 청소년들의 일상적인 행동은 중류층의 규범에 비추어 보아 일탈행위로 구분되는 가치와 규범으로서 여섯 가지의 특성요인들이 있다.

가. 사고(trouble)

사고경력으로 사람을 평가하는 것이다. 갈등, 문제 유발 등을 의미하고 비행자들이 오히려 존경의 대상이 되는 것이다.

나. 거침(toughness)

힘, 용감성, 대담성, 남자다움을 의미하며 문학이나 예술에 대해서 무관심한 것이고 이 집단에서는 부정적 가치를 지닌다.

다. 영악함(재치, smartness)

남을 잘 속이나 남에게 잘 속지 않는 특성이다. 이 계층의 청소년들은 열심히 정상적으로 노력해서 돈을 모으는 것에 관심을 두지 않는다.

라. 자극(excitement)

스릴, 모험, 긴장, 위험한 행위 등을 추구함으로써 권태감을 극복하고 지루한 상황에 대한 반발 행위이다. 예를 들어 폭주족이 이에 해당된다.

마. 운명(fate)

행운, 재수 등 자신의 인생을 스스로 통제하지 못하고 외부 요인에 의해 지배를 받으려고 하는 특성요인이다.

바. 자율(autonomy)

누구의 간섭도 받기 싫어하는 태도이다. 권리와 의무보다 방종에 가까운 태도로서 외부의 통제나 간섭에 강한 거부감을 보인다.

3) 차별적 기회구조이론

Cloward와 Ohlin에 의해 발달된 이론으로서 비행청소년은 처음부터 일탈과 정상 중 한 가지를 택하는 것이 아니라 합법적인 기회에 접근하지만 하층청소년에게는 문화적으로 수용된 목표와 합리적 수단 간의 괴리가 생김으로써 비행하위문화를 형성시키는 조건이 된다. 그러나 범죄는 사회적 목표와 수단 간의 불일치만으로 설명될 수 없고 개인이 접할 수 있는 합법적이거나 불법적인 기회구조에 영향을 받는다. 즉, 청소년이 일탈적 수단을 학습하거나 행할 수 있는 기회를 갖지 못한다면 결코 비행을 저지를 수 없다고 보는 이론이다.

4) 사회학습이론

범죄나 비행도 모방, 모델링과 관찰을 통한 학습을 통해 일어날 수 있다고 주장하는 이론이다. Bandura는 실험상황에서 어른이 모형을 망치로 여러 차례 때리는 모습을 아동이 관찰하게끔 하고 후에 아동에게 모형과 망치, 기구 등을 주었더니 어른과 똑같이 내리치는 행동을 하는 것을 확인했다. 후에 살아있는 광대(clown)을 가지고 실험을 했는데 같은 행동을 보였다. 영화나 TV를 통해 비행을 학습하게 되며, 이런 학습은 동기나 정서의 영향을 받는다(즉, 비슷한 조건일 때 비행 가능성 큼). 따라서 폭력 영상의 시청은 아동을 공격적이고 호전적으로 만들 수 있다.

5) 낙인이론

사람들이 특정행위를 일탈이라고 오명을 씌우는 데서 비롯된다고 보는 이론이다. 이 낙인이론은 사회적으로 세력이 큰 집단이나 사람들이 그렇지 못한 집단이나 인간을 일탈자로 명명한다. 낙인(labeling)이론은 본래 일탈현상을 설명하는 이론이다. 낙인이론에서는 일탈을 개인이나 집단의 속성으로 해석하지 않고 일탈자와 비일탈자 사이의 상호 교류과정으로 해석한다. 낙인은 법과 질서의 힘을 가진 사람들이 다른 사람에게 붙인 것이다. 이처럼 일탈범주를 만들어내는 데 적용되는 낙인은 사회의 권력구조를 내포하고 있다(김천기, 2009). 낙인이론은 학교에서 교사와 학생 간의 상호작용을 연구하는 데도 많이 활용되며(Rist, 1985) 지역사회에서 비행청소년들의 비행을 설명하는 데도 많이 활용된다.

　낙인이론의 입장에서 보면 문제 청소년들은 일탈성향에 상관없이 일방적으로 강요된 학칙 또는 교사의 주관적 낙인 및 낙인에 의한 처치로서 체벌 등 일련의 과정을 통해 형성될 수 있다. 소위 일탈규정의 권력적 속성과 낙인과정의 차별성으로 인하여 오히려 체벌은 모범생과 문제아의 구별 짓기에 매우 중요한 기제로 작용할 수도 있다. 문제아로 분류된 학생들이 있으며 이들에게 체벌은 일상적으로 뒤따라 다닌다. 성적과 학교질서, 그리고 교사의 비형식적 지시 및 규칙을 근거로 체벌이 교실 내에서 빈번하게 작용된다면 특정 학생에 대한 부정적 낙인이 계속 반복되어 교육적 사회적으로도 바람직하지 못한 결과를 낳는다. 요컨대 낙인효과는 일종의 자기충족예언으로 작용하여 부정적 자아인식을 심화시키고 부적응적 행태를 강화시킴으로써 일탈(문제행동)의 발달적 재생산을 가져올 수 있다(김은경, 2000: 89).

　학교에서 학생을 분류하고 낙인을 붙이는 것은 득은 별로 없고 실이 크다고 할 수 있다. 물론 좋은 낙인, 예컨대 똑똑한 학생이라고 낙인찍힌 학생에게는 긍정적인 효과가 있을 수도 있다. 학생들을 평가하고 낙인을 붙이는 의도는 학생들을 돕기 위한 것이지 학생들에게 해를 끼치기 위해서가 아니라고 주장하는 바를 살펴보면 학생에게 일단 이런 낙인이 붙여지면 적절한 처치를 받을 수 있게 할 수 있지 않느냐는 것이다. 예를 들어 학습부진아들을 따로 분류해야 그들을 위해 특별한 교육 프로그램을 개발하고 그들의 학습 성취를 높일 수 있다는 것이다. 이러한 주장은 타당성이 있어 보이기는 하나 학교교육의 현실을 고려할 때 오히려 낙인은 학생들에게 열등한 지위를 부여할 뿐만 아니라 그 학생들의 본질이 되어 버리기 때문에 그 학생들이 부딪치게 되는 모든 상황에 적용된다(김천기, 2009). 이처럼 이 이론은 단순성 때문에 널리 지지를 받고 있기는 하나 많은 점에서 문제가 있음을 알 수 있다(권이종·김용구, 2011: 319).

6) 사회통제이론: Hirschi(사회유대이론)

사회통제이론은 일탈의 동기보다는 어떠한 시점에서 사회통제가 무너짐으로써 일탈의 여지가 생기는지 그 조건을 분석하는 데 강조점을 둔다. 비슷한 생리적·심리적 특성을 지닌 개인들이 비슷한 환경 속에서 살다가도 일탈행동을 저지르는 것은 결국 외적인 사회통제의 메커니즘이 깨어진다거나 내적 규제능력이 약화될 때일 것이라는 가정이 가능하다. 사회통제는 사회성원으로 하여금 개개인의 동기에 관계없이 사회규범에 동조하도록 압력을 가하는 외적 기준이 된다. 이러한 외적 준거는 개인의 사회화 과정을 통하여 각 구성원에게 사회가 요구하는 역할을 합당하게 수행하게 해 줌으로써 일탈행동을 극소화해 준다(김병성, 2010: 313). 즉, 사회통제가 개인에게 영향력을 행사하지 못하면 일탈행위가 발생한다고 보는 이론이다.

* 유대의 차원 네 가지
① 애착: 전통적 타자에 대한 애정적 유대, 부모 친구 등.
② 전념: 비행으로 잃어버릴 것이 많으면 비행이 힘들어짐.
③ 관여: 하루에 정상적인 활동에 투자되는 시간이 많으면 비행이 힘들어짐
   (예: 학업이 우수한 학생은 시간이 부족해서 비행 못함).
④ 신념: 전통적 가치를 어느 정도 수용하고 있는가 즉, 비행금지를 신봉하면
   비행 안 함.

7) 중화이론

Matza와 Sykes가 제시한 이론으로서 Matza는 비행이 비행적 가치의 수용에 의해 발생한다는 주장을 반박하면서 비행 청소년이 전통적인 도덕적 가치를 부정하는 것이 아니라 여러 상황에서 그것을 중화시키는 방법을 가지고 있기 때문에 죄의식 없이 비행을 저지르게 된다고 보는 이론이다.

* 중화의 기술
① 책임부정: 주변환경, 무책임한 부모, 학교 등의 탓.
② 가해부정: 피해자가 비행을 자초했거나 유혹하였다는 주장.
③ 피해자 부정: 피해자를 잘 모른다고 주장.

④ 비난자에 대한 비난: 경찰, 교사, 목사 등이 더 나쁜 놈이라고 주장(적반하
장의 논리).

⑤ 충성심을 통한 회피: 조직의 의리, 배신자에 대한 보복 때문에 비행한 것으
로 주장.

3. 청소년 문제의 실태와 교육방안

(1) 청소년 가출

1) 청소년 가출의 정의

청소년 가출이란 20세 미만의 청소년이 '부모 또는 보호자의 동의 없이 24시
간 이상 집에 들어가지 않는 경우'를 의미한다. 청소년 가출의 실태를 정확하게 파
악하는 것은 쉽지 않다. 청소년 가출의 실제인구를 정확히 파악하고 있는 나라는
드물며 대부분 추정치로 파악하고 있을 뿐이다. 우리나라는 주로 경찰이나 학교
및 공공기관을 통해 집계된 가출청소년 숫자와 민간단체에서 조사한 통계자료를
통해 그 현황을 파악하고 있다(이동선, 2003). 2000년대로 들어오면서 저출산·고령
화의 영향으로 인해 9세에서 24세 사이의 청소년인구가 전체 인구에서 차지하는
비율이 1980년 36.8%를 정점으로 지속적으로 감소하여 2008년에는 20%수준으로
감소하였다. 이와는 대조적으로 글로벌 경제위기로 인해 경제침체 가속화와 이로
인한 실업증가, 취업의 어려움, 소득하락 등으로 가정해체 및 가족기능이 저하되
면서 집을 떠나는 청소년의 수가 20만 명에 이르고 있고 매년 신고되는 가출 청소
년이 2만 명을 넘어서고 있다(김향초, 2012).

2) 청소년 가출의 원인

① 가정적 요인

청소년 가출에는 다양한 원인이 존재하나 대개는 가정적 문제에서 기인한다.
우선 가정의 구조적 결손에서 비롯된다. 즉, 한쪽 부모의 사망이나 이혼, 별거 등으
로 가정 내에 부모가 존립하지 않을 때 가정의 기능이 약화되어 청소년들이 가출하

게 된다. 또한 가정의 기능적 결손으로서 양쪽 부모가 모두 존립해 있으나 아버지의 경제적 기능 상실 혹은 경제적으로는 문제가 없을지라도 학대와 같은 가정폭력이 누적되어 있을 경우 청소년들은 가출을 시도할 수 있다(Thrane & Chen, 2012).

② 학교적 요인

입시위주의 교육풍토, 교사나 급우와의 관계악화 등을 들 수 있다. 교사들이 학생들을 평가하는 주요 잣대는 학업생활이기에 학업에 흥미를 느끼지 못하는 청소년들의 경우 교사들의 평가에 자존감이 저하되고 자신감 상실, 가출을 유발하는 직접적 원인이 된다. 또한 학교에 복귀했을때도 교사나 급우들로부터 가출청소년이라는 낙인이 찍힐 경우 쉽게 학교생활에 재적응하지 못하고 다시 학업을 중단하고 가출하게 된다.

③ 사회적 요인

학교를 중퇴한 친구들이나 비행청소년들이 학교 주변을 맴돌면서 유인할 경우 쉽게 가출할 수 있다. 이들은 주로 성인유해업소나, 인근 오락실, 노래방 등을 거점으로 해서 희생자를 물색한다. 때로는 일자리를 주선해주며 청소년들을 유인, 집을 나오게 한다. 이러한 지역사회의 유해환경과 비행청소년들은 가출의 주요원인이 된다.

김향초(2012)에 따르면 최근의 청소년 가출양상은 첫째, 첫 가출의 연령이 저연령화 된다는 점에서 우려를 낳고 있다. 둘째, 장기 가출자가 증가하고 있다. 가출청소년 조사대상자의 27.2%가 가출한지 6개월 이상이 된 것으로 나타나 가출의 장기화현상의 심각성을 보여주고 이다. 이들 대부분은 가출팸을 구성한 장기 가출자로서 귀가가 거의 불가능한 청소년들이다.

3) 청소년 가출의 실태

청소년 가출 실태를 파악하기란 매우 어렵다. 경찰에 신고 접수된 가출사례건수에 기초하기 때문이다. 그러므로 신고되지 않은 건수까지 포함한다면 이보다 훨씬 클 것으로 예상된다(신지현, 2013). 여성가족부(2010)에 의하면 지난 10년간 청소년의 가출 경험률은 꾸준히 증가하여 전국 중·고등학교에 재학 중인 청소년 중에 가출을 한번이라도 경험한 청소년의 비율이 1999년 8.6%에서 2010년 13.7%로 증가하였고(이상무·남성희, 2012: 86, 재인용), 남자 가출청소년이 6,657명, 여자 가출 청소년이 12,788명이다(신지현, 2013).

미국의 경우를 살펴보면 청소년의 약 6%가 가출하고 소녀들이 소년들보다 더 빈번히 가출하는 것으로 보고된다. 소녀들의 가출은 더 많은 위험 요소를 지닌다고 할 수 있다. 왜냐하면 성적 접촉을 가질 위험이 매우 크고 소년들에 비해 피임을 하지 않는 경향이 있어서 성병과 같은 질환에 시달리게 된다(Thrane & Chen, 2012).

홍봉선 외(2010)는 다음과 같이 가출의 유형을 분류하였다.

① 1집단(단순가출 청소년)은 집에서 나왔지만 유흥업소에 빠지지 않은 청소년
② 2집단(단순탈출 청소년)은 집에서 쫓겨 났지만 유흥업소에 빠지지 않은 청소년
③ 3집단(만성탈출 청소년)은 집에서 쫓겨나 유흥업소에 빠진 청소년
④ 4집단(만성가출 청소년)은 집을 나와서 유흥업소에 빠진 청소년

Milburn 등(2007)에 의하면 가출청소년들이 가출한 지 6개월이 경과되지 않았다면 이들의 70%는 다시 집에 귀가한다. 가출청소년에 대한 기존의 대책은 그들의 욕구와 문제에 대한 배려 없이 가출청소년을 흔히 비행청소년으로 낙인찍어서 가능한 한 가정으로 빨리 귀가시키고 보호자가 선도하는 것이 상책이라고 생각했다. 하지만 가출청소년의 경우 위와 같이 여러 가지 유형이 있고 가출청소년 개인별로 갖는 문제와 욕구가 다르기 때문에 이에 대한 이해가 선행되어야 한다. 단정적으로 말할 수는 없지만 대개 1집단은 훈계 후 귀가 조치, 2집단은 집단가정이나 육아원 등 보호시설에 수용보호, 3집단은 보호시설에서 보호하며 직업지도, 4집단은 귀가 조치 후 사후지도 등의 대책이 적합하다고 할 수 있다(홍봉선 외, 2010). 최근 경제악화 등으로 인해 기능적 결손가정 등이 많아졌고 가출한 청소년들이 돌아갈 집이 없다고 호소하는 경우도 적지 않다.

4) 청소년 가출 교육방안

① 가정교육

가출(家出)의 한자에서도 알 수 있듯이 청소년들이 가출을 하는 근본적인 원인은 가정이라고 볼 수 있다. 청소년들이 가정불화와 경제적 빈곤에 시달리면 일

반적으로 더 나은 방안을 찾지 않고 무개입 전략을 사용하기 쉬운데 높은 수준의 가정불화와 경제적 스트레스에 노출되는 청소년들은 이러한 스트레스 인자들을 관리하기 위해 자원과 대처기술을 개발하지 않고 행동적, 인지적으로 스트레스로부터 자신들을 분리하려고만 한다. 즉, 회피, 부정, 근거 없는 기대 등의 무개입 전략을 사용하는 것이다. 이처럼 스트레스는 개인에게 유용가능한 자원의 양을 줄이는 작용을 한다(Wadsworth & Compas, 2002). 주요 조절대처전략인 문제해결, 감정표현, 감정완화 등을 사용하지 않는 것이다. 또한 스트레스적인 상황에 자신을 적응시키려 하지 않거나 스트레스인자로부터 파생되는 결과물에 내구력이 없게 된다. 또한 수용, 인지적 재구성, 기분전환, 적극적(긍정적) 사고기법을 사용하지 않는다(Wadsworth & Compas, 2002: 247). 청소년들은 자신의 처지를 다른 또래집단의 친구들과 비교하게 되는데 하향적인 사회적 비교(예: 적어도 우리는 집을 가지고 있다)를 할 수도 있다. 이러한 청소년들은 사회적 지원으로부터 도움을 받을 수 있다. 주위에 배려심 많고 지원적인 성인이 존재한다면 위험에 처한 청소년들의 복원력 회복에 많은 도움이 될 것이다. 위험상황에 처한 청소년들은 학업성취에 대한 기대도 낮을 뿐만 아니라 미래의 경제적 상황에 대한 기대도 중류계층의 청소년들보다 낮다(Wadsworth & Compas, 2002: 269).

김향초(2012)에 따르면 가출의 예방 및 가출청소년의 조기발견과 개입이 중요하다. 가출의 주원인이 가정환경인 만큼 가정 및 양육환경의 개선을 위한 지원과 중재 프로그램을 실시하여야 한다. 즉, 위기청소년 부모보호자에 대한 상담과 교육을 실시하고 특히 가출청소년과의 상담 시 부모의 참석을 의무화하는 법적 근거를 마련하는 등 적극적인 개입지원 체계를 구축해야 한다.

이렇듯 가정요인이 크다고 할 수 있는데 국내 저소득 한 부모 가정현황은 2004년 4만 7,405가구에서 2010년 10만 7,313가구로 6년 만에 2배 이상 증가한 데서 비롯된다. 가출은 연령층에 따라 차이가 있으나 가출 사례가 많아지고 저연령화되는 추세에 있다. 최초 가출시기가 14세 미만이 45%이고 최초 가출연령도 남자 13.3세, 여자 13.8세로 나타나 저연령화를 보이고 있다. 초등학교 고학년의 가출경험이 증가하고 있다는 것이 최근 청소년 가출의 특징이다(한국청소년쉼터협의회, 2010).

좋은 인간관계도 길러지는 것이기 때문에 가정에서 부모 형제들을 통해 좋은 인간관계를 길러주어야 하겠고 또한 가족 구성원들이 가능한 여가시간을 공동으로 보내어 부모자녀, 가족 구성원 간의 인간관계형성을 통해 유대감을 느낄 수 있게 함으로써 가출을 막아야 하겠다(권이종·김용구, 2011).

② 학교교육

청소년 가출에는 가정이 큰 요인이기도 하지만 이외에도 다양한 요인들이 존재한다. 과거에는 결손가정, 문제가정에서 가출청소년들이 나온다는 이론이 강하게 지배하고 있었지만 최근에는 입시위주의 학교교육환경에서 탈출하고 싶은 욕구와 사회 유해환경의 유인에 의해 생겨난다고 하는 주장도 배제할 수 없게 된 것이다. 따라서 청소년 가출의 문제를 가정문제로만 돌릴 것이 아니라 교육환경이나 사회환경에 대해서도 관심을 가져야 한다는 것이다. 안창규 등(1995)에 따르면 최근의 연구는 가출청소년들을 환경에 의한 피해자로 간주하여 보호의 대상으로 다루고 있다(홍봉선·남미애, 2010: 360, 재인용). 청소년 가출은 단일 요인에 의해서라기보다는 가정문제로 시작하여 학교성적이 떨어질 경우 더 강화되고 또래 비행 청소년 친구로부터 가출의 유혹을 받아 급기야 가출하는 결과가 생기듯이 청소년을 둘러싼 다양한 요인에 의해 일어나기 때문에 학교환경을 정비하는 것도 가출을 예방하는 방안이 될 수 있다. 교직원을 대상으로 가출청소년 상담 및 예방차원의 연수교육을 강화해야 하고 학생들 대상으로도 가출시 파생되는 여러 가지 문제에 대한 주의를 환기시킬 수 있는 각종 가출예방교육이 강화되어야 거리로 나서는 청소년을 미연에 방지할 수 있을 것이다.

앞서도 설명하였듯이 가정불화와 경제적 빈곤에 시달리는 청소년들은 무개입 전략을 사용하여 현재 자신이 처한 상황을 회피, 외면하는 가출이라는 전략을 사용하기 쉽다(Wadsworth & Compas, 2002). 이점을 감안하여 학교차원의 방안으로서 위험청소년들이 무개입 전략보다는 적극적으로 자신을 표현하고 감정완화, 적극적 사고기법을 사용할 수 있도록 정기적이고 지속적인 교육·상담서비스를 제공하여 가출이라는 극단적인 선택을 하지 않도록 미연에 방지해야 할 것이다.

③ 사회교육

아직 가치관이 정립되지 않은 청소년들은 사회의 각종 유해환경에 쉽게 노출되고 유인될 수 있다. 각종 유해업소를 운영하는 업주들의 인식변화가 우선되어야 하겠고 청소년들을 이용하는 업소들에 대한 법적규제가 강화되어야겠다. 특히 여자 청소년의 경우 가출이 장기화될때 성매매의 유혹을 받고 가출이 성매매로 이어질 가능성이 높아 더욱 주의가 요망된다.

대부분의 가출청소년들은 멀리 가지 못하고(권이종·김용구, 2011) 가출한 지 6개월이 경과되지 않았다면 거의 70%는 가정으로 복귀하기 때문에(Milburn *et al.*, 2007) 지역사회의 도움은 그들의 가출장기화를 예방하는 필수요건이다. 2012년 현재 청소년쉼터는 92개소가 설치·운영되고 있다. 청소년쉼터의 운영주체는 국가 또는 지방자치단체나 지역실정 및 여건 등에 따라 직영하는 경우도 있고 민간단체에 위탁하여 운영하기도 한다(여성가족부, 2012). 청소년쉼터는 가출청소년의 생활보호뿐만 아니라 상담, 자립역량 강화, 고충처리, 문화활동 프로그램 기회제공 등을 통해 가출청소년들의 가정사회로의 복귀를 지원하고 있다.

여성가족부에서 운영·지원하는 쉼터의 종류는 일시쉼터·단기쉼터·중장기쉼터이며 그 유형별 기능은 아래 표와 같다. 청소년쉼터 중에서 가장 역사가 오래된 곳은 1992년 설립된 서울 YMCA쉼터이고 2004년에 가출청소년의 긴급 보호를 위

표 10-1 쉼터의 종류 및 기능

구 분	일시쉼터	단기쉼터	중장기쉼터
기 간	24시간~9일 이내 일시보호	3개월 내외의 단기보호	2년 내외 이상 중장기보호
이용대상	일반청소년, 거리생활청소년	가출청소년	자립의지가 있는 가출청소년
기 능	• 위기개입상담, 진로지도, 적성검사 등 상담서비스 제공 • 가출청소년 구조·발견, 청소년쉼터와 연결 • 먹거리, 음료수 등 기본적인 서비스 제공 등	• 가출청소년 문제해결을 위한 상담·치료서비스 및 예방활동 전개 • 의식주 및 의료 등 보호서비스 제공 • 가정 및 사회복귀를 위한 가출청소년 분류, 연계·의뢰 서비스 제공 등	• 가정복귀가 어렵거나 특별히 보호가 필요한 위기청소년을 대상으로 전환형, 가족형, 자립형, 치료형 등 특화된 서비스 제공
위 치	이동형(차량), 고정형(청소년유동지역)	주요도심별	주택가
지향점	가출예방, 조기발견, 초기개입	보호, 가정 및 사회복귀	자립지원

출처: 청소년백서(2012), p. 123.

해 일시보호시설인 '일시쉼터(드롭인센터)'를 서울과 인천, 대전에 각각 설립하였으며 2012년 현재 일시쉼터 13개소, 단기쉼터는 49개소, 중장기쉼터는 30개소를 운영하고 있다.

헬프콜 청소년 전화 1388와 서울시 청소년 상담지원센터는 위험에 처한 청소년들에게 실질적인 도움을 줄 수 있는 기관이지만 아직까지 홍보부족과 왜곡된 정보 등으로 인하여 대다수의 청소년들이 이러한 서비스를 모르고 있거나 이용하지 않고 있다. 특히 가출청소년에게 식사와 안전한 거주지를 제공하여 유해환경으로부터 보호하고자 하는 취지로 마련된 가출청소년 쉼터에 대한 정보나 이용방법을 몰라서 필요한 서비스를 제대로 제공받지 못하는 사례가 많다(김향초, 2012).

선진국의 청소년 가출에 대한 정책을 살펴보면 우선 미국은 최근에 가출 및 노숙청소년법을 제정하여 거리에서의 아웃리치프로그램과 전환생활프로그램 등이 가능하도록 하였다. 또한 맥킨리법의 강화로 노숙상태의 아동 및 청소년에게 더 많은 권리를 부여하였고 이들의 학교 복귀를 도울 수 있는 담당자를 확충하였다(한국청소년개발원, 2005). 미국정부의 청소년 복지 관련 기관은 지방분권적 성격을 갖고 행해지고 있고 연방 국가이기 때문에 사회복지 프로그램 역시 각 주에 따라 독특한 성격을 지니기도 하며 1980년대 이후 정부지향의 민영화 정책으로 인해 민간부문의 복지서비스가 중시되면서 연방정부 개입이 축소되었다.

Pittman(2004)에 따르면 영국은 최근 파견 청소년지도사를 양성하여 청소년 회관이나 청소년 센터에 참여하지 않는 청소년들을 교화하고 선도하는 데 총력을 기울이고 있다. 이러한 청소년지도사들의 주요 임무는 전일제 혹은 파트타임제로 이루어지며 청소년들이 많이 밀집되어 있는 거리, 위치들을 알아내어 보고서를 만

표 10-2 청소년쉼터 이용현황

구 분	2006	2007	2008	2009	2010	2011
예산(백만원)	3,533	4,165	4,639	4,651	5,874	6,262
쉼터 수(개소 수)	71	72	76	81	83	83
이용인원(명)	11,018	14,360	15,133	16,519	16,687	23,427

출처: 여성가족부(2012), p. 123.

들어 제출하고 직접 찾아가 리더십을 발휘하는 일이다(권양이 외, 2012: 79, 재인용).

청소년 가출은 청소년 성매매, 청소년 임신 및 낙태, 청소년 음주흡연, 청소년 폭력 등 모든 청소년 문제를 유발하는 온상지 역할을 하기에 더욱 주의가 요망된다. 청소년 가출의 수는 증가하고 있는데 아래 표에서 알 수 있듯이 2006년 71개소에서 2011년 83개소로 12개소가 증가했을 뿐이다. 가출청소년 숫자에 비해서 그 증가폭이 매우 낮은 실정이다. 2014년 5월에 「학교 밖 청소년 지원에 관한 법률」이 제정되어 이들에 대한 지원이 강화될 전망이다.

이상과 같이 가출 청소년들은 가출함으로써 파생되는 여러 가지 문제에 봉착할 수 있고 의료적, 사회적, 감정적 그리고 학문적인 지원에 걸쳐 다양한 요구를 지니고 있기 때문에(Thrane & Chen, 2012) 이들을 위한 복합적 처방식의 교육 프로그램이 필요하다.

(2) 청소년 학업중단

1) 청소년 학업중단의 정의

학업중단이란 중퇴 혹은 중도탈락과 유사한 뜻으로 쓰여지고 있으며 정규학교를 다니다가 비행, 질병, 가사, 기타의 이유로 학교를 졸업하기 전에 학업을 중단하는 것을 의미한다. 학업중단 학생이란 졸업하지 않은 채 학교를 떠나는 학생으로서 교육법 시행령 제 83조에 명시된 "품행이 불량하여 개전의 가망이 없다고 인정된 자"로서 학교장의 퇴학이나 권고 퇴학처분을 받은 학생으로 규정한다. 과거에는 경제사정으로 인하여 학교를 그만두는 경우가 많았으나 최근에는 이러한 경우가 급속히 줄고 학생이 학교생활 또는 교육제도를 거부하거나 문제행동이나 비행, 범죄 등을 저지르는 학생을 학교가 더 이상 수용할 수 없게 되는 사례가 늘고 있다. 이처럼 학업중단은 권고퇴학인 자퇴와 명령퇴학인 제적의 의미를 포함하고 있는데 자퇴는 본인의 자발적 의사에 의한 것이고 제적은 학교에 명령에 따른 것이다.

2) 청소년 학업중단의 원인

학업중단의 원인에는 여러 가지가 있겠으나 대체로 네 가지 요인으로 정리될 수 있다.

첫째, 개인적 요인으로서 불안정한 정서 상태, 낮은 자기조절 동기, 낮은 유능감, 무기력함, 은둔형 외톨이 변인이 학업중단에 영향을 미쳤다. 따라서 보호요인으로는 하고 싶은 일의 발견, 문제해결능력 증진, 높은 변화의지, 높은 자기이해와 수용, 자신의 가능성 발견 변인이 영향을 미쳤다(김범구, 2012).

둘째, 가정적 요인으로서 손충기 외(2012)의 연구에 따르면 가족심리적 요인으로서 가족갈등은 학업중단의 직접적인 요인은 아니나 가족유대감은 일탈친구와 무단결석요인과 결합되어 학업중단 행동에 영향을 미친다. 종합적으로 가정요인은 가정의 낮은 경제적 수준, 가정내 갈등, 부모의 낮은 자율성 지지 등이다(김범구, 2012).

셋째, 학교적 요인으로서 학교 부적응을 경험하는 청소년들은 학업을 중단할 수 있다. 학교요인으로서 학습내용불만, 문제아로의 낙인, 높은 결석빈도, 인문계 및 전문계의 학교유형, 교사에 대한 적대감, 낮은 학업성취 수준, 교칙에 대한 거부감, 학교 및 학업에 대한 거부감 등이 위험요인으로서 나타났다(김범구, 2012).

넷째, 사회환경적 요인으로서 또래의 괴롭힘, 자퇴친구 등이 학업중단에 영향을 미친다. 이러한 일탈친구는 사회적 변인으로서 학업중단이라는 위기행동을 직접 유발하기도 하고 가족유대감과 무단결석이라는 매개변인에 의해 학업중단으로 진행되기도 한다. 또한 무단결석이라는 사회적 변인은 학업중단이라는 위기행동을 직접 유발하기도 하고 가족유대감과 일탈친구라는 매개변인에 의해 학업중단 행동에 영향을 미치는 것으로 나타났다(손충기 외, 2012).

3) 청소년 학업중단의 실태

우리나라 초·중·고 학업중단 청소년은 연간 7만 4천명(2012년도) 수준이며 재학생 대비 학업중단 청소년의 비율은 초등학교 0.6%, 중학교 0.9%이나 고등학교는 1.9%로 학제별 학업중단 비율 중 가장 높은 것으로 나타났다. 학업중단 비율이 높은 고등학교의 경우 학교 부적응에 따른 학업중단 비율(43.9%)이 가장 높은 것으로 나타났다.

변숙영·이수경(2011)의 연구에 따르면 학업중단 청소년들은 기초학습능력수준과 기본생활습관의 미형성이 심각한 수준인 것으로 나타났다. 언어 및 수리 등의 기초학습능력이 낮고 기본생활습관이 미형성되어 이는 낮은 자기관리 능력과 문제해결 능력에 영향을 미치고 있는 것으로 나타났다.

학업중단이란 어떠한 이유에서건 일정한 학교 교육과정을 마치지 않고 학업을 도중에 그만두는 것을 의미하며 자발적, 비자발적으로 학교를 도중에 그만두었거나 어떤 문제가 있어서 퇴학을 당한 청소년들의 유형이 있다.

① 능동형

취업준비나 검정고시 준비, 불리한 내신의 극복 등 자신의 진로나 꿈을 위해 학업을 포기하는 경우이다. 이러한 유형은 중퇴 이후 비행으로 이어지는 경우가 거의 없으며 진로 개척에 적극적이다.

② 도피형

학교를 다니는 상황을 도피하기 위해 뚜렷한 대책없이 학업을 포기하는 경우에 해당된다. 이 유형의 경우 범죄를 저지를 가능성이 크다.

③ 불가피형

학교를 그만둘 수밖에 없는 상황에 처한 것으로 집안 형편상, 비행이나 범죄로 학교에서 제적을 당한 경우에 해당된다.

4) 청소년 학업중단 교육방안

① 가정교육

Astone과 McLanahan(1991)에 따르면 자녀의 교육에 대한 부모 기대가 낮고, 적절하지 못한 양육방식을 한 경우 자녀들의 학업중단 가능성이 높아진다(권이종·김용구, 2011: 340, 재인용). 따라서 부모의 권위적·민주적이고 일관된 양육방식 하에 부모·형제가 화목하고 협력하는 분위기를 조성하는 한편 학습지원과 관심을 아끼지 않는다.

② 학교교육

Edwards 등(2007)에 따르면 청소년의 학교중단은 성인기로 들어가는데 영향을 미치므로 특히 문제가 될 소지가 많다. 학교교육은 성인기의 고용안정성, 성인 건강, 상호대인관계 기술, 시민참여와 같은 영역에도 많은 영향을 미치기 때문이다(Larson *et al.*, 2002c: 162). 미국에서는 16세부터 24세 연령의 약 11%가 고교중퇴자들이고(US Department of Education, 2000), 노동시장에 진입하는 50% 이상이 고등학교를 졸업하지 않았다(US Department of Education, 2001). 학교를 중단한 청소년들은 후에 성인으로서 고용시장에서 직업을 구하는 데 어려움을 겪게 된다. 또한 고교 중퇴자의 28%는 고용상태에 있지 않은 반면 고교졸업자의 오직 18%만이 고용상태에 있지 않다. 학교중퇴자들은 또한 고교졸업자들보다 근본적으로 보수가 적고 결과적으로 학교를 중단하는 이들은 대부분 낮은 사회경제적 위치에 위치할 수밖에 없다. 학교중퇴와 낮은 사회경제적 위치는 이들의 인생전반에 걸쳐 악영향을 미친다(Kominski et al., 2001). 개인의 낮은 학업성취능력, 학교에서의 소외와 거부경험, 학교생활에 대한 무관심, 문제행동, 경직된 학교교육 등은 학업중단에 영향을 미치는 요인(권이종·김용구, 2011: 341)이므로 학교교사는 무단결석자에 대한 상담, 원인파악 등 적극적 개입을 통해 속히 학교에 복귀하도록 하는 방안을 강구한다.

③ 사회교육

백혜정(2012)은 지역사회 내 청소년상담복지센터, 청소년쉼터의 아웃리치 기능을 강화하여 학업중단 청소년과 같이 위험에 처한 청소년들을 조기 발견하여 지원해야 하고 청소년상담복지센터, 청소년쉼터, 청소년성문화센터와 소년원, 보호관찰소, 분류심사원 등 위기청소년 대상 시설 및 기관 등의 학교 밖 성교육에 대한 제도적 지원이 확대되어야 한다고 제안한다. 이와 같이 관련 인프라 및 네트워크를 확충하여 학업중단 청소년들을 미연에 예방하고 지원하는 시스템이 필요하다. 기존의 지역사회 청소년 종합지원체계(Community Youth Safety-Net: CYS-Net)[1] 내의 학업중단 청소년 지원기능을 더욱 강구하는 것도 하나의 방안이 될 수 있다. 또한 시범학교를 운영하여 복귀가능자의 학업 적응 및 직업적응을 위한 이차적인 재적응 교육 프로그램을 제공할 제도적 장치를 마련하는 것도 하나의 방안이 될 수 있다(노상우, 2004). 변숙영·이수경(2011)은 학업중단 청소년 직업기초능력 함양 프로그램의 단계적 적용을 주장하였다. 이들에 따르면 학업중단 청소년의 직업기초능력 함양 프로그램의 도입은 단순히 직업기초능력 관련 프로그램의 도입으로 그 효과를 기대할 수 없기에 1단계 '진단·상담·치료'의 과정을 거쳐 2단계 직업기초능력 향상과 관련된 '교육·훈련'이 이루어지고 이의 결과를 바탕으로 3단계 '진로설계직업체험'에서는 진로를 설계하고 그에 따른 직업체험의 순차적 적용으로 달성

---

1) 이 체계 안에는 청소년쉼터나 의료기관, 학교, 공공기관, 청소년관련기관 등이 모두 포함되어 있고 위기청소년들에 대한 원스톱서비스를 지향하고 있다(성윤숙 외, 2009: 333).

되도록 한다. 여성가족부(2012)에서는 한국청소년상담복지개발원과 함께 전국 16개 광역 청소년상담복지센터를 통해 학업중단 청소년 지원사업을 추진하여 학업중단 청소년에게 기초사회생활교육, 학습능력 향상 및 학교복귀 지원, 사회적응 지원 등의 사례관리 서비스를 제공하고 있다.

2013년 두드림존 사업과 해밀 사업이 통합되어 운영되는 두드림 · 해밀 사업은 학업중단 등 취약청소년의 학업복귀와 사회진입을 촉진하고 있다(여성가족부, 2014). 서비스 단계는 〈그림 10-1〉과 같다.

그림 10-1   두드림 · 해밀 서비스 흐름도

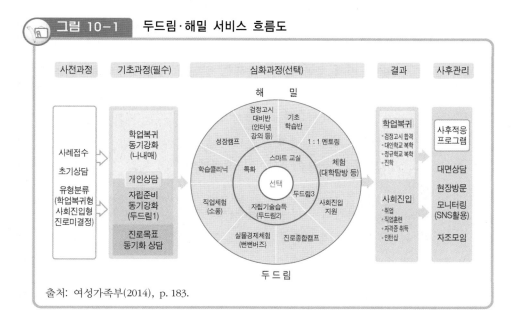

출처: 여성가족부(2014), p. 183.

(3) 청소년 우울증

1) 청소년 우울증의 정의

우울장애가 있는 사람은 일상생활에서 기분이 울적하거나 기운이 없어지고 거의 모든 활동에 대해 흥미나 즐거움을 느끼지 못하게 된다. 또한 식욕이 없어지거나 지나치게 증가해서 몸무게가 갑자기 줄거나 늘고 잠을 잘못 이루거나 잠을 깊이 자지도 못하고 자주 깨며 후회를 많이 하거나 괜한 걱정을 하기도 한다. 지속적으로 슬픔, 허무감 또는 부적절한 죄의식을 자주 느끼고 비관적이 되어 죽음에

대한 생각을 많이 하며 심지어는 자살을 할 생각을 하거나 실제로 자살을 하기도
한다. 이러한 상태가 지속적으로 2주 이상 매일 나타날 때 우울장애로 진단된다.

2) 청소년 우울증의 원인

첫째, 가계에 내려오는 가족병력이 있을 경우 우울증을 미리 의심해볼 수 있
다. Hammen(2009)에 의하면 우울증을 겪은 부모의 자녀는 우울하지 않은 부모의
자녀에 비해 청소년기에 우울 삽화를 경험할 가능성이 3~5배 높고 부모가 우울증
이 아닌 다른 정신 장애를 갖고 있는 경우에도 청소년 자녀의 우울증 위험성은 증
가한다(권호인, 2012: 23, 재인용).

둘째, 가정의 구조적인 결손이나 기능적인 결손이 장기간 지속되었을 때 청소
년들의 정서에 영향을 미쳐 우울감이 지속되는 원인이 된다. Reinherz 외(1993)에
의하면 15세 이전의 부모 사망은 청소년 우울증의 원인이 될 수 있다(권호인, 2012:
24, 재인용). 아동기 때의 중요한 인물의 상실경험, 이혼, 부모와의 사별이 우울증
의 원인이 될 수 있고 부모가 생존해 있을지라도 부모와의 불안정한 애착관계가
우울증상을 초래하고 증가된 우울증상이 또래관계에 어려움을 가져온다(김은진·
이정윤, 2009).

셋째, 학업이나 대인관계의 실패로 인해 자존감이 심하게 손상되거나 자신감
이 결여되어 심리적으로 위축상태에 있을 때 우울감이 증진될 수 있다. 권호인
(2012)에 의하면 우울증의 대인관계 이론은 우울한 사람들이 타인으로부터 부정적
반응을 이끌어내는 부적응적 행동을 하며 결과적으로 스트레스를 유발할 뿐만 아
니라 대인관계의 갈등을 겪는다고 제안하고 있다.

3) 청소년 우울증의 특징

특히 청소년 우울증의 특징은 고통스런 감정을 견디지 못해 난폭행동이나 비
행, 본드·환각제 남용 등의 문제로 나타나는 경우가 많다. 또한 기분이 과민한 상태
가 되어 작은 일에도 쉽게 화를 내는 경향을 보이기도 한다(한국청소년학회, 2000: 158).

아동기때의 정서는 강하지만 일시적이다. 그러나 중학생이 되면 이것이 비교
적 오래 지속되어서 한 가지 기분을 지속적으로 갖는 일은 드물지 않다. 중학교
3학년쯤 되면 화내는 일이나 슬픔, 기쁨이나 즐거움 같은 것을 밖으로 나타내지

않고 슬퍼도 아무 일도 없었던 것처럼 가장할 수도 있고 기뻐도 얼굴에는 불평스러운 얼굴표정을 보이는 경우도 있다. 아동기때와 달리 불평, 불만, 불안, 슬픔을 속으로 간직하고 있는 경우가 많기 때문에 아이들 마음 속의 진실을 알아내기 위하여 주의해서 행동을 살펴보아야 한다(김재은, 1996: 54). 많은 연구들이 공통적으로 내리는 결론은 청소년 우울증을 장기적으로 방치할 때 나중의 결과는 매우 치명적이므로 이를 조기에 발견하고 치료를 해야 한다는 것이다. Wickrama 등(2012)에 따르면 우울증의 청소년들은 열악한 인생 상황 속에서 갇혀 살게 되는데 우울감은 사회경제적으로 성공하는데 실패하게 하고 안 좋은 사회경제적 상황은 후에 다시금 우울감에 빠져들게 한다. 특히 자살원인의 하나가 깊은 우울증이다. 우울감이 지속되고 깊어지면 자살로 이어질 수 있다는 점이다. Chabrol 등(2007)의 연구에 따르면 미약한 혹은 심한 우울증 증상이 없는 소년·소녀들의 경우에는 자살사고의 수준과 자기 자신을 죽이고 싶다는 횟수가 매우 낮은 반면에 미약한 혹은 심한 우울증 증상이 있는 소년·소녀들의 경우에는 자살사고 횟수와 죽이고 싶은 빈도수가 높았다.

Kovacs(1996)에 의하면 청소년 우울증은 남자에 비해 여자가 더 취약한 경향이 있다. 아동기에는 남녀의 우울비율이 비슷하지만 청소년기로 진행하면서 여자가 남자에 비해 뚜렷하게 우울증상이 증가하는 경향이 있다(김명식, 2008: 646, 재인용). 특히, Ritakallio 등(2008)에 의하면 우울증 병력이 있는 소녀들은 우울증 병력이 없는 소녀들보다 2배로 지속적인 반사회적 행동을 보인다. 이처럼 Hankin 외(2007)에 따르면 소녀들이 소년들보다 특별히 우울증상과 같은 영역에서, 감정적인 면을 내면화하는 경향이 있다. 남자청소년들보다 상호인간관계적인 면에서 우울증적인 증상과 스트레스 인자들을 보고한다. 이들의 연구결과에 따르면 소녀들은 일시적인 또래집단 스트레스와 만성적인 가정불화에 소년들보다 더 우울증상을 보인다. 따라서 우울증 교육방안도 여자청소년과 남자청소년을 고려해서 모색해보는 것이 바람직할 것이다.

청소년기동안에 경험한 신체적 변화, 독립에 대한 증가하는 기대치, 사회적 환경의 변화와 같은 스트레스적인 상황에서 비롯된 감정적 그리고 행동적 어려움들은 청소년기동안에 증가하지만 성인초기동안에 감소한다. 한 예로서 성인기의 우울증상의 감소는 감정을 조절하는 역량의 증가 때문이다(Larson *et al.*, 2002a). 그

러나 연구결과들은 많은 청소년들의 우울감이 성인기에 걸쳐서도 지속됨을 보여
준다. 안정된 사회경제적 상황은 과거의 경험을 억누르고 현재와 미래로부터 과거
를 분리하는 "시간 분리"에 도움이 된다(Wickrama *et al.*, 2012). Wickrama 등(2012)
에 따르면 후기청소년부터 성인초기에 걸친 지속적인 우울증상은 경제적인 상황
과 직업적 성취에 의해 부분적으로 조절된다. 사회경제적 성취의 다양한 국면은
남성과 여성 모두에게 우울증상의 지속을 조절하는 역할을 한다. 안정된 직장은
현저한 보호인자로서 작용하며 스트레스였던 과거를 억누르는데 효과적이다.

또한 이들의 연구에 따르면 성별에 따라 차이를 보였는데, 남성들의 경우에는
교육적 성취를 통해 경제적 안정에 관련된 걱정과 스트레스의 감정들을 완화할 수
있는 반면에 여성들의 경우에는 그들이 실질적으로 안정된 직장을 얻을 때까지 자
신감을 느끼지 못하는 면이 있다.

4) 청소년 우울증 실태

Rutter(1986) 의하면 우울증의 빈도는 청소년기에 이르러 크게 증가추세를 보
여 청소년층의 우울증은 성인보다 더 높은 빈도를 보인다(김은정·오경자, 1992: 119,
재인용). 청소년 우울증은 자주 발견되는 청소년기 증상으로 청소년기가 성장과 발
달단계에서 전환기로서 많은 변화를 경험하는 시기이기 때문이다. 청소년기는 신
체적 변화뿐만 아니라 정서적으로도 불안정하고 인지적으로도, 충동성의 조절도
미숙한 상태지만 이 시기에 중요하게 학업성취도 해야 한다. 더불어 요청되는 여
러 가지 발달과제로 인해 스트레스가 너무나 많고 내적 갈등이 심해진다. 이혜련
외(1991)에 의하면 아동과 청소년을 대상으로 한 정서 및 행동문제 연구에서 우울
증이 가장 높은 수치를 보였고 같은 연령의 미국 아동 및 청소년과 비교할 때 모든
연령에서 현격히 더 높은 점수를 나타냈다(한유진·유안진, 1994: 2, 재인용). 즉, 이
러한 연구결과는 우리나라의 아동과 청소년이 가장 보편적인 심리적 어려움이 우
울증이라는 것을 시사해주고 있다(한유진·유안진, 1994: 2).

국내 청소년들이 받는 학업스트레스는 세계 최고수준이다. 한국청소년정책연
구원이 2010년 한국, 미국, 일본, 중국의 고등학생 7,293명을 대상으로 실시한 '4개
국 청소년 건강실태 국제비교조사' 결과 국내 청소년들이 '최근 1년간 스트레스를
느꼈다'고 답한 비율은 87.8%로 4개국 중 가장 높은 것으로 나타났다. 우리나라 학

생들은 특히 '공부문제(72.6%)'로 가장 스트레스를 많이 받고 있었고 중국(59.2%), 미국(54.2%), 일본(44.7%)에 비해 스트레스 강도가 가장 높은 것으로 조사되었다(최인재·이기봉, 2010). 청소년 시기는 학업이외에도 여러 가지 발달과업을 수행해야만 하는 스트레스가 심한 시기인데(SeiffgeKrenke, 2000) 이렇듯 심각한 학업스트레스에 따른 청소년 우울증은 나아가 자살로 이어질 수 있기 때문에 이에 대한 교육이 시급한 실정이다.

5) 청소년 우울증 교육방안

우울증을 과소평가하거나 정신력의 부족으로 치부했던 적이 있었다. 그러나 청소년 우울증은 청소년의 심리적 기능장애의 잠재적인 장기적 결과물로 해석된다. 이와 같이 청소년 우울증은 일시적인 경험을 반영하는 것이 아니라 건강한 친구관계의 형성과 같은 주요 청소년 발달과업과 사회적 기술의 성숙을 방해하는 사라지지 않는 상처를 남긴다(Kochel et al., 2012). 또한 한창 학교생활에 몰입할 시기인 청소년기에 경험하는 청소년 우울증은 학교적응에도 부정적 영향을 미치는 것으로 조사되었다(김명식, 2008).

이상의 연구결과들은 청소년 우울증 환자들에 대한 조기 중재노력과 예방에 대한 중요한 시사점을 제공한다. 특히, 준임상적인 무증상의 우울증일지라도 친구관계형성을 훼손할 수 있으며 치료노력은 우울증 증상 및 이와 관련하여 파생되는 손실의 악영향을 최소화하는데 맞추어져야 한다(Kochel et al., 2012). 따라서 정신 및 의지의 박약이나 나약으로 간주하지 말고 지나치게 우울하거나 불안해져 학업능률이 떨어지고 일상생활에 어려움이 있다면 정신건강 의학과 전문의에게 전문적 치료를 받아보는 것도 좋은 방안이 될 수 있다. 또한 규칙적인 생활습관, 균형있는 식단 등도 학생들의 정신건강에 좋은 관리법이다.

① 가정교육

부모와 학교의 지원은 청소년의 개인적인 차원의 정신건강에 매우 중요한 요소이다. 가까이 접하고 있는 지역사회의 구성원들로부터 지원을 받고 있다고 느끼는 것은 청소년기의 정신 건강의 발달에 매우 중요하다(Robinson & Garber, 1995). 무엇보다 청소년 우울증에는 가족의 협력과 지원이 필수적이다. 평소 잦은 의사소통과 식사 및 여가활동으로 청소년 우울증을 미연에 방지해야 하겠다.

② 학교교육

Millings 등(2012)에 따르면 학교 연계성(school connectedness)은 청소년들의 정신적 건강과 매우 밀접한 관계를 가진다. 학교 연계성이 낮으면 청소년 우울증은 높아지는 부적 관련성을 가지고 있다. 이러한 부적 관련성은 자기존중감과 또래친구 애착 유형에 의해 완화되는 것으로 나타났다. 친구에 대한 불신으로 특징되어지는 불안전한 애착 유형은 불안, 회피 유형보다 우울증을 설명하는 강한 변인이었다. 따라서 학교차원의 우울증 치료를 위한 교육 방안은 단순히 학교연계성을 높이는 방안만을 강구하기 보다는 자기존중감을 높이면서 동시에 또래친구 애착관계를 증진시키는 교육 방안이 되어야 할 것이다. 창의적 활동실시에 있어서 청소년들의 자기존중감을 향상시키는 내용을 담고 있는 프로그램을 선택·활용하는 것도 좋은 교육적 방안이 될 것이다.

Calear과 Christensen(2010)은 28개의 우울증 치료를 위한 학교기반(School-based) 프로그램의 효과성을 연구하였다. 프로그램의 대부분은 인지행동요법(Cognitive behavioural therapy)에 기반을 두었고 정신건강전문가나 대학원생들에 의해 8에서 12세션에 걸쳐서 실시되었다. 8세션보다 짧거나 12세션 이상을 넘게 되면 효과면에서 덜 성공적이었다. 결론적으로 프로그램은 우울증이 심각해지는 학생들에게 효과적인 것으로 나타났지만 전문가가 아닌 교사나 적절히 훈련된 학교 직원(예: guidance counsellors)에 의해 진행된 프로그램은 효과가 미약한 것으로 나타났다. 이러한 연구결과는 정신건강전문가나 프로그램 개발자에 의해서 진행된 프로그램이 더 효과적이라는 것을 보여주고 있다. 현재 우리나라도 전문상담교사자격증 취득 등 현직교사가 상담관련 대학원에 진학하여 전문성을 더욱 개발하고 있어 매우 고무적인 현상이 아니라 할 수 없다.

③ 사회교육

우울증 증상을 가진 중학교 청소년들에게는 사회적 역량, 그리고 사회적 지원이 우울증 증상과 낮은 학업성적과의 연관성을 조절하는 것으로 나타났다. 여기에서 사회적 지원이란 부모, 교사, 가까운 친구들, 급우들로부터의 지원을 의미한다. 공존우울(comorbid depressive)증상과 행동문제증상을 수반하는 청소년들은 낮은 사회적 역량과 사회적 지원이 관련 있는 기능(상호대인적인 관계, 학교에서의 수행기능, 여가시간의 사용 등)의 손실을 설명할 수 있다. 공존증상을 가진 청소년들은 하나의 증상을 가진 청소년들보다 기능면에 더 뒤처짐을 보였다. 또한 공존우울증상과 행동문제증상을 가진 청소년들은 우울증 증상이나 혹은 하나의 행동문제증상을 가진 청소년들보다 더 적은 사회적 지원과 낮은 수준의 사회적 역량을 나타냈다. 낮은 사회적 역량, 지원, 열등한 기능적 산출물들 사이의 연관성은 문제가 하나있는 그룹보다 공존증상 그룹에서 더 강하게 나타났다. 즉, 낮은 사회적 역량과 사회적 지원은 공존증상을 발달시키는 위험인자일 뿐만 아니라 공존증상을 가진 청소년들에게 열등한 기능적 산출물을 양산시키는 주요인으로 작용하였다(Rockhill *et al.*, 2009). 따라서 사회적 역량을 기를 수 있는 교육적 프로그램이 많이 개발·보급되어야 할 것이다. 사회적 지원이란 또한 지역사회 내에서 우울증 증상을 가진 청소년들을 상담·교육할 상담사, 청소년 지도사 및 멘토들을 포함할 수 있기 때문에 이러한 지역사회 내 인적자원 인프라를 충분히 활용할 교육 방안을 강구해야 할 것이다.

(4) 청소년 자살

1) 청소년 자살의 정의

사전적 의미의 자살(suicide)이란 스스로 자기 생명을 끊음을 의미한다. 어원을 살펴보면 자기 자신(Sui)을 죽인다(Caedo)는 라틴어에서 왔다. 자살에 관한 용어를 살펴보면 자살 생각이나 자살 충동은 자살하고 싶다는 생각이나 충동을 말한다. 자살 시도란 죽기 위한 행동이며 이는 성공 또는 실패하는 경우 모두 포함된다(한국청소년학회, 2000: 326).

2) 청소년 자살의 원인

가족 관계, 정신병, 삶의 스트레스 그리고 자살사고(suicide thoughts)는 청소년 자살시도를 유발할 수 있는 요인들이다. 오래 지속되어 온 신체적 학대, 좋지 않은 가족관계, 내재화된 그리고 외현화된 문제들, 최근의 삶의 스트레스들은 조절변인으로서 자살에 영향을 미치며 동시에 자살사고와도 관련되어 있다. 특히 아동기 이후 오래 지속되어 온 신체적 학대는 가정 내 위험요인으로서 청소년 자살 시도로 발전되는 첫 번째 단계이다. 학대는 안 좋은 가족관계, 내재화된, 외현화된 문제와 첫 번째로 관련이 있다. 학대는 또한 자살에 직접적인 영향을 끼칠 정도로 영향력이 매우 강하다.

또한 불안과 우울감 등 내재화된 감정들은 청소년들로 하여금 그들이 직면하게 되는 삶의 스트레스의 부정성과 영향력을 더욱 확대해석하게 만든다(Wan & Leung, 2010). 이와 같이 청소년 자살은 청소년 우울증과 매우 깊은 연관이 있다 (Chabrol et al., 2007). 이밖에 충동성, 공격성, 반항과 같은 외현화된 문제들은 청소년들에게 위험하고도 위태로운 방법으로의 행동을 부추긴다. 결과적으로 이는 청소년들로 하여금 더 잦은 삶의 스트레스를 경험하게 한다(Wan & Leung, 2010).

Thorlindsson과 Bernburg(2009)에 따르면 주거지 이동과 부모의 불안정성(양쪽 부모와 같이 살지 않는 비율)이 자살적 행동에 유의미한 영향을 미치는 것으로 나타났다. 이들의 연구에 의하면 부모의 높은 교육수준은 자살시도의 비율을 감소시키는 것으로 나타나 부모요인도 자살요인에 중요하게 포함된다는 사실이 입증되었다. 이외에도 Portzky 등(2009)에 의하면 자살 청소년들은 과거에 미디어와 친구들에 의해 빈번히 자살행동에 노출이 되어 있었고 관련문제들을 경험한 것으로 나타났다.

3) 청소년 자살의 특징

청소년기는 아동에서 성인으로 성장하는 전환기로서 신체적, 심리적 발달이 급격히 일어나는 시기이다. 또한 청소년기에는 기존 사회질서와 규범을 습득하고 그것을 내면화하는 동시에 자신에게 부여된 각종 인지, 정서, 행동발달 과업을 수행해야 한다. 특히 청소년 초기와 청소년 중기는 기본적인 스트레스 인자와 함께 발달 과업도 함께 증가하는 시기이다(SeiffgeKrenke, 2000). 또한, 청소년기에 학업이라는 과제는 청소년들에게 벗어나기 힘든 커다란 부담이자 스트레스이다. 이렇듯 청소년기 특성으로 인해 다른 연령층에서 보이는 것과는 상이한 청소년들만의 자살특성을 갖게 된다. 청소년의 자살특성을 살펴보면 아래와 같다(오승근, 2006: 13).

첫째, 청소년 자살은 충동성에 의해 발생되는 경우가 많다. 청소년들이 자살을 계획적으로 시도하기보다 충동적인 감정에 이끌려 자행하는 경우가 많다.

둘째, 청소년 자살은 정신질환을 통해 발생하기 보다는 일반적인 사건이나 스트레스를 통해 자살을 감행하는 경우가 많다. 평소에 잘 기능하던 청소년들도 갑작스런 스트레스나 어려움을 피하려는 충동적인 욕구, 남을 조종하려는 의도, 자신에게 부당하게 대했다고 생각하는 가족이나 친구들에 대한 보복 등이 자살을 결

정하게 한다

셋째, 청소년 자살은 평상시 유대관계를 갖고 있었던 대상, 예를 들어 인터넷 자살 사이트 등을 통해 동반 자살을 감행하거나 모방 연쇄 자살을 하는 경우가 성인들보다 많다. 청소년들은 의미 있는 타인뿐만 아니라 연예인 등의 자살에도 쉽게 영향을 받는 베르테르 현상이 좀 더 심하게 나타날 수 있다(배주미, 2013).

넷째, 청소년 자살은 자살 시도율에 비해 자살 성공률이 다른 연령대에 비해 낮다. 이와 같이 청소년 자살 시도율이 높은 것은 청소년들이 자신의 삶을 완전히 포기한 것이 아니라 자신의 괴로움을 바깥으로 표출하는 동시에 외부의 도움을 요청하는 행위인 것이다. 즉, 괴로움의 왜곡된 표출이다.

다섯째, 청소년들은 환타지 소설류나 인터넷 게임 등의 영향으로 생과 사를 혼동하는 생사관을 갖고 있기 때문에 생과 사의 세계를 혼돈하여 도피수단으로서 사후세계를 지향할 수 있다.

여섯째, 청소년 자살은 성인에 비하여 촉발 사건들이 자살에 직접적인 영향을 준다. 즉, 청소년들이 자살을 시도할 때 직전의 사건들의 영향이 크다는 사실을 의미한다.

이외에도 아동기때부터 지속되어온 신체적 학대, 가족 문제, 내면의 정서적 문제들은 오랜시간을 두고 발달되어 불안장애 혹은 우울증으로 진전되기에 이러한 우울증을 매개로 하여 자살 시도로 이어질 수 있다.

이와 같이 청소년 자살의 특징은 오랜 시간을 두고 해결되지 않은 문제들에 대한 고민이 우울증으로 진전되어 혹은 충동적이고 주변 환경이나 외부로부터 영향을 많이 받는 특징이 있다. 또한 자살 시도율이 성공률에 비해 월등히 높으며 자살을 촉발시키는 사건에 의해 자살하게 되는 비율도 높다. 이러한 사실들은 청소년 자살이 교육처치나 성인들의 사려 깊은 중재로 미연에 방지할 수 있는 사안이라는 것을 나타내고 있으며 성인 자살에 비해 상대적으로 예방하기 쉽다는 것을 보여준다.

Chabrol 등(2007)의 연구에 따르면 소년들의 경우에는 긍정적 감정의 손실이 자살사고의 중요한 원인이 된다. 이들의 연구에 따르면 우울증에 걸린 소년들은 우울증 소녀들보다 감정의 손실을 걱정한다. 결론적으로 무쾌감증을 가진 소년들은 소녀들보다 더 자살을 감행하기 쉽다. 또한 무쾌감증과 자살사고의 관련성이 나타났으나 무쾌감증과 자살시도의 관련성은 나타나지 않았다. 소년, 소녀 모두에서 상호대인관계 면에서의 부정적 인식이 자살사고로 이어지지 않았다. 이 연구에 의하면 대인관계적인 문제들은 직접적으로 자살사고로 이어지기 보다는 우울증의 경로를 통해서 연결이 될 것 같다. 청소년 우울증에는 여러 차원의 증상들이 있고 각각 다르게 자살사고와 자살시도에 관련되어 있다. 또한 우울증 증상과 자살행동 사이에는 성차가 존재하기 때문에(Chabrol et al., 2007) 각각에 맞는 의학적, 교육적 처방이 고려되어져야 할 것이다.

이러한 청소년 자살의 특징을 감안한다면 청소년 자살의 예측이 가능하다. 첫째, 우울감이 지속되고 식사와 수면장애, 학교가기 싫어하기, 점증적으로 사회적

표 10-3 청소년 자살에 대한 잘못된 통념

잘못된 통념	올바른 사실
자살을 생각하거나 시도했던 사람은 언젠가는 자살하게 된다.	효과적 대처로 자살위기를 잘 해소할 수 있다.
자살 위기가 지나가면 청소년은 더 이상 자살할 위험이 없다.	자살의 재시도는 쉬우며 자살 동기에 대해 관심을 기울이지 않으면 더 쉽게 재시도를 할 가능성이 있다.
언제나 메모를 남긴다.	소수의 학생과 10대 청소년만이 메모를 남긴다.
경고가 없다.	절망과 자살욕구에 대한 말이나 행동을 암시한다.
자살을 자기입으로 언급하는 사람은 결코 실제로는 자살하지 않는다.	자살자의 10명 중 8명이 실제로 타인에게 자살에 대해 암시한다.
사회경제적으로 하위계층이 더 많이 자살한다.	전체 사회경제 계층과 문화집단에 해당하는 문제로 남녀노소, 계층불문하고 발생한다.
정신적 질병이 있거나 의기소침해 있다.	자살은 문제상황에 대한 비효과적이고 부적절한 해결 방식으로서 문제해결능력이 없는 경우 누구나 자살을 생각할 수 있다.
특정 유형의 사람만이 자살한다.	모든 유형의 사람들이 자살할 수 있다.
사전경고가 없다.	절망과 자살욕구에 대한 말과 행동이 사전에 감지된다.
자살에 대해 이야기할 때 화제를 돌려야 한다.	진지하게 다루고 조심스럽게 경청하고 자신의 감정을 표현할 기회를 주어야 한다.
자살을 하는 사람은 진짜로 죽기를 바란다.	대부분 자신이 죽기를 원하는지에 대해 스스로 혼돈스러워 한다.

출처: 구본용 외(2010), pp. 166-167.

인 것을 포기하고 다른 사람과의 고립의 증가의 증후가 나타나면 자살시도 가능성을 의심해 볼 수 있다. 부모나 다른 의미있는 타자가 전에 자살기도가 있었는가, 자살을 시도하게 한 사건들의 묶음 이전에 자살을 시도한 적이 있으면 잠재적으로 다시 그럴 가능성이 있다.

일본의 경우, 학생들의 자살시기가 4월, 9월, 12월이라는 점을 감안할 때 청소년들의 자살행위가 학교교육과 밀접한 관계가 있음을 알 수 있다(권이종 외, 1998: 177). 우리나라도 청소년 자살의 문제를 이제는 개인적 문제로 치부해 버릴때가 아닌 것 같다. 청소년들의 자살을 방관 내지는 조장하고 있는지 살피는 한편 더욱 적극적인 학교 및 지역사회의 중재노력이 필요한 시점이다.

4) 청소년 자살 실태

통계청의 2011 사망원인 통계를 보면 암, 뇌혈관 질환, 심장질환 다음으로 고의적 자해(자살)가 4위이다. 연령대별로 10대·20대·30대에서는 자살이 사망원인 1위, 40대와 50대에서는 2위이다. 2011년 청소년 통계에 따르면 2009년 기준으로 인구 10만 명당 청소년 자살자 수는 2008년보다 13.5명보다 늘어난 15.3명으로 되어있다. 10년 전인 1999년에는 10.1명 수준이었다. 초·중·고생의 2006년 108명, 2007년 142명, 2008년 137명이었다. 2010년 15~19세 청소년 자살률은 10만 명당 8.3명으로 증가하였는데 전체적인 15~19세 사망자 수가 감소한 것에 비해 자살 사망은 증가하여 2009년의 경우에는 15~19세의 청소년 사망원인 1순위가 자살(인구 10만 명당 15.3명)로 2순위인 교통사고보다 두 배 가까이 높았고 15~19세 청소년 사망원인 중 자살 비중은 2000년 약 13.56%에서 2010년 약 28.24%로 두 배 이상 증가하였다. 또한 10~14세 아동청소년의 자살 사망자도 2000년 3.74%에서 2010년 14.63%로 4배 이상 증가하고 있으며 1~24세 인구 사망원인 1위가 자살로 집계되고 있다. 또한 다른 OECD국가들은 15~19세 청소년 자살 사망률이 전반적으로 감소추세를 보이는 것에 비해 국내에서는 지속적인 증가 추세를 보이고 있다(배주미, 2013: 32).

김태선(2005)의 연구조사에 따르면 중고등학생 전체 응답자 3,117명 가운데, 자살에 대해 생각해본 경험이 있는 경우는 1,434명(46.0%)이었고, 자살의 방법까지 생각해본 경우는 433명(13.9%), 실제 자살을 시도한 경험이 있다는 응답은 198명

표 10-4	청소년(15~24세) 사망원인			(단위: 명/청소년 인구 10만 명당)	
	1위	2위	3위	4위	5위
1999	운수사고 (19.8)	자살 (10.1)	암 (5.1)	익사사고 (3.2)	심장질환 (2.3)
2000	운수사고 (19.3)	자살 (8.7)	암 (4.9)	익사사고 (3.5)	심장질환 (1.8)
2008	자살 (13.5)	운수사고 (9.2)	암 (3.7)	익사사고 (1.3)	심장질환 (0.9)
2009	자살 (15.3)	운수사고 (8.4)	암 (3.8)	심장질환 (1)	익사사고 (18.1)
2010	자살 (13)	운수사고 (8.3)	암 (3.6)	심장질환 (1.2)	익사사고 (1.0)

출처: 통계청(2011).

(6.4%)이었다.

5) 청소년 자살 교육방안

현재 우리나라에서 실시되고 있는 자살예방교육기관을 살펴보면 한국청소년 상담복지개발원, 시·군·구 청소년상담복지센터, 생명의 전화, 자살예방전화, PC 통신 상담 기관 등이다.

① 생명의 전화

생명의 전화는 1588-9191로 전화하면 24시간 365일 의료상담, 종교 인생상담, 일반면접상담, 법률상담, 사이버 상담, 위기, 자살, 청소년, 가정 기타문제에 관한 상담을 실시한다. 청소년들을 상대로 오프라인에서 상담하는 것보다 인터넷상과 전화상에서 상담하는 것이 더 쉽고 대화진행도 더 잘되기 때문에 제한된 시간과 공간을 초월하여 위기에 처한 청소년이 자신의 필요와 편의에 따라 쉽게 상담할 수 있다. 생명의 전화에서 실시하는 자살예방전문 교육으로는 AIR Training(Awareness, Intervention, Referral Training)자살예방 상담전문가 양성과정이 있으며 지역사회 자살예방교육을 실시하여 교정기관(교도소, 구치소), 군부대, 학교, 시설 및 단체 등 원하는 기관 특성에 따라 방문 교육을 실시하여 자살예방교육을 진행하고 있다.

② 자살예방전화

생명의 전화 외에도 자살을 막기 위해 도움의 손길을 내주는 제도들이 있다. 전화상담으로는 보건복지부에서 운영하는 보건복지콜센터 129번과 전국 보건소가 운영하는 정신보건센터 자살예방 핫라인 1577-0199번(전국 동일)이 있다. 두 전화 모두 365일 24시간 운영된다. 특히 129번은 지인에게서 자살 징후가 발견되거나 자살 시도자를 목격해 긴급한 대응이 필요할 때 전화하면 가장 가까운 곳에 있는 119 구조대를 바로 연결해 현장에 출동하도록 한다. 자살이 곧 벌어질 수 있는 응급상황을 적극 막아야 할 때 도움을 청할 수 있는 번호다. 또 전국 8개도에 있는 광역정신보건센터와 175개 시군구 정신보건센터는 1577-0199번을 통한 심층 전화 상담뿐 아니라 대면 상담 및 심리 치료, 자조모임을 통한 치유 등의 프로그램을 제공하고 있다.

③ PC통신 상담 기관

PC통신 상담기관으로는 한국청소년상담복지개발원의 온라인 사이버상담센터, 사랑의 전화 상담센터, YMCA 청소년 상담실, 서울시 청소년 상담복지센터, 청소년 정보마을, 청소년 폭력 예방 정보, 청소년 대화의 광장, 둘리 마을 고민 상담실, 등대 청소년 상담센터 등이 있다. 이 상담 기관들은 청소년들이 쉽게 접근할 수 있으며, 위기 상담이나 자살 상담이 이루어진다.

청소년 자살 예방 방안에 대해서 가정, 학교, 사회의 세 측면으로 접근하여 살펴보면 다음과 같다.

① 가정교육

가정의 불화, 가족구성원들 간의 부정적인 상호작용, 학대 등은 청소년들의 자살사고, 자살시도의 조절변인이므로 가정의 화목과 가족관계의 개선은 일차적인 예방책이라고 할 수 있다. 부모 및 형제를 포함한 가족구성원들은 청소년 자녀가 있을 경우 사춘기라서 혹은 시험기간이라서 등의 이유로 청소년 자녀의 우울증상을 간과하고 있지나 않은지 면밀히 살펴보아야 한다. 혹은 우울증상이 판명된 경우라도 개인의 정신력 부족이나 나약함 등으로 치부해버리기 쉬운데 이러한 점도 특히 유의해야 할 사항이다. 왜냐하면 앞서 언급한 대로 우울증은 자살과 깊은 연관이 있기 때문이다(Chabrol et al., 2007). 부모는 상담치료나 항우울증제 치료를 통해 자녀의 초기의 가벼운 우울증이 심각한 우울증으로 발전되지 않도록 주의를 기울여야 한다. Portzky 등(2009)에 따르면 자살 청소년들은 자살 생각과 관련하여 부모들과 대화를 거의 하지 않았으며, 처방을 받은 적도 없고 동시에 정신장애의 동반질환도 없었던 것으로 나타났다. 부모에게 언어적 신호를 보내지 않았기 때문에 도움을 구하려는 시도로 이어지지 않았고, 따라서 이것은 결국 어떠한 처방노력으로 이어지지 않았다. 또한 자살 청소년들에게는 정신장애의 동반질환이 거의 없었기에 자살시도를 의심할 만한 증상들이 친척들이나 친구들에게 목격되지 않았고 따라서 주위의 처방노력도 부족할 수밖에 없었다. 이렇듯 이들의 연구에 따르면 자살 청소년들은 부모들과 평소에도 대화를 자주 하지 않는 것으로 나타났다. 이와 같이 외현화된 행동들과 증상들은 충분히 관찰될 수 있기에 자살가능성이 있는 청소년들이 보내는 신호 경고로 해석할 수 있다.

또한 가정에서 무엇보다 청소년 자신의 자살예방이 중요하다. 따라서 다음과 같이 청소년 자신이 스스로에게 질문을 던져보는 것이 필요하다.

첫째, 청소년 자신의 문제해결 능력 및 대처기술의 증진이 필요하다. 자살충동에 대하여 스스로 '다른 대안은 없는가', '죽는 것만이 유일한 해결책인가'라는 질문을 던지고 이에 대하여 지속적으로 생각할 수 있도록 훈련하는 것이 큰 도움이 될 것이다. 본서의 6장에 나오는 합리적 상담기법을 이용하여 상담자와 꾸준한 훈련을 하는 것이 필요하다.

둘째, 자기조절을 통해서 적개심과 공격성을 감소시키는 것도 중요하다. 자신이 화가 나거나 흥분해 있다는 점을 깨닫고 더불어 자신이 왜 화를 내는지 되짚어본다거나 긍정적인 자기 암시를 하는 것이다.

셋째, 미래의 긍정적인 결과를 생각하고 가족이나 친구, 상담원 등 자신을 이해해 줄만한 사람과 대화를 시도해야 한다.

넷째, 가끔씩 기분전환을 시도하는 것이다. 그래도 자살하고 싶은 마음이 계속 생긴다면 주저 없이 병원을 찾을 수 있는 용기가 필요하며 우울증이 요인인 경우에는 약물치료를 받도록 한다(김시업 · 한중경, 1999).

최근 들어 우리사회에서도 모범생이고 학업성적도 우수하여 겉으로는 아무 문제가 없어 보이는 청소년들이 공부에 대한 압박감을 호소하는 내용의 유서 등을 쓰고 목숨을 끊는 사례가 심심찮게 일어나 기성세대를 놀라게 하고 있다. 가족 간의 불화, 아동 학대, 친구간의 대화의 단절, 그리고 그들의 부모가 청소년의 자살 시도에 눈에 띄는 병리학적 역할을 하고 있기 때문에 청소년뿐만 아니라 부모들도 참여하는 정신치료학적 프로그램이 요구된다. 청소년 자살을 미연에 방지하기 위해서는 가정에서 아동과는 다른 청소년들의 내면을 충분히 이해하는 것이 중요하고 자살은 정신질환에 시달리거나 문제가 있는 특정청소년에게만 해당되는 사항이 아니라는 것을 인식하는 것이 무엇보다 중요하다. 즉, 모든 일반청소년들에게 해당되는 일이며 이에 자주 대화하고 고민을 토로하게 하는 예방차원의 교육을 한다면 이러한 비극을 조금이라도 미연에 방지할 수 있다 하겠다.

다음은 권이종·김용구(2011)가 제안하는 자살상담에 대한 유의사항이다.

---

* 자살상담에 대한 유의사항
- 지금 어디에서 전화를 걸고 있는지, 전화번호를 알려 줄 수 있는지를 물어라.
- 언제까지나 친구가 되어줄 수 있음을 전하라.
- 자살이 아닌 다른 방법이 있다는 것을 전하라.
- 자살은 언제든지 다시 시도할 수 있음을 확인시켜라.
- 내담자의 힘, 장점, 잠재력 등을 찾아 자살하기에는 아깝고 억울함을 전하라.
- 그래서 스스로의 힘으로 인생에 대한 가능성을 보도록 하라.
- 내담자에게 느껴지는 개인적이고 긍정적인 피드백을 수시로 주라.
- 자신의 죽음을 가장 슬퍼할 사람이 누구인지를 그리고 왜? 인지를 찾으라.
- 죽지 않을 수도 있는 근거, 혹은 살아가야 할 이유를 찾으라.
- 죽지 않겠다고 약속을 하고 상담이 종료될 기미가 보이면 전화를 끊고 나서 할 일을 함께 이야기를 하라.
- 약속한 다음날, 혹은 며칠 후 확인전화를 하라.

출처: 권이종·김용구(2011), p. 142.

② 학교교육

자살을 생각해본 경험이 있는 청소년들에게, 자살하고 싶다는 생각이 들 때, 어떻게 해결하는가를 물었을 때, 가장 많은 대답은 시간이 흐르면서 잊어버린다(59.0%)이었고, 혼자 해결한다(29.0%), 친구와 의논한다(8.2%), 행동으로 옮긴다(2.3%),

부모님과 의논한다(1.2%), 전문가와 상의한다(0.3%), 교사와 상의한다(0.1%)순으로 응답하였다(김태선, 2005).

김태선(2005)의 연구에 따르면 자살을 생각해본 경험이 있는 청소년들에게, 그러한 생각을 실제 행동으로 옮기지 않았던 것은 무엇 때문인가를 물었을 때, 용기가 없어서(28.9%), 부모님이나 주위 사람 때문에(26.3%)이라는 응답이 많았으며, 그 외에 내 생명이 아까워서(20.1%), 자살 생각이 자연스럽게 사라져서(18.3%), 자살을 생각하게 만든 문제가 해결되어서(4.9%), 자살방법을 몰라서(1.4%)가 있었다. 따라서 청소년 자살은 부모나 학교 교사 등 주변 사람들의 도움이 필요하고 이들이 적극적으로 중재할 경우 충분히 막을 수 있다는 점을 알 수 있다.

이에 대해 자살의 방법까지 생각했던 청소년은 용기가 없어서라(35.4%)는 응답 자살 방법을 몰라서(3.2%)은 높았으며, 내 생명이 아까워서(15.8%), 자살 생각이 자연스럽게 사라져서(12.6%)라는 응답은 낮았다. 여기에서, 자살의 방법까지 생각해본 청소년은 위와 달리 혼자 해결한다고 응답한 경우가 41.0%로 많았으며, 자살을 시도한 청소년의 경우 혼자 해결한다는 응답이 44.8%로 이보다 높았다. 전체 청소년들이 연예인이나 일반인의 자살 소식을 들었을 때 갖게 되는 생각으로 가장 많은 생각은 어리석은 행동이라 생각한다(41.7%)이며, 슬프고 동정이 간다(23.6%), 나와 상관이 없다(17.6%), 자살에 대해 한 번쯤 생각해 보게 된다(15.2%), 용기있는 행동이라 부럽다(1.1%), 나도 자살하고 싶다(0.9%)순으로 응답하였다.

자살예방교육을 실시할 때, 어떤 방식이 좋겠냐는 질문에 학교수업에 포함(48.5%)하는 것에 대한 가장 많은 응답을 하였으며, 연예인 광고(18.6%), 소집단교육(16.3%)에 대해 비슷한 선호를 보였으며, 그 외 방과 후 특별활동(9.7%), 유인물이나 인쇄물 홍보(6.9%)순으로 효과적일 것이라 응답하였다. 학교에 선생님 외에 전문적인 상담자를 두는 것이 자살예방에 효과가 있을 것이라 생각하는지를 물었을 때, 약간 그렇다(35.9%)는 응답이 가장 많았으며, 그렇다(29.3%), 전혀 아니다(20.2%), 매우 그렇다(14.6%)의 순으로 응답하였다.

이렇듯 청소년들은 대체적으로 시간이 지나면 자살생각이 사라져버리기 때문에 자살에 대한 생각을 환기시킬 수 있는 유명인이나 연예인 자살뉴스보도 등을 대중매체에서 주요 뉴스로 그리고 심도 있게 다룰 필요가 없는데 최근에는 자살방법까지 적나라하게 공개하는 등 자라나는 청소년들에게 실로 악영향을 끼치는 보도들이 많다(김호, 2013).

③ **사회교육**

첫째, 우울증이나 정신질환으로 자살충동을 자주 느끼는 청소년, 자살시도가 있었던 청소년들을 조기 발견하고 치료한다.

둘째, 지지체제의 마련이다. 청소년기에는 정서적 지원과 보살핌, 사랑이 일생동안 가장 필요한 시기라고 해도 과언이 아니다. 청소년기가 되면 가정에서 지내는 시간보다 학교 및 지역사회에서 보내는 시간이 더 많기 때문에 학교, 지역사회 청소년 기관 등에서 자살예방교육프로그램을 제공하여 자살을 미연에 방지해야 한다. 전문상담가의 개별상담, 집단상담, 또래상담, 사이버상담 등 다양한 상담과 토론, 교육이 자살예방에 효과적이다.

셋째, 청소년 자살특징은 모방자살의 위험이 높다는 것이다. 청소년 자살이나 유명연예인, 고위층의 자살소식이 청소년들에게 매우 부정적인 효과를 끼치고 있다. 청소년들은 언론이 '자살소식' 자체만을 전하는 것에 대해서는 대체로 부정적으로 생각하는 것으로 나타났다. 언론이 연예인이나 일반인의 자살소식을 전하는 것에 대해 어떻게 생각하는가라는 질문에 별 생각이 없다(37.6%)가 가장 많았으나 이와 비슷한 정도로 예방적 프로그램을 같이 방송해야 한다(34.6%)고 하였으며 자살을 자극하게 되기 때문에 전하지 말아야 한다(17.1%), 자살 예방차원에서 보도해야한다(10.7%)의 순으로 응답하였다(김태선, 2005). 앞서 Portzky 등(2009)이 지적했듯이 미디어를 통해서 자살행동에 노출되는 것은 상당히 위험한 일인데 최근의 우리나라의 언론들은 이를 전혀 인식하지 못하는 듯하다. 자살에 대한 지나친 언론보도들을 자제하고 오히려 매스컴을 통해서 자살에 대한 인식을 개선시키고 생명의 존엄성, 인생문제의 의미와 다양한 해결방안 제시, 자살충동을 이겨낸 성공 사례 등을 통해 자살방지적 사회분위기와 인식의 전환을 유도해야 한다. 또한 청소년의 자살 사고 감소를 위해서는 인터넷에서 자살에 대한 정보를 얻고자 하는 청소년에게 우선적인 개입이 있어야 한다. 인터넷을 이용하여 자살관련 단어를 검색한 집단에게 자살의 위험을 높이는 정보에 노출되는 것을 방지하고 자살 예방 및 우울증 감소에 대한 정보와 정서적 지원을 해야 한다(최혜인 외, 2012). 이외에도 Thorlindsson와 Bernburg(2009)의 연구에 따르면 자살시도에 대한 지역사회차원의 대학교육은 자살시도율을 거의 88%나 감소시키는 것으로 조사되었다. 또한 지역사회를 벗어난 잦은 거주지 이동은 청소년 자살 시도율을 높이기 때문에 이러한 구조적 불안정성이 파악되었다면, 지역사회 내에서 이러한 위험요인들을 미연에 방지할 수 있는 사회적 기제를 만드는 일에 힘을 모아야 한다.

종합해보면 해당청소년과 치료자는 자살만을 유일한 방법으로 인식하게 하는 지속적 문제와 갈등을 다루어야 한다. 치료자는 또한 친구의 자살로 영향을 받은 청소년들을 선별하고 파악하여 상담을 하는 것이 중요하다. 이상과 같이 청소년 자살에 대한 많은 가정과 사회적 통념들이 있지만 최근의 연구결과들(Portzky et al., 2009; Thorlindsson & Bernburg, 2009)은 청소년 자살은 언어적 신호가 있다, 정신장애가 있을 것이다라는 등의 지배적이고 오래된 가정들에 도전하고 있는 듯 하다. 따라서 밀레니엄 청소년 세대의 자살의 새로운 특성에 대한 이해를 돕고 이를 미연에 방지할 수 있는 교육적 방안들이 새롭게 모색되어야 할 때이다.

(5) 청소년 성매매

1) 청소년 성매매의 정의

청소년 성보호에 관한 법률에서 규정하고 있는 청소년 성매매는 금품 기타 재산상 이익이나, 직무편의제공 등 대가를 제공하거나 이를 약속하고 청소년과의 성교행위 또는 구강, 항문, 신체의 일부 또는 도구를 이용한 유사 성교행위를 의미한다. 과거에는 생활비 마련과 같은 경제적 이유 때문에 성매매를 했던 반면, 최근으로 올수록 이러한 이유가 줄어들고 점차 성에 대한 호기심이나 욕구 충족 혹은 유흥비 마련과 같은 요인들로 인해 성매매하는 비율이 증가하고 있다(김혜원, 2011).

2) 청소년 성매매의 원인

① 개인적 요인

개인적 요인은 첫째, 정신분석적 측면에서 고찰가능한데 즉, 매춘행위를 하게 되는 이유는 행위주체의 자의가 아니라 정상적인 성적 호기심과 체험의 발달과정이 외부 조건에 의해 강압적으로 방해를 받아서이다(유문무, 2005). 앞서 김혜원(2011)이 언급한대로 최근에는 성에 대한 호기심이나 욕구충족의 요인도 증가하고 있다. 둘째, 사회심리학적 요인으로 집단 정체감을 획득하기 위한 청소년들의 욕구는 성매매를 하는 또래들에 의해 성매매에 쉽게 유입될 수 있다(유문무, 2005).

② 사회문화적 요인

사회문화적 요인은 가정의 해체, 사이버문화, 소비문화, 향락문화이다. 청소년들이 성매매에 큰 죄의식 없이 빠져드는 원인 가운데 하나가 성인들의 무분별하고 불건전한 성중심의 향락문화이다. 또한 최근 들어 인터넷 공간을 통하여 청소년 성매매를 위한 상호접촉이 시도된다. 이렇듯 익명의 공간에서 자유롭게 의견을 교환하는 가운데 자아가 확립되지 못한 청소년들은 현실자아와 가상공간의 자아 간에 정체성 혼란을 느끼고 성적 충동이 가장 강한 성장 시기이기에 음란물 등을 통해 성적 호기심과 성적 충동을 강하게 느낀다(유문무, 2005).

③ 사회환경적 요인

가출 청소년들은 가출이 장기화될 경우 생활비 마련을 위한 목적으로 성매매에 쉽게 유입될 수 있고 또한 가출 청소년들이 아닐지라도 지역사회의 유해환경과 학업중단 청소년 및 비행청소년들에 의해 성매매의 희생자가 될 수 있다.

3) 청소년 성매매의 실태

아동청소년 성매매의 전 세계적인 공통점은 과거의 업소형 성매매보다는 인터넷의 발달로 성매수자와 아동청소년 개인의 직접적인 접촉에 의한 성매매가 급격히 증가하고 있다는 점이다. 또한 처음 성매매에 유입되는 연령도 점차 낮아지고 있다. 청소년들이 인터넷성매매를 하기 위해 주로 접속하는 인터넷 사이트는 버디버디, 세이클럽, 헬프몬, 한게임 등이고 그 외에 플레이러브, 플레이메이트, 오렌지메이트, 대행천국, 네이버, 넷마블 등의 사이트에서도 인터넷성매매를 위한 채팅을 하는 것으로 나타났다(성윤숙 외, 2009: 316).

지난 2005년 이후 2010년까지 6년 동안 경찰의 청소년 성매매 단속 현황을 보면 성매수자, 업주, 대상 청소년 등 검거인원은 1,300명 선에서 2,600명 사이에서 증감을 보이고 있다. 2007년에 2,582명으로 가장 높은 검거 실적을 나타낸 반면, 최근 2010년에는 1,345명이 검거되었다. 감소는 경찰 자체의 단속역량과 단속환경 변화의 결과일 수 있고 특히 2010년에는 개정된 『아동·청소년 성보호에 관

표 10-5 청소년 성매매 단속 및 조치 현황

구 분	검거인원	조 치		구 분		
		구속	불구속	성매수자	업주등관련자	대상청소년
2005	1,946	295	1,651	1,611	305	30
2006	1,745	149	1,596	1,502	183	60
2007	2,582	126	2,456	1,835	242	505
2008	2,112	81	2,031	1,464	196	452
2009	2,182	125	2,057	1,543	264	375
2010	1,345	56	1,289	972	164	209

출처: 경찰청 생활안전국, 유지웅(2012), p. 82.

한 법률』에 따라 인터넷상에서 청소년에게 성매매 의사를 보이거나 유인하는 행위도 처벌 대상이 되면서 청소년 성 구매자들은 경찰의 단속활동을 빗겨나갈 수 있는 더욱 은밀한 방식을 취하고 있는 것으로 보인다(유지웅, 2012: 82).

① 청소년 성매매의 유형

김은경(2004)는 청소년 성매매 유형을 성매매 매개체의 특성에 따라서 크게 '업소형 성매매'와 '개인형 성매매'로 구분하였다(유문무, 2005: 166-167, 재인용).

가. 업소형 성매매

(ㄱ) 전업형 성매매: 성매매가 1차적 업종인 경우로서, 특정 성매매 밀집지역을 중심으로 이루어지는 방식.

(ㄴ) 겸업형 성매매: 식품접객업소, 공중위생업소, 마사지 업소, 풍속영업관련업소 등 2차 서비스 형태로 성매매를 제공·알선하는 방식.

나. 개인형 성매매

(ㄱ) 인적 매개형 성매매: 인력 공급업체, 이벤트사, 연예계 성매매 등 구인자와 구직자를 연결하거나 소개하는 방식.

(ㄴ) 전자 알선형 성매매: 전화방, 폰팅, 화상대화방, 사이버 성매매로 사이버나 기기를 통한 방식.

(ㄷ) 직거래형 성매매: 직접 고객을 찾아 나서서 1:1로 성매매를 하는 방식(거리

성매매, 계약동거형 성매매).

② 청소년 성매매의 영향

가. 해당 청소년에게 미치는 영향

청소년 시기에 임신, 출산, 성병 감염 등 일반적 신체변화와 함께 심각한 정신적 타격을 준다. 청소년 성매매 경험이 있는 청소년들은 성매매 후유증으로 자기파괴적 성향을 갖게 되는 것으로 나타난다. 특히 청소년기 여학생들은 아직 신체적, 정서적, 인지적으로 성에 대해 미성숙한 상태일 뿐만 아니라 이성적 가치판단도 미흡하기 때문에 성매매를 통해 잘못된 성의식을 가질 수 있고 이 시기의 건전한 신체상의 형성에도 부정적인 영향을 미치기 쉽다. 또한 성매매로 인하여 형성된 사회에 대한 불신과 왜곡된 가치관들은 결국 사회 전체적으로도 큰 손실을 가져오게 한다.

나. 사회에 미치는 영향

청소년 성매매의 대상들이 매춘 산업 등 성의 상품화에 공급 채널을 제공함으로써 이를 더욱 활성화시키는 효과를 낳는다. 일부 남성들의 잘못된 성행동으로 향락 산업의 영향이 사회전반에 미쳐서 피해 당사자인 여성 청소년뿐만 아니라 잠재적 피해자인 일반여성의 성적 대상화 및 비하를 초래하여 성매매가 더욱 심화될 우려가 있다. 성매매 당사자인 남성들의 성도덕에 대한 도덕적 해이와 불감증을 증가시키고 잠재적 당사자인 일반남자들의 성도덕과 가치관에 악영향을 끼칠 수 있다. 결론적으로 사회전체의 성의식 형성에 악영향을 끼쳐서 건전한 미래사회의 건설에 위협이 될 수 있다.

4) 청소년 성매매 교육방안

청소년 성매매 교육실태를 살펴보면 다음과 같다.

① 위기청소년교육센터

위기청소년교육센터는 성매매 청소년의 치료 및 재활을 위한 교육프로그램을 시행하고 있는 위탁교육기관이다. 성매매 청소년의 재활과 탈성매매를 위해서 재활교육의 필요성이 부각되고 있으나 경찰과 검찰의 통보에 의한 교육 참여자수는 감소추세이다. 경찰의 연계로 교육과정에 참여한 성매매 피해 청소년들 중에는 교육이수가 의무사항이 아니라는 것을 알고 이탈하는 경우가 적지 않다. 2010년 위기청소년 교육센터를 통해 교육을 이수한 청소년 372명 중 검찰과 경찰로부터 통보를 받아 교육을 이수한 35명을 제외한 나머지는 337명(90.6%)은 성매매 고위험군 청소년들로 채워졌다. 이들은 지역위기청소년 교육센터와 쉼터, 청소년지원센터 등의 실무자들이 현장에서 직접 대상 청소년을 발굴한 결과이다.

교육센터에 위탁하여 더 많은 고위험군 청소년들이 교육을 받기 위해서는 경찰과 검찰 단계에서 성매매 피해 청소년들이 위기청소년교육센터 교육과정에 참여할 수 있도록 연계하는 활동이 보다 적극적으로 이루어질 필요가 있다. 이를 위해서는 법 제도적으로 초기 수사단계에서 경찰의 적극적인 역할이 가능하도록 권한과 재량권을 강화해 주는 것이 필요하다. 성매매 피해 청소년에 대한 사법처리 과정에서 경찰과 검찰의 역할을 조정하고, 검사에게만 부여되어 있는 교육과정 이수 명령권을 수사담당 경찰관에게도 부여하는 법적 제도적 개선이 필요하다(유지웅, 2012: 95).

② 인터넷 성매매 방지를 위한 다기관협력교육체계 구축 강화

청소년성매매가 주로 인터넷채팅을 통해 빠르게 진행된다는 것을 고려해 볼 때, 인터넷 서비스제공자(ISP), 사이버 수사대, 학부모 정보감시단 같은 시민단체들이 협력하여 건전한 통신문화를 조성해 갈 수 있는 네트워크를 구축해야 한다. 네트워크 협력을 통해 성매매에 대한 감시활동을 활발히 하고 정부 유관기관들이 민간단체의 의견을 적극 수렴하고 정책에 반영해야 한다(성윤숙 외, 2009).

③ 인터넷 성매매 예방교육 프로그램 개발

CEOP 센터는 범죄자를 추적하여 기소하는 일 이외에 교육 프로그램을 개발하고 계도운동을 전개하고 있다. 이 교육사업은 "Think You Know" 프로그램(www.thinkuknow.co.uk)을 기치로 2008년 시작되었으며 학교를 대상으로 인터넷 안전에 대한 교육과 최신 보안조치에 대한 조언 제공을 내용으로 하고 있다. CEOP 센터는 정보반, 폐해최소화반, 작전반을 총동원하여 아동성착취범죄에 대응하기 위해 다음과 같은 전방위적인 활동을 펼치고 있다. 즉, 성범죄자 선정, 피해자 파악 및 구조, 사이버 보고 등을 통해 새로운 정보 생성, 교육과 국민계도운동을 통한 성범죄 예방교육 사업이다(성윤숙 외, 2009).

④ 학교의 성교육 강화

입시 위주의 경쟁적인 풍토 속에서 신체적 성장에 걸맞는 성교육 부재와 인터넷음란물에 노출되어 있는 청소년들은 왜곡된 성의식으로 성의 주체자로서 진정한 성적 자기결정권에 대한 인식이 부족하다. 성은 거래의 대상이 아니고 성매매는 성폭력 범죄이며 자신의 인격을 파괴하고 성병 등을 통해 평생의 건강을 망칠 수 있다는 것을 알리는 교육과 인식 확산이 필요하다. 실제로 성매매피해청소년들은 피임방법, 성병 등에 관한 정보가 없어 건강상 치명적인 해를 입고 있다. 학교에서 청소년의 잘못된 성의식 확산을 방지하고 성주체성 중심의 성교육을 실시하여 인터넷 성매매의 위험을 숙지시키는 실제적인 성교육을 강화할 필요가 있다.

이상을 종합하여 향후 청소년 성매매 방지를 위한 교육방안을 살펴보면 다음과 같다.

① 가정교육

청소년 성매매를 가장 많이 제안 받게 되는 채널은 채팅으로 80.5%이고 둘째, 노래방, 길거리, 나이트클럽 부킹, 친구, 선배의 소개 순이다(이사라, 2012). 이와 같이 성매매를 제안받는 주경로는 채팅사이트이고 최근에는 스마트폰으로 제안이 오는 경우도 많다. 따라서 부모가 컴퓨터를 사용하는 방법을 반드시 익혀서 최근 접속한 사이트들이 어떤 사이트였는지 수시로 점검하는 것이 필요하다.

또한 성매매를 하게 되는 가장 큰 이유는 사고 싶은 물건이 있는데 돈이 필요해서(이사라, 2012)로 나타났으므로 청소년들에게 용돈을 주되 어디에 사용할건지를 정확히 묻고 주는 것이 필요하다. 이후 사온 물건을 확인하는 과정이 필요하다.

② 학교교육

첫째, 2007년 학교보건법의 개정으로 보건교육이 사실상 의무화되었으나 중고등학교의 경우 선택교과로 지정되어 있어 채택 비율을 확대해야 한다.

둘째, 성교육은 1차적으로 보건교과 내에서 학교 및 지역적 상황을 고려하여 자율적인 맞춤식 추진이 이루어져야 한다.

셋째, 성행동은 임신, 출산, 자녀 양육에 대한 책임이 수반됨을 강조하고 이에 따라 바람직한 피임방법에 대한 이해와 실천율을 제고하고 피임실천 책임이 남녀 모두에게 있다는 성평등 피임교육을 강화해야 한다.

③ 사회교육

L'Engle과 Jackson(2008)에 의하면 부모와 학교에 애착이 강하고 또래친구와 미디어의 허용적인 성규범에 노출이 덜 될수록 적은 성적행동과 감수성을 보였다. 즉, 부모, 학교, 친구, 매스 미디어에 의한 성 사회화는 청소년들의 초기 성행위에 영향을 미치기 때문에 대중매체 및 지역사회는 청소년의 성적행동을 부추기는 환경을 반드시 정비해야 한다. 이와 같이 가정에서의 교육만이 청소년 성매매를 근절하기 위한 유일한 방안이 될 수 없다. 사회에는 이미 '윤락행위 방지법, 미성년자 보호법, 청소년 보호법' 등 엄연히 청소년 성매매를 법적으로 규정하고 있지만 시행되는 과정 중에서 제대로 지켜지는 것이 없다. 청소년을 고용하여 성매매를 하는 퇴폐업소에 대한 규제와 감독, 처벌을 철저히 해야 성매매를 근절할 것이다.

둘째, 매매라는 단어에서도 알 수 있듯이 청소년들이 성매매까지 하게 되는 근본적인 이유에는 노동의 대가로 주어지는 최저임금 자체가 턱없이 부족한 이유도 있을테고, 노동을 했지만 악덕 고용주들 때문에 임금체불을 경험하는 청소년들도 많다. 2012년 여성가족부에서 수행한 인권실태조사에 따르면 아르바이트를 경험한 청소년들 중 3명 중 단지 1명만이 근로계약서를 체결한 것으로 나타났다. 사회구조적으로 청소년들의 최저생계비를 유지하게 할 수 있는 건전한 노동직군이 형성된다면 성매매를 근본적으로 근절할 수 있을 것이다.

(6) 청소년 학교 폭력

1) 청소년 학교 폭력의 정의

'학교 폭력'이란 학교 내 외에서 학생 간에 발생하는 상해, 폭행, 감금, 협박, 약취 및 유인, 명예훼손, 모욕, 공갈, 강요, 강제적인 심부름, 성폭력, 따돌림, 정보통신망을 이용한 음란, 폭력정보 등에 의하여 신체, 정신 또는 재산상의 피해를 수반하는 행위(학교 폭력 예방 및 대책에 관한 법률 2012. 1. 26 개정)이다. 김진화 외(2002)는 청소년 학교 폭력을 '학교 안팎에서 일어나는 구타나 집단폭행과 같은 신체적 폭력과 인격모독과 집단따돌림과 같은 정서적 폭력, 그리고 성적 폭력 등과 같은 모든 유형·무형의 폭력행위'로 정의하였다.

구타, 욕설, 사회적 추방과 같은 신체적, 언어적, 그리고 관련되는 또래집단 희생화의 유형들이 학교에 만연되어 있고 미국의학협회(American Medical Association)에 의해 공중건강위협이라고 명명된 바 있다(Elliott, 2001). 미국 조사연구는 약 10%의 아동들이 이에 만성적으로 시달리고 있다고 보고한다(Juvonen *et al.*, 2003).

2) 청소년 학교 폭력의 원인

① 가정적 요인

개인적 원인으로 청소년들의 기질 또는 유전적 요인, 성격적 요인 등이 학교 폭력 피해자 또는 가해자가 되는 요인으로 작용한다. 이혼, 별거 등 가정의 구조적 결손, 경제적 기능과 정서적 기능의 상실 등으로 인한 가정의 기능적 결손으로 인한 가정해체 등 가정의 기능약화 및 부모의 일관되지 못한 양육태도(지나치게 통제 또는 방임)는 청소년들을 학교 폭력에 가담하게 하는 주요 원인으로 밝혀지고 있다. López 외(2008)의 연구에 따르면, 학교에서 공격행동의 참여에 애착적인 관계로 형성된 부모와 청소년의 상호대인관계적인 긍정적인 풍토, 즉 상호작용의 사회적 구조, 열린 대화를 통한 감정과 의견의 표현 및 사회적 상호작용의 기술, 더 나아가 공감학습이 중요한 영향을 준다. 청소년 시기에 공감의 발달은 반사회적 그리고 공격적 행동을 감소시키는 보호인자가 된다.

② 학교적 요인

가. 입시위주의 교육

입시위주의 교육으로 인한 과열 경쟁 등으로 인해 전인교육의 장이 되어야 할 학교교육이 청소년들에게 스트레스와 갈등만을 줌으로써 이에 대한 욕구해소의 한 방편으로 폭력이 대두되게 되었다. 입시, 진학 중심의 교육, 특히 교과서 중심의 교육, 지식 중심의 평가는 학생 인성 개발에 적지 않은 장애 요인이 되고 있다. 입시위주 과목의 공부를 잘 하는 학생들은 훌륭한 학생, 그렇지 못한 학생은 문제학생이라는 낙인이 찍히게 된다. 이렇게 학교에서 낙인이 찍힌 학생은 반항심이 생겨 폭력을 행사한다든가, 가출 또는 극단적인 경우에 자살을 선택하기도 한다(김진화 외, 2002).

나. 과밀학급

학교 크기는 청소년 발달과 관련이 있다(Cook *et al.*, 2008; Eccles & Roeser, 2011). 우리나라도 많이 개선되었으나 여전히 과밀학교, 과밀학급의 교육환경은 교사와 학생 간, 학생과 학생 간의 상호작용을 훼손하는 경향이 있다. 학자들은 일반적으로 작은 규모의 중등학교들은 큰 규모의 학교에서 제공할 수 없는 다양한 기회들을 청소년들에게 제공할 수 있다고 믿는다. 작은 규모의 학교에서는 교사와 학생 간에 보다 친밀한 관계가 형성될 수 있고 학생 발달을 위해 보다 철저한 성인의 감독과 책임이 뒤따르게 된다(Eccles & Roeser, 2011). 그러나 학업성취에 미치는 학교크기의 영향은 교수(instruction)의 질에 달려있다. 만약 학교가 학교풍토에 초점을 맞추고 학업 달성면에 많은 관심을 기울이지 않는다면 해당학교 학생들은 학교 등교에는 좋은 감정을 느낄지 모르지만 학업성취도 면에서는 큰 규모의 학교에 다니는 학생들 보다 성취수준이 높지 않을 것이다(Wyse *et al.*, 2008). 이처럼 학교 크기가 모든 면에 절대적인 사안은 아니지만 학교 폭력을 완화하기 위해서는 교사의 세심한 감독이 필요한데 과밀학급에서는 기대하기 어려운 사항이다. 따라서 학교 폭력 전담 상담교사의 수를 확충하거나 지역사회기반의 상담센터 확충이 필요하다.

다. 민주시민·도덕교육의 소홀

우리나라의 초등학교 사회과 교육과정은 지리, 역사, 일반 사회 세 영역의 삼분법의 폐해로 인해 사회과의 실질적인 통합이 이루어지지 못하고 인성이 개발되는 가장 중요한 초등학교 시기에 있어 중요한 도덕 교과가 빠져있다. 따라서 지리, 역사, 일반 사회 영역뿐만 아니라 도덕 교과의 내용까지 포함하고 있는 다른 나라의 교과서를 참고할 필요가 있다(한춘희·김정호, 2012).

라. 사회적 요인

각종 유해 환경과 유해업소, 폭력적인 대중문화, 대중매체 등은 청소년들에게 그러한 폭력을 학습화시키는 역기능으로 작용하고 있다. 특히 폭력을 미화하는 조직폭력배 영화들이 인기를 끌면서 폭력에 무감각해지거나 폭력을 다소 긍정적으로 보는 사회풍조가 확산되고 있다. 즉, 사회전반에 걸쳐 폭력허용도가 높아지고 있는 추세라 더욱 주의가 요망된다. 게임역시 폭력성향이 짙게 배어있는 내용들이

많아 청소년들에게 악영향을 끼치고 있다. 이러한 영화들의 상영시간을 심야시간
으로 편성하고 게임 셧다운제 제도도 더욱 강화해야 할 것이다.

3) 청소년 학교 폭력의 실태

청소년 학교 폭력의 발생빈도나 잔인성, 조직성, 폭력행위의 동기를 살펴볼
때 청소년 폭력은 우리사회의 해결하기 어려운 아주 심각한 사회문제의 하나가 되
었다는 점이다. 청소년 폭력에 대한 심각성은 이미 1980년대부터 제기되어 왔음에
도 불구하고 논의만 무성할 뿐 이에 대한 방안은 실효성을 거두지 못하였다. 최근
청소년 학교 폭력의 조직화, 잔인성에 대한 우려가 커지고 있고 학교현장에서는
학교 폭력이 거의 보편화되고 연령도 낮아지고 있다는 우려의 목소리가 높아지고
있다. 청소년폭력예방재단(2010)에 따르면 재학기간동안 학교 폭력 피해경험이 있
는 학생들은 22.6%였고 이중 53.6%는 초등학교때 처음 경험했다. 이처럼 최근의
폭력 양상을 보면 저연령화 되어가는 추세이고 폭력이 남학생의 전유물이었던 과
거와 달리 여학생의 폭력수위도 증가하는 추세이다. 이렇듯 심각한 여학생폭력의
사례들이 보도되고 있고 소위 '왕따'라고 지칭되는 '집단 따돌림(괴롭힘)'이나 청소
년 폭력은 청소년문제 중에서 가장 심각한 사회적 관심이 집중되는 문제가 되고 있
다(서울특별시·자녀안심운동 서울협의회, 2000: 129).

최근 들어 학교 폭력의 특징 중 하나가 뚜렷한 '동기'를 찾기 힘들다는 점이
다. 가해 학생들은 '말을 듣지 않는다', '재수없다', '기분 나쁘게 굴었다'는 것 등을
폭력을 행사한 이유로 꼽곤 한다. 피해 학생들의 자살과 인격 파괴로까지 이어지
곤 하는 학교 폭력의 끔찍한 결과에 비하면 '하찮게' 보이는 내용들이다(김진화 외,
2002: 183).

2011년 「청소년유해환경접촉종합실태조사」결과에 따르면, 최근 1년 동안 학
교 폭력을 경험한 비율은 전국 중·고등학교에 재학중인 전체응답자 15,954명 중
총 6.7%이며, 최초 폭력피해 연령은 11.4세 인 것으로 나타났다. 특히 학교 폭력의
경험 비율은 2010년의 경우, 일반 청소년 중 남학생(8.5%)이 여학생(5.5%)보다 다
소 높게 나타났고 2011년에는 남학생이 8.4%, 여학생이 4.7%로 2010년에 비해 조
금씩 낮아졌으나 여전히 남학생이 여학생보다 학교 폭력 경험 비율이 다소 높은
것으로 나타났다. 또한 최초 학교 폭력 피해 연령의 경우 2010년에는 12.9세였으

나, 2011년에는 남학생과 여학생 모두 11.4세로 나타나 학교 폭력피해 발생 연령이 저연령화되고 있음을 볼 수 있다. 학교 폭력 피해 장소는 주로 학교 교실 안(38.3%)이 가장 높고 그 다음이 학교 교실 밖(12.3%), 동네 골목(10.5%) 등의 순이었으며, 가해자는 학교동료나 선후배(42.2%)가 가장 많았고 그 다음으로는 다른 학교 동료 선후배(6.1%)의 순이었다.

폭력 피해 후 학생들은 아무에게도 알리지 않는다는 응답(32.5%)이 가장 많았는데, 남학생(38.4%)이 여학생(18.2%)에 비해 피해 사실을 주위 사람들에게 알리지 않는 비율이 높았다. 폭력 피해의 이유에 대해서는 특별한 이유가 없다(42.5%)는 응답이 가장 높고, 몸이 작거나 힘이 약해서(14.2%), 기타(13.2%), 성격 때문에(10.5%) 등의 순으로 나타났으며, 폭력 가해의 이유는 상대가 잘못했기 때문(47.1%)이라는 응답이 가장 높고, 그 다음으로 특별한 이유 없음(31.2%), 기타(10.5%), 용돈이 부족해서 돈을 얻기 위해(4.0%), 부추기는 분위기에 휩싸여서 우발적으로(3.5%) 등의 순으로 조사되었다.

2012년 전국의 초등학교 4학년~고등학교 2학년 학생 5,503명을 대상으로 청소년 폭력예방재단에서 실시한 '2012학년 학교폭력 실태조사'의 결과에 따르면 학교폭력 피해율은 12%로서 2011년보다 줄어든 반면 자살을 생각해 본적이 있는 피해학생의 수는 13.3%나 증가했다. 이는 피해학생의 심리적 고통이 오히려 증가했음을 의미한다. 가해학생에게 복수하려는 충동과 등교 거부 충동을 느끼는 피해학생의 수도 많았다. 그러나 학교 폭력 피해학생의 33.8%는 '일이 커질 것 같다'는 걱정과 '이야기해도 소용이 없을 것 같다'는 체념 등의 이유로 학교 폭력을 당하고도 주변에 아무런 도움을 요청하지 않았다. 학교 폭력을 목격한 학생은 41.7%로, 이들 중 절반은 학교 폭력을 목격했지만 못 본 척한 것으로 나타났다. 피해학생을 도와주었다가 자신과 같이 피해를 당할지도 모른다는 두려움과 피해학생에 대한 무관심이 그 이유였다.

또한 사이버폭력에 관한 것이다. 이는 최근 미국의 청소년정책 중에서도 관심을 가질만한 새로운 변화라고 한다. 사이버폭력의 경우, 청소년들 사이의 학교 폭력이 심각해지고, 이것이 오프라인에서만 이루어지는 것이 아니고 점차 사이버상에서 이루어지는 경향이 강해짐에 따라 사이버폭력에 대한 우려가 증가하고 있다. 사이버폭력으로 인한 청소년의 피해사례가 급증하면서 주정부에서는 사이버폭력에 관한 법을 통과시키는 경우가 많아졌다. 뉴욕, 워싱턴, 일리노이, 미네소타 등의 주에서는 이미 2008년 이전에 사이버폭력에 관한 법을 통과시켰고, 사이버폭력을 법으로 규정한 주정부는 그 이후 증가하고 있다(여성가족부, 2012: 28). 우리나라에서도 카톡 대화방으로 피해 여학생을 초청하여 사이버 언어폭력을 가해 해당 청소년이 자살하는 사건 등이 일어나 이에 대한 경각심이 높아지고 있다.

4) 청소년 학교 폭력 교육방안

① 가정교육

학교 폭력에 연루된 학생들은 가정에서 부모와의 문제가 있을 수 있다. 가해 학생의 경우는 자녀에 대한 부모의 관리감독이 부족하고 사랑과 관심, 공감능력이 부족하며 통제와 훈육에 일관성이 없고 지나치게 방임적이거나 처벌적인 경우가 많으며 부모와의 불화 등으로 가정 분위기가 험악한 경우가 많다(김진화 외, 2002). 김진화 외(2002)에 따르면 이러한 학생들은 부정적인 자아개념이 형성되어 있어 자신을 필요 없는 존재, 무능한 존재, 약한 존재로 규정하며 작은 문제도 해결하고자 하는 노력을 시도하지 않고 쉽게 폭력을 행사하여 자신의 인생을 내던지기 때문에 결국에는 공격행동과 폭력행동으로 이어진다. 반면 피해 학생은 자녀를 과잉보호하고 스스로 일을 처리하거나 자기주장을 펼 수 있는 기회가 적은 경우이다. 따라서 가정에서는 부모의 양육방식에 문제가 없는지 돌아보고 이를 고쳐 나가야 한다.

첫째, 자녀와의 의사소통을 늘려야 한다. 자녀들이 방치되거나 소외감을 느끼지 않도록 하고 아이들을 이해할 수 있도록 잦은 소통과 이야기가 필요하다. 앞서 언급한 바와 같이, López 외(2008)에 따르면 부모와의 애착관계에 기초하여 형성된 상호작용성있는 사회적 관계는 학교에서의 공격적 행동과 가정 환경사이의 관련성을 조절하는 것으로 나타났다. 특히, 소녀들의 경우에는 그들이 생활하는 가정과 부모 관계와의 특성이 학교에서의 행동에 직접적인 영향을 준다. 이는 감정 반응의 발달에 대한 영향의 결과로서 다른 이들에 대항하여 공격적인 행동에 가담하는 것을 방지해 준다.

둘째, 자녀와의 접촉을 유지하는 것이다. 내 자녀가 평소 친하게 지내는 아이들은 누구이며 또래사이에서는 어떻게 작용하고 있는지 알수록 자녀에게 필요한 변화에 대해 더욱 잘 알 수 있다. 부모와 자녀사이의 열린 대화와 감정과 의견의 표현은 공격적 행동의 발달을 조절하는 것으로 나타났다(López *et al.*, 2008). 공감(이해)의 발달은 다른 학자들(Evans *et al.*, 2002; Hoffman, 2000)에 의해 제안되었듯이 반사회적 행동과 공격적 행동을 막아주는 관련 변인이다.

셋째, 학교 폭력이 무엇인지 자녀에게 설명해주고 이야기를 나누는 것이다. 모르고 이러한 현상을 마주하는 것보다는 준비된 상태에서 받아들이게 되는 것이 충격을 덜 주고 상황 발생시 어떻게 대처해야 하는지 준비시킬 수 있는 것이다.

넷째, 공감의 중요성을 가르치는 것이다. 역할연기 등을 통해 피해자가 되었을 때의 심경을 이야기해보는 것도 좋은 방법이 될 수 있다. 그리고 부모도 자녀에게 좋은 본보기가 되어야 한다. 부모 스스로가 남을 괴롭히는 유형이라면 이를 반드시 고쳐야 한다. 특히 사내아이가 좀 때리면 어때라든지 친구들을 때리고 온 자녀에게 잘했다고 하며 치켜세우는 한국부모들이 있는데 이러한 이기적 한국정서는 뿌리부터 뽑혀야 한다.

다섯째, 많은 경우 부모가 자신의 자녀들이 학교 폭력을 당하는지를 모르고 있을 수 있다. 자녀가 폭력의 피해자일 수 있는 징후를 면밀히 살피고 만일 자녀가 학교 폭력의 피해자라는 사실을 알게 된 경우 감정적으로 대응하지 않아야 한다. 그리고 자녀와 함께 해결책을 모색해야 한다. 반대로 자녀가 가해자일 경우는 폭력을 행하는 자녀를 절대 용납해서는 안된다. 또한 학교 폭력 발생 시 교사가 할 수 있는 일과 학교에서 할 수 있는 일 등을 알아야 한다.

② 학교(교사)교육

López 외(2008)에 따르면 소녀보다 소년은 또래 및 교사와의 부정적인 상호작용을 문제행동으로 발전시킬 수 있다. 최근의 연구(McDougall, *et al.*, 2001)에 따르면, 또래 친구들 사이에서 사회적 수용과 통합의 문제들은 소녀들의 반사회적 그리고 공격적 행동보다 소년들에게 더 강한 영향을 준다. 이처럼 교사는 남자청소년들의 경우 교사 및 또래친구들과의 부정적 관계가 더욱 공격적 행동과 반사회적 행동에 가담할 수 있는 가능성을 높일 수 있다는 것을 명심하고 이들을 예의 주시할 필요가 있다. López 외(2008)에 따르면 소년들의 경우, 학급환경과 학교 폭력사이의 관계는 학교권위에 대한 그들의 인식·태도와 급우들 사이에서 형성되는 특

정한 사회적 평판에 대한 그들의 열망에 환경들이 가하는 영향력에 의해 설명된다. 즉, 또래친구들과의 부정적 상호작용과 학업적 실패는 학교 상황에 대한 반감과 거부의 태도 발달로 이어질 수 있다.

　Frisén 등(2012)에 의하면 학교 폭력은 상당부분 학교의 적극적 개입에 의해 중단될 수 있다. 이들은 다음과 같이 제안한다. 첫째, 학교 교장, 교사, 사회복지사, 학교의 반폭력전담부서, 레크리에이션 지도자는 회의를 열어 가해자가 누군지를 파악하고 이들을 소환하여 조사한 후 교육시킨다. 둘째, 교사는 학생들과 안정적이고 긍정적인 관계를 형성하여 가능하면 교사와 공감하고 함께 해결하는 특별한 관계를 만들어야 한다. 또한 교사는 학교 폭력 문제에 대해 관심을 갖고 적극적으로 개입해야 한다. 이외에도 피해학생이 있는지 수시로 관찰해야 하고 건설적인 관리감독을 철저히 해야 한다. 셋째, 학교 폭력이 발생했을 시 교사는 피해학생에 대해 충분히 공감을 해주어야 한다. 또한 철저히 피해사실을 조사하여 관련 학생 및 학부모와 면담을 실시해야 한다. 학교 폭력 문제를 해결하는 방법이나 예방교육을 수시로 실시하고 상담교사나 전문가의 지원과 자문을 받을 수 있도록 해야 한다. 교사는 학생들의 자존감을 키워주며 피해학생 및 가해학생이 줄어들도록 지속적인 노력과 관심을 기울여야 한다.

　둘째, Frisén 등(2012)에 의하면 피해자들의 대처전략이 필요하다. 소녀들은 친구들이나 성인들에게 도움을 요청하는 경향이 높은 반면 소년들의 경우에는 되받아 싸우거나 단호하게 괴롭힘을 거절 혹은 무시하는 전략에 의해 폭력을 근절할 수 있다. 그러나 대항하여 싸울 때 숫자 면에서 열세이거나 힘이 더욱 센 상대라면 사태를 더욱 악화시킬 수 있으므로(Rigby, 2002) 주의가 요망된다. Frisén 등(2012)에 의하면 단순히 울거나 철회하는 일들은 폭력을 더욱 조장하는 일이 될 수 있으므로 피해자들에게 스스로 자신을 방어하고 보다 용감하게 대처하는 방법을 교육시키는 일이 중요하다. Chen과 Graham(2012)에 의하면, 오히려 폭력의 희생자들이 자기비난에 빠지기 쉬운데 이를 방지하기 위해 관계교육, 인식전환(자기비난으로부터 벗어나 임의대로 생각지도 못했던 목표를 정하여 해를 입히는 가해자들이 있음을 인식하는 방식으로 원인을 자기비난으로부터 외부적 요인으로 전환하는 인식의 변화) 등을 포함하는 교육이 필요하다. 자기비난은 피해자들의 정신적 부적응을 가져올 수 있기 때문이다.

셋째, 다른 급우들이나 또래 친구들이 도움을 줄 수 있음에도 불구하고 급우들이 도움을 주지 않고 방관자가 되는 이유는 자신들이 폭력을 방관하고 용인함으로써 다음 희생자가 되는 것을 면할 수 있다는 사고와 힘이 센 자의 편에 편승하여 그들의 사회적 지위를 향상시키고자 하는 의도가 있기 때문이다(Juvonen & Galvan, 2008). 힘이 센 급우편에 서면 학급 내에서 자신들의 사회적 지위가 올라가고 이에 파생될 수 있는 혜택들을 힘이 센 급우들과 같이 누릴 수 있다. 이렇듯 학교 폭력의 상당 부분이 다른 급우들의 방관에 의해 폭력의 문화가 더욱 조장되는 경향이 있다. 스웨덴의 많은 학교들은 급우지원 프로그램을 운영하고 있고 훈련된 학생들은 괴롭힘을 당하고 있는 가해자들을 파악하고 지원하는 한편 학교 당국에 보고하는 일을 한다(Cowie et al., 2008).

이외에도 Gini 등(2008)에 따르면 높은 수준의 사회적 자기효능감과 공감적인 반응을 가지고 있는 급우들이 폭력 피해자를 도울 경향이 높은 것으로 나타났다. 실제로 청소년들의 상당수가 폭력을 허용하지 않고 중재를 하는 급우들을 존경하기 때문에(Rigby & Slee, 1993) 주장훈련, 역할연기 훈련과 같은 교육을 통하여 방관자들을 훈련시켜야 하겠고 주장훈련을 통해 이러한 학생들의 사회적 자기효능감을 증진시킬 수 있다.

이상과 같이 학교 폭력 방관자도 가해자임을 적극적으로 교육시켜야 하고 학교 폭력이 발생하면 즉각적으로 대처해야 한다(문용린, 2006; 정종진, 2012). 학교 폭력, 괴롭힘의 문제가 우리 사회에 만연한 이유는 가정의 무관심, 학교 당국 및 교사, 급우들의 이기적 방관과 피해자 자신의 미온적 대처가 결합된 결과물이라고 할 수 있다. 앞서 열거한 가정, 학교, 사회의 교육적 처방이 복합적으로 이루어질 때 학교 폭력이 근절될 수 있을 것이다.

③ 사회교육

어떠한 형태의 폭력도 미화, 정당화하거나 용인하지 않는 사회 풍토를 조성해야 한다. 학교폭력에 대한 사회전반의 잘못된 인식을 바로잡아야 하고 학교 폭력의 사회적·환경적 위험 요인들을 제거해야 한다. 교사에게 힘을 실어주는 교육환경과 학교, 지역사회, 가정을 연계하는 지원체제를 구축해야 한다. 학교 폭력이 일어났을 때 행해야 하는 학교 폭력 대응 방안 매뉴얼을 제작해야 하고 신고의 활성화를 위한 사회, 국가 체제를 정비해야 한다. 스웨덴에서는 스웨덴 교육법을 제정하여 학교 당국이 학교 폭력에 효과적으로 대처할 수 있도록 적극적 개입을 촉구하고 있다(Frisén *et al*., 2012).

우리나라에서도 현재 여성가족부에서 청소년기본법 제49조, 제50조, 제52조, 청소년복지지원법 제15~18조를 사업근거로 하여 청소년 비행·폭력 예방 및 교육적 선도 사업을 추진하고 있다. 이 사업의 목적은 첫째, 폭력 피해 청소년·가족을 대상으로 치유·회복 프로그램을 실시하는 것이고 둘째, 비행을 저지를 우려가 있는 청소년과 비행·범죄경험이 있는 청소년들의 비행 및 재범을 예방·방지하고 학교·사회로의 안정적인 복귀를 지원하는 것이다.

2012년 2월 정부는 학교폭력으로 고통받고 있는 학생과 학부모의 입장에서 기존의 학교 폭력 대책의 한계와 문제점을 철저히 검토하고 인성교육이 형식적으로 이루어지고 있는 교육현실에 대한 반성으로 「학교폭력근절종합대책」을 확정하여 발표하였다. 학교폭력근절종합대책에는 사소한 괴롭힘도 범죄라는 인식으로 피해자 보호를 최우선으로 하고, 학교 폭력이 은폐되지 않도록 철저하게 대응하는 4대 직접대책과 학생들이 함께 더불어 살아가는 능력을 갖출 수 있도록 학교-가정-사회가 협력하여 인성교육을 실천하도록 하는 3대 근본대책을 포함하고 있다.

직접대책으로는 첫째, 교원이 책임지고 학교 폭력을 해결할 수 있는 여건을 조성하기 위해 학교장의 역할 및 책무성을 강화하고, 담임교사의 역할강화와 생활지도 여건을 조성하며, 교원양성-임용-연수의 단계에서 생활지도 역량을 강화하도록 하는 등 학교장과 교사의 역할 및 책임을 강화하는 것이다(여성가족부, 2012).

둘째, 학교 폭력이 은폐되지 않고 신고 시 반드시 해결될 수 있도록 하며, 피해학생을 우선 보호하고 신속한 치유를 지원하고, 가해학생에게는 엄격한 조치와 재활치료를 제공하는 것으로 기존 교육과학기술부, 여성가족부, 경찰청이 각각 운영하던 학교 폭력 신고전화를 경찰청 '117' 학교폭력신고센터로 통합하여 24시간 운영하도록 하였다. 또한 학교 폭력 은폐방지를 위해 매년 초등학교 4학년~고등학교 3학년 학생을 대상으로 학교 폭력실태 전수조사를 실시하며, 상급학교 진학 시 피해학생과 가해학생이 동일학교로 배정되지 않도록 하거나 피해학생의 의료·법률 문제가 원활하게 해결될 수 있도록 피해학생에 대한 우선적 보호와 치유를 지원하도록 하는 등 신고-조사체계 개선 및 가·피해 학생에 대한 조치를 강화하였다. 또한 학교폭력근절 종합대책의 내용을 반영하여 일부 개정된 학교폭력예방 및 대책에 관한 법률이 2012년 5월 1일부터 시행되었다. 학교폭력 예방 및 근절을 위한 7대 실천정책의 이행을 위해 2012년 5월 1일부터 학교폭력대책위원회는 기존 교육과학기술부 산하에서 국무총리 소속으로 격상되어 국무총리와 민간전문가가 공동으로 위원장을 맡는 학교폭력 대책위원회로 개편되었으며, 시·군·구 단위 '학교폭력지역대책협의회'를 신설하여 기초자치단체, 교육지원청, 지방검찰지청 등이 공동으로 지역단위 학교폭력에 적극적으로 대응하도록 하였다.

　　2012년 일부 개정된 학교폭력예방 및 대책에 관한 법률의 주요내용으로는 분기별 1회 이상 학교폭력대책자치위원회의를 개최하는 것을 의무화하고, 피해학생 보호를 위해 피해학생에 대한 '전학 권고' 규정을 삭제하였으며, 학교 폭력 피해학생 학부모가 요청할 경우 학교안전공제회에서 치료비용을 선보상하고, 가해학생

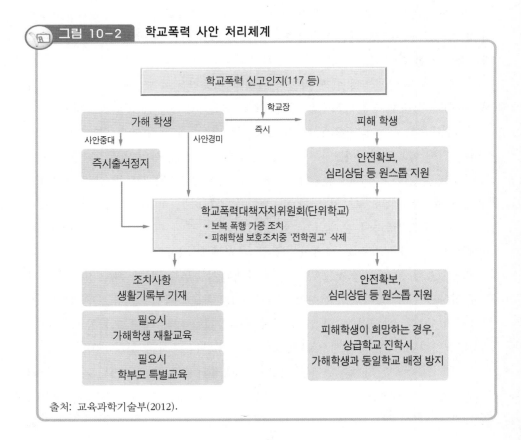

그림 10-2　학교폭력 사안 처리체계

출처: 교육과학기술부(2012).

학부모에게 구상권을 청구하도록 하여 피해학생에 대한 신속한 치료가 이루어지도록 피해학생 보호조치가 강화되었다. 또한 가해학생의 출석정지 기간 제한을 삭제하고, 보복행위에 대해 가중조치를 하는 등 가해학생에 대한 조치는 엄격해지고, 가해학생 학부모에 대한 특별교육도 의무화되었다(여성가족부, 2012: 199).

(7) 청소년 인터넷 중독

1) 청소년 인터넷 중독의 정의

중독이란 단순한 대상 탐닉에 그치는 것이 아니라 대상에 몰두해서 그 대상으로부터 만족감과 편안함을 찾는 대상에 대한 의존성, 시간이 지남에 따라 점점 의존의 강도가 높아지는 내성현상, 그 대상에 몰두하지 않으면 나타나는 금단현상을 수반하는 것을 의미한다. 이러한 중독은 인터넷 사용에서도 나타나는데 인터넷 중독, 사용에 대한 내성을 가지고 있으며 이로 인해 일상생활의 장애가 유발되는 상태를 말한다. 인터넷 중독의 증상에는 인터넷에 장시간 몰입함으로써 일상생활을 제대로 수행하지 못하고 인터넷을 하지 못하게 될 경우 이로 인한 심각한 후유증으로 심리적 불안감, 우울증 등을 경험하게 됨은 물론 인터넷 통신에 빠진 자신을 인식하고 인터넷 통신의 사용을 자제하려고 하나 자신의 의지대로 자제가 되지 못하여 계속적으로 인터넷을 사용하게 되는 것들이다.

통계개발원(2012)에 따르면 청소년의 인터넷 중독률도 심각하지만 만 5~9세 어린이의 중독률도 7.9%로서 성인의 6.8%보다 높게 나타났다. 현재 한국 가구의 인터넷 보유율은 96.8%로 세계 최고수준이다.

2) 청소년 인터넷 중독의 원인

첫째, 가상공간 안에서는 실제생활에서 많은 제약이 따르는 청소년들에게 자율성이 확보되는 동시에 스스로 누군가를 통제할 수 있다는 힘이 주어진다. 특히 부모로부터 자율성이 침해당하고 제약을 받는 경험을 한 청소년들에게 소셜 네트워킹을 통한 온라인 의사소통은 자기표현을 자유로이 할 수 있는 기회와 가정에서는 좀처럼 발견하기 어려운 상호작용 기회를 제공한다(Szwedo et al., 2011).

둘째, 인터넷 공간 내에서는 자유로운 의사표현이 가능하다. 현실과 다른 새로운 자기창조를 할 수 있기 때문이다. 또한 청소년들은 가상공간을 어느 정도 무책임을 허용하고 있는 공간으로 인식하여 인터넷에 몰입하게 된다.

셋째, 현실에서 적응하지 못하고 주위로부터 인정을 받지 못하는 청소년들의 경우 현실기준에서는 자긍심이 낮기 때문에 가상공간에서 인정을 받으려고 하는 속성이 있다. 즉, 누군가로부터 인정을 받고자 하는 자기존중감 충족을 위하여 인터넷에 의존하게 된다(Israelashvili et al., 2012). 어머니와의 관계에 문제가 있는 청소년들의 경우 온라인 대화를 선호하게 되고 온라인상에서 만난 이들과 친구관계를 형성할 가능성이 높다(Szwedo et al., 2011).

3) 청소년 인터넷 중독의 실태

① 청소년 인터넷 중독의 유형

인터넷 중독의 하위 유형에 대해서 아직 공식적으로 일치된 견해는 없으나 일반적으로 게임중독, 채팅중독, 음란물중독으로 나눌 수 있다.

가. 게임중독

게임에 몰두한 나머지 수면시간의 감소와 피로 등으로 게임에 관한 것 이외의 생활 면에서 악영향을 미치거나 인간다운 생활을 영위하기가 어려운 증상을 말한다. 이러한 게임 중독의 동기에 대해서 이성식·전신현(2006)의 연구에 따르면 충동성과 스트레스 해소, 재미가 청소년 게임중독의 중요한 동기로 나타났다. 즉, 게임중독은 충동적인 아이들이 현실에서의 스트레스를 해소하고 오락과 재미를 추구하기 위해 발생된다고 할 수 있다.

나. 채팅중독

채팅중독은 채팅을 과도하게 즐겨 현실도피의 수단으로 채팅에 빠져드는 것을 말한다. 이러한 채팅중독은 주로 현실에서 외로움과 우울을 겪고 사회적 지지를 적게 경험하는 아이들이 인터넷에서 위안을 받으려는 사회적 이유로 일어나게 된다.

다. 음란물중독

음란물중독은 인터넷을 통해 음란물 사진, 만화, 동영상, 소설을 보는 등의 형태에 과도하게 몰두하며 성적인 욕구를 충족시키는 성도착적 행동이다. 특히 성에 대해 호기심이 왕성한 청소년기에 많이 나타나는데 음란물중독은 연구결과에 따르면 현실에서의 스트레스 해소가 중요한 이유로 나타났다.

② 청소년 인터넷중독의 영향

Stavropoulos 외(2013)에 따르면 인터넷중독과 학업성취도 사이에 강한 관련성이 있는 것으로 나타났다. 이러한 연구결과는 선행연구결과들(Kubey et al., 2001; Yang & Tung, 2007)과 일치한다. 또한 수줍음, 우울감, 낮은 자기존중감은 인터넷 중독과 낮은 학업성취도 사이의 연관성을 설명하는 요인들로 밝혀졌다. 이외에도 인터넷 사용에 따른 잠의 부족, 집중력 저하, 학업의 관심 저하를 유발할 수 있다. 이렇듯 학교에서 수행이 저조하면 자기존중감을 성취하기 위해서 온라인 활동에 더 많은 시간을 투자할지도 모른다(Stavropoulos et al., 2013: 574).

다음은 인터넷 중독 증상들이다.

가. 금단현상

금단이란 온라인 게임행위를 중단하거나 게임 행위가 제지받거나 일정시간 사용하지 못하게 되면 불안, 초조, 우울, 짜증, 불면 등의 증상을 유발하게 되는 특성을 의미한다.

나. 내 성

내성이란 같은 정도의 만족감을 얻기 위해서 온라인게임에 더 많은 시간을 사용하거나 더욱 더 자극적이거나 공격적인 게임을 통해서만 만족감을 느끼게 되는 특성을 의미한다. 내성은 모든 유형의 중독이 갖는 특성으로 각종 중독 진단 척도를 구성하는 요인이다.

4) 청소년 인터넷중독 교육방안

① 인터넷 치유학교(RESCUE 스쿨)

한국청소년상담복지개발원에서는 여성가족부와 함께 인터넷 과다 사용 청소년들을 대상으로 다양한 상담치료 프로그램을 진행하고 있다. 이 사업의 일환인 RESCUE 스쿨은 인터넷과 단절된 청소년 수련시설에서 11박 12일간 기숙형태로 운영되는 치료 프로그램으로서 인터넷 중독 상담사의 전문적인 개인상담과 집단상담, 임상심리전문가들의 심리상태 진단 및 평가와 수련활동 전문가들이 진행하는 대안활동 등을 결합한 전문치료 프로그램이다.

② 인터넷 중독 가족치유캠프

여성가족부가 주최하고 한국청소년상담복지개발원이 주관하는 인터넷 중독 가족치유캠프는 인터넷 문제로 인하여 학업이나 일상생활에서 어려움을 겪는 4~6학년 초등학생과 보호자를 대상으로 2박 3일간 진행되는 치료캠프이다. 이는 가족관계를 개선하고 인터넷 문제에서 벗어날 수 있도록 프로그램이 구성되어 운영된다. 내용으로는 청소년 대상 건강한 인터넷 사용을 위한 인터넷 사용 인식개선교육, 부모교육을 통한 인터넷 문제와 관련한 청소년의 이해 및 지도방법 습득, 지역 중심의 캠프운영을 통한 인터넷 이외의 다양한 대안활동 체험, 지역별 특색에 맞는 치료프로그램(역할극, 집단상담, 미술치료) 실시, 사후모임을 통한 인터넷 사용시간 관리 등이다.

③ 한국 정보화 진흥원 인터넷 중독 대응센터

인터넷 중독 진단, 중독 상담, 예방교육 등을 실시하고 있다. 또한 인터넷 사용 증가에 따른 인터넷 중독 등 사회적 폐해의 증가에 대응하기 위해 전문적인 자질을 갖춘 인터넷 중독 전문 상담사 양성과정도 운영하고 있다.

④ 생애주기별 인터넷 레몬교실

인터넷중독 해소에 적극 대응하고자 전문강사를 학교 및 수요기관에 파견하여 유아에서 성인까지 대상별로 인터넷 중독의 이해, 실태, 예방, 탈출법 등 예방교육을 실시하고 있다.

⑤ WOW 건강한 인터넷 멘토링

초·중·고교생을 대상으로 건강한 인터넷 이용습관의 형성을 위해 학령별로 구분된 심화교육프로그램이다. 인터넷의 사용습관 자기조절 능력 배양, 자기점검 방법 등 인터넷·스마트 미디어 중독 예방을 위해 개인의 역할을 강조하는 교육을 실시·지원한다.

⑥ 대경정보통신윤리협회

대경정보통신윤리협회는 정보통신윤리교육, 인터넷중독 예방교육 및 상담, 사이버범죄예방교화, 정보문화교육 전문기관이다. 이 협회에서는 학부모교육, 학생교육, 교사·교직원교육, 기관단체교육을 시행하고 있으며 주로 대상별로 인터넷 활용과 인터넷중독예방, 정보통신 윤리교육이 주를 이루고 있다.

이상과 같이 국내에서 청소년의 인터넷중독을 예방하고 치료하는 프로그램들은 주로 상담가 및 임상 심리학자들이 실시하는 인지행동적 접근에서 개발, 적용되고 있다. 따라서 이명숙(2013)은 가정·학교·사회차원에서 인터넷 중독 예방교육 방안을 제시하고 있다.

첫째, 현행 인터넷중독 청소년의 예방치료 프로그램들이 주로 상담 및 심리치료에 집중되어 있으므로 신체활동이 중심이 되는 대안활동이 더 많이 적극적으로 제공되는 것이 필요하다.

둘째, 청소년의 게임중독은 여가에 대한 청소년들의 이해부족과 여가선용 방법전략의 부재로 인해 발생하는 문제이므로 게임도 다양한 여가의 한 유형이라는 인식을 갖도록 교육한다.

셋째, 어린 시기부터 유치원, 초·중·고 학교 등에서 여가교육을 체계적으로 실시하여 건강한 여가를 보내는 방법을 배우고 실천하는 습관을 갖도록 지도한다.

넷째, 게임업체가 갖는 사회적 책임으로서 가정에서 가족들이 함께 게임문화를 즐길 수 있도록 우수한 프로그램을 개발하고 대국민 캠페인과 홍보를 지속적으로 전개하여 각 가정의 자율적 참여를 유도한다.

앞서 열거한 방안 이외에도 아이들의 건전한 매체 이용습관 형성을 위해 청소년을 직접 교육하는 방법뿐만 아니라 교사연수, 교사대상 매체이용지도능력 교육이 진행되어야 하며 청소년과 가장 가까운 학부모를 대상으로 한 미디어 교육을 통해 보호자 지도역량 강화 역시 필요할 것이다.

이와 같이 청소년 교육뿐만 아니라 부모교육, 교사, 일반인 모두 교육을 받아야 할 필요성이 제기됨에 따라 다양한 인터넷교육 콘텐츠들이 마련·제공되고 있다.

첫째, 교과부의 정보통신윤리교육 콘텐츠 및 서비스에 들어가면 학생들이 건강한 정보통신윤리 의식제고를 위해 학교와 가정에서 쉽게 활용할 수 있는 교과서 기반의 정보통신 윤리교육 온라인 콘텐츠를 다운받아 사용할 수 있다.

둘째, 인터넷중독 가족치유캠프인터넷 및 스마트폰 중독 청소년들의 경우 간혹 스스로가 중독되었다는 사실을 인지하지 못할 수도 있고 중독되었다는 사실을 인정하지 않으려는 경우가 있다. 부모나 청소년 지도사 및 교사들은 한국정보화진흥원 인터넷중독 대응센터(www.iapc.or.kr)홈페이지를 방문하여 사이버로 진단을 받게끔 청소년들을 유도하는 것이 필요하다.

셋째, 전국 공통전화 1599-0075로 전화하여 전화 상담을 받는 것도 권장된다. 또한 건강가정상담센터 등의 상담전문가로부터 주기적으로 상담치료를 받는 것도 권장해 볼 만하다.

스마트미디어의 확산 등 매체환경의 변화에 따라 청소년들에게 미치는 미디어의 중요성은 갈수록 커지고 있는데 미디어교육이 학교교육현장에서 거의 이뤄지지 않고 있다. 미디어교육이 학교현장에 뿌리내리기 위해서는 미디어교육의 법제화가 시급하다. 창의적 체험활동이 2013년부터 각급학교 및 학년에 전면실시되기 시작하였으므로 창의적 체험활동 영역의 하나로 미디어 활동을 포함시킴으로써 미디어교육 및 활동에 대한 관심과 주의를 환기시켜야만 하겠다(이창호, 2012).

(8) 청소년 스마트폰 중독

청소년 인터넷 중독에 대한 많은 연구들은 최근 스마트폰 중독으로 옮겨가는 양상을 띠고 있다. 미국 시장 조사 업체 스트래티지애널리틱스(SA)에 따르면 2012년 한국은 스마트폰 보급률 67.6%를 기록, 스마트폰 보급률 1위 국가가 됐다. 한국의 뒤를 이어 노르웨이(55%), 홍콩(54.9%), 싱가포르(53.1%)가 위치했다. 스마트폰 보급률 1위 한국의 보급률은 67.6%로 세계 평균 보급률인 14.8%보다 4배 이상 높다.

2013년 현재 우리나라 청소년 10명 중 8명이 스마트폰을 쓰고 있으며 이들의 하루 평균 사용시간은 2시간 36분인 것으로 나타났다. 청소년들의 스마트폰 의존 증가는 생각보다 훨씬 심각하다. 청소년들의 스마트폰 중독률이 인터넷 중독률보다 훨씬 높게 나타났다. 인터넷 중독률이 10.4%인데 반해 스마트폰 중독률은 11.4%인 것으로 나타났다(한국정보화진흥원, 2013). 또한 청소년들의 스마트폰 중독률은 성인보다 더 높은 것으로 나타났다. 예를 들어 성인의 중독률은 7.9%인데 반해 청소년은 11.4%인 것으로 나타난 것이다. 청소년 중에서도 연령이 어릴수록 의존도가 더 높은 것으로 나타났다. 중독률을 연령대로 세분화해서 보면 10대가 11.4%로 가장 높았으며 20대 10.4%, 30대 7.2%, 40대 3.2% 순으로 나타났다(고영삼, 2013: 25).

한국청소년정책연구원(2013)의 스마트폰 실태조사에 따르면 여학생의 스마트폰게임 사용률이 남학생 못지않은 걸로 나타났다. 또한 청소년 3명 중 1명이 스마트폰 중독 위험군에 속해, 대책 마련이 시급한 것으로 나타났다. 여학생의 스마트폰게임 사용률은 81.1%로 남학생(88.2%)보다 7.1% 낮았다. 주 1일 미만 사용하는 비율의 경우 여학생이 남학생(9.9%)보다 높은 12.6%로 나타났다. 여학생의 스마트폰게임 사용률은 주 5일 이상이 33.2%로 가장 높았다. 이어 주 3~4일 이용 20.8%, 주 1~2일 이용 14.5% 등의 순이었다. 남학생의 스마트폰게임 사용률은 주 5일 이상 41.7%, 주 3~4일 이용 21%, 주 1~2일 이용 15.6% 등의 순으로 나타났다. 4월 25일부터 5월 13일까지 중고등학생 3000명을 대상으로 조사한 결과다.

전체 응답자의 35.2%가 스마트폰 중독 위험군에 속했다. 27.6%가 스마트폰 중독에 빠질 확률이 높은 '잠재적 위험군'에 속했다. 관련 기관의 전문적인 지원과 도움이 필요한 '고위험군'은 7.6%였다. 성별로 보면, 여학생들이 남학생들보다 스마트폰중독 위험에 노출돼 있었다. 잠재적 위험군과 고위험군을 합친 비율은 여학생들의 경우 42.6%였다. 반면 남학생은 28.6%로 14%p 낮았다. 스마트폰 사용으로 학교 생활 등 일상 생활에 어려움을 겪는 빈도도 높았다. 응답자의 50.1%가 스마트폰을 수시로 사용하다가 지적을 받은 적이 있었다. 43.8%의 학생들은 스마트폰을 사용하느라 공부나 숙제를 하기가 어렵다고 답했다.

응답자 3명 중 1명(32.8%)은 스마트폰 사용시간을 줄이려고 해 보았지만 실패했다고 답했다. 또한 응답자 43.9%가 스마트폰을 사용할 수 없게 된다면 견디기 힘들 것이라는 반응을 보였다. 응답자 10명 중 3명 가량(31.4%)은 스마트폰을 지나치게 사용하는 바람에 학교성적이 떨어졌다고 답했다.

최근에는 소셜미디어의 사용이 급증하였는데 이창호(2012)의 연구에 따르면 청소년들이 가장 많이 사용하는 것은 카카오톡으로서 응답자의 75%가 거의 매일 카카오톡을 이용하고 있다고 응답하였다. 페이스북의 경우에는 응답자의 33.4%가 거의 매일 이용한다고 응답하였다. 소셜미디어는 사회자본 증진의 긍정적 면도 있으나 개인정보 유출의 문제와 함께 학업에 열중해야 하는 청소년들에게 자칫 중독성이 있는 소일거리가 될 수 있어 주의가 요망된다(권양이, 2012b).

이밖에도 많은 청소년문제가 있다. 대표적인 예로 청소년 음주와 흡연사용의 비율도 지속적으로 증가추세에 있다(Lloyd-Richardson *et al.*, 2002). Gutman 외 (2011)에 따르면 그들의 가정과 부정적인 상호작용을 하고 있다고 느끼는 청소년들은 더 동일한 시기의 담배 사용을 보고하였다. 부정적인 상호작용이 증가하면서 동시에 담배사용도 증가함을 보였다. 특히 청소년들은 15세와 19세 사이에 음주와 흡연의 비율이 급격히 증가했음을 보고하였다. 반면에 부모와 더불어 긍정적인 자기정체성을 형성한 청소년들은 음주와 흡연사용량이 감소하였다. 이들의 연구결과는 청소년들의 약물남용은 가정불화와 가정결속력의 부족과 같은 가정적 요인에서 부분적으로 기인한다(Bray et al., 2001)는 선행연구를 뒷받침해주고 있다. 또한 가족구성원 간의 관계의 질(質)은 청소년들의 당시의 위험행동의 연루와 관계가 있을 뿐만 아니라 2년 후 약물 사용에도 영향을 미친다. 부모와 좋은 관계를 형성하고 있는 청소년들은 향후에도 흡연과 음주에 빠져들 가능성이 높은 일탈청소년들과는 좀처럼 어울리지 않을 것이다(Gutman, 2011).

Youth Education

제11장 청소년 교육복지

1. **청소년 교육복지의 필요성 및 특성**

양육비의 증가와 부모의 결손 등으로 청소년이 성장하기에 가족의 양육환경이 적절하지 못해 국가나 지방자치단체가 개입하면서 청소년복지의 필요성이 대두되었다고 본다(이용교, 2004). 청소년을 둘러싼 환경이 지나치게 열악할 뿐만 아니라 복합적으로 얽혀있는 각종 사회문제들로 인해 청소년복지가 단순히 부모의 책임만으로 감당할 수 없으며 국가, 사회가 청소년복지에 대한 책임을 인식하고 이를 증진하기 위해 적극적이고 주도적인 개입을 할 필요성이 생겨났다.

2. 청소년 교육복지의 실태

(1) 교육복지우선지원사업

1) 교육복지우선지원사업의 정의

교육복지우선지원사업은 학교가 지역사회와 연계하여 취약 아동·청소년의 교육적 필요에 부응하는 맞춤형 통합 지원을 제공하는 사업이다. 따라서 본 사업에서는 학교와 지역사회 내에서 취약집단 아동·청소년을 발굴, 지원, 관리할 수 있는 통합적 지원 체제를 구축하는 것을 사업의 주요 내용으로 삼고 있다. 즉, 학교 내에서 취약집단 학생을 발굴하고, 학교 내외에서 필요한 프로그램이나 자원을 개발하여 이들에게 연계할 뿐 아니라, 담임교사, 프로그램 담당교사, 학교의 전담부서, 지역사회기관 담당자 등과의 교류 협력을 통해 취약집단 학생들의 교육적 성장을 지속적으로 지원하고 관리할 수 있는 지원 체제를 학교를 중심으로 구축하는 것이다. 빈곤 아동, 청소년에 대한 적극적인 교육복지정책으로 교육과학기술부의 '교육복지투자우선지역지원사업'(이하 교육복지사업)이 2003년 서울과 부산의 8개 지역에서 시작되어 2005년도에 15개 지역, 2006년도에 30개 지역, 2007년도에 60개 지역, 2008년 말에는 100개 지역으로 확대되어 2010년 534개 초·중·고에서 실시되었다. 이 사업을 위해 지원되고 있는 예산은 총 1,566억원이며 사업학교에 재학하는 전체 학생 1,086,434명 중 이 사업의 주요 참여 집단이 되는 국민기초생활보장수급자 가정 학생 수는 71,853명이다(여성가족부, 2012).

또한 이 사업에서는 불리한 학생들의 다양한 교육적 필요에 부응하기 위하여 다각적인 내용의 프로그램을 개발하여 실시하고 있다. 첫째, 학습 결손을 방지하고 학습동기를 유발하며 자기주도적 학습능력을 개발하기 위한 학습능력 증진 프로그램을 실시하고 있다. 둘째, 다양한 문화적 욕구 충족 기회를 제공하기 위한 문화·체험 활동 프로그램을 운영하고 있다. 셋째, 긍정적 자아개념과 건강한 사회성 발달을 위한 심리·정서 발달 지원 프로그램을 운영하고 있다. 넷째, 교육취약 아동·청소년이 미래의 삶을 주도적으로 영위할 수 있도록 지원하는 진로 탐색 프로그램을 운영하고 있다. 다섯째, 건강한 신체 발달과 돌봄 지원을 위한 복지 프로그램을 실시하고 있다. 이러한 프로그램들은 모두 취약집단 학생들의 전인적 성장과 발달을 지원하는 프로그램으로서 각 학교별로 교육청 및 지역사회 기관과 연계하여 학생들의 실태에 맞게 통합적으로 개발되어 운영되고 있다.

2) 교육복지우선지원사업 실태

표 11-1 교육복지우선지원사업

구 분	대상지역	지원자격	학교 수 (초·중·고)	학생 수[1] (국민기초생활보장 수급자수)	지원액 (교부금) (대응투자)
2005년	15지역 (기존 8, 신규 7)	광역시 이상	82교 (초 50, 중 32)	75,189명 (9,765명)	160억원 (110억원) (50억원)
2006년	30지역 (기존 15, 신규 15)	인구 25만 이상	163교 (초 99, 중 61, 고 3)	153,178명 (16,719명)	359억원 (209억원) (150억원)
2007년	60지역 (기존 30, 신규 30)	인구 25만 이상	322교 (초 187, 중 132, 고 3)	326,826명[2] (35,110명)	642억원 (374억원) (268억원)
2008년	60지역 (기존 60)	인구 25만 이상	322교 (초 187, 중 132, 고 3)	304,464명 (27,904명)	514억원 (248억원) (266억원)
2009년	100지역 (기존 60, 신규 40)	모든 市	538교 (초 304, 중 230, 고 4)	490,081명 (40,275)	866억원 (504억원) (282억원)
2010년	100지역 (기존 60, 신규 40)	모든 市	534교 (초 296, 중 234, 고 4)	452,467명 (35,725명)	810억원 (310억원) (417억원)
2011년	114개 교육지원청	단위학교	1,356교 (초 670, 중 681, 고 5)	1,086,434명 (71,853명)	1,566억원 (1,188억원) (367억원)
2012년	143개 교육지원청	단위학교	1,801교 (초 906, 중 831, 고 64)	1,302,250명 (72,881명)	1,663억원 (1,440억원) (223억원)

| 2013년 | 148개 교육지원청 | 단위학교 | 1,833교
(초 894, 중 876, 고 63) | 1,247,836명
(65,291명) | 1,493억원
(1,172억원)
(321억원) |
| 2014년 | 144개 교육지원청 | 단위학교 | 1,828교
(초 903, 중 880, 고 65) | 1,256,387명[3]
(60,056명) | 1,404억원[3]
(1,297억원)
(107억원)[4] |

주: 1) 유치원 원아를 제외한 초·고등학생에 한함.
　　2) 2007년에는 학생수에 저소득 한부모가정 학생수 포함.
　　3) 2012~2013년에는 학생수, 지원액 자료 중 서울특별시 소재 사업고등학교 데이터 미포함.
　　　 2014년에는 서울특별시 소재 사업 고등학교 데이터 포함됨.
　　4) 대응투자, 이월금 등이 포함된 금액.
자료: 한국교육개발원(2011), 2010년 교육복지투자우선지역 지원사업 평가보고서.
　　　한국교육개발원(2012, 2013, 2014), 2011, 2012, 2013년도 교육복지우선지원사업 현황.
　　　한국교육개발원(2015. 2월 발간 예정), 2014년도 교육복지우선지원사업 현황.
출처: 여성가족부(2014). p. 297.

3) 교육복지우선지원사업의 교육적 효과

　　정연정·엄명용(2009)의 연구결과에 따르면 교육복지사업은 사업운영학교 학생들의 사회·정서적 발달과 인지적 발달에 긍정적인 영향을 미치는 것으로 나타났다. 빈곤학생의 경우 '긍정적인 자아개념', '학교생활적응', '사회적 지지'에서 유의미한 효과가 있었다. 또한 우울불안자살충동, 학교생활적응, 사회적 지지, 학습자기조절인지, 학습행동통제전략의 변수가 사업운영기간이 길수록 더 효과가 있는 것으로 나타났다. 즉, 교육복지사업은 장기적인 계획 속에서 지속적으로 추진되고 지원되어야 함을 의미한다.

　　또한 2009년부터 3년 간 교육복지우선지원사업의 종단적 효과를 살펴보면 사업학교는 비사업학교에 비해 교사의 효능감과 학교장의 리더십, 동아리 활동, 진로프로그램 및 멘토링 프로그램 참여율 등이 높은 것으로 나타났으며 사업학교 학생들은 비사업학교 학생들에 비해 교사의 관심과 지원, 긍정적 기대를 더 많이 받고 있다고 느끼는 것으로 나타났다(한국교육개발원 교육복지연구센터, 2009).

(2) 방과후 학교

1) 방과후 학교의 정의

사회과학이론들과 연구결과물들은 청소년들이 성장하고 성숙해지는 과정에서 느끼는 기본적인 발달적 욕구들을 파악했다. 성인으로의 성공적인 전환은 아동기부터 청소년에 이르는 과정동안 거치는 복잡한 과정으로부터 발달된다. 최신이론들은 청소년들은 신체활동, 역량과 성취의 발달, 창조적인 표현, 자기정의, 동료와 성인과의 적극적인 사회적 상호작용, 실제 활동의 의미있는 참여에 대한 기회가 필요하다고 보고한다(Quinn, 1999). 방과 후 프로그램(after-school program)은 청소년발달에 긍정적 영향을 끼칠 수 있는 긍정적 청소년발달(Positive youth development) 프로그램 중의 하나이다(Bloomquist, 2010).

미국의 1998년 여론조사결과를 보면 학부모들의 93%가 방과후 활동의 확대를 지지하였고 이들 중의 80%이상이 방과후를 위해서 기꺼이 세금을 더 낼 의지가 있다고 응답했다. 비슷한 연구결과로서 Public Agenda가 실시한 여론조사 연구결과를 보면 미국사회는 청소년들에게 충분한 구조적인 활동을 제공하지 않고 이것은 걱정스러운 일이라고 보고한다. 이들의 60%는 방과후 프로그램이 청소년들을 도울 수 있는 효과적인 방법이라고 응답했다(Quinn, 1999).

우리나라에서 방과후 교육활동은 교육수요자인 학생, 학부모의 사교육비 절감과 학원 밖의 과외를 학교 안으로 끌어들인다는 취지로 추진해 왔다(김수동 외, 2000: 298).

2) 방과후 학교의 실태

① 방과후 강좌 현황과 배경

2013년 4월 현재, 교과 강좌 323,888개(56.8%), 특기·적성 강좌 246,433개(43.2%), 총 570,321개의 방과후 학교 강좌가 운영되고 있다. 2007년에는 약 16만여개의 프로그램이 운영되었다. 2011년 운영 프로그램 중 수준별로 이루어지는 교과 프로그램 수는 110,318개로 전체 교과 프로그램의 31.1%를 차지하고 있다. 2011년 학생 1인당 평균 2.8개의 강좌를 수강하고 있으며, 월 평균 부담액은 29,412원으로 나타났다.

표 11-2 방과후 학교 강좌 운영현황 (단위: 개)

구 분	2006	2007	2008	2009	2010	2011	2012	2013
교과프로그램	75,651	90,813	117,534	161,348	338,891	355,158	367,025	323,388
특기적성 프로그램	54,850	68,403	112,885	124,581	156,074	175,492	235,605	246,433
계	130,501	159,216	230,339	285,929	494,965	530,650	602,630	570,321

출처: 교육부(2013), 방과후 학교 운영현황.

표 11-3 방과후 학교 학생참여율 (단위: %)

구 분	2006	2007	2008	2009	2010	2011	2012	2013
학교참여율	99.9	99.8	99.9	99.9	99.9	99.9	99.9	99.9
학생참여율	42.7	49.8	54.3	57.6	63.3	65.2	71.9	72.2

출처: 교육부(2013), 방과후 학교 운영현황.

　　미국은 세계대전 이후 전쟁터로 나간 남성노동력을 대체할 여성노동력이 필요해지자 자녀 양육 서비스를 제공하면서 방과후 아동보육서비스가 실시되었다. 이후 자녀양육의 책임을 사적 영역으로 국한하려는 신보수주의의 영향으로 정책이 후퇴되었다가 여성의 사회경제활동의 참여증가, 미혼모, 한부모가정의 증가, 아동의 학업성취능력에 지대한 영향력을 미친다는 연구결과, 유권자들의 요구로 방과후 아동보육에 관한 지원을 구체적으로 실행하게 되었다. 클린턴 정부 때 구체화되었고 이후 부시 행정부때 예산이 삭감되나 사회적 반발로 다시 예산을 늘리게 되었다(이향란, 2006: 30).

　　우리나라도 최근 사회양극화가 심화되면서 교육양극화라는 새로운 신조어가 탄생하였다. 사교육을 받을 수 없는 저소득층 청소년들의 교육격차를 줄이기 위한 하나의 방편으로 방과후 학교가 국가적 교육복지정책의 일환으로 시행되고 있다. 이외에도 방과후는 스포츠, 음악, 미술 등 다양한 특기활동을 통해 청소년의 긍정적 발달을 꾀한다.

학교의 주요 목적은 청소년들이 지식을 습득할 수 있도록 돕고 책임감 있고 사회적 기술을 발달시키며 건강하게 그들의 지역사회 구성원들에게 기여하게 하는 것인데 학교 기반의 청소년 예방 및 발달 프로그램들은 이러한 역할을 하고 있다(Greenberg *et al.*, 2003). 그러나 학교의 다른 구성요소와의 불충분한 조정관계와 프로그램의 효과 및 지속성에 필요한 실행과 평가 요소에 주의를 기울이지 못한다면 프로그램의 영향력은 충분히 발휘될 수 없을 것이다(Greenberg *et al.*, 2003).

따라서 학교 기반의 방과후 학교도 지속성과 효과성 측면을 지속적으로 고려해야 하겠다.

② 방과후 학교 민간참여의 확대[1)]

지역사회의 공신력 있고, 우수한 민간자원을 방과후 학교에서 적극적으로 활용하기 위하여 언론 및 방송기관이 참여하는 시범사업을 추진하였다. 2011년 하반기부터 6개의 언론기관(조선, 중앙, 동아, 한겨레, CBS, 매일신문)과 1개의 방송(아리랑 TV)이 참여하였다. 언론 및 방송 기관들은 다양하고 특화된 방과후 학교 프로그램을 개발한 다음, 단위학교와의 계약을 통하여 방과후 학교 프로그램을 학교현장에서 적용하였다.

③ 방과후 학교 자유수강권 지원

2011년에는 48만 명의 도시저소득층 학생들에게 연간 36만원의 방과후 학교 자유수강권을 지원하였다. 학생들은 자유수강권을 가지고 자신이 원하는 방과후 학교 프로그램을 선택하여 듣는다. 자유 수강권을 지급받는 학생수와 연간 지급액은 지속적으로 확대되고 있다. 2010년에는 기초생활수급자와 차상위계층의 20%, 2011년에는 기초생활수급자와 차상위계층의 40%에 대해 자유수강권을 지원하였다. 정부는 2011년도에도 지속적으로 취약 계층·지역 학생들의 방과후 학교 참여 지원을 확대하였다.

④ 농산어촌 방과후 학교 지원

2011년에는 17,162개의 학급에 대해 총 515억 원의 예산을 지원하였다. 1학급당 평균 3백만원 정도가 지원되었다. 농산어촌 지역의 학생들은 대부분 무료로 방과후 학교에 참여하고 있으며, 따라서 방과후 학교 참여율이 도시나 전국 평균

---

1) 이하는 여성가족부(2012). 청소년백서 pp. 283−84 부분을 발췌한 내용임.

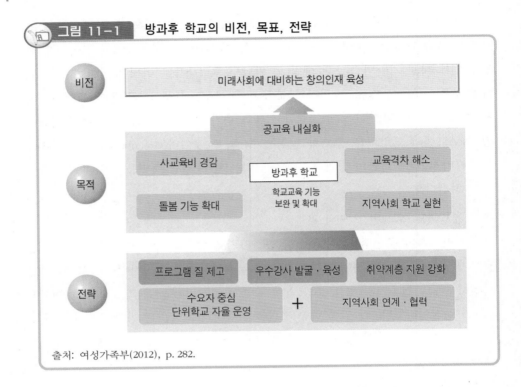

그림 11-1 방과후 학교의 비전, 목표, 전략

출처: 여성가족부(2012), p. 282.

에 비해 높다. 2011년의 경우, 농산어촌(72.8%)이 도시(61.1%), 전국(65.2%)에 비해서 높다.

⑤ 초등돌봄교실 지원

초등학교 학생들을 방과 후와 주말, 방학 중에 안전하게 보호·지도함으로써 건강하게 성장·발달하도록 돕기 위해 방과후 학교에서는 돌봄 프로그램을 개설·운영하고 있다. 초등돌봄교실은 초등학교 저학년 학생을 위주로 운영되며, 맞벌이 가정 자녀 및 저소득층 가정 자녀를 우선 대상으로 한다. 초등 돌봄 프로그램은 가정과 같이 편안하고 쾌적한 시설·설비로 리모델링한 초등학교의 교실에서 실시된다. 교사 및 보육교사 자격증 소지자, 자원봉사자 등 다양한 인력풀이 과제지도, 놀이지도, 상담, 소질계발, 인성지도 등을 실시하고 있으며 이는 교내 방과후 학교 프로그램과 연계 운영할 수 있다. 초등돌봄교실을 운영하는 학교는 2011년 현재 5,430개교(전체 초등학교의 92.4%)이며, 돌봄교실수는 6,639개이다. 초등돌봄

교실에 참여하는 초등학생은 총 124,013명이다.

2011년 3월부터는 전국 1,000개의 유치원 및 초등학교에서 엄마품온종일돌봄
교실을 운영하고 있으며, 여기에서는 아침돌봄, 오후돌봄, 저녁돌봄을 실시하고
있다. 2011년 4월 현재, 1,026개의 교실에서 27,769명의 학생이 참여하고 있다(아
침, 오후, 저녁돌봄교실 참여 연인원은 37,695명). 1,324명의 외부강사와 1,023명의 현
직교사가 참여하여 지도, 관리 등의 업무를 수행하고 있다.

표 11-4   초등돌봄교실 운영현황   (단위: 명, 개)

구 분	2006	2007	2008	2009	2010	2011
운영학교수	1,421	2,275	2,716	3,413	5,117	5,430
운영교실수	1,631	2,491	3,030	3,819	6,220	6,639
참여학생수	31,788	43,720	51,110	66,691	104,496	124,013

출처: 교육과학기술부(2011), 방과후 학교 운영현황.

3) 방과후 학교의 교육적 효과

초등학생을 대상으로 한 신혜숙·김민조(2012)의 연구결과에 따르면 방과후에
참여하는 학생의 가정배경이 대체적으로 열악하였고 방과후에 참여하는 학생이
교과별로 보통수준 이상의 성취를 보일 승산이 더 낮았다. 또한 한부모가정 자녀
가 양부모가정 자녀와 비교하여 교과별로 보통수준 이상의 성취를 보일 승산이 더
낮았고 사교육에 참여하는 학생이 그렇지 않은 학생에 비해 교과별로 보통수준 이
상의 성취를 보일 승산이 더 높았다. 반면에 일반계 고등학교 2학년을 대상으로
한 채재은 등(2009)의 연구에 의하면, 성적이 높고 사교육비를 많이 지출하는 학생
들이 그렇지 않은 학생들보다 방과후 학교에 많이 참여하는 경향이 있는 것으로
나타났다. 또한 방과후 학교는 학업성취도에 긍정적 영향을 미치는 것으로 나타났
다. 방과후 학교에 저소득 계층이 참여한다는 일반적인 통념과 달리, 성적이 높고
사교육비를 많이 지출하는 학생들이 보다 많이 참여하는 경향을 보였다.

김호와 김재철(2012)의 연구에 의하면 방과후 학교 교육활동에 참여 경험이

많은 초등학생일수록 자기주도적 학습 능력이 높아지는 것으로 나타났고 창의성이 높은 초등학생일수록 학업 성취는 높아지는 경향이 있었다. 즉, 아동의 방과후 학교 참여는 자기주도적 학습능력에 일차적으로 영향을 주고 자기주도적 학습능력이 창의성에 이차적으로 영향을 주어 결과적으로 학업성취에 영향을 주고 있음을 의미한다. 앞서 언급한 신혜숙·김민조(2012)의 연구제한점에서 시사했듯이 아동의 방과후 학교의 효과성 검증은 횡단적으로 실시되기 보다는 종단적으로 실시되어 보다 엄밀하게 분석될 필요가 있다.

이외에도 심은석 등(2013)의 연구에 의하면, 초등학생의 경우 영어방과후 학교 참여가 영어사교육비 경감에 유의미한 영향을 미치는 것으로 나타났고 중학생의 경우에는 영어와 수학방과후 학교 참여가 사교육비 경감에 효과가 있는 것으로 나타났다. 반면에 고등학생의 경우에는 국어, 영어, 수학 모든 방과후 학교 참여가 사교육비 경감에 유의미한 영향을 미치지는 않는 것으로 나타났다.

(3) 청소년 방과후 아카데미

1) 청소년 방과후 아카데미의 정의

청소년 방과후 아카데미란 국가의 정책사업과제로 보건복지가족부에서 공적 서비스를 담당하는 청소년수련시설(청소년수련관, 청소년문화의 집)을 기반으로 청소년들의 방과 후 활동 및 생활 관리를 종합적으로 지원하는 프로그램이다(김은정, 2007; 양정현, 2011: 100). 청소년 방과후 아카데미는 저소득·맞벌이·한부모 등 취약계층 가정에서 방과후 홀로 시간을 보내는 청소년들에 대하여 학습능력 배양·체험활동·급식·건강관리·상담 등 종합 학습지원 및 복지·보호를 통해 건전한 성장 지원을 목적으로 하고 있다. 또한 중앙정부와 지방정부 및 학교와 가정·지역사회가 연계하여 공교육을 보완하는 방과후 활동을 통해 공적 서비스 기능을 강화하고, 2005년부터 전국적으로 시행된 주5일 수업제 시행에 따른 다양한 복지 서비스 수요에 부응하여 계층 간 격차 완화 및 사회통합을 위하여 대상자 청소년이 확대되어 가고 있다. 특히, 2011년의 경우 특별지원청소년인 다문화 청소년과 장애 청소년을 대상으로 한 아카데미가 시범적으로 운영되었다.

2) 청소년 방과후 아카데미의 실태

청소년 방과후 아카데미의 시행은 여성가족부와 지방자치단체가 공동 운영하고 있으며, 방과후 아카데미 실시 장소는 청소년수련관, 청소년문화의집, 공공청소년공부방, 청소년단체시설 등을 활용하고 있다. 2008년 185개소가 운영되다가, 2009년 178개소, 2010년 161개소로 잠시 축소운영 되었으나, 2011년 다시 200개소로 대폭 확대운영되었다.

표 11-5 청소년 방과후 아카데미 사업개요

구 분	내 용
사업목적	저소득·맞벌이·한부모 등 취약계층 가정의 방과후 홀로시간을 보내는 청소년들에 대한 학습능력 배양·체험활동·급식·건강관리·상담 등 종합 학습지원 및 복지 보호를 통해 건전한 성장 지원
사업대상	맞벌이·한부모·부모의 실직·파산·신용불량 등 경제적 어려움 등으로 방과후 홀로 지내는 청소년(초4~중2) - 2005년: 2,350명(연인원: 225,600명) - 2006년: 4,200명(연인원: 1,260,000명) - 2007년: 6,300명(연인원: 1,890,600명) - 2008년: 7,680명(연인원: 2,165,760명) - 2009년: 7,245명(연인원: 2,064,825명) - 2010년: 6,645명(연인원: 1,727,000명) - 2011년: 8,200명(연인원: 2,148,400명)
시행주체	여성가족부와 지방자치단체 공동 운영
설치시설	청소년수련관, 청소년문화의 집, 공공청소년공부방, 청소년단체시설 등
사업기간	2012년 1~12월 연중 상시 실시(토요일, 방학중에도 운영)
사 업	200개소(기본형: 1개소 총 40명, 1개반 20명, 2개반) 운영
사업예산	154억원(국비지원율: 서울 30%, 지방 50%)

출처: 여성가족부(2012), p. 127.

3) 청소년 방과후 아카데미의 교육적 효과

김은정(2007)에 의하면 학습관련 영역에서 중학생의 만족도가 초등학생보다 낮았으며 이는 방과후 아카데미에서 중학생들이 만족할 만한 수준의 양질의 교사 및 교육프로그램이 확보되지 못하고 있음을 시사한다. 그러나 장기간에 걸친 학업성취도의 효과성면을 살펴보았을 때 3년 이상 장기간 참여한 청소년들의 평균성적이 3년 미만의 집단에 비해 월등히 높은 것으로 나타났다. 또한 학교급별로 보았을 때 초등학생의 경우 중학생보다 프로그램 효과성에 대한 인식이 높고 심리사회적 변인 및 학업성취관련요인의 점수가 높은 것으로 나타났다. 그러나 학업성적 자체는 중학생이 높은 것으로 나타났다(양계민·조혜영, 2010). 이들의 연구는 청소년 방과후 아카데미의 교육 프로그램이 청소년들에게 장기적으로 적용된다면 청소년의 심리사회적응과 학업성취에 효과적임을 시사해주고 있다.

양정현(2011)의 연구에 의하면 청소년 방과후 아카데미에 참여하는 학습자들은 수업·활동 만족도와 지도자 및 강사에 대한 만족도가 전반적으로 높은 편으로 나타났다. 학업성취이외에도 대부분의 저소득층 학생들은 가정교육이 부재하는 경우가 많으므로 청소년 방과후 아카데미에서는 부모들이 하지 못하는 인성교육에 초점을 두어 청소년들의 전인적 발달에 도움을 주고 학생의 생활에 대해 긍정적인 변화를 갖도록 하는 것이 필요하다(양정현, 2011).

청소년 방과후 아카데미 사업은 2005년에 시작되어 교육적 성과에 대한 연구가 방과후 학교 등에 비해 많지 않지만 교육양극화의 해소, 보호와 정서적 지원을 제공한다는 점에서 저소득층 청소년들에게 중요한 교육사업임은 분명하다.

(4) 지역아동센터

1) 지역아동센터의 정의

우리나라의 지역아동센터는 예전에는 '공부방'이라는 이름으로 불리워졌다. 지역아동센터는 1985년 도시빈곤층의 아동과 빈곤가정을 돕기 위한 공부방 형태로 전국적으로 빈민지역과 공단지역을 중심으로 설립·운영되기 시작하였다. 1997년 IMF 금융위기로 결식아동이 증가하게 되고 이들에 대한 급식사업을 공부방에서 주도하게 되었다. 결식아동의 급식비지원과 인력지원으로 공부방은 양적으로 증가하기 시작하였다(강지현, 2009: 2). 지역아동센터는 2004년 7월 아동복지법 시행령에 따라 '지역사회 아동의 보호, 교육, 건전한 놀이와 오락의 제공, 보호자와 지역사회의 연계 등 아동의 건전육성을 위하여 종합적인 아동보호 서비스를 제공하는 시설'로 정의되었다(최은희 외, 2008: 136).

2) 지역아동센터의 실태

지역아동센터는 2004년 895개소에서 2007년 2,618개소, 2011년 3,985개소로 급격히 증가하였다. 시도별로는 경기, 전남, 서울의 순으로 많다.

방과 후 돌봄서비스 제공기관인 지역아동센터는 주로 방과 후에 홀로 방치되는 아동의 건강한 발달과 성장을 위해 안전한 보호, 학습지도 등의 서비스를 제공하고 있다.

주요 프로그램은 보호프로그램, 교육프로그램, 건전한 놀이와 오락, 보호자 및 지역사회 연계로 구분된다. 보호프로그램에는 빈곤·위기·방임 아동보호, 일상생활지도, 급식제공, 위생지도 등의 서비스를 제공하고, 교육프로그램에는 숙제지도, 기초학습 부진아동 특별지도, 경제교육, 예체능교육, 독서지도 등이 있다. 건전한 놀이와 오락으로 문화체험, 견학, 캠프, 공동체 활동, 특기적성, 예술치료 등의 활동을 하며, 보호자 및 지역사회 연계로 가정방문, 상담·정서적 지지, 부모·가족 상담, 후원자 연계, 지역사회 내 인적·물적 자원 연계, 사례관리 등을 제공한다(여성

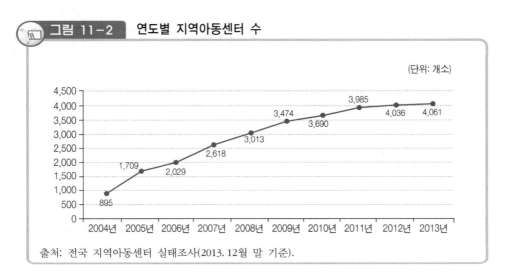

그림 11-2 연도별 지역아동센터 수

(단위: 개소)

출처: 전국 지역아동센터 실태조사(2013. 12월 말 기준).

| 표 11-6 | 지역아동센터 주요 교육프로그램 |

프로그램명	내 용
보호프로그램	• 빈곤 위기·방임 아동보호, 일상생활지도, 급식제공, 위생지도 등
교육프로그램	• 숙제지도, 기초학습부진아동 특별지도, 경제교육, 예체능교육, 독서지도 등
건전한 놀이와 오락	• 문화체험, 견학, 캠프, 공동체 활동, 특기적성, 예술치료 등
보호자 및 지역사회 연계	• 가정방문, 상담·정서적 지지, 부모·가족 상담, 후원자 연계, 지역사회 내 인적·물적 자원 연계, 사례관리 등

출처: 보건복지부(2012), 보건복지부 성과자료집.

가족부, 2012: 129).

3) 지역아동센터의 교육적 효과

2008년 글로벌 경제 위기의 여파와 가정해체 등으로 인하여 가정에서 적절한 보호를 받지 못하는 아동들의 숫자가 증가하고 있다. 보호기능의 결여뿐만 아니라 가정의 교육기능의 미비로 인하여 사회양극화에 교육양극화는 더욱 더 심화될 전망이다. 이에 지역아동센터는 단순히 돌봄의 보호 기능뿐만 아니라 여러 가지 교육활동을 전개하고 있다. 지역아동센터의 거의 모든 시설(98.5%)에서 학습지도가 이루어지고 있으며 문화체험프로그램(83.6%), 캠프프로그램(81.0%)이 주로 실시되고 있다(강지현, 2009).

강지현(2009)에 의하면 지역아동센터 아동의 행동문제 감소를 위한 집단치료놀이에 참여한 아동들의 내재화 문제, 신체증상, 우울불안과 외현화 문제, 공격성에서 행동문제가 감소하였으며 주의집중문제 영역도 유의미하게 감소하였다.

초등학교 3학년~6학년 학생을 대상으로 한 천희영 등(2011)의 연구에 의하면 사회정서적 지지 프로그램에 참여한 아동의 자아존중감 하위영역 중 일반적 자아, 사회적 자아, 학교 및 학업 자아존중감이 향상된 것으로 나타났고 사회정서적 부적응 행동의 5개 하위영역에서도 공격행동을 제외한 위축, 과잉, 퇴행, 강박행동의 4개 하위영역과 전체에서 유의미한 감소효과가 있는 것으로 나타났다. 또한 지역아동센터의 창작 음악극 프로그램이 아동의 또래관계기술을 증진시켰고(허혜진,

2010) 지역아동센터의 다문화가정 청소년 이용자들의 교사지지 및 친구지지는 이들의 사회적응에 유의미한 영향을 미치는 것으로 나타났다(정선진·김진숙, 2012). 이외에도 지역아동센터에서의 아동을 위한 노인의 독서교육활동에 참여한 아동들은 독서교육에 참여한 후에 독서흥미가 향상된 것으로 나타났다(조미아, 2012).

청소년 시기는 의미 있는 타자와의 상호작용에 의해 자기정체성을 형성해가는 중요한 발달과정의 기간이고 매우 중요한 시기라고 할 수 있다. 이에 한부모가정이나 조손가정의 아동청소년들이 집에 홀로 방치되기 보다는 지역아동센터의 구조화되고 지속적인 교육프로그램에 참여하여 자기존중감을 기르고 사회적 역량을 기르는 것이 매우 중요하다.

제 **12** 장 청소년 인권교육

1. 청소년 인권

　　청소년은 한 사람의 인간으로서 존중받을 권리를 가질 뿐만 아니라 그 연령이 갖는 특성에 따른 특별한 관심을 필요로 하는 존재로서 인권을 갖는다. 청소년 인권을 정의하면 '청소년 인권'은 인간이기 때문에 누려야 할 보편적인 권리와 청소년이기 때문에 요청되어지는 특수한 권리를 포함하는 개념이라고 정의내릴 수 있다(한국청소년정책연구원, 2010: 387).

　　역사적으로 신라시대에는 부모 없는 아동에 대한 급식과 양육을 실시하였고 고려 시대에는 고아로서 대리 양육자가 없는 경우 10세에 이르기까지 관에서 급식을 담당했으며 조선시대에는 유기 및 부랑아 등 요보호 아동에 대하여 국가의 개입을 명하는 보호 법령이 있었다(문화관광부 · 한국청소년개발원, 1999: 12). 그러나 현재까지도 우리사회에는 중국의 유교사상이 뿌리 깊게 침투해 있어 청소년들은 성인이 되기 전까지는 모든 것을 참고 기다리며 성인에게 우선 양보하는 것을 미덕으로 삼는 사회적 규범이 크게 작용하고 있다.

청소년 인권문제는 '아동인권사'의 역사적 맥락 속에서 함께 발전되어 왔다 (권이종·김용구, 2010: 365). 아동권리선언(1922), 제네바선언(1924), 세계인권선언 (1948), 유엔아동인권선언(1959) 및 아동의 권리에 관한 국제협약(1989) 등이 잇따라 발표되었다. 우리나라에서 처음 아동의 권리를 선언한 것은 제네바선언(1924)보다 한 해 앞선 1923년이었다. 당시 우리는 주권을 일본에게 빼앗긴 가운데서도 민족의 새싹인 어린이를 사랑하고 씩씩하게 키우기 위하여 '어린이날'을 제정하고 1923년 5월1일 어린이날 기념식장에서 '소년운동협회'가 소년운동선언에서 '아동의 권리 공약3장'을 선포하였다(한국청소년정책연구원, 2010: 389).

1991년 우리나라가 유엔아동권리협약에 비준하여 협약 당사국이 됨에 따라 요보호 청소년 대상의 청소년정책이 권리보장 관점에서 새롭게 출발하게 되었다. 이후 협약에 명시된 차별금지 원칙과 아동 최선의 이익 원칙을 기본이념으로 규정하여 아동보호전문기관의 설치확대, 아동정책조정위원회의 도입, 아동권리모니터링센터의 설치 및 아동권리 옴부즈퍼슨의 운영 등 아동권리 증진을 위한 정책이 추진되었다. 또한 제2차 청소년육성5개년계획(1998년~2002년)과 이를 발전적으로 계승한 제3차 청소년육성5개년기본계획(2003년~2007년)을 계기로 '청소년 인권신장과 자율참여'가 주요정책이념이 되는 획기적 정책패러다임의 전환이 이루어졌다. 이와 같이 청소년의 생존·보호·발달·참여 등의 내용을 담은 관련 법률의 정비 등으로 아동청소년의 기본생활보장은 물론 권리·참여, 안전·보호, 교육 등에 있어 제도적 기반을 다지기 위해 노력하고 있다(여성가족부, 2012: 52).

1987년 6·29 선언 이후 노조활동이 활성화되어 성인 노동자의 노동인권은 종전보다 크게 향상되었지만 청소년들은 입시위주의 공교육 및 사교육으로 인하여 노동인권을 생각할 기회도 없었기에 노동을 하면서 인권침해를 당하는 사례가 종종 발생하고 있다(국회법제사법위원회, 2004: 4). 최근 들어 대학생 등 후기청소년들이 아르바이트를 하는 경우가 크게 증가하였으나(임상훈, 2013) 서울 지역 아르바이트 업소 10곳 중 6곳이 법적으로 의무화돼 있는 근로계약서를 작성하지 않는 것으로 나타났다.[1]

임희진(2012)의 연구에 의하면 아동청소년의 친화적 인권정보 제공과 관련하

---

[1] 파이낸셜 뉴스, 2013년 1월16일자.

여 상당수의 아동청소년은 자신들과 관련된 정책 및 인권조약 등에 대한 정보를 제공받지 못하고 있는 것으로 나타났으며 학교에서의 인권교육이 이루어지는 비율도 39.4%에 그치고 있다. 아동청소년들이 자신의 권리를 알고 이를 실현하기 위한 토대인 인권정보 제공 및 인권교육의 강화가 요구된다.

2. 청소년 인권의 역사[2]

다음은 시대 순으로 전개된 우리나라 아동·청소년 인권과 관련된 선언문 및 활동 들이다.

① 천도교 소년회 창설(1921년)

소파 방정환이 '어린이'라는 말을 처음으로 사용하였으며 천도교 소년회가 창설되었다.

② 어린이날 제정(1923년)

우리 나라는 1924년에 있었던 유엔의 제네바 선언에 한 해 앞선 1923년 5월 1일 처음 아동의 권리를 선언하였다. 5월 1일을 어린이날로 제정하여 아동의 권리 공약 3장을 선포하였는데 그 내용은 어린이에게 완전한 인격적 예우를 하고 14세 이하의 어린이에게 무상 또는 유상 노동을 폐지하며 어린이에게 배우고 놀 수 있는 가정 또는 사회적 시설을 시행하도록 역설한 것이다.

③ 미성년자 노동보호법 공포(1947년)

과도정부령 제14호에서 '미성년자 노동보호법'을 공포함으로써 12세 미만 아동의 노동 절대금지와 18세 미만 아동의 위험한 직종의 노동을 금지하였다.

④ 아동들을 위한 법적 규정들의 입법화(제1-2공화국)

제1, 2공화국 시대에는 교육법(1949), 소년법(1958), 근로기준법(1953)을 포함한 보호를 필요로 하는 아동들을 위한 법적 규정들이 입법화되었다.

---

2) 문화관광부·한국청소년개발원(1999), p. 13.

⑤ **어린이 헌장 선포(1957년)**

대한민국 어린이 헌장을 제정·선포하였는데 어린이 헌장은 제네바선언, 아동의 권리 공약 3장, 그리고 세계 아동의 권리 선언을 종합하여 전문과 9개의 조문으로 구성된다. 그 내용은 어린이에 대한 인격적 대우, 연소 노동의 금지, 적절한 교육과 여가 시설의 제공 등이었다.

⑥ **다수의 아동 관련법의 제정(제3-4공화국)**

제3, 4공화국 시대에는 아동학대금지규정이 포함된 아동복리법(1961)을 비롯한 생활보호법(1961), 미성년자 보호법(1961), 학교보건법(1967), 모자보건법(1973), 특수교육진흥법(1977) 등 많은 아동관련법이 제정되었다.

⑦ **아동 보호·복지를 위한 민간단체들의 대표적 노력(1979-1985)**

아동의 권리를 적극적으로 보호하며 학대받는 아동들에 대한 치료, 발견 및 예방을 위한 민간 단체들의 노력이 시작되었다. 한국사회대한복지협의회의 아동학대고발센터 설립(1979년), 서울 시립 아동 상담소의 아동 권익 보호 신고소의 개설(1985년) 등이다.

⑧ **다수의 아동복리에 관련한 법 제정(제5-6공화국)**

제5, 6공화국에서는 아동복리법을 개정한 아동복지법(1981), 심신장애자복지법(1981), 유아교육진흥법(1981), 청소년육성법(1987)등이 입법화되었다.

⑨ **아동학대예방과 권리 보호를 위한 활동들(1988-1996)**

1988년 한국복지재단이 유니세프의 후원하에 아동학대예방과 아동권리에 관한 5대도시 순회 세미나를 개최하고 1989년 한국아동학대 예방협회가 설립되어 전국 9개 지역 협의회와 16개 신고센터를 개설하면서 아동권리보호 활동이 활성화되기에 이르렀다.

⑩ **청소년 헌장 선포(1990)**

청소년 헌장은 1990년 5월 12일 선포되었으며 전문과 5개절로 이루어져있다. 5개절 중 첫째로 청소년의 권리와 의무를 정하고 있다. 이 점에서 청소년 헌장은 청소년을 독립적인 인격체로 바라보고 그에 상응한 권리를 명시하고 있다는 인식의 전환을 가져온 것으로 평가받고 있다.

⑪ 한국청소년기본계획 수립(1991)

한국청소년기본계획은 건국이래 처음으로 수립한 10개년동안의 장기적 종합적 청소년정책계획으로 기존의 일부 문제청소년위주의 단기적, 규제적 청소년정책을 모든 청소년을 대상으로 한 것으로 전환한 중요한 평가를 받고 있다.

⑫ 아동권리 헌장 서명(1990)과 비준(1991)

아동의 권리에 관한 국제 협약이 유엔 총회에서 채택되자 우리 나라에서도 부처 간 의견 조정을 거쳐 서명하고 비준하였다.

⑬ 청소년기본법 제정(1991)·시행(1992)

청소년기본법은 1991년 수립된 한국청소년기본계획을 효과적으로 추진할 수 있는 법적 뒷받침을 마련하기 위하여 기존의 청소년육성법에서 미진하였던 내용을 전면 개정·보완하여 새롭게 제정한 것이다.

⑭ 청소년보호법의 제정(1997)·시행(1998)

청소년기본법에서 밝힌 청소년 보호에 대한 국가와 지방자치단체, 그리고 국가, 사회일반의 책임을 적극적으로 규정하고 있다.

⑮ '학부모 헌장'과 '우리의 다짐' 발표(1998)

학부모들이 아이들의 개성과 소질, 자율성을 존중받으며 살아가야 한다는 인식하에 발표되었다.

3.　청소년 인권의 영역

청소년 인권의 영역은 연구자마다 조금씩 다르다. Coles(1995)는 천부권, 보호권, 의사표명권, 권능부여권으로 분류하였다. 천부권은 지식추구권, 사회보장의 권리, 사생활의 권리, 평등기회의 권리 등을 포함하고 있다. 보호권은 성적, 신체적 학대와 노동 착취로부터의 보호 등을 포함하고 있다. 의사표명권은 교육, 훈련, 주거지, 의료 등에 관한 의사결정에 청소년 자신의 적극적 참여와 의사반영을 할 수 있는 권리이다. 권능부여권은 청소년들의 법률적, 도덕적 권리 주장들이 실제로 실현 및 행사가 가능할 수 있도록 관련자원 및 비용이 확보되어야 함을 주장하는 권리이다(권이종·김용구, 2011: 373, 재인용). 정승원(2000)에 따르면 청소년인권은 청소년의 자율적 능력에 대한 신뢰와 인정의 정도에 따라 보호주의적 입장, 해방론적 입장, 두 입장이 절충된 조정적 자율론적 입장이 있다. 보호주의적 입장은 청소년을 미성숙한 존재로 보고 적극적으로 보호해야 한다는 입장, 해방론적 입장은 청소년을 자율적 권리 행사능력을 지닌 주체로 인정하는 입장, 조정적 자율론적 입장은 청소년의 자율적 판단은 존중받아야 하며 일정정도의 양육과 보호가 필요하다는 입장이다.

국제인권조약으로서 UN아동권리협약은 아동청소년의 생존권, 보호권, 발달권, 참여권의 네 가지를 명시·규정하고 있다. 첫째, 청소년 생존권의 세부영역은 고유의 생명권, 신체적 생존권, 질적 생존권이다. 고유의 생명권은 출생, 생명 신체적 생존권은 수명, 빈곤, 질병, 영양, 신체충실도, 건강, 치료, 안전, 사고 질적 생존권은 자살, 가족, 사회보장이 주요내용이 된다.

둘째, 청소년 보호권은 학대 및 착취로부터의 보호, 차별로부터의 보호, 위기 및 응급상황으로부터의 보호, 청소년 유해환경으로부터의 보호로 분류된다.

셋째, 청소년 발달권은 인지적 발달, 정서적 발달, 사회적 발달, 직업적 발달, 신체적 발달로 분류될 수 있다. 인지적 발달은 인지발달 기회, 인지능력 정서적 발달은 정서발달 환경, 정서적 안정 사회적 발달은 사회성 발달 기회, 사회성 발달정도 직업적 발달은 진로준비기회, 직업능력 신체적 발달은 신체발달기회, 신체적 능력이 주요 내용이 된다.

넷째, 청소년 참여권의 세부영역은 종교, 가정사, 교육 및 진로, 문화 및 여가 활동 등을 결정하는(최창욱 외, 2006) 자기결정권, 표현의 자유, 결사집회의 자유, 정보접근권, 사회참여 및 참정권이다.

4. 청소년 인권교육

청소년 인권에 대한 연구는 매우 미흡하게 이루어지고 있는 실정이다. Ruck 외(2012)의 연구에 따르면 부모그룹보다 청소년자녀그룹이 개인적인 권리에 더 주안점을 두는 것으로 나타났다. 일반적으로 8학년과 10학년 청소년들은 그들의 어머니보다 더 자기결정에 대한 요청을 승인하는 경향이 있는 반면 돌봄·배려양육에 대한 권리를 지지하는 것에 있어서는 그들의 어머니보다 덜 했다. 10학년 청소년들의 어머니는 자기결정에 대한 요청을 6학년이나 8학년 청소년들의 어머니보다 더 지지하는 것으로 나타났으나 반면에 집에서의 돌봄·배려양육에 대한 청소년들의 요청을 6학년이나 8학년 청소년들의 어머니보다 덜 지지하는 것으로 나타났다. 즉, 연령이 가장 높은 그룹의 어머니들은 자녀들을 자율적인 의사결정을 할수 있는 독립적인 개체로 보는 반면에 돌봄·배려양육 상황은 가장 낮은 두 개의 연령대 그룹의 어머니들보다 덜 지지하는 것으로 나타났다. 어머니들이 청소년 자녀가 독립을 할 수 있는 능력이 있다고 보는 일은 그들의 자녀가 이제는 부모의 돌봄이나 양육이 감소되어도 잘 지낼 수 있다고 간주하여 양육에 대한 필요를 줄이는 일에 정당성을 확보할 수 있다.

즉, 어머니들의 청소년 권리에 대한 이해는 그들의 자녀의 발달수준에 대한 민감성을 반영하는 것이다. 이론적인 추론의 견지에서 청소년들과 어머니들은 자기결정상황을 논의할 때 개인의 권리를 더 고려하는 것으로 나타났고 반면에 돌봄·배려양육 상황에서는 참여자들의 가정내 역할과 관계성에 관련된 반응을 이끌어냈다.

(1) 다양한 인권교육

교육적 관점에서 아르바이트 및 시간제 근로를 바라보고 일을 통해서 다양한 교육을 받을 수 있도록 한다. 먼저 대학이나 청소년관련 시설 등에서 청소년 근로 관련 교육과정을 개설하도록 한다. 가정경제, 근로자 권리교육, 사회생활 기술, 매너 교육, 직장생활에 도움이 되는 교육과정을 제공한다. 그리고 노동교육의 일환으로 일을 통해 사회성, 책임감, 나아가 향후 진로 설정과 관련된 업무 등을 배울 수 있도록 해야 한다(조혜영, 2013: 16).

(2) 진로체험증진을 통한 인권교육

청소년들의 근로는 생활비나 주로 용돈 벌이를 위한 단순노동에 많이 국한되어 있는 실정이다. 중국, 미국, 일본과 비교하여 한국은 진로적성 검사 및 지도영역은 높은 반면 청소년들의 실제진로체험은 낮은 수준이다(김현철·황여정, 2012). 따라서 단순잡무나 서비스 중심의 일자리가 아닌 진로체험중심의 직업연계교육이 실시된다면 자연스럽게 인권교육도 이루어질 수 있다. 특히 인턴, 아르바이트 등 근로를 시작하는 후기청소년에 대한 인권교육이 보다 시급한 실정이다.

(3) 청소년권리보호 대책 수립

고용노동부의 경우 아르바이트 관련 업무는 거의 관심의 대상이 되고 있지 않은 실정이다. 따라서 후기청소년 정책을 담당하는 부서에서 관계부처협의회를 구성하여 종합적이고 효과적인 지원방안이 마련될 수 있도록 해야 한다. 먼저 최저임금 미준수, 근로 중 인권 침해 사례, 임금 지연이나 미지급, 노동시간 엄수 등 부당근로 관련 고충을 신고하고 상담할 수 있는 창구를 마련해야 할 것이다(조혜영, 2013).

Youth Education

제13장 청소년 교육의 향후과제

오늘날 청소년 문제의 심각성이 증가함에 따라 여러 가지 사회적 방안들이 제시되고 있지만 실효성의 측면에서 볼 때 여전히 미진한 부분이 많다. 청소년 문제는 청소년 교육과 결합하여 생각하는 것이 중요하다. 왜냐하면 청소년 문제는 청소년 비행과 달리 비단 문제 청소년이나 비행 청소년에 국한되지 않고 일반 청소년 모두가 그 대상이 되고 있기 때문이다. 이에 문제의 본질을 이해하고 처벌이나 조치보다는 적절한 교육적 방안을 강구하는 것이 중요하다. 또한 청소년에 관련된 일은 언제나 후속조치보다 예방이 중요하기 때문에 예방차원의 접근으로서 청소년 교육을 생각해보는 것이 비용과 효율성 측면에서 훨씬 유리하기도 하다.

과거 주도적으로 청소년 교육과 사회화를 담당하던 가정, 학교가 예전과 같이 제 기능과 영향력이 지배적이지 않기 때문에 청소년 교육이 갖는 중요성과 의미가 더욱 커지고 있다.

첫째, 청소년 교육은 우리 삶의 전반에 걸쳐 실천되어야 하는 삶의 일부분으로서, 삶, 그 자체가 되어야 한다. 이를 위하여 가정부터 평생학습을 실현해야 하겠고 나아가 도시 전체가 평생학습도시가 되어야 한다. 현재 전국적으로 80여개의

— 284 —

평생학습도시가 구축되어 있고 관련 인프라가 지속적으로 구축되고 있다. 학습이 곧 일이고 일이 학습이라는 평생학습적 패러다임이 지역 사회전반에 확산되어 국민적 공감대가 형성되어야 하겠다. 즉, 청소년 교육은 청소년 삶의 한 부분으로서 그들 스스로 자발적, 자기주도적으로 실천하는 교육이 되어야 한다.

둘째, 청소년 교육은 세대공동체 교육이다. 청소년은 성인과 더불어 성장하는 인격체가 되어야 하고 혼자서 하는 교육이 아닌 평생교육의 한 부분으로서 세대공동체 교육이 되어야 한다. 특히, 현재 우리사회는 세대, 계층 간 갈등이 증폭되고 있어 그 어느 때보다도 공동체교육의 중요성이 강조된다. 청소년도 언젠가는 성인, 노인이 될 것이고 미리 경험하는 노인세대와의 교류는 청소년의 미래생활에 대한 이해를 도모하는 데 크게 기여할 것이고 노인들 또한 젊은 세대로부터 많은 정보와 시대흐름을 익힐 수 있어 유익한 일이 될 것이다.

셋째, 청소년 교육은 활동 지향적 교육이 되어야 한다. 원래 우리나라 청소년 교육의 정신은 신라의 화랑도 정신을 계승하여 발전해 온 것인데 입시·지식위주의 암기교육은 청소년의 건강한 발달을 훼손하고 있다. 현재 우리나라 청소년의 학업수준은 세계 최고수준이긴 하나 같은 성취도를 나타내는 다른 나라 국가의 청소년들에 비해 훨씬 많은 시간을 공부에 투자하고 있다. 임희진(2012)의 연구에 따르면 우리나라 아동·청소년들은 공교육 및 사교육을 통해 상당히 많은 학습 시간을 학습에 투자하고 있는 것으로 나타났고 이러한 과도한 교육이 아동·청소년의 활동을 저해하는 요인으로 작용하고 있다. 이는 청소년의 건강한 발달을 위해서는 지덕체가 조화롭게 겸비되어야 함에도 불구하고 우리나라 청소년은 불균형하게 성장하고 있음을 단적으로 보여주는 예라고 할 수 있다.

넷째, 청소년 교육은 미래의 인적자원개발교육이다. 우리사회는 현재 고령화사회로서 조만간 고령사회에 진입한다. 노인인구는 급증하는 반면 청소년의 인구 추이는 지속적으로 감소추세이기 때문에 경제활동인구의 중추적 역할을 하게 될 청소년 인구에 대한 직업, 진로교육의 중요성이 더욱 부각된다. 현재 우리나라의 청소년 진로 교육은 진로 적성검사나 진로 지도면에서는 우수하지만 선진국에 비하여 진로체험 영역은 그리 활발하게 이루어지지 않고 있다. 더욱 더 많은 산학협력형, 체험형의 진로체험 프로그램이 개발되어 청소년의 인적자원개발에 주력해야 한다(〈그림 13-1〉 참조).

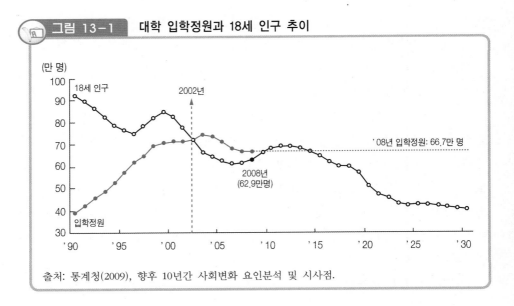

그림 13-1 대학 입학정원과 18세 인구 추이

출처: 통계청(2009), 향후 10년간 사회변화 요인분석 및 시사점.

다섯째, 청소년 교육은 다문화 교육이다. 향후 청소년 교육은 다문화 가정, 탈북 청소년 가정 등 변화하는 청소년 인구구성원들을 고려해야 한다. 2007년 우리나라도 외국인 거주민 숫자가 백 만명을 돌파하여 더 이상 단일민족 국가가 아니다. 더불어 탈북청소년의 숫자도 2,000명을 돌파하였고 지속적으로 증가추세에 있다. 이외에도 성 소수자 청소년(Sexual minority youth) 교육에 대한 사회적 관심과 논의도는 증가할 것이다. 5장에서 언급했듯이 예전에는 흔치 않았던 다양한 가정형태가 보편화될 전망이기 때문에 향후 미래의 청소년 교육은 획일화된 교육이 아닌 다양한 가정배경과 문화를 가진 청소년들을 고려하는 맞춤형 교육으로 실시될 필요가 있다.

여섯째, 청소년 교육은 세계화 교육이다. 우리나라가 선진국에 진입하기 위해서는 조만간 성인이 될 청소년의 향후 행로에 달려 있다. 선진국이 되기 위해서는 무엇보다 세계화, 국민의식의 향상이라는 두 가지 기본 전제가 충족이 되어야 한다. 그러므로 청소년 교육을 통하여 청소년들의 세계화에 대한 마인드를 고취시키고 국제무대를 겨냥하여 활동할 글로벌 리더십 역량을 갖추도록 도모하는 일이 중요하고 시급하다.

이상과 같이 청소년 교육이 실효성을 거두기 위해서는 법적 정비가 잘 구축이 되어야 하는데 현재 청소년 정책은 대상 중심정책으로 여러 부처에 산재되어 추진되고 있다. 청소년 관련 예산 규모는 교과부, 고용부, 여가부, 복지부, 농림부, 문화부, 국토부 순으로 많았다. 청소년이라는 동일 대상을 놓고 여러 부처에서 각기 서로 다른 정책목표를 추진할 때에는 정책효과를 반감시키게 되어 정책의 총괄이 필요하다. 정부조직법상 청소년을 정책대상으로 하고 있는 부처는 여가부, 복지부 등 2개 부처이다. 청소년 정책 및 업무의 총괄조정을 위해 각부의 직제규정을 재검토하고 직제규정에 청소년 업무를 추가하거나 제외할 경우에는 주무부처인 여성가족부와 협의를 거치도록 하는 방안을 검토할 필요가 있다(윤철경, 2012). 이상과 같이 현재로서는 청소년 문제가 발발해 사회적 문제로 지적돼도 부처의 책임소재가 불분명한 실정이다. 총괄주무부처의 권한을 강화하는 한편 해당 부처의 청소년 정책에 대한 책임성을 증대시키고 예산이 중복으로 편성되는 것을 방지해야 한다.

청소년 시기는 학교에서의 교육이 전부가 아니라 평생학습을 위한 기본적인 단계로서 학습능력을 배양하는 기간이다(권양이, 2012b). 1999년 평생교육법의 공포로 청소년평생교육을 담당하던 각종 청소년단체와 수련시설 등 청소년기관이 국가의 행정적·재정적 지원을 받을 수 있는 법적 근거가 확립되었으나 정작 청소년들이 평생교육을 받을 시간적 여유와 지역사회적 인프라가 구축이 되어 있지 않다면 청소년 평생교육 본연의 의미가 퇴색될 뿐만 아니라 기존의 학교교육이 안고 있는 태생적 문제점을 고스란히 답습하는 결과를 안겨다 줄뿐이다. 2012년 주5일제수업의 전면시행과 2013년 창의적 체험활동의 모든 학교급·학년에서의 전면시행이라는 국가적 정책에 따라 청소년 프로그램과 청소년 단체에 대한 관심과 기대가 증폭되고 있으나 많은 청소년관계자들이 청소년들을 유인할 청소년 단체 프로그램 및 기관의 유인체계가 사교육시장에 비하여 상대적으로 빈약하다고 말한다. 따라서 향후 청소년계는 이러한 제반상황을 점검하고 청소년들에게 양질의 청소년평생교육 프로그램을 제공할 준비와 관련인프라를 더욱 확충해야 하겠다.

참고문헌

강정숙(2003). 독일 청소년 인권현황과 정책의 이해. 청소년 인권 보고서, 1, 53-80.

강지현(2009). 지역아동센터 아동의 행동문제 감소를 위한 집단치료놀이의 효과. 방과후 아동지도연구, 6(1), 1-16.

강진령(2008). 청소년과 부모의 역할. 상담과 지도, 43, 31-44.

구본용·박제일·이은경·문경숙(2010). 학생상담 및 생활지도 매뉴얼. 한국청소년정책연구원.

국회법제사법위원회(2004). 청소년 노동인권교육 개선방안 연구. 국회법제사법위원회 정책연구 04-5.

권대봉(2003). 인적자원개발의 개념변천과 이론에 대한 종합적 고찰. 원미사.

권양이(1999). 사회교육 프로그램 개발과정에 영향을 미치는 요인 분석. 서강대학교 석사학위논문.

_____(2008). 공무원 노사상생 리더십 교육프로그램 개발을 위한 요구분석. 한국교육학연구. 14(3), 113-144.

_____(2012a). 대학부설 평생교육원 종사자들의 개인 및 조직풍토 변인이 직무수행에 미치는 영향. 평생교육학연구, 18(1), 19-47.

_____(2012b). 청소년 및 성인학습자를 위한 유비쿼터스 러닝 시대의 통합적 평생교육 방법론. 원미사.

_____(2013). 청소년 프로그램개발과 평가. 박영사.

_____(2014). 청소년 프로그램개발의 통합적 접근모델에 대한 고찰. 미래청소년학회지. 11(2), 87-114.

권양이·오승근·김선요(2012). 대학생들의 청소년지도사 실습업무경험과 중요성 인식에 대한 질적 연구. 청소년복지연구. 14(2), 75-99.

권이종(2001). 청소년교육개론. 교육과학사.

권이종·김용구(2011). 청소년교육개론. 교육과학사.

권이종·김천기·이상오(2010). 청소년문화론. 공동체.

권이종·남정걸·차경수·최충옥·최운실·최윤진(1998). 청소년 교육론. 양서원.

권일남·김진호·정철상(2003). 청소년활동지도론. 학지사.

권중돈·배숙경·여미옥·민진암·이기민·이은주·강은경·김현미·박경혜·박주임(2012). 노인복지 프로그램 개발의 실제. 학지사.

권호인(2012). 아동청소년기 우울증의 예방 개입에 대한 고찰. 인지행동치료, 12(1), 21-41.

기영화(2008). 평생교육프로그램개발. 학지사.

김경준·오해섭·김진모·최금해(2005). 농어촌청소년 복지정책 평가 및 프로그램 개발. 연구 보고 05-R34. 농어촌청소년육성재단·한국청소년개발원.

김경준·오해섭·오미선(2011). 청소년의 사회적 참여 활성화를 통한 저소득 가정 아동 지원방안 Ⅱ: 청소년멘토 훈련프로그램 개발. 한국청소년정책연구원.

김경준·정병호·김찬호·정은지·안종수·조현상·김기민(2008). 북한이탈 청소년 종합대책 연구 Ⅲ — 대안학교 재학 북한이탈 청소년들의 진로탐색 프로그램 개발연구 — 한국청소년정책연구원.

김경화·조용하(2005). 청소년활동 프로그램 평가시스템 개발 및 운영방안 연구. 연구 보고 05-R04. 한국청소년개발원.

김구호(2002). 1990년대 사회교육정책. 사회과학연구, 11, 87-115.

김동위(1993). 청소년의 인간화 교육. 교육과학사.

김명식(2008). 일 도시의 남녀 중학생 우울증 유병율과 우울증이 학교적응에 미치는 영향. 상담학 연구, 9(2), 645-658.

김범구(2012). 청소년 학업중단에 대한 연구동향 분석. 청소년학연구, 19(4), 315-337.

김병성(2010). 교육과 사회. 학지사.

김상곤·최승희·안정선(2012). 사회복지 프로그램 개발과 평가. 학지사.

김선요(2009). 현대 교육사회학 이론에 대한 성경적 비판과 해석. 사회과학논총. 16. 137-155.

김성일(2007). 청소년기 가정교육. 원미사.

김수동·왕석순·권양이(2000). 초중등학교 특기적성교육의 효율적 실행 방안 연구. 연구 보고 RRC 2000-4. 한국교육과정평가원.

김시업·한중경(1999). 청소년 자살 예방할 수 있다. 예솔.

김신일·박부권(2006). 학습사회의 교육학. 학지사.

김영하(2010). 다문화 사회와 새터민 청소년의 교육문제. 윤리교육연구, 21(4), 223-248.

김은경(2000). 체벌의 신화와 실제. 한국사회학, 34(봄), 85-107.

김은정(2007). 청소년방과후아카데미 참여 청소년들의 만족도 분석 연구. 청소년학연구, 14(3), 1-28.

김은정·오경자(1992). 발달적 관점에서 본 아동 및 청소년기 우울증상. 소아·청소년정신의학, 3(1), 117-128.

김은진·이정윤(2009). 부모와의 애착과 청소년의 또래관계: 우울증상 및 갈등해결전략의 매개효과. 청소년상담연구, 17(2), 55-68.

김재은(1996). 우리의 청소년: 그들은 누구인가. 교육과학사.

김재인·곽삼근·조경원·유현옥·송현주·심미옥·곽윤숙·오재림·박성정·이해주·나임윤경·임선희·민무숙·정해숙(2009). 여성교육개론. 교육과학사.

김재춘·박정순(2010). 초등학교 초임교사의 생활지도 경험에 대한 내러티브적 탐구. 한국교원교육연구, 27(1), 95-120.

김종오·성용은(2006). 유해환경이 청소년비행에 미치는 영향에 관한 실증적 연구. 한국범죄심리연구, 2(2), 203-225.

김진화(1996). 사회교육 프로그램 개발의 해석학적 분석. 서울대학교 박사학위 논문.

_____(2012). 평생교육 프로그램개발론. 교육과학사.

김진화·송병국·고운미·이채식·최창욱·임형백·이창식·김경준·김진호·권일남·양승춘(2002). 청소년 문제행동론. 학지사.

김진화·정지웅(1997). 사회교육 프로그램 개발의 이론과 실제. 교육과학사.

김천기(2009). 교육의 사회학적 이해. 학지사.

김청자·정진선(2010). 생활지도와 상담. 태영출판사.

김태선(2005). 청소년의 자살: 예방과 상담. 청소년상담문제연구보고서. 한국청소년상담원.

김향초(2012). '가출청소년 팸'을 통해 본 청소년가출의 심각성. 오늘의 청소년, 249호, 7·8, 23-26.

김현철·황여정(2012). 지역사회 자원을 활용한 창의적 체험활동 활성화 방안. NYPI 청소년 정책 리포트. 37, 2-15. 한국청소년정책연구원.

김형태(1998). 청소년 세대 교육론. 한남대학교 출판부.

김혜원(2011). 청소년 성매매의 현황 및 특징에 대한 분석: 2000년대 이전과 이후의 비교를 중심으로. 청소년학연구, 18(4), 301-327.

김호(2013). 김호의 궁지 '1577-0199' 혹은 '129' 한겨레 사설·칼럼.

김호·김재철(2012). 방과후 학교 참여가 아동의 학업성취에 미치는 영향: 자기주도적 학습능력과 창의성의 매개효과. 순천향 인문과학논총, 31(2), 172-199.

노상우(2004). 학업중단 청소년을 위한 프로그램 개발과 운영 전략. 한독교육학연구, 9(2), 45-64.

도기봉(2009). 지역사회 환경적 요인이 학교폭력에 미치는 영향 — 공격성을 중심으로 —. 한국지역사회복지학, 29, 83-103.

류방란·송혜정(2009). 초·중학생의 학업 성취수준에 미치는 가정과 학교경험의 영향력 분석. 아시아교육연구, 10(3), 1-25.

문용린(2006). 학교폭력 예방과 상담. 학지사.

문화관광부·한국청소년개발원(1999). 외국의 청소년활동 프로그램.

_____(1999). 청소년이 알아야할 인권이야기.

박균섭(2002). 화랑의 교육구상과 수련활동. 한국청소년연구, 13(1), 79-106.

박성희(1994). 청소년지도 프로그램 개발의 기초. 한국청소년개발원(편), 프로그램의 개발과 운영. 청소년지도자교재총서.

배주미(2013). 청소년 자살, 우리는 무엇을 해야 하는가? 오늘의 청소년 252호, 12, 32-35.

백영균·박주성·한승록·김정겸·최명숙·변호승·박정환·강신천·김보경(2010). 유비쿼터스 시대의 교육방법 및 교육공학. 학지사.

백혜정(2012). 청소년 한부모가족 종합대책연구 I. 12-R17, 고유과제 정책제안보고서. 한국청소년정책개발원.

변숙영·이수경(2011). 학업중단 청소년의 직업기초능력 실태 및 지원방안. 교육문화연구, 17(2), 283-302.

변영계·김영환·손미(2012). 교육방법 및 교육공학. 학지사.

변창진·최진승·문수백·김진규·권대훈(2001). 교육평가. 학지사.

보건복지부(2008). 청소년유해환경접촉종합실태조사. 서울: 보건복지가족부.

서울특별시·자녀안심운동 서울협의회(2000). 청소년 문제행동의 이해. 2000 연구보고서.

성윤숙·박병식·박나래(2009). 여성청소년의 인터넷 성매매 실태와 대응방안 연구. 연구

보고 09-R05. 한국청소년개발원.

성태제·강대중·강이철·곽덕주·김계현·김천기·김혜숙·봉미미·유재봉·이윤미·이윤
식·임웅·홍후조(2012). 최신 교육학개론 2판. 학지사.

손충기·배은자·김영태(2012). 청소년 학업중단의 가족 및 사회환경적 요인 분석 연구,
13(6), 2504-2513.

신지현(2013). 가출청소년의 자살시도에 미치는 요인에 대한 남녀 비교연구: 청소년쉼터
이용청소년을 중심으로. 숭실대학교 석사학위논문.

신혜숙·김민조(2012). 학력격차에 대한 학교수준 방과후 학교 참여율의 효과 분석: 초등
교과방과후를 중심으로. 교육평가연구, 25(3), 435-458.

심은석·박균달·김현진(2013). 서울시 초중고등학교 학생의 방과후학교 참여가 사교육
비 경감에 미치는 효과. 중등교육연구. 61(2), 361-388

안권순(2008). 아동청소년활동 새 정책에 따른 청소년지도사의 고유영역과 전문성 강화
방안. 청소년학연구, 15(7), 413-451.

양계민·조혜영(2010). 청소년 방과후 아카데미 프로그램에 대한 효과성 인식이 참여청
소년의 심리사회적응 및 학업성취요인에 미치는 영향. 청소년복지연구, 12(1),
61-92.

양정현(2011). 청소년 방과후 아카데미 프로그램에 대한 저소득층 청소년의 만족도 조
사. 청소년문화포럼, 27, 94-127.

여성가족부(2010). 조손가족 실태조사 연구.

_____(2012). 청소년백서.

_____(2014). 청소년백서.

여성가족부·한국청소년활동진흥원(2010). 청소년자원봉사 활동프로그램 우수 사례집.

오승근(2006). 청소년의 자살태도, 자살위험성 및 생명존중교육 참여 요구와의 관계. 고
려대학교 박사학위 논문.

오인경·최정임(2009). 교육 프로그램 개발 방법론. 학지사.

오인탁(1982). 평생교육과 청소년교육의 방향. 기독교사상, 26(5), 162-171.

오치선(2000). 청소년지도방법론. 학지사.

오혁진(2012). 新 사회교육론. 학지사.

우정자·김형주·김은경·이혜경(2003). 청소년 리더십 함양을 위한 자원봉사 교육 프로
그램 모델 개발. 연구보고 03-R12. 한국청소년개발원.

유문무(2005). 청소년 성매매 현상의 원인과 대책. 한국공공관리학보, 19(2), 163-194.

유지웅(2012). 성매매 청소년 사법처리와 지원시설 연계의 과제, 치안정책연구, 26(1), 73-101.

유진이·김영인·홍영균·신현숙·차조일(2005). 청소년 유해업소 개선대책 연구. 경제·인문사회 협동연구 총서 05-16-02. 한국청소년개발원.

윤철경(2012). 청소년정책 총괄조정방안 연구. 12-R06. 한국청소년정책연구원.

이기돈(1991). 자녀들에게 필요한 부모. 서울: 배영사.

이기봉·설수영·원형중·설민신(2009). 청소년의 게임중독 예방을 위한 가족단위 여가프로그램 활성화 방안. 한국청소년정책연구원.

이명숙(2013). 청소년 문제와 보호. 교육과학사.

이복희·김종표·김지환(2008). 청소년교육론. 학지사.

이사라(2011). 청소년 유해환경의 실태와 정책적 방안에 관한 연구. 생애학회지, 1(1), 69-83.

이상무·남성희(2012). 청소년 가출빈도 증가에 영향을 미치는 요인: 영과잉 포아송 회귀모형을 활용한 분석. 청소년학연구, 19(1), 85-108.

이상현·윤명성(2007). 위기청소년의 가정과 학교생활 특성에 관한 연구. 사회과학연구, 14(1), 89-117.

이성식·전신현(2006). 청소년 인터넷중독 유형별 설명요인의 모색. 청소년학연구, 13(4), 151-171.

이수정(2006). 범죄심리학. 서울: 북카페.

이용교(2004). 디지털 청소년복지. 인간과 복지.

이윤호·정의롬(2012). 청소년의 유해매체물 이용이 폭력행위에 미치는 영향. 한국범죄심리연구, 8(3), 173-191.

이재창(2005). 생활지도와 상담. 문음사.

이정아(1988). 여성사회교육 프로그램 개발과정의 현황과 문제점. 이화여자대학교 석사학위논문.

이창호(2012). 청소년의 소셜미디어 이용실태 연구. 연구보고서 12-R05. 한국청소년정책연구원.

이채식(2007). 지역사회부모의 청소년기 자녀교육 참여실태 분석.

이철승(2008). 청소년 사역을 위한 신학적(theological) 해석학적(hermeneutical) 제안. 기독교교육정보. 제21집. 191-219.

이해경(2012). 교사들이 지각한 청소년 행동문제와 위기문제 현황 분석. 청소년복지연구, 14(1), 239-271.

이향란(2006). 스웨덴과 미국의 방과후 아동보육제도 비교연구. 방과후 아동지도 연구, 3(2), 17-35.

이현림·김지혜(2008). 성인학습 및 상담. 학지사.

이화정·양병찬·변종임(2008). 평생교육 프로그램 개발의 실제. 학지사.

임선아(2012). 고등학생의 수학성취도에 영향을 미치는 부모의 기대와 참여, 학생의 자아―효능감과 학업적 관여도의 효과. 청소년학연구, 19(2), 179-204.

임희진(2012). 한국 아동·청소년 인권실태 연구 Ⅱ. 연구보고서 12-R11. 한국청소년정책연구원.

장혁표(1998). 우리나라 청소년운동의 역사적 고찰. 교사교육연구, 35, 13-24.

정선진·김진숙(2012). 지역아동센터의 프로그램 만족도와 사회적 지지가 다문화가정 청소년의 사회적응에 미치는 영향. 청소년학연구, 19(8), 77-102.

정승원(2000). 「중학교에서의 청소년 인권에 대한 교육실태 조사」 카톨릭대 석사 학위논문.

정연정·엄명용(2009). 교육복지투자우선지역 지원사업이 아동청소년의 사회정서 및 인지적 발달에 미치는 효과. 한국사회복지학, 61(4), 5-33.

정종진(2012). 학교폭력상담 05. 학지사

정진성(2009). 학교폭력의 원인에 대한 연구: 지역사회의 영향을 중심으로. 한국 공안행정학회보, 35, 365-394.

정탁준(2009). 학생생활지도의 도덕교육적 의미와 제안: 학교폭력을 중심으로. 도덕윤리과교육, 28, 57-79.

정하성(2006). 지역사회유해환경이 청소년범죄에 미치는 영향. 청소년학연구, 13(2), 269-284.

정하성·안승열(2003). 청소년 프로그램의 실제론―사회적응 프로그램 개발―학문사.

정혜령·이정표·김만희·이혜연(2012). 대학평생교육 활성화를 위한 선행학습인정제 운영방안 연구: 방송대 시범 운영 사례. 정책과제 12-05. 교육과학기술부·한국방송통신대학교.

진규철(1999). 청소년 평생교육의 실태와 복지사회 구현을 위한 미래지향적 발전 과제. 아동교육, 8(1), 177-188.

조미아(2012). 지역아동센터에서 노인의 독서교육 활동 효과에 관한 연구. 한국비블리아학회지, 23(1), 195-214.

조성연·박미진·문미란(2010). 성인학습 및 상담. 학지사.

조영승(2001). 청소년환경론. 교육과학사.

조용하(1990). 청소년 교육의 동향. 교육과학사.

조윤주(2012). 가정환경 및 부모의 방임이 청소년의 유해환경 접촉에 미치는 영향. 대한 가정학회지, 50(5), 115-124.

주영흠·박진규·오만록(2002). 신세대를 위한 교육학개론. 학지사.

차종천·오병돈(2012). 교육열망과 학습참여가 학업성취의 불평등에 미치는 영향: 공교육, 사교육, 자기주도학습에 대한 비교분석. 아시아교육연구, 13(4), 417-441.

채재은·임천순·우명숙(2009). 방과후학교와 수능강의가 사교육비 및 학업성취도에 미치는 효과 분석. 교육재정경제연구, 18(3), 37-62.

천희영·하진희·김종현·이성한·진경숙(2011). 지역아동센터 아동 대상의 사회정서적 지지프로그램의 효과 연구. 아동연구, 20, 63-85.

청소년폭력예방재단(2008). 위풍당당 무지개 학교폭력 가해 청소년 선도 프로그램 개발. 청소년폭력예방재단 교육자료 2008-02-05.

_____(2010). 2010년 학교폭력실태조사.

_____(2012). '2012학년 학교폭력 실태조사'.

최은희·손영빈·김현주(2008). 지역아동센터 이용아동의 경험에 관한 연구. 아동과 권리, 12(2), 135-159.

최인재·이기봉(2010). 한국 청소년지표조사 Ⅴ ― 청소년 건강실태 국제비교 조사(한미일중 4개국 비교) ― 연구보고 10-R10-3. 한국청소년정책연구원.

최정임(2009). 요구분석 실천가이드. 학지사.

최창욱(2006). 국제기준대비 한국 청소년의 인권수준 실태연구 Ⅰ ― 청소년인권 지표개발. 서울: 한국청소년개발원.

최창욱·김정주·조영희·김경진(2005). 청소년 갈등해결프로그램 개발 및 효과연구. 연구보고 05-R07. 한국청소년개발원.

최혜인·전덕인·정명훈·홍나래·김재진·송정은·육기환·홍현주(2012). 청소년 우울증에서 자살 행동과 인터넷 사용. 대한정신약물학회지, 12, 65-73.

하경량(2013). 유해매체에 대처하는 우리의 자세 ― 급증하는 폭력성선정성의 매체와 청소년 보호 ― . 오늘의 청소년 7,8 통권 255호, 18-21.

한국노동사회연구소(2013). 제18대 대선 평가와 노동운동의 과제. 노동사회 168호 1·2. 5-25.

한국여성개발원(1995). 여성사회교육 프로그램 개발 및 지원에 관한 연구.

한국청소년개발원(2005). 외국의 청소년 복지정책. 연구보고 05-R08-1.

_____(2005). 청소년 프로그램개발 및 평가론.

한국청소년단체협의회(2012). 오늘의 청소년.

_____(2013). 오늘의 청소년. 5,6 통권 254호.

한국청소년정책연구원(2007). 청소년학 연구방법론. 교육과학사.

_____(2010). 청소년학개론. 교육과학사.

_____(2013). 2013 한국 청소년의 스마트폰 이용 실태 조사 보도자료.

한국청소년학회(1995). 교육개혁과 청소년 자원봉사 활성화.

_____(2000). 청소년학총론. 양서원.

한국청소년활동진흥원·국립평창청소년수련원(2010). 2010 청소년활동 신규프로그램 연구 개발 보고서.

한상철(2009). 청소년학. 학지사.

한상철·권두승·방희정·설인자·김혜원(2001). 청소년지도론. 학지사.

한숭희(2010). 학습사회를 위한 평생교육론. 학지사.

한유진·유안진(1994). 아동과 청소년의 우울성향 및 귀인양식과 학업성취. 대한가정학회지, 32(3), 147-157.

한정란(2009). 노인교육의 이해. 학지사.

한춘희·김정호(2012). 한국과 타이완의 초등 사회과 교육 비교 연구. 학습자중심교과교육연구, 12(3), 541-572.

홍봉선·남미애(2010). 청소년복지론. 공동체.

홍봉선·남미애·원혜욱·이영아·전영주·박명숙·김민·노혁·오승환·이용교(2010). 청소년문제론. 공동체.

허혜진(2010). 지역아동센터 아동의 또래 관계 기술 증진을 위한 창작 음악극 프로그램 효과 연구. 한국음악치료교육학술지:음악치료교육연구, 7(1), 43-69.

Alleyne, B., Coleman-Cowger, V. H., Crown, L., Gibbons, M. A., & Vines, L. N. (2011). The effects of dating violence, substance use and risky sexual behavior among a diverse sample of Illinois youth. *Journal of Adolescence*, 34(1), 11-18.

Anderson, S., & Mezuk, B. (2012). Participating in a policy debate program and academic achievement among at-risk adolescents in an urban public school district: 1997-2007. *Journal of Adolescence*, 35(5), 1225-1235.

Bandura, A., Barbaranelli, c., Caprara, G. & Pastorelli, C. (1996). Multifaceted impact of self-efficacy beliefs on academic functioning. *Child Development*, 67(3), 1206-1222.

Bloomquist, K. (2010). Participation in positive youth development programs and 4-H: Assessing the impact on self-image in young people. Master thesis, University of Nebraska-Lincoln.

Botticello, A. L. (2009). A multilevel analysis of gender differences in psychological distress over time. *Journal of Research on Adolescence*, 19(2), 217-247.

Bottrell, D. (2009). Dealing with disadvantage: resilience and the social capital of young people's networks. *Youth & Society*, 40(4), 476-501.

Bowers, E. P., Gestsdottir, S., Geldhof, G. J., Nikitin, J., Eye, A. V., & Lerner, R. M. (2011). Developmental trajectories of intentional self regulation in adolescence: the role of parenting and implications for positive and problematic outcomes among diverse youth. *Journal of Adolescence*, 34(6), 1193-1206.

Boyd, J. (1998). Creating resilient youth: a curriculum framework for middle school students and beyond. Teachers manual. Global Learning Communities. available from http://www.vision.net.au/~globallearning/

Boyle, P. G. (1981). *Planning better programs.* Mcgraw-Hill Book Company.

Boxer, P., Goldstein, S. E., DeLorenzo, T., Savoy, S., & Mercado, I. (2011). Educational aspiration-expectation discrepancies: Relation to socioeconomic and academic risk-related factors. *Journal of Adolescence*, 34(4), 609-617.

Brooks-Gunn, J., & Duncan, G. (1997). The effects of poverty on children. In R. Behrman (Ed.), *Children and poverty: The future of children* (Vol. 7, pp. 55-71). Los Altos, CA: The David and Lucile Packard Foundation.

Calear, A. L., & Christensen, H. (2010). Systematic review of school-based prevention and early intervention programs for depression. *Journal of Adolescence*, 33(3), 429-438.

Campa, M. I., Bradshaw, C. P., Eckenrode, J., & Zielinski, D. S. (2008). Patterns of problem behavior in relation to thriving and precocious behavior in late adolescence. *Journal of Youth & Adolescence*, 37(6), 627-640.

Catalano, R. F., Berglund, M. L., Ryan, J. A. M., Lonczak, H. S., & Hawkins, J. D.

(2002). Positive youth development in the United States: research findings on evaluation of positive youth development programs. *Prevention & Treatment*, 5(1), 1-111. available on the world wide web: http://www.journals.apa.org/prevention/volume5/pre0050015a.html.

Cato, B. (2007). Youth development and prevention program documentation: global challenge-a local response. *Journal of Research*, 2(2), 5-11.

Cavendish, W., Nielsen, A. L., & Montague, M. (2012). Parent attachment, school commitment, and problem behavior trajectories of diverse adolescents. *Journal of Adolescence*, 35(6), 1629-1639.

Chabrol, H., Rodgers, R., & Rousseau, A. (2007). Relations between suicidal ideation and dimensions of depressive symptoms in high-school students. *Journal of Adolescence*, 30(4), 587-600.

Chapman, G. (2010). The five love languages of teenagers. 십대를 위한 5가지 사랑의 언어. 장동숙(역). 생명의 말씀사.

Chen, X., & Graham, S. (2012). Close relationships and attributions for peer victimization among late adolescents. *Journal of Adolescence*, 35(6), 1547-1556.

Coleman, J. (1978). Current contradictions in adolescent theory. *Journal of Youth and Adolescence*. 7(1), 1-11.

Coleman, J. C., & Hendry, L. B. (1999). 『청소년과 사회』 강영배·김기헌·이은주(공역). 성안당. (1999년 The nature of adolescence 원저 발간).

Connolly, J., & Konarski, R. (1994). Peer self-concept in adolescence: analysis of factor structure and of associations with peer experience. *Journal of Research on Adolescence*, 4, 385-403.

Connolly, J., & McIsaac, C. (2009). Romantic relationships in adolescence. In (3rd ed.)., In Lerner, R., & Steinberg, L. (Eds.), *Handbook of adolescent psychology, Vol. 1* (pp. 104-151) Hoboken, NJ: John Wiley & Sons.

Cook, P. J., MacCoun, R., Muschkin, C., & Vigdor, J. (2008). The negative impacts of starting middle school in sixth grade. *Journal of Policy Analysis and Management*, 27(1), 104-121.

Cowie, H., Hutson, N., Oztug, O., & Myers, C. (2008). The impact of peer support schemes on pupils' perceptions of bullying, aggression, and safety at school. *Emotional & Behavioural Diffculties*, 13(1), 63-71.

Cumming, S. P., Standage, M., Loney, T., Gammon, C., Neville, H., Sherar, L., & Malina, R. M. (2011). The mediating role of physical self-concept on relations between biological maturity status and physical activity in adolescent females. *Journal of Adolescence*, 34(3), 465-473.

Darling, N., & Cumsille, P., & Martinez, M. L. (2008). Individual diffrences in adolescents' beliefs about the legitimacy of parental authority and their own obligation to obey: a longitudinal investigation. *Child Development*, 79(4), 1103-1118.

Dennis, J. M., Phinney, J. S. & Chuateco, L.I. (2005). "The Role of Motivation, Parental Support, and Peer Support in the Academic Success of Ethnic Minority First Generation College Students." *Journal of College Student Development*, 46(3), 223-236.

DeSimon, R. L., Werner, J. M., & Harris, D. M. (2002). *Human resource development* (3ed). Sea Harbor Drive, Orlando: Harcourt College Publishers.

Destin, M., & Oyserman, D. (2009). From assets to school outcomes: How finances shape children's perceived possibilities and intentions. *Psychological Science*, 20(4), 414-418.

Dietrich, J., & Salmela-Aro, K. (2013). Parental involvement and adolescents' career goal pursuit during the post-school transition. *Journal of Adolescence*, 36(1), 121-128.

Donaldson, S. J., Ronan, K. R. (2006). The effects of sports participation on young adolescents' emotional well-being. *Adolescence*, 41(162), 369-389.

Duerden, M. D., & Gillard, A. (2011). An approach to theory-based youth programming. *New Directions for Youth Development*, Supplement, 39-53.

Eccles, J. S. (1993). School and family effects on the ontogeny of children's interests, self-perceptions, and activity choices. In R. Dienstbier & J. E. Jacobs (Eds.), *Developmental perspectives on motivation* (Vol. 40, pp. 145-208). Lincoln: University of Nebraska Press.

Eccles, J. S., & Barber, B. L. (1999). Student council, volunteering, basketball, or marching band: what kind of extracurricular involvement matters? *Journal of Adolescent Research*, 14(1), 10-43.

Eccles, J. S., & Gootman, J. A. (2002). *Community programs to promote youth development: Committee on community-level programs for youth.* Washington,

DC: National Academy Press.

Eccles, J. S., Midgley, C., Wigfield, A., Buchanan, C. M., Reuman, D., Flanagan, C., & MacIver, D. (1993). Development during adolescence: the impact of stageenvironment fit on young adolescents' experiences in schools and families. *American Psychologist*, 48(2), 90-101.

Eccles, J. S., & Roeser, R. W. (2011). Schools as developmental contexts during adolescence, *Journal of Research on Adolescence*, 21(1), 225-241.

Edwards, O. W., Mumford, V. E., & Roldan, R. S. (2007). A positive youth development model for students considered at-risk. *School Psychology International*, 28(1), 29-45.

Elliott, V. S. (2001). AMA recognizes bullying as public health problem. Available from http://www.ama-assn.org/amednews/2001/07/09/hlsa0709.htm.

Ellis, B. J., Bates, J. E., Dodge, K. A., Fergusson, D. M., Horwood, L. J., Pettit, G. S., & Woodward, L. (2003). Does father absence place daughters at special risk for early sexual activity and teenage pregnancy? *Child Development*, 74(3), 801-821.

Evans, M., Heriot, S. A., & Friedman, A. G. (2002). A behavioural pattern of irritability, hostility and inhibited empathy in children. *Clinical Child Psychology and Psychiatry*, 7, 211-224.

Frisén, A., Hasselblad, T., Holmqvist, K. (2012). What actually makes bullying stop? reports from former victims. *Journal of Adolescence*, 35(4), 981-990.

Fry, H., Ketteridge, S., Marshall, S. (2006). A handbook for Teaching & Learning in Higher Education. Enhancing Academic Practice. 대학의 최신 교수-학습 방법. 전남대학교 교육발전연구원 (공역). 학지사.

Garcia-Lopez, L. J., Muela, J. M., Espinosa-Fernandez, L., & Diaz-Castela, M. (2009). Exploring the relevance of expressed emotion to the treatment of social anxiety disorder in adolescence. *Journal of Adolescence*, 32(6), 1371-1376.

Garmezy, N. (1993). Children in poverty: Resiliency despite risk. *Psychiatry*, 56(1), 127-136.

Gini, G., Albiero, P., Benelli, B., & Altoè, G. (2008). Determinants of adolescents' active defending and passive bystanding behavior in bullying. *Journal of Adolescence*, 31(1), 93-105.

Greenberg, M. T.,Weissberg, R. P., O'Brien, M. U., Zins, J. E., Fredericks, L., Resnik,

H., & Elias, M. J. (2003). Enhancing school-based prevention and youth development through coordinated social, emotional, and academic learning [Electronic version]. *American Psychologist*, 58(6-7), 466-474.

Grolnick, W. S., Kurowski, C. O., Dunlap, K. G., & Hevey, C. (2000). Parental resources and the transition to junior high. *Journal of Research on Adolescence*, 10(4), 465-488.

Grolnick, W. S., & Slowiaczek, M. L. (1994). Parents' involvement in children's schooling: A multidimensional conceptualization and motivational model. *Child Development*, 65(1), 237-52.

Gutman, L. M., Eccles, J. S., Peck, S., & Malanchuk, O. (2011). The influence of family relations on trajectories of cigarette and alcohol use from early to late adolescence. *Journal of Adolescence*, 34(1), 119-128.

Hampel, P., Meier, M., & Kümmel, U. (2008). School-based stress management training for adolescents: longitudinal results from an experimental study. *Journal of Youth & Adolescence*, 37, 1009-1024.

Harper, C. C., & McLanahan, S. S. (2004). Father absence and youth incarceration. *Journal of Research on Adolescence*, 14(3), 369-397.

Hayford, S. R., & Furstenberg, F. F., Jr. (2008). Delayed adulthood, delayed desistance? trends in the age distribution of problem behaviors. *Journal of Research on Adolescence*, 18(2), 285-304.

Henricson, C., & Roker, D. (2000). Support for the parents of adolescents: a review. *Journal of Adolescence*, 23(6), 763-783.

Herrera, C., Grossman, J. B., Kauh, T. J., & McMaken, J. (2011). Mentoring in schools: an impact study of big brothers big sisters school-based mentoring. *Child Development*, 82(1), 346-361.

Hoffman, M. L. (2000). *Empathy and moral development. Implications for caring and justice*. New York: Cambridge University Press.

Houle, C. O. (1976). *The design of education*. Jossey-Bass Publishers.

Howe, N. (2006). A generation to define a century. Paper presented to the association for supervision and curriculum development annual conference, worldwide issues, chicago, ILL. Retrieved June 29, 2006 from http://ascd.typepad.com/annual conference/2006/04/a_generation_to.html

Israelashvili, M., Kim, T., & Bukobza, G. (2012). Adolescents' over-use of the cyber world-Internet addiction or identity exploration? *Journal of Adolescence*, 35(2), 417-424.

Jodl, K. M., Michael, A., Malanchuk, O., Eccles, J. S., & Sameroff, A. (2001). Parents' roles in shaping early adolescents' occupational aspirations. *Child Development*, 72(4), 1247-1265.

Jonassen, D. H. (2009). Learning to solve problems. 문제해결학습. 조규락·박은실(공역). 학지사.

Juvonen, J., Graham, S., & Schuster, M. A. (2003). Bullying among young adolescents: the strong, the weak and the troubled. *Pediatrics*, 112(6), 1231-1237.

Juvonen, J., & Galvan, A. (2008). Peer influence in involuntary social groups: lessons from research on bullying. In M. Prinstein, & K. Dodge (Eds.), *Peer influence processes among youth* (pp. 225-244). New York: Guildford.

Keating, L. M., Tomishima, M. A., Foster, S., & Alessandri, M. (2002). The effects of a mentoring program on at-risk youth. *Adolescence*, 37(148), 717-734.

Keith, P. B., & Lichtman, M. U. (1994). Does parental involvement influence the academic achievement of Mexican-American eighth-graders? Results from the national education longitudinal study. *School Psychology Review*, 9(4), 256-272.

Kerpelman, J. L., Pittman, J. F., Adler-Baeder, F., & Eryigit, S. (2009). Evaluation of a statewide youth-focused relationships education curriculum. *Journal of Adolescence*, 32(6), 1359-1370.

Kirk, R., & Day, A. (2011). Increasing college access for youth aging out of foster care: evaluation of a summer camp program for foster youth transitiong from high school to college. *Children and Youth Services Review*, 33(7), 1173-1180.

Kochel, K. P., Ladd, G. W., & Rudolph, K. D. (2012). Longitudinal associations among youth depressive sysptoms, peer victimization, and low peer acceptance: an interpersonal process perspective. *Child Development*, 83(2), 637-650.

Kolb, D. A.(1984). *Experiential learning: Experience as the source of learning and development*, Englewood Cliff, NJ: Prentice Hall.

Kuperminc, G. P., Darnell, A. J., & Alvarez-Jimenez, A. (2008). Parent involvement in the academic adjustment of Latino middle and high school youth: teacher expectations and school belonging as mediators. *Journal of Adolescence*,

31(4), 469-483.

Kurtines, W. M., Montgomery, M. J., Eichas, K., Ritchie, R., Garcia, A., Albrecht, R., Berman, S., Ferrer-Wreder, L., & Lorente, C. C. (2008). Promoting positive identity development in troubled youth: a developmental intervention science outreach research approach. Identity: *An International Journal of Theory and Research*, 8, 125-138.

Larson, R. W. (2000). Toward a psychology of positive youth development. *American Psychologist*, 55, 170-183.

Larson, R. W., Moneta, G., Richards, M. H., & Wilson, S. (2002a). Continuity, stability, and change in daily emotional experience across adolescence. *Child Development*, 73(4), 1151-1165.

Larson, R. W., Walker, K. C. (2010). Dilemmas of practice: challenges to program quality encountered by youth program leaders. *American Journal of Community Psychology*, 45(3-4), 338-349.

Larson, R. W., Wilson, S., Brown, B. B., Furstenberg, F. F., & Verma, S. (2002b). Changes in adolescents' interpersonal experiences: are they being prepared for adult relationships in the twenty-first century? *Journal of Research on Adolescence*, 12(1), 31-68.

Larson, R. W., Wilson, S., & Mortimer, J. T. (2002c). Conclusions: adolescents' preparation for the future. *Journal of Research on Adolescence*, 12(1), 159-166.

Laurent, H. K., Kim, H. K., & Capaldi, D. M. (2008). Interaction and relationship development in stable young couples: effects of positive engagement, psychological aggression, and withdrawal. *Journal of Adolescence*, 31(6), 815-835.

Lerner, R. M. (1995). *America's youth in crisis: Challenges and options for programs and policies*. Thousand Oaks, CA: Sage.

Lerner, R. M., Lerner, J. V., Stefanis, I. D., & Apfel, A. (2001). Understanding developmental systems in adolescence: implications for methodological strategies, data analytic approaches, and training. *Journal of Adolescent Research*, 16(1), 9-27.

Lerner, R. M., Lerner, J. V., Almerigi, J., Theokas, C., Phelps, E., Gestsdottir, S. Naudeau, S., Jelicic, H., Alberts, A. E., Ma, L., Smith, L. M., Bobek, D. L.,

Richman-Raphael, D., Simpson, I., Christiansen, E. D., & von Eye, A. (2005). Positive youth development, participation in community youth development programs, and community contributions of fifth grade adolescents: Findings from the first wave of the 4-H study of Positive Youth Development. *Journal of Early Adolescence,* 25(1), 17-71.

Lerner, R. M., & Spanier, G. B. (1980). *Adolescent development: a life-span perspective.* New York : McGraw-Hill.

L'Engle, K. L., & Jackson, C. (2008). Socialization influences on early adolescents' cognitivie susceptibility and transition to sexual intercourse. *Journal of Research on Adolescence*, 18(2), 353-378.

Li, Y., Zhang, W., Liu, J., Arbeit, M. R., Schwartz, S. J., Bowers, E. P., & Lerner, R. M. (2011). The role of school engagement in preventing adolescent delinquency and substance use: a survival analysis. *Journal of Adolescence*, 34(6), 1181-1192.

Looze, M. D., Harakeh, Z., Dorsselaer, Saskis A. F. M. v., Raaijmakers, Q. A. W., Vollebergh, W. A. M., & Bogt, T. F. M. (2012). Explaining educational differences in adolescent substance use and early sexual debut: the role of parents and peers. *Journal of Adolescence*, 35(4), 1035-1044.

Mahoney, J. L. (2000). Participation in school extracurricular activities as a moderator in the development of antisocial patterns. *Child Development*, 71, 502-516.

McDougall, P., Hymel, S., Vaillancourt, T., & Mercer, L. (2001). The consequences of childhood rejection. In M. R. Leary (Ed.), *Interpersonal rejection* (pp. 213-247). New York: Oxford University Press.

McElhaney, K. B., & Allen, J. P. (2001). Autonomy and adolescent social functioning: the mederating effect of risk. *Child Development*, 72(1), 220-235.

McLaughlin, A. E., Campbell, F. A., Pungello, E. P., & Skinner, M. (2007). Depressive sysmptoms in young adults: the influences of the early home environment and early educational child care. *Child Development*, 78(3), 746-756.

Miller, D. P., Waldfogel, J., & Han, W. J. (2012). Family meals and child academic and behavioral outcomes. *Child Development*, 83(6), 2104-2120.

Millings, A., Buck, R., Montgomery, A., Spears, M., & Stallard, P. (2012). School connetedness, peer attachment, and self-esteem as predictors of adolescent depression. *Journal of Adolescence*, 35(4), 1061-1067.

Morgan, E. M., & Korobov, N. (2012). Interpersonal identity formation in conversations with close friends about dating relationships. *Journal of Adolescence*, 35(6), 1471-1483.

Morrissey, K. M., & Werner-Wilson, R. J. (2005). The relationship between out-of-school activities and positive youth development: an investigation of the influences of communities and family. *Adolescence*, 40(157), 67-85.

Nakkula, M. J., & Toshalis, E. (2010). *Understanding youth: adolescent development for educators*. Harvard Education Press.

Neuling, P. (2007). DIE ACHT WOHLSTANDSGESETZE. 부의 8법칙. 엄양선(역). 서돌.

Ngai, S. S. (2009). The effects of program characteristics and psychological engagement on service-learning outcomes: A study of university students in Hong Kong. *Adolescence*, 44(174), 375-389.

Noltemeyer, A. L., & Bush, K. R. (2013). Adversity and resilience: a synthesis of international research. *School Psychology International*, 34(5), 474-487.

Oden, S. (1995). Studying youth programs to assess influences on youth development: new roles for researchers. *Journal of Adolescent Research*, 10(1), 173-186.

Olson, J. R., Goddard, H. W. (2012). Applying prevention and positive youth development theory to predict depressive sysmptoms among young people. *Youth & Sociey*, published online 6 September 2012. Available at http://yas.sagepub.com/content/early/2012/09/06/0044118X12457689

Park, N. (2004). The role of subjective well-being in positive youth development. *The annals of the American Academy of political and social science*. 591, Jan., 25-39.

Perkins, D. F., & Borden, L. M. (2003). Key elements of community youth development programs. In F. A. Villarruel, D. F. Perkins, L. M. Borden, & J. G. Keith, (Eds.), *Community youth development: Practice, policy, and research* (pp. 327-340). Thousand Oaks, CA: Sage.

Petterson, S. M., & Albers, A. B. (2001). Effects of poverty and maternal depression on early child development. *Child Development*, 72(6), 1794-1813.

Pittman, K. J. (2004). Reflections on the road not (yet) taken: How a centralized public strategy can help youth work focus on youth. *New Directions for Youth Development*, 104, winter, 87-99.

Plotnick, R. D. (2007). Adolescent expectations and desires about marriage and parenthood. *Journal of Adolescence*, 30(6), 943-963.

Portzky, G., Audenaert, K., & Heeringen, K. V. (2009). Psychosocial and psychiatric factors associated with adolescent suicide: a case-control psychological autopsy study. *Journal of Adolescence*, 32(4), 849-862.

Pungello, E. P., Kainz, K., Burchinal, M., Wasik, B. H., Sparling, J. J., Ramey, C. T., & Campbell, F. A. (2010). Early educational intervention, early cumulative risk, and the early home environments as predictors of young adult outcomes within a high-risk sample. *Child Development*, 81(1), 410-426.

Quinn, J. (1999). Where need meets opportunity: youth development programs for early teens. *The Future of Children*, 9(2), 96-116.

Ritakallio, M., Koivisto, A. M., Pahlen, B., Pelkonen, M., Marttunen, M., & Kaltiala-Heino, R. (2008). Continuity, comorbidity and longitudinal associations between depression and antisocial behavior in middle adolescence: a 2-year prospective follow-up study. *Journal of Adolescence*, 31(3), 355-370.

Robinson, N. S., & Garber, J. (1995). Social support and psychopathology across the life span. In D. Cicchetti & D. J. Cohen (Eds.), *Developmental psychopathology, Vol. 1:Theory and methods*. New York: J. Wiley.

Robinson, S. P., & West, J. E. (2012). Preparing inclusive educators: a call to action. *Journal of Teacher Education*, 63(4), 291-293.

Rockhill, C. M., Stoep, A. V., McCauley, E., & Katon, W. J. (2009). Social competence and social support as mediators between comorbid depressive and conduct problems and functional outcomes in middle school children. *Journal of Adolescence*, 32(3), 535-553.

Rose, A. J., Asher, S. R., Swenson, L. P., Carlson, W., & Waller, E. M. (2012). How girls and boys expect disclosure about problems will make them feel: implications for friendships. *Child Development*, 83(3), 844-863.

Rossman, B. B. R., & Rea, J. G. (2005). The relation of parenting styles and inconsistencies to adaptive functioning for children in conflictual and violent families. *Journal of Family Violence*, 20(5), 261-277.

Roth, J. L., & Brooks-Gunn, J. (2003). Youth development programs: risk, prevention and policy, *Journal of Adolescent Health*, 32, 170-182.

Roth, J. L., Brooks-Gunn, J., Murray, L., & Foster, W. (1998). Promoting healthy adolescents: synthesis of youth development program evaluations. *Journal of*

Research on Adolescence, 8(4), 423-459.

Ruck, M. D., Badali, M. P., & Day, D. M. (2002). Adolescents' and mothers' understanding of children's rights in the home. *Journal of Research on Adolescence*, 12(3), 373-398.

Rudolph, K. D., Flynn, M., Abaied, J. L., Groot, A., & Thompson, R. (2009). Why is past depression the best predictor of future depression? stress generation as a mechanism of depression continuity in girls. *Journal of Clinical Child and Adolescent Psychology*, 38(4), 473-485.

Ryabov, I. (2011). Adolescent academic outcomes in school context: Network effects reexamined. *Journal of Adolescence*, 34(5), 915-927.

Ryan, C. S., McCall, R. B., Robinson, D. R., Groark, C., Mulvey, L., & Plemons, B. W. (2002). Benefits of the comprehensive child development program as a function of AFDC receipt and SES. *Child development*, 73(1), 315-328.

SeiffgeKrenke, I. (2000). Causal links between stressful events, coping style, and adolescent symptomatology. *Journal of Adolescence*, 23(6), 675-691.

Serido, J., Borden, L. M., & Perkins, D. F. (2011). Moving beyond youth voice. *Youth & Society*, 43(1), 44-63.

Shanahan, M. J., Mortimer, J. T., & Krüger, H. (2002). Adolescence and adult work in the twenty-first century. *Journal of Research on Adolescence*, 12(1), 99-120.

Shek, D. T. L., & Wai, C. L. Y. (2008). Training workers implementing adolescent prevention and positive youth development programs: what have we learned from the literature? *Adolescence*, 43(172), 823-845.

Silk, J. S., Steinberg, L., & Morris, A. S. (2003). Adolescents' emotion regulation in daily life: links to depressive symptoms and problem behavior, *Child Development*, 74(6), 1869-1880.

Simpkins, S. D., Bouffard, S. M., Dearing, E., & Weiss, H. B. (2009). Adolescent adjustment and patterns of parents' behaviors in early and middle adolescence. *Journal of Research on Adolescence*, 19(3), 530-557.

Simpkins, S. D., Vest, A. E., & Becnel, J. N. (2010). Participating in sport and music activities in adolescence: The role of activity participation and motivational beliefs during elementary school. *Journal of Youth & Adolescence*, 39(11), 1368-1386.

Small, S., & Memmo, M. (2004). Contemporary models of youth development and problem prevention: toward an integration of terms, concepts, and models. *Family Relations*, 53(1), 3-11.

Smetana, J. G., Metzger, A., Gettman, D. C., & Campione-Barr, N. (2006). Disclosure and secrecy in adolescent-parent relationships. *Child Development*, 77(1), 201-217.

Smith, D. G., Tolan, P. H., Sheidow, A. J., & Henry, D. B. (2001). Partner violence and street violence among urban adolescents: do the same family factors relate? *Journal of Research on Adolescence*, 11(3), 273-295.

Spencer, R. (2007). "It's not what I expected" A qualitative study of youth mentoring relationship failures. *Journal of Adolescent Research*, 22(4), 331-354.

Stavropoulos, V., Alexandraki, K., & Motti-Stefanidi, F. (2013). Recognizing internet addiction: Prevalence and relationship to academic achievement in adolescents enrolled in urban and rural Greek high schools. *Journal of Adolescence*, 36(3), 565-576.

Stevenson, D., & Baker, D. (1987). The family-school relation and the child's school performance. *Child Development*, 58, 1348-57.

Szwedo, D. E., Mikami, A. Y., & Allen, J. P. (2011). Qualities of peer relations on social networking websites: predictions from negative mother-teem interactions. *Journal of Research on Adolescence*, 21(3), 595-607.

Tajima, E. A., Herrenkohl, T. I., Moylan, C. A., & Derr, A. S. (2010). Moderating the effects of childhood exposure to intimate partner violence: the roles of parenting characteristics and adolescent peer support. *Journal of Research on Adolescence*, 21(2), 376-394.

Thomson, N. R., & Zand, D. H. (2010). Mentees' perceptions of therir interpersonal relationships: the role of the mentor-youth bond. *Youth & Society*, 41(3), 434-445.

Thorlindsson, T., & Bernburg, J. G. (2009). Community structural instability, anomie, imitation and adolescent suicidal behavior. *Journal of Adolescence*, 32(2), 233-245.

Thrane, L. E., & Chen, X. (2012). Impact of running away on girls' pregnancy. *Journal of Adolescence*, 35(2), 443-449.

Trainor, S., Delfabbro, P., Anderson, S., & Winefield, A. (2010). Leisure activities and adolescent psychological well-being. *Journal of Adolescence*, 33(1), 173-186.

Trinkner, R., Cohn, E. S., Rebellon, C. J., & Gundy, K. V. (2012). Don't trust anyone over 30: parental legitimacy as a mediator between parenting style and changes in deliquent behavior over time. *Journal of Adolescence*, 35(1), 119-132.

Tyler, R. (1974). *Basic principles of curriculum and instruction*. University of Chicago Press.

VanderVen, K., & Torre, C. A. (1999). A dynamical systems perspective on mediating violence in schools: emergent roles of child and youth care workers. *Child & Youth Care Forum*, 28(6), 411-436.

Villarruel, F. A., Perkins, D. F., Borden, L. M., & Keith, J. G. (2003). *Community youth development. Programs, policies, and practices*. Sage Publications.

Wadsworth, M, E., & Compas, B. E. (2002). Coping with family conflict and economic strain: the adolescent perspective. *Journal of Research on Adolescence*, 12(2), 243-274.

Wan, G. W. Y., & Leung, P. W. L. (2010). Factors accounting for youth suicide attempt in Hong Kong: a model building. *Journal of Adolescence*, 33(5), 575-582.

Wang, M. T., & Eccles, J. S. (2012). Social support matters: longitudinal effects of social support on three dimensions of school engagement from middle to high school. *Child Development*, 83(3), 877-895.

Wickrama, K.A.S., Conger, R. D., Lorenz, F. O., & Martin, M. (2012). Continuity and discontinuity of depressed mood from late adolescence to young adulthood: the mediating and stabilizing roles of young adults' socioeconomic attainment. *Journal of Adolescence*, 35(3), 648-658.

Wridt, P. (2013). Child and youth friendly places. 청소년이 행복한 지역사회: 도전과 과제. 한국청소년정책연구원 개원 24주년 기념 국제 세미나. 세미나자료집 13-S24.

Yorgason, J. B., Walker, L. P., & Jackson, J. (2011). Nonresidential grandparents' emotional and financial involvement in relation to early adolescent granchild outcomes. *Journal of Research on Adolescence*, 21(3), 552-558.

Youniss, J., & Yates, M. (1997). *Community service and social responsibility in youth*. Chicago: The University of Chicago Press.

Zand, D. H., Thomson, N., Cervantes, R., Espiritu, R., Klagholz, D., LaBlanc, L., & Taylor, A. (2009). The mentor-youth alliance: the role of mentoring relationships in promoting youth competence. *Journal of Adolescence*, 32(1), 1-17.

Zaff, J. F., Moore, K. A., Papillo, A. R., & Williams, S. (2003). Implications of extracurricular activity participation during adolescence on positive outcomes. *Journal of Adolescent Research*, 18(6), 599-630.

인명색인

저자 약력

권 양 이(權亮利)

권양이는 Eastern Michigan University 대학원에서 교육 리더십 및 행정 전공으로 SpA학위를 취득했고 고려대학교 대학원에서 교육사회학 및 성인계속교육학 전공으로 교육학 박사 학위(Ph. D)를 취득했다.

* Eastern Michigan University, OIS Intern
* Ann Arbor Public Schools, ESL Tutor
* 2009 서울시 청소년 활동프로그램 평가위원
* 고려대학교, 서울여자대학교, 홍익대학교, 상명대학교, 국민대학교 출강
* 고려대학교 교육문제연구소 연구교수 역임
* 서울여자대학교 바름교양대학 교직과정부 초빙강의교수 역임
* 現) 홍익대학교 사범대학 교육학과 초빙교수

〈논문〉
* 외국인 유학생의 국내대학 초기적응에 관한 질적 탐색(2008)
* 공무원 노사상생 리더십 교육프로그램 개발을 위한 요구분석(2008)
* 노사상생 리더십 교육이 학습자의 리더십 능력에 미치는 영향(2008)
* 한국노동교육의 실태와 정책적 함의(2010)
* 평생교육사 관련 교과목 이수 대학생들의 일반적 자기효능감과 특수적 자기효능감에 관한 연구(2011)
* 대학생들의 청소년지도사 실습업무경험과 중요성 인식에 대한 질적 연구(2012) 공저
* 대학부설 평생교육원 종사자들의 개인 및 조직풍토 변인이 직무수행에 미치는 영향(2012)
* 청소년 프로그램 개발의 통합적 접근모델에 대한 고찰(2014)
* Factors Affecting International Students' Transition to Higher Education Institutions in the United States. -From the Perspective of Office of International Students(2009)
* The Developmental History of Labor Education in South Korea From a Sociopolitical and Economic Perspective(2011)
* Investigating Factors that Influence Social Presence and Learning Outcomes in Distance Higher Education(2011) 공저
* The Sociocultural Adjustment of Chinese Graduate Students at Korean Universities: A Qualitative Study(2013).
  이외 다수가 있음.

〈저서〉
* 청소년 및 성인학습자를 위한 유비쿼터스 러닝 시대의 통합적 평생교육방법론(2012)
* 청소년 프로그램 개발과 평가(2013)
* 일자리와 교육리더십(2014) 공저

보정판
청소년 교육론

초판발행	2014년 2월 28일
보정판인쇄	2016년 1월 29일
보정판발행	2016년 2월 11일

지은이	권양이
펴낸이	안종만

편 집	배근하
기획/마케팅	손준호
표지디자인	최은정
제 작	우인도·고철민

펴낸곳	(주) **박영사**
	서울특별시 종로구 새문안로3길 36, 1601
	등록 1959. 3. 11. 제300-1959-1호(倫)
전 화	02)733-6771
f a x	02)736-4818
e-mail	pys@pybook.co.kr
homepage	www.pybook.co.kr
ISBN	979-11-303-0290-4 93370

copyright©권양이, 2016, Printed in Korea

정 가 20,000원